CONTEÚDO DIGITAL PARA ALUNOS

Cadastre-se e transforme seus estudos em uma experiência única de aprendizado:

1 Entre na página de cadastro:
www.editoradobrasil.com.br/sistemas/cadastro

2 Além dos seus dados pessoais e dos dados de sua escola, adicione ao cadastro o código do aluno, que garantirá a exclusividade do seu ingresso à plataforma.

4054655A5374719

3 Depois, acesse:
www.editoradobrasil.com.br/leb
e navegue pelos conteúdos digitais de sua coleção **:D**

Lembre-se de que esse código, pessoal e intransferível, é valido por um ano. Guarde-o com cuidado, pois é a única maneira de você acessar os conteúdos da plataforma.

SÉRIE BRASIL
Ensino Médio

Ensino Médio

MATEMÁTICA
Padrões e relações

2

Adilson Longen

Licenciado em Matemática, doutor e mestre em Educação Matemática pela Universidade Federal do Paraná. Autor de livros didáticos de Matemática do Ensino Fundamental e do Ensino Médio. Foi professor universitário e atualmente é professor de Matemática em escolas da rede particular.

2ª edição
São Paulo – 2016

© Editora do Brasil S.A., 2016
Todos os direitos reservados

Direção geral: Vicente Tortamano Avanso
Direção adjunta: Maria Lúcia Kerr Cavalcante Queiroz

Direção editorial: Cibele Mendes Curto Santos
Gerência editorial: Felipe Ramos Poletti
Supervisão editorial: Erika Caldin
Supervisão de arte, editoração e produção digital: Adelaide Carolina Cerutti
Supervisão de direitos autorais: Marilisa Bertolone Mendes
Supervisão de controle de processos editoriais: Marta Dias Portero
Supervisão de revisão: Dora Helena Feres
Consultoria de iconografia: Tempo Composto Col. de Dados Ltda.
Licenciamentos de textos: Cinthya Utiyama, Jennifer Xavier, Paula Harue Tozaki, Renata Garbellini
Coordenação de produção CPE: Leila P. Jungstedt

Concepção, desenvolvimento e produção: Triolet Editorial e Mídias Digitais
Diretora executiva: Angélica Pizzutto Pozzani
Diretor de operações: João Gameiro
Gerente editorial: Denise Pizzutto
Editora de texto: Carmen Lucia Ferrari
Assistente editorial: Tatiane Pedroso
Preparação e revisão: Amanda Andrade, Carol Gama, Érika Finati, Flávia Venezio, Flávio Frasqueti, Gabriela Damico, Juliana Simões, Leandra Trindade, Mayra Terin, Patrícia Rocco, Regina Elisabete Barbosa, Sirlei Pinochia
Projeto gráfico: Triolet Editorial/Arte
Editora de arte: Daniela Fogaça Salvador
Assistentes de arte: Wilson Santos, Beatriz Landiosi (estag.), Lucas Boniceli (estag.)
Ilustradores: Adilson Secco, Dawidson França, Felipe Rocha, Suryara Bernardi
Cartografia: Allmaps
Iconografia: Pamela Rosa (coord.), Erika Freitas
Tratamento de imagens: Felipe Martins Portella
Capa: Beatriz Marassi
Imagem de capa: Paula Sierra/Getty Images/© Niemeyer, Oscar/AUTVIS, Brasil, 2016.

Dados Internacionais de Catalogação na Publicação (CIP)
(Câmara Brasileira do Livro, SP, Brasil)

Longen, Adilson
  Matemática : padrões e relações, 2 : ensino médio / Adilson Longen. – 2. ed. – São Paulo : Editora do Brasil, 2016. – (Série Brasil : ensino médio)

  Componente curricular: Matemática
  ISBN 978-85-10-06471-2 (aluno)
  ISBN 978-85-10-06472-9 (professor)

  1. Matemática (Ensino médio) I. Título.
  II. Série.

16-05841   CDD-510.7

Índice para catálogo sistemático:
1. Matemática : Ensino médio 510.7

Reprodução proibida. Art. 184 do Código Penal e Lei n. 9.610 de 19 de fevereiro de 1998.
Todos os direitos reservados

2016
Impresso no Brasil

2ª edição / 2ª impressão, 2023
Impresso na Forma Certa Gráfica Digital

Rua Conselheiro Nébias, 887 – São Paulo/SP – CEP 01203-001
Fone: (11) 3226-0211 – Fax: (11) 3222-5583
www.editoradobrasil.com.br

Imagem de capa:
Centro Cultural Internacional Oscar Niemeyer, em Avilés, Espanha.

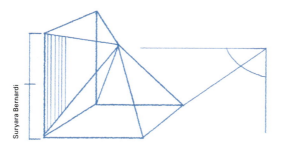

APRESENTAÇÃO

Uma coleção de livros destinados à formação de conhecimentos matemáticos exige de todos os envolvidos certo grau de comprometimento. Ao autor, fica a tarefa de transmissão de conteúdos elencados normalmente para o grau de ensino a que se destina, procurando dar um encaminhamento claro, objetivo e didático. Seu papel também compreende a busca de procedimentos que possibilitem um desenvolvimento adequado das aulas a serem ministradas, tendo o cuidado de levar em conta dois outros personagens extremamente importantes para que o processo de ensino e aprendizagem ocorra: professor e aluno.

Quanto à Matemática que o aguarda nas próximas páginas, não posso dizer que será um caminho com um acesso imediato e veloz. Antes, prefiro acreditar que é uma trajetória lenta, mas necessária, rica de saberes construídos ao longo de nossa evolução e carregada de dúvidas necessárias, de etapas a serem ultrapassadas. Não pense na Matemática como uma ciência exata, pois antes das certezas, estudamos nela os acasos; antes de termos as medidas precisas, temos as aproximações, que são muito mais reais.

A proposta de nossa coleção de Matemática para o Ensino Médio contempla diversos aspectos importantes que devem ser levandos em conta. Entre eles destacamos a necessidade de ter na matemática um conhecimento historicamente construído, que permite desenvolver habilidades de pensamento importantes na formação do cidadão. Outro aspecto considerado também fundamental e que aqui procurou ser levando em conta, é o de permitir um trabalho voltado à autonomia, pois é desejável cada vez mais pessoas que busquem e construam conhecimentos.

Um bom trabalho!

O Autor

Conheça o livro

Abertura de Unidade
Ao iniciar um tema, convida o aluno a envolver-se no assunto. Isso é realizado por meio contextos diversos, que podem ser do cotidiano ou do desenvolvimento histórico da Matemática, e explora curiosidades a respeito do próprio tema da unidade.

Abertura de capítulo
É apresentado o assunto do capítulo.

Questões e reflexões
Perguntas aplicadas ao longo do desenvolvimento da teoria para abordar conhecimento prévio e reflexões sobre o conteúdo.

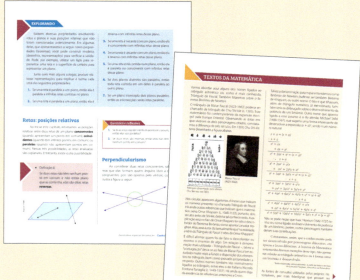

Explorando
Seção que aparece ao longo da teoria com o objetivo de explorar determinado conteúdo ou a situação com o uso de calculadoras ou programas de computador.

Textos na Matemática
Nessa seção é utilizada a forma textual para abordar explicações necessárias para a compreensão de conteúdos diversos.

História da Matemática
Aqui são abordados a história da Matemática, no decorrer do tempo, e seus personagens.

Algumas conclusões
Similar a um roteiro, onde é proposta uma reflexão sobre o que foi desenvolvido na unidade.

Explorando habilidades e competências
Situações elaboradas para explorar conhecimento utilizando um contexto diferente.

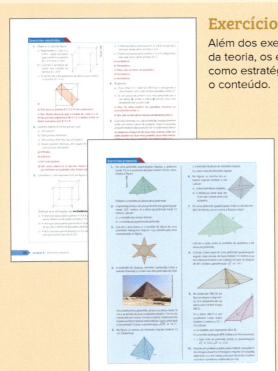
Exercícios resolvidos
Além dos exemplos ao longo da teoria, os exercícios servem como estratégia para explorar o conteúdo.

Exercícios propostos
Exercícios para fixação, no final de cada tema.

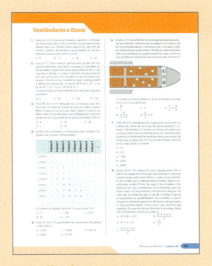
Vestibular e Enem
No final de cada unidade, exercícios relacionados a vestibulares de todo Brasil e questões do Enem.
Desafio
Exercício relacionado a Unidade, com nível mais complexo.

Sumário

UNIDADE 1 – MATEMÁTICA FINANCEIRA

Capítulo 1 – Proporção e porcentagem 10
    Proporcionalidade 10
    Porcentagem 13
    Aumentos e descontos 15

Capítulo 2 – Juro simples 18
    Juro simples 18
    Juro simples e progressão aritmética 20
    Juro simples e função 21

Capítulo 3 – Juros compostos 23
    Juros compostos 23
    Progressão geométrica e logaritmos 26
    Equivalência de taxas 27
    Compras a prazo e financiamentos 27
    Vestibulares e Enem 31
    Explorando habilidades e competências 34

UNIDADE 2 – TRIGONOMETRIA

Capítulo 4 – Trigonometria na circunferência 38
    Arcos e ângulos 38
    Circunferência trigonométrica 42
    Seno e cosseno de um arco 48
    Função seno e função cosseno 53

Capítulo 5 – Relações trigonométricas 62
    A tangente de um arco na circunferência 62
    Outras razões trigonométricas 65
    Equações trigonométricas 66

Capítulo 6 – Transformações trigonométricas 71
    Fórmulas para adição e subtração de arcos 71
    Fórmulas de duplicação de arcos 75
    Vestibulares e Enem 79
    Explorando habilidades e competências 82

UNIDADE 3 – MATRIZES, DETERMINANTES E SISTEMAS LINEARES

Capítulo 7 – Matrizes e Determinantes 86
    Conceitos iniciais de matrizes 86
    Adição de matrizes 92
    Subtração de matrizes 93
    Multiplicação por um número real 95
    Multiplicação de matrizes 97
    Propriedades do produto de duas matrizes 99
    Determinantes de matrizes 102
    Propriedades dos determinantes 106

Capítulo 8 – Sistemas de equações lineares 112
    Equações e sistemas de equações lineares 112
    Escalonamento 116
    Matrizes e sistemas lineares 123
    Vestibulares e Enem 129
    Explorando habilidades e competências 131

UNIDADE 4 – GEOMETRIA ESPACIAL

Capítulo 9 – Geometria espacial de posição 134
    Primeiras noções 134
    Planos: determinação e posições relativas 138
    Planos e retas: posições relativas 139
    Retas: posições relativas 141
    Perpendicularismo 141
    Projeções ortogonais e distâncias 144
    Distâncias 145

Capítulo 10 – Poliedros 153
    Noção de poliedro 154
    Poliedros regulares 155
    Classes de poliedros 157

Filipe Rocha

Capítulo 11 – Prismas..161
    Prismas e seus elementos 161
    Prisma regular 163
    Área da superfície de um prisma 163
    Paralelepípedo e cubo 166
    Volume do prisma..................................... 170
    Volume do prisma e princípio de Cavalieri 173

Capítulo 12 – Pirâmides......................................178
    Pirâmide e seus elementos 178
    Pirâmides regulares 179
    Área da superfície de uma pirâmide 181
    Volume da pirâmide................................. 183
    Vestibulares e Enem 189
    Explorando habilidades e competências......191

UNIDADE 5 – ANÁLISE COMBINATÓRIA

Capítulo 13 – Princípio fundamental da contagem 194
    Princípio fundamental da contagem 194

Capítulo 14 – Permutações.................................. 201
    Permutação simples................................. 201
    Fatorial de um número natural 203
    Outras situações com permutação................... 205
    Permutação com repetição 208
    Permutação circular 209

Capítulo 15 – Combinações e arranjos 213
    Combinações simples 213
    Combinações e arranjos 219
    Combinações condicionadas 220

Capítulo 16 – Binômio de Newton 223
    Propriedades das combinações 223
    Fórmula do desenvolvimento de um binômio.... 229
    Fórmula do termo geral............................ 230
    Vestibulares e Enem 233
    Explorando habilidades e competências..... 235

UNIDADE 6 – PROBABILIDADE E ESTATÍSTICA

Capítulo 17 – Introdução à teoria das probabilidades... 238
    Ideias iniciais 238
    Espaço amostral e evento 240

Capítulo 18 – Cálculo de probabilidades................. 245
    Probabilidade em espaço amostral finito 245
    Probabilidade de um evento 246
    Aplicações de probabilidades........................ 250

Capítulo 19 – Adição e multiplicação de probabilidades... 254
    Probabilidade da união e da intersecção........... 254
    Probabilidade condicional 259
    Probabilidade de eventos independentes......... 260

Capítulo 20 – Introdução à estatística 266
    Ideias iniciais 266
    Pesquisa, população e amostra..................... 267
    Variáveis estatísticas 268
    Frequência absoluta e frequência relativa.......... 269
    Organizando dados em gráficos 273
    Histogramas.. 274
    Vestibulares e Enem 282
    Explorando habilidades e competências..... 285
    Bibliografia 287

Filipe Rocha

UNIDADE 1

MATEMÁTICA FINANCEIRA

Na era da informação, qualquer mudança política numa nação, por exemplo, pode influenciar as aplicações financeiras e os valores das moedas no resto do mundo.

Nesta unidade, conheceremos alguns aspectos da Matemática financeira, como juros simples e juros compostos.

As mudanças políticas e econômicas em qualquer nação podem influenciar a economia global.

CAPÍTULO 1
PROPORÇÃO E PORCENTAGEM

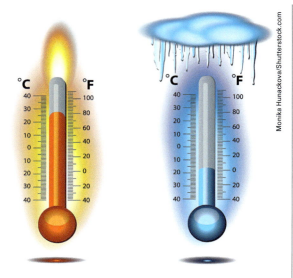

As escalas de temperatura Celsius e Fahrenheit estão relacionadas por meio da seguinte igualdade:

$$\frac{C}{100} = \frac{F-32}{180}$$

Note que os dois membros dessa igualdade são razões. A igualdade de duas razões é, em Matemática, chamada **proporção**.

Para compreender como a relação entre essas escalas foi obtida, podemos observar dois termômetros, lado a lado, um na escala Celsius e outro na escala Fahrenheit. A altura do mercúrio nos dois termômetros é a mesma, o que muda é a escala (a "régua"). Assim, conforme ilustrado a seguir, temos, para uma temperatura *C*, na escala Celsius, e *F*, na escala Fahrenheit, a proporção entre as diferenças (alturas nos termômetros) dos valores das escalas:

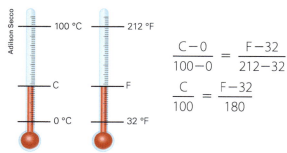

$$\frac{C-0}{100-0} = \frac{F-32}{212-32}$$

$$\frac{C}{100} = \frac{F-32}{180}$$

Questões e reflexões

1. Qual é a temperatura na escala Celsius correspondente a 75 °F?
2. Qual é a temperatura em que as duas escalas têm o mesmo valor numérico?

Neste capítulo retomaremos, por meio de exemplos, algumas ideias que foram estudadas no Ensino Fundamental sobre proporções.

Proporcionalidade

Há uma propriedade que normalmente é utilizada no cálculo envolvendo proporções:

> Em uma proporção, o produto dos termos dos extremos é igual ao produto dos termos dos meios, isto é, se $\frac{a}{b} = \frac{c}{d}$, então, $a \cdot d = b \cdot c$.

Na proporção $\frac{a}{b} = \frac{c}{d}$, os termos chamados extremos são *a* e *d*, enquanto os termos chamados meios são *b* e *c*. Com base nessa proporção, para que o produto dos extremos seja igual ao produto dos meios, basta multiplicar os dois membros da igualdade por $b \cdot d$:

$$\frac{a}{b} = \frac{c}{d}$$

$$\frac{a}{b} \cdot b \cdot d = \frac{c}{d} \cdot b \cdot d$$

$$a \cdot d = b \cdot c$$

Números diretamente proporcionais

Um exemplo de geometria plana envolvendo proporções é quando duas ou mais retas paralelas determinam em duas retas transversais segmentos de medidas proporcionais (diretamente proporcionais).

Exemplo:

As retas paralelas a, b, c e d determinam sobre as retas transversais r e s segmentos de comprimentos indicados na figura a seguir. Vamos determinar a medida desconhecida x.

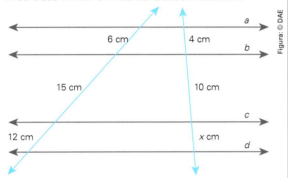

- De acordo com o teorema de Tales, que você já estudou, as medidas dos segmentos determinados nas duas retas transversais são proporcionais. Assim, podemos escrever:
$$\frac{6}{4} = \frac{15}{10} = \frac{12}{x}$$
- Utilizando apenas uma dessas igualdades, podemos determinar x:
$$\frac{15}{10} = \frac{12}{x}$$
$$15x = 120 \Rightarrow x = 8$$

Portanto, a medida desconhecida é 8 cm.

Nesse exemplo, quando consideramos as razões entre as medidas indicadas, temos:
$$\frac{6}{4} = 1{,}5 \quad \frac{15}{10} = 1{,}5 \quad \frac{12}{8} = 1{,}5$$

Assim,
$$\frac{6}{4} = \frac{15}{10} = \frac{12}{8} = 1{,}5$$

Dizemos que o número 1,5 é a constante de proporcionalidade.

Essa proporção indicada também é válida quando acrescentamos outra razão cujo numerador é a soma dos numeradores e o denominador é a soma dos denominadores, isto é:

$$\frac{6}{4} = \frac{15}{10} = \frac{12}{8} = \frac{6 + 15 + 12}{4 + 8 + 10} = 1{,}5$$

> Se os números reais não nulos $a, b, c, ..., n$ são diretamente proporcionais aos números $a', b', c', ..., n'$, nessa ordem, temos:
> $$\frac{a}{a'} = \frac{b}{b'} = \frac{c}{c'} = ... \frac{n}{n'} = k \Rightarrow$$
> $$\Rightarrow \frac{a + b + c + ... + n}{a' + b' + c' + ... n'} = k$$
> (k é a constante de proporcionalidade)

OBSERVAÇÃO:
Quando números ou grandezas são diretamente proporcionais, seus quocientes são constantes.

Exemplo:

Márcia, Pedro e Rubens abriram um escritório de advocacia. Para constituir uma sociedade, Márcia investiu R$ 100.000,00, Pedro, R$ 80.000,00 e Rubens, R$ 40.000,00. Após 1 ano de intenso trabalho, houve um lucro de R$ 66.000,00. Como esse lucro deve ser dividido?

- Nessa situação, a divisão deve ser feita em partes diretamente proporcionais às quantias investidas quando da constituição da sociedade. Considerando que Márcia, Pedro e Rubens receberão, respectivamente, x, y e z, em reais, temos:

$$\frac{x}{100\,000} = \frac{y}{80\,000} = \frac{z}{40\,000} \Rightarrow \frac{x+y+z}{100\,000+80\,000+40\,000}$$

$$\frac{x}{100\,000} = \frac{y}{80\,000} = \frac{z}{40\,000} \Rightarrow \frac{66\,000}{220\,000} = \frac{3}{10}$$

$$\frac{x}{100\,000} = \frac{3}{10} \Rightarrow x = 30\,000$$

$$\frac{y}{80\,000} = \frac{3}{10} \Rightarrow y = 24\,000$$

$$\frac{z}{40\,000} = \frac{3}{10} \Rightarrow z = 12\,000$$

Portanto, Márcia receberá R$ 30.000,00; Pedro, R$ 24.000,00; e Rubens, R$ 12.000,00.

Números inversamente proporcionais

Também há situações que relacionam números inversamente proporcionais. De modo geral, temos:

> Dizemos que os números reais não nulos $a, b, c, ..., n$ são inversamente proporcionais aos números $a', b', c', ..., n'$, nessa ordem, quando são diretamente proporcionais aos números $\frac{1}{a'}, \frac{1}{b'}, \frac{1}{c'}, ..., \frac{1}{n'}$, ou seja:
> $$\frac{a}{\frac{1}{a'}} = \frac{b}{\frac{1}{b'}} = \frac{c}{\frac{1}{c'}} = ... = \frac{n}{\frac{1}{n'}}$$
> Então: $a \cdot a' = b \cdot b' = c \cdot c' = ... = n \cdot n'$

OBSERVAÇÃO:
Quando números ou grandezas são inversamente proporcionais, seus produtos são constantes.

Exemplo:

Vamos considerar que Márcia, Pedro e Rubens constituíram uma sociedade com capitais iguais, isto é, todos contribuíram com R$ 80.000,00. Após algum tempo, houve um lucro de R$ 38.000,00. Como dividir esse lucro, considerando que Márcia, no período correspondente, ausentou-se durante 2 meses, Pedro, 4 meses e Rubens, 5 meses?

- Neste caso, a divisão deverá ser inversamente proporcional ao tempo que cada sócio esteve ausente. Assim, quanto maior o tempo ausente, menor a quantia a receber. Sejam x, y e z, respectivamente, as quantias que Márcia, Pedro e Rubens vão receber, em reais. Então, temos:

$$\frac{x}{\frac{1}{2}} = \frac{y}{\frac{1}{4}} = \frac{z}{\frac{1}{5}} = k$$

$$2x = 4y = 5z = k \Rightarrow \begin{cases} x = \frac{k}{2} \\ y = \frac{k}{4} \\ z = \frac{k}{5} \end{cases}$$

- Como a soma desses valores corresponde ao lucro, calculamos inicialmente o valor de k para depois determinar a quantia que cada um desses sócios vai receber:

$x + y + z = 38000$

$\frac{k}{2} + \frac{k}{4} + \frac{k}{5} = 38000$

$10k + 5k + 4k = 760000$

$19k = 760000$

$$k = 40000 \Rightarrow \begin{cases} x = \frac{k}{2} = \frac{40000}{2} = 20000 \\ y = \frac{k}{4} = \frac{40000}{4} = 10000 \\ x = \frac{k}{5} = \frac{40000}{5} = 8000 \end{cases}$$

Portanto, Márcia deve receber R$ 20.000,00, Pedro, R$ 10.000,00 e Rubens, R$ 8.000,00.

EXPLORANDO

Vimos a relação entre as escalas de temperatura Celsius e Fahrenheit. Utilizamos o cálculo de proporção para obter essa relação. Vamos explorar essa ideia um pouco mais.

1. Observando as equivalências entre as temperaturas nas escalas Celsius e Kelvin, indicadas nos termômetros ilustrados ao lado, obtenha uma fórmula matemática que relacione uma temperatura t_c (em graus Celsius) com uma temperatura t_k (em kelvins).

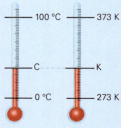

2. Você vai inventar uma escala de temperatura. Na figura ao lado, as temperaturas correspondentes a y e a z (com $z > y$) deverão ser indicadas por números que você vai atribuir. Em seguida, obtenha a relação entre uma temperatura t_x (na escala inventada) e uma temperatura t_c (na escala Celsius).

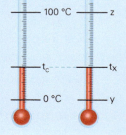

Ilustrações: Adilson Secco

12 Unidade 1 Matemática Financeira

Porcentagem

O gráfico a seguir foi publicado no jornal *Folha de S.Paulo*, em 9 de setembro de 2015, na página A14. Na reportagem, citava-se que a recessão econômica estimulava a busca por resolução de conflitos entre empresas fora dos chamados litígios na justiça. Os conflitos eram resolvidos em "câmaras de arbitragem".

Fonte: *Folha de S.Paulo*, 9 set. 2015, p. A14.

Note acima a utilização de porcentagem juntamente a um gráfico estatístico.

O que significa dizer que 74% dos casos envolvem mais de 1 milhão de dólares?

Vamos recordar o assunto porcentagem estudado no Ensino Fundamental. Assim, observe as diferentes formas de se escrever 15%:

- forma decimal
- forma de fração decimal
- porcentagem

Se representássemos o todo, isto é, 100%, em um gráfico de setores como este abaixo, o correspondente a 15% seria a parte destacada na cor roxa que tem um ângulo central de 54º.

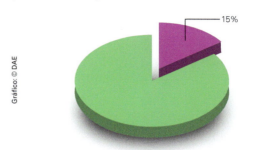

Em algumas calculadoras, para calcular 15% de R$ 4.500,00, por exemplo, procedemos do seguinte modo:

- digitamos 4 500 e pressionamos a tecla × (que indica multiplicação);
- digitamos 1 e 5 e apertamos a tecla %;
- após, apertamos a tecla = (em certas calculadoras é necessário pressionar essa tecla).

Exercícios resolvidos

1. Um pai resolveu dividir a quantia de R$ 100,00 entre seus dois filhos em partes inversamente proporcionais às idades, em anos completos, de cada um. Um dos filhos tem 8 anos e o outro, 12 anos. Calcule a quantia que cada filho vai receber.

   Seja x a quantia recebida pelo filho mais novo e seja y a quantia recebida pelo filho mais velho, temos:

   $x \cdot 8 = y \cdot 12 = k \Rightarrow x = \dfrac{k}{8}$ e $y = \dfrac{k}{12} \Rightarrow$

   $x + y = 100 \Rightarrow \dfrac{k}{8} + \dfrac{k}{12} = 100 \Rightarrow$

   $\Rightarrow \dfrac{3k + 2k}{24} = 100 \Rightarrow k = 480 \Rightarrow$

   $x = \dfrac{480}{8} = 60$ e $y = \dfrac{480}{12} = 40$

   Logo, o filho mais novo vai receber R$ 60,00 e o filho mais velho, R$ 40,00.

2. Ao comprar uma televisão cujo preço é R$ 900,00, uma pessoa tinha duas opções para efetuar o pagamento:

   - À vista, com 10% de desconto sobre o preço.
   - Uma entrada no valor de 50% do preço e mais uma parcela, após 30 dias, com juros de 2%.

   Se a pessoa escolher a segunda opção, qual será o valor pago a mais em relação ao pagamento à vista?

   Se optar pelo pagamento à vista, a pessoa pagará 90% de R$ 900,00 ou seja:

   $0,90 \cdot R\$ 900,00 = R\$ 810,00$

   Se optar pelo parcelamento, a pessoa pagará R$ 450,00 + R$ 450,00 + 2% de R$ 450,00, ou seja:

   R$ 450,00 + R$ 450,00 + 0,02 · R$ 450,00 = = R$ 909,00

   Como 909 − 810 = 99, se a pessoa escolher a segunda opção (pagamento parcelado), o valor pago a mais em relação ao pagamento à vista será R$ 99,00.

Exercícios propostos

1. Calcule o valor de x nas seguintes proporções:

   a) $\dfrac{x}{2} = \dfrac{7}{4}$ b) $\dfrac{x+1}{6} = \dfrac{3}{2}$ c) $\dfrac{x}{3} = \dfrac{-2}{x-5}$

2. Os números x, y e 48 são diretamente proporcionais a 3, 12 e 72, nessa ordem.

   a) Determine a constante de proporcionalidade.
   b) Calcule os valores de x e y.

3. Na proporção $\dfrac{x}{y} = \dfrac{3}{4}$ é comum que muitas pessoas concluam imediatamente que x = 3 e y = 4. Explique por que essa conclusão não é correta.

4. Três números x, y e z, tais que x + y + z = 60, são diretamente proporcionais a 2, 3 e 7. Calcule o valor de 3x − y + 2z.

5. Três números x, y e z, tais que x + y + z = 82, são inversamente proporcionais a 2, 3 e 7. Calcule o valor de 3x − y + 2z.

6. "A soma das medidas dos ângulos internos de um triângulo é igual a 180°."

   Considerando que, no triângulo da figura abaixo, as medidas α, β e γ dos ângulos internos são diretamente proporcionais aos números 2, 3 e 7, calcule a medida do maior ângulo interno.

7. Em um hospital trabalham, em média, 1 enfermeiro para cada 6 pacientes e 3 médicos para cada 10 enfermeiros. Calcule o número de pacientes para cada médico.

8. Sabe-se que as medidas dos lados de um triângulo retângulo R são 3 cm, 4 cm e 5 cm.

   As medidas de outro triângulo retângulo S são representadas por a, b e c, e essas medidas são diretamente proporcionais às medidas 3 cm, 4 cm e 5 cm, respectivamente. Com base no enunciado, responda:

   a) Quais são as medidas dos dois catetos do triângulo retângulo S, considerando que sua hipotenusa mede 15 cm?
   b) Qual é a razão entre as medidas da hipotenusa do triângulo R e do triângulo S, nessa ordem?
   c) Qual é a razão entre as medidas do perímetro do triângulo R e do triângulo S, nessa ordem?

9. Uma herança deveria ser dividida entre três irmãos. No testamento, a orientação era fazer a divisão em partes diretamente proporcionais às idades, em anos completos, de cada um. Se no momento da partilha as idades dos três irmãos eram 25, 28 e 32 anos e o valor total da herança era R$ 170.000,00, calcule a quantia que cada irmão recebeu.

10. Podemos obter um percentual qualquer efetuando uma simples multiplicação. Por exemplo, para calcular 20% de 500, basta multiplicar o número 500 por $\dfrac{20}{100}$, ou seja, 500 · 0,20 = 100. Utilizando uma calculadora, determine:

    a) 25% de 1 200.
    b) 12% de 150.
    c) 5% de 800.
    d) 70% de 2 500.
    e) 37,5% de 3 000.

11. Para calcular um número aumentado ou diminuído de um percentual qualquer, basta multiplicar esse número por 100% somado ou subtraído do percentual em questão. Por exemplo, o número 500 aumentado 30% é igual a:

    $500 \cdot \dfrac{130}{100} = 500 \cdot 1,30 = 650$

    E o número 500 diminuído 30% é igual a:

    $500 \cdot \dfrac{70}{100} = 500 \cdot 0,70 = 350$

    Utilizando uma calculadora, determine:

    a) 250 aumentado 20%.
    b) 800 diminuído 20%.
    c) 1 500 aumentado 45%.
    d) 2 000 diminuído 22%.

12. O Imposto de Renda (IR) é calculado com base na tabela da Receita Federal, da seguinte maneira: sobre o rendimento base aplica-se a alíquota correspondente e subtrai-se a parcela a deduzir. A tabela a seguir mostra como se distribuem as faixas de rendimento.

    Tabela progressiva para o cálculo anual do Imposto sobre a Renda da Pessoa Física para o exercício de 2016, ano-calendário de 2015

Base de cálculo (R$)	Alíquota (%)	Parcela a deduzir do IRPF (R$)
Até 22.499,13	-	-
De 22.499,14 até 33.477,72	7,5	1.687,43
De 33.477,73 até 44.476,74	15	4.198,26
De 44.476,75 até 55.373,55	22,5	7.534,02
Acima de 55.373,55	27,5	10.302,70

    Fonte: SUBSECRETARIA DE TRIBUTAÇÃO E CONTENCIOSO. *IRPF* (Imposto sobre a renda das pessoas físicas). 30 jul. 2015. Disponível em: <http://idg.receita.fazenda.gov.br/acesso-rapido/tributos/irpf-imposto-de--renda-pessoa-fisica#c-lculo-anual-do-irpf>. Acesso em: 12 fev. 2016.

    a) Qual é o valor do imposto pago por uma pessoa que possuiu um rendimento anual total de R$ 22.400,00 no ano de 2015?
    b) Qual é o valor do imposto pago por uma pessoa que possuiu um rendimento anual total de R$ 35.500,00 no ano de 2015?

Aumentos e descontos

A situação da economia de uma sociedade, de modo geral, depende também de como está o comércio de bens. Em períodos de recessão, por exemplo, o poder de compra do consumidor diminui consideravelmente.

Nesses momentos, muitas são as campanhas publicitárias para motivar o cliente a consumir, mas a maneira mais simples e conhecida pelos comerciantes é oferecer descontos aos consumidores.

Algumas vezes, esses descontos são ilusórios, pois há lojistas que, inicialmente, aumentam o valor do preço que era praticado, para depois anunciar o desconto.

Nesse sentido, é importante compreendermos alguns aspectos dessa chamada Matemática Comercial, observando os **aumentos** e os **descontos**.

Vamos analisar duas situações.

1ª situação:

Considere o retângulo abaixo e as medidas indicadas.

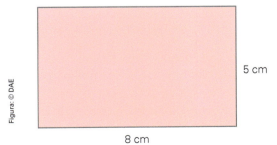

Vamos examinar o que ocorre com a área desse retângulo quando aumentamos 10% a medida da base, que é 8 cm, e 20% a medida da altura, que é 5 cm. Particularmente, queremos saber de quantos por cento será o aumento da área desse retângulo.

- Área inicial do retângulo (A_i):
$$A_i = (8 \text{ cm}) \cdot (5 \text{ cm})$$
$$A_i = 40 \text{ cm}^2$$

- Aumentando as medidas dos lados do retângulo:
Base $\to$ 8 cm + 0,10 · 8 cm = 8,80 cm
Altura $\to$ 5 cm + 0,20 · 5 cm = 6,00 cm

- Área final do retângulo (A_f):
$$A_f = (8,80 \text{ cm}) \cdot (6,00 \text{ cm})$$
$$A_f = 52,8 \text{ cm}^2$$

- Cálculo do aumento da área:

Para determinar o percentual de aumento da área, dividimos a área final pela área inicial, ou seja:

$$\frac{A_f}{A_i} = \frac{52,8 \text{ cm}^2}{40 \text{ cm}^2} \Rightarrow \frac{A_f}{A_i} = 1,32$$

Esta última igualdade pode ser escrita das seguintes maneiras:

- A_f é 132% de A_i
- $A_f = 1,32 \cdot A_i = \frac{132}{100} \cdot A_i$
- $A_f = (1 + 0,32) \cdot A_i$
- $A_f = A_i + 0,32 \cdot A_i$
- A_f é 32% maior que A_i

Assim, concluímos que a área final é 32% maior que a área inicial, isto é, podemos dizer que houve um aumento de 32% da área desse retângulo. Também podemos dizer que a nova área é 132% da área anterior.

Outra maneira de calcular esse percentual de aumento é utilizar uma proporção:

$$\frac{A_f - A_i}{A_i} = \frac{x}{100}$$

$$\frac{52,80 - 40}{40} = \frac{x}{100}$$

$$\frac{12,80}{40} = \frac{x}{100} \Rightarrow x = 32$$

Proporção e porcentagem Capítulo 1 15

2ª situação:

Um carro seminovo foi colocado à venda por R$ 20.000,00. Após algum tempo sem conseguir vendê-lo, o dono do carro abaixou o preço para R$ 16.000,00. De quanto por cento foi essa redução?

- Consideremos que V_i e V_f indicam, respectivamente, o valor inicial e o valor final desse carro. Para saber o percentual de desconto, podemos inicialmente dividir o valor final pelo valor inicial do carro:

$$\frac{V_f}{V_i} = \frac{16\,000}{20\,000} = 0{,}80 \Rightarrow \frac{V_f}{V_i} = 0{,}80$$

Esta última igualdade pode ser escrita das seguintes maneiras:

$$V_f = \underline{0{,}80} \cdot V_i \Rightarrow V_f = \frac{80}{100} \cdot V_i$$
  → V_f é 80% do valor de V_i

$$V_f = (1 - 0{,}20) \cdot V_i$$

$$V_f = \underline{V_i - 0{,}20 \cdot V_i}$$
  → V_f é 20% menor que o valor de V_i

Assim, a redução do preço foi de 20%, ou seja, houve desconto de 20% no valor final do preço do carro.

Enquanto na primeira situação tivemos um aumento, na segunda tivemos um desconto. De modo geral, quando queremos comparar dois valores de uma mesma grandeza V (V_i = valor inicial; V_f = valor final), dividimos o valor final pelo valor inicial. Conforme o resultado dessa divisão, podemos ter:

- $\dfrac{V_f}{V_i} = 1$ (não houve variação)

- $\dfrac{V_f}{V_i} > 1$ (houve aumento)

- $\dfrac{V_f}{V_i} < 1$ (houve redução)

Quando nos referimos particularmente a preços de mercadorias, aquilo que foi chamado de redução é normalmente conhecido como desconto.

Exemplo:

O litro de gasolina custava R$ 3,50. Por conta de variações do preço mundial do petróleo, em um mesmo mês houve dois aumentos: um de 10% e outro de 2% sobre o último valor. De quanto por cento foi o aumento em relação ao preço inicial?

- Podemos calcular esses valores sucessivamente, isto é:

  Valor após o primeiro aumento:

  $3{,}50 + 0{,}10 \cdot (3{,}50) = 3{,}50 + 0{,}35 = 3{,}85$

  Valor após o segundo aumento:

  $3{,}85 + 0{,}02 \cdot (3{,}85) = 3{,}85 + 0{,}077 = 3{,}927$

- Dividindo o valor final pelo valor inicial (antes dos aumentos), temos:

$$\frac{V_f}{V_i} = \frac{3{,}927}{3{,}50} = 1{,}122$$

Assim, concluímos que os dois aumentos sucessivos produziram um aumento correspondente a 12,2% em relação ao preço inicial do litro de gasolina.

- Outra maneira de calcular é encontrar inicialmente o resultado da seguinte multiplicação:

$$1{,}10 \cdot 1{,}02 = 1{,}122$$

Note que, quando multiplicamos determinado valor por 1,10, estamos aumentando 10% esse valor (1 corresponde a 100% e 0,10 corresponde a 10%). Do mesmo modo, multiplicando por 1,02, estamos aumentando 2%. Portanto, quando multiplicamos determinado valor por 1,122 significa que efetuamos um aumento de 12,2% no valor.

Exercícios resolvidos

1. Em uma livraria, um título estava em promoção:

   De R$ 45,80 por R$ 39,40

   Calcule o desconto percentual aplicado nessa promoção.

   $$\frac{39,40}{45,80} \cong 0,86$$

   Portanto, o desconto percentual aproximado aplicado nessa promoção é 0,14, que corresponde a 14%.

2. As dimensões de uma imagem retangular são 60 centímetros (altura) e 1 metro (base). Se aumentarmos 20% essas medidas, qual será o percentual de aumento da área dessa imagem?

   Imagem original.

   Imagem com dimensões aumentadas 20%.

   Se aumentarmos 20% as dimensões dessa imagem, as novas medidas serão:

   60 cm · 1,20 = 72 cm e 100 cm · 1,20 = 120 cm

   A razão entre a área da imagem com dimensões aumentadas 20% e a área da imagem original é:

   $$\frac{72 \cdot 120}{60 \cdot 100} = 1,44$$

   Então, o percentual de aumento da área dessa imagem será 44%.

3. Considera-se que, para um motorista que possui um veículo *flex*, é mais vantajoso abastecer com álcool do que com gasolina quando o preço do litro do álcool for menor 70% do que o preço do litro da gasolina. Se em um posto o preço do litro da gasolina é R$ 3,30 e o do álcool é R$ 2,20, qual é a opção mais econômica para esse tipo de veículo?

   0,7 · R$ 3,30 = R$ 2,31

   R$ 2,31 > R$ 2,20

   Então, para um motorista que possui um veículo *flex*, é mais vantajoso abastecer com álcool.

Exercícios propostos

1. O salário de Pedro, que era de R$ 1.200,00 por mês, teve aumento de 12%. Qual é o valor do salário mensal de Pedro após esse reajuste?

2. O valor de um carro novo, zero quilômetro, desvaloriza 10% no primeiro ano de uso. Se uma pessoa comprar um carro novo por R$ 30.000,00, qual será seu valor de mercado após 1 ano?

3. Ao contrário dos automóveis, o valor de um imóvel tende a ser valorizado com o passar dos anos. Se um apartamento for comprado por R$ 150.000,00 e tiver valorização de 12% ao ano, qual será seu valor de mercado após 1 ano?

4. Um aumento de 20% seguido de um desconto de 10% equivale a um único aumento de *x*%. Calcule o valor de *x*.

5. Dois descontos sucessivos, um de 20% e outro de 30%, equivalem a um único desconto de *x*%. Calcule o valor de *x*.

6. Em uma promoção "Pague 3, leve 4", qual é o desconto oferecido sobre cada unidade vendida?

7. O dono de uma loja de roupas reajustou em 10% o preço de suas mercadorias. Percebendo que as vendas caíram, decidiu fazer uma promoção de 10% de desconto em todos os itens do estoque.

   a) O valor das mercadorias, após o anúncio dessa promoção, é menor, igual ou maior que o valor cobrado antes do aumento dos preços?

   b) Qual é a diferença, em ponto percentual, entre o valor cobrado antes do aumento e o valor cobrado após o anúncio da promoção?

8. Uma pessoa comprou um televisor e um aparelho de DVD. O preço do televisor era R$ 1.000,00 e o do aparelho de DVD era R$ 200,00. Por comprar à vista, essa pessoa recebeu 16% de desconto no preço do televisor e 10% de desconto no preço do aparelho de DVD. Considerando o valor total da compra, qual foi o desconto obtido?

9. A medida do raio de uma circunferência é igual a 10 centímetros, como indicado na figura:

   a) Se a medida desse raio aumentar 30%, qual será o aumento percentual do comprimento da circunferência?

   b) Nessas mesmas condições, qual será o aumento percentual da área do círculo limitado pela circunferência?

CAPÍTULO 2

JURO SIMPLES

Uma pessoa deseja aplicar um **capital** em uma instituição financeira.

Algumas perguntas normalmente feitas por essa pessoa são:

— Qual é a **aplicação financeira** que tem maior **rendimento**?

— Qual é a **taxa de aplicação** mensal?

Na instituição financeira, para responder a essas perguntas, é frequente o gerente também fazer outras, como:

— Qual é o capital que deseja aplicar?

— Qual é o tempo de aplicação?

As questões acima utilizam certos termos que são muito frequentes em instituições financeiras e transações comerciais. Além de serem utilizados os termos capital, aplicação, rendimento, taxa e tempo, outros também são empregados, como **correção**, **juros** e **montante**. Vamos estudar alguns deles neste e no próximo capítulo.

Juro simples

Inicialmente, quando falamos em capital (C), estamos nos referindo a uma quantia em dinheiro que poderá ser emprestada ou investida. O termo juros (J) refere-se à quantia em dinheiro cobrada pelo emprestador, pelo uso do dinheiro, ou paga pelo tomador do empréstimo. Observe a seguinte situação:

Aplicamos um capital de R$ 4.000,00 em um investimento qualquer de um banco; logo, podemos dizer que estamos emprestando essa quantia ao banco. O período ou tempo de aplicação (t) é 1 mês. Verificamos que o saldo é R$ 4.040,00 após esse período, significa que houve um aumento de R$ 40,00 por conta de juros. Observe que esses juros correspondem a 1% de R$ 4.000,00. Esse percentual é chamado taxa de juros (i). O valor R$ 4.040,00, correspondente à soma do capital aplicado com os juros gerados por essa aplicação, é denominado montante (M).

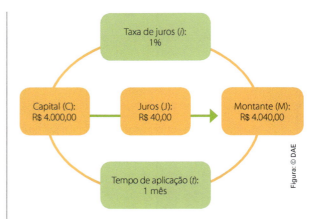

Antes de estabelecer uma relação matemática envolvendo o capital, o tempo de aplicação, a taxa de juros e o montante, vamos observar alguns exemplos.

Exemplo:

Fábio emprestou para o irmão dele a importância de R$ 10.000,00 a uma taxa mensal fixa de 1%. Vamos calcular os valores da dívida, ao longo de 5 meses (observe a tabela a seguir), considerando que não houve qualquer pagamento e que Fábio combinou com o irmão que os juros de 1% seriam sempre sobre o valor do empréstimo.

Período	Cálculo dos juros	Juros	Montante
1º mês	0,01 · R$ 10.000,00	R$ 100,00	R$ 10.100,00
2º mês	0,01 · R$ 10.000,00	R$ 100,00	R$ 10.200,00
3º mês	0,01 · R$ 10.000,00	R$ 100,00	R$ 10.300,00
4º mês	0,01 · R$ 10.000,00	R$ 100,00	R$ 10.400,00
5º mês	0,01 · R$ 10.000,00	R$ 100,00	R$ 10.500,00

OBSERVAÇÕES:
1. A taxa e o tempo devem ser expressos na mesma unidade de tempo, ou seja, se o tempo for expresso em meses, a taxa deverá ser expressa em % ao mês; se o tempo for expresso em anos, a taxa deverá ser expressa em % ao ano etc. Por exemplo: 2% ao mês durante 5 meses; 10% ao ano durante 6 anos etc.
2. Se, ao fim de cada período de aplicação (mês, por exemplo), os juros são calculados sempre em relação ao capital inicial, dizemos que a modalidade é **juro simples**.

Exemplo:

Um capital de R$ 6.000,00, aplicado a uma taxa de juro simples de 15% ao ano, gerou um montante de R$ 9.600,00 depois de certo tempo. Determine esse tempo.

- Para saber os juros correspondentes, efetuamos a seguinte subtração:

$J = M - C$

$J = 9\,600 - 6\,000 \Rightarrow J = 3\,600$

- Cálculo dos juros por ano:

$0{,}15 \cdot 6\,000 = 900$

- Cálculo da quantidade de anos:

$t = \dfrac{3600}{900} \Rightarrow t = 4$ anos

Portanto, o capital ficou aplicado durante 4 anos completos.

Vamos obter duas relações matemáticas que permitirão calcular os juros de uma aplicação e também o montante correspondente. Para tanto, considere que um capital (C) aplicado a uma taxa fixa (*i*), na modalidade de juro simples, rende juros (J) ao fim de *t* períodos de aplicação. Vamos determinar os juros após *t* períodos de aplicação e o montante correspondente.

- Cálculo dos juros em cada período:

1 período de aplicação ⟶ $J_1 = i \cdot C = C \cdot i$

2 períodos de aplicação ⟶ $J_2 = (i \cdot C) \cdot 2 = C \cdot i \cdot 2$

3 períodos de aplicação ⟶ $J_3 = (i \cdot C) \cdot 3 = C \cdot i \cdot 3$

4 períodos de aplicação ⟶ $J_4 = (i \cdot C) \cdot 4 = C \cdot i \cdot 4$

⋮

t períodos de aplicação ⟶ $J_t = (i \cdot C) \cdot t = C \cdot i \cdot t$

- Cálculo do montante:

Como o montante (M), em uma aplicação, é o resultado da adição do capital aplicado, também chamado capital inicial, aos juros gerados, podemos escrever:

$M = C + J$

$M = C + C \cdot i \cdot t \Rightarrow M = C \cdot (1 + i \cdot t)$

> O montante (M) gerado por um capital (C), que foi aplicado na modalidade de juro simples, durante *t* períodos, a uma taxa fixa (*i*), é dado por $M = C \cdot (1 + i \cdot t)$, em que *i* e *t* são expressos na mesma unidade de tempo.

Exercícios resolvidos

1. Uma pessoa aplicou R$ 5.000,00 com rendimento de 0,8% ao mês, na modalidade de juro simples, durante 10 meses.

a) Quanto essa pessoa vai receber de rendimento ao fim dessa aplicação?

b) Qual será o montante que essa pessoa vai receber?

a) Temos:

$J = C \cdot i \cdot t \Rightarrow J = 5\,000 \cdot 0{,}008 \cdot 10 \Rightarrow J = 400$

Logo, essa pessoa vai receber de rendimento R$ 400,00 ao fim dessa aplicação.

b) Temos:

$M = C \cdot (1 + i \cdot t) \Rightarrow M = 5\,000 \cdot (1 + 0{,}008 \cdot 10) = 5\,400$.

Portanto, o montante que essa pessoa vai receber será R$ 5.400,00.

2. Um capital de R$ 10.000,00 aplicado a uma taxa de Juro simples ao mês, ao fim de 2 anos, 6 meses e 15 dias, gera um montante de R$ 11.830,00. Qual é a taxa de juro simples aplicada?

Temos que 2 anos, 6 meses e 15 dias equivalem a:

$24 + 6 + 0{,}5 = 30{,}5$; 30,5 meses

Pela relação de montante, temos:

$M = C \cdot (1 + i \cdot t) \Rightarrow 11\,830 = 10\,000 \cdot (1 + i \cdot 30{,}5) \Rightarrow$

$\Rightarrow 1{,}183 = 1 + i \cdot 30{,}5 \Rightarrow 0{,}183 = i \cdot 30{,}5 \Rightarrow i = 0{,}006$

Logo, a taxa aplicada é 0,6% ao mês.

3. Para comprar um carro, uma pessoa fechou o seguinte acordo: pagar 20% do valor do carro à vista, e o restante, a uma taxa fixa de 0,5% ao mês sobre 80% do valor inicial do carro, dividido em 12 parcelas, que gerariam R$ 10.600,00 de montante. Qual é o valor inicial do carro?

Sendo C igual a 80% do valor inicial do carro, temos:

$M = C \cdot (1 + i \cdot t) \Rightarrow 10\,600 = C \cdot (1 + 0{,}005 \cdot 12) \Rightarrow$

$\Rightarrow 10\,600 = C \cdot (1{,}06) \Rightarrow C = 10\,000$

Chamando o valor inicial do carro de V, temos:

$\dfrac{100}{80} = \dfrac{V}{10\,000} \Rightarrow V = 12\,500$

Logo, o valor inicial do carro é R$ 12.500,00.

Exercícios propostos

1. Qual é a taxa anual de juro simples proporcional à taxa de 1,5% ao mês?

2. João pediu emprestado a Vítor a quantia de R$ 800,00. Como são amigos há muito tempo, decidiram que, ao fim de 12 meses, a dívida seria quitada a uma taxa de Juro simples de 1% ao mês. Qual é o valor que João deverá pagar a Vítor?

3. Qual é o total de juro simples gerado por um capital de R$ 3.000,00 aplicado durante 8 meses a uma taxa de 2,5% ao mês?

4. Qual é o montante gerado por um capital de R$ 650,00 aplicado a uma taxa de juro simples de 1,8% ao mês durante o período de 10 meses?

5. Uma filha pediu ao pai que lhe emprestasse a quantia de R$ 10.000,00 para iniciar um negócio. Depois de 15 meses, a filha pagou o total de R$ 10.750,00 ao pai. Qual é a taxa mensal de juro simples cobrada pelo empréstimo?

6. Calcule o valor que deve ser aplicado a uma taxa de juro simples de 0,8% ao mês, durante 36 meses, para que o montante gerado seja igual a R$ 2.434,32.

7. Qual é o montante gerado por um capital de R$ 5.000,00 aplicado a uma taxa de Juro simples de 1,2% ao mês durante 204 dias? (Considere o mês comercial, de 30 dias.)

8. Qual é o tempo mínimo para que um capital aplicado a uma taxa de Juro simples de 4% ao mês seja triplicado?

9. Elabore uma situação que envolva uma compra, na modalidade de juro simples, a uma taxa de 2% ao mês, paga em 10 parcelas mensais. Depois, troque com um colega para que cada um resolva a situação que o outro criou.

Embora, nos exemplos apresentados anteriormente, não tenhamos utilizado a fórmula do cálculo do montante, caso queira, você poderá fazê-lo. Note que essa modalidade é a de Juro simples, isto é, aplicamos a taxa sobre o capital inicial. Existe outra modalidade de juros que veremos no capítulo seguinte.

Juro simples e progressão aritmética

Vimos que o cálculo de juro simples é feito sobre o capital inicial. Assim, quando a taxa é fixa, os juros ao longo de cada período são constantes. A sequência formada pelos montantes correspondentes, nessas condições, é uma progressão aritmética de razão igual ao valor dos juros em cada período de aplicação. Vamos exemplificar.

Resolva os exercícios no caderno.

Questões e reflexões

1. Como você define uma progressão aritmética?
2. Considere que $a_n = 7n + 2$ representa o termo geral de uma progressão aritmética. Qual é a razão dessa sequência?

Exemplo:

Um empréstimo no valor de R$ 40.000,00 foi feito entre duas pessoas, na modalidade de Juro simples, a uma taxa fixa de 1,5% ao mês. Sabe-se que tal empréstimo foi pago ao fim de 8 meses. Qual é o montante pago conforme as condições estabelecidas?

- Cálculo do montante (com base na fórmula estabelecida anteriormente):
  $M = C \cdot (1 + i \cdot t)$
  $M = 40\,000 \cdot (1 + 0{,}015 \cdot 8)$
  $M = 40\,000 \cdot 1{,}12 \Rightarrow M = 44\,800$

- Cálculo do montante (utilizando a fórmula do termo geral da progressão aritmética para a sequência formada pelos montantes):

  Primeiro, calculamos a razão e o 1º termo (montante ao fim do 1º período):

$r = 0,015 \cdot 40\,000 = 600$

$a_1 = 40\,000 + 600 = 40\,600$

Depois, calculamos o montante utilizando a fórmula do termo geral da progressão aritmética:

$a_n = a_1 + (n-1) \cdot r$

$a_8 = a_1 + 7r$

$a_8 = 40\,600 + 7 \cdot 600 \Rightarrow a_8 = 44\,800,00$

Portanto, o montante pago é R$ 44.800,00.

Observação:
A progressão aritmética formada pelos montantes nesse exemplo apresentado é (40 600, 41 200, 41 800, ..., 44 800)

Juro simples e função

Vamos retomar o exemplo apresentado anteriormente a respeito do cálculo do montante. Como a taxa de juros é fixa (1,5% de R$ 40.000,00), o valor dos juros, período a período, pode ser obtido por meio de uma função, isto é:

$J = f(t) = 600 \cdot t \ (t \in \mathbb{N})$

Assim, atribuindo valores à variável t, obtemos valores para a variável J, ou seja:

t (meses)	$J = f(t)$ (reais)
0	0
1	600
2	1 200
3	1 800
4	2 400

Observações:
1. Caso representemos esses valores em um plano cartesiano, podemos ver que os pontos estão alinhados, como a seguir:

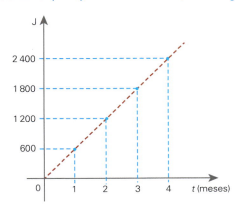

2. As grandezas juros (J) e tempo (t), nesse exemplo, são diretamente proporcionais.

Vamos considerar agora a função que fornece o montante.

A função correspondente ao montante, nesse exemplo, depende do tempo (**t**), ou seja:

$M = C + J$

$M = 40\,000 + 600 \cdot t \Rightarrow$

$\Rightarrow M = f(t) = 40\,000 + 600 \cdot t \ (t \in \mathbb{N})$

Podemos determinar pares ordenados atribuindo-se valores à variável independente t, como sugere a tabela a seguir:

t (meses)	$M = f(t)$ (reais)
0	40 000
1	40 600
2	41 200
3	41 800
4	42 400

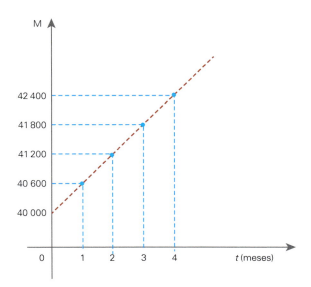

Desse modo, também temos o gráfico formado por pontos alinhados.

Exercícios resolvidos

1. João pediu emprestada à irmã a quantia de R$ 5.000,00. Os irmãos combinaram que a taxa de juros seria de 2% ao mês na modalidade de Juro simples. Caso João não pague a dívida, após quantos meses essa dívida chegará ao valor de R$ 7.800,00?

Podemos escrever os valores da dívida como termos de uma PA, na qual a posição do termo representa o valor da dívida:
(5 100, 5 200, 5 300, ..., 7 800)
Temos:
$a_n = a_1 + (n-1) \cdot r \Rightarrow 7800 = 5100 + (n-1) \cdot 100 \Rightarrow$
$\Rightarrow n = 28$
Portanto, após 28 meses, a dívida chegará ao valor de R$ 7.800,00.

2. Um produtor vende aos feirantes cogumelos por R$ 30,00 o quilograma. Ele combinou com os feirantes que aumentaria o preço do quilograma 1% ao mês na modalidade de juro simples. Escreva uma função que determine o preço do quilograma do cogumelo x meses após o início dos aumentos de 1% ao mês.
Observe a tabela:

Mês	Preço do quilograma de cogumelos (em reais)
1	$30 + 0,01 \cdot 30 = 30,3 = 30 + 1 \cdot 0,3$
2	$30,3 + 0,01 \cdot 30 = 30,6 = 30 + 2 \cdot 0,3$
3	$30,6 + 0,01 \cdot 30 = 30,9 = 30 + 3 \cdot 0,3$
⋮	⋮
x	$P = 30 + x \cdot 0,3$

Então, o preço do quilograma do cogumelo x meses após o início dos aumentos é dado pela função:
$P(x) = 30 + 0,3x$

Exercícios propostos

1. Um capital, aplicado a Juro simples, gera montante de R$ 537,50 em 5 meses e R$ 560,00 em 8 meses. Calcule o capital aplicado e a taxa de juros utilizada.

2. Um capital foi aplicado por x meses a uma taxa de 2% de Juro simples ao mês, gerando um montante de R$ 3.100,00. Se tivesse sido aplicado por $x + 5$ meses, geraria um montante de R$ 3.350,00. Calcule o capital aplicado e o valor de x.

3. Roseli adquiriu um televisor que custava R$ 800,00 à vista da seguinte maneira:
- uma entrada no valor de R$ 450,00.
- o restante 2 meses após a compra, no valor de R$ 406,00.

Qual é a taxa mensal de juro simples utilizada no parcelamento?

4. Três capitais são aplicados a Juro simples: o primeiro a uma taxa de 2% ao mês durante 24 meses; o segundo a uma taxa de 2,4% ao mês durante 30 meses; o terceiro a uma taxa de 1,8% ao mês durante 20 meses. Sabendo que o valor do segundo é igual ao dobro do primeiro, que a soma dos três é igual a R$ 11.000,00 e que juntos, esses capitais geraram um montante de R$ 16.640,00; calcule o valor de cada um dos três capitais aplicados.

5. Maria Eduarda aplicou a quantia de R$ 15.000,00 da seguinte maneira:
- a terça parte em fundos de investimentos, a uma taxa de juro simples de 2% ao mês.
- a quinta parte na poupança, a uma taxa de juro simples de 1% ao mês.
- o restante investiu em ações com juro simples de 4% ao mês.

Evidentemente que uma aplicação que oferece um rendimento maior tem maior risco de perdas. Mas considerando que ao fim de 1 ano a economia se manteve estável e todas as taxas de juros não foram alteradas, calcule o montante resgatado por Maria Eduarda após 1 ano.

6. Marina emprestou a quantia de R$ 1.000,00 de uma amiga a uma taxa de 2% de Juro simples ao mês. Para se organizar melhor, fez uma tabela para saber qual será o valor da dívida após certo número de meses, uma vez que não foi estipulado um prazo para a quitação.

Tempo (meses)	Valor da dívida (R$)
1º mês	$1000,00 + 0,02 \cdot 1000,00 = 1020,00$
2º mês	$1000,00 + 2 \cdot 0,02 \cdot 1000,00 = 1040,00$
3º mês	$1000,00 + 3 \cdot 0,02 \cdot 1000,00 = 1060,00$
4º mês	$1000,00 + 4 \cdot 0,02 \cdot 1000,00 = 1080,00$
5º mês	$1000,00 + 5 \cdot 0,02 \cdot 1000,00 = 1100,00$
⋮	⋮

Após escrever as primeiras linhas dessa tabela, Marina percebeu que os valores da dívida formavam uma progressão aritmética. Dessa maneira, poderia obter qualquer valor utilizando o termo geral da PA, ou seja, $a_n = a_1 + (n-1) \cdot r$. Calcule o valor que Marina deverá pagar após 24 meses.

7. (FGV-SP) João adquiriu um aparelho de som dando uma entrada de R$ 250,00 mais uma parcela de R$ 400,00 dois meses após a compra. Sabendo que o preço à vista do aparelho é de R$ 600,00:

a) qual a taxa de juro simples do financiamento?

b) após quantos meses da compra deveria vencer a parcela de R$ 400,00 para que a taxa de juro simples do financiamento fosse de 2,5% ao mês?

8. Crie um exercício que envolva a aplicação de um capital com rendimento mensal na modalidade de juro simples. Depois, troque com um colega para que cada um resolva o exercício que o outro criou.

Unidade 1 Matemática Financeira

JUROS COMPOSTOS

CAPÍTULO 3

No capítulo anterior, vimos situações relacionadas a juro simples. Nelas, os juros recaíam somente sobre o capital inicial. Na prática, sabemos que, quando se aplica uma quantia ou se contrai um empréstimo, a modalidade de juros utilizada não é a de juro simples, mas a de juros compostos. Assim, o montante (aplicação financeira ou dívida de um empréstimo), caso não seja pago, aumenta exponencialmente.

Na modalidade de juros compostos, os juros não incidem sobre o capital inicial, mas sobre o saldo devedor.

Vamos considerar a seguinte situação em que os juros incidem sobre o saldo devedor:

Mateus fez um empréstimo bancário no valor de R$ 50.000,00. Combinou com a gerente que pagaria juros de 2% ao mês. Caso não pagasse, seriam cobrados juros sobre juros, isto é, juros compostos. Como Mateus não pagou nada nos 5 primeiros meses, qual é o valor de sua dívida?

- Um procedimento para saber o valor da dívida de Mateus é calcular mês a mês o montante, isto é, o capital acrescido de juros:

$M_1 = 50\,000,00 + 0,02 \cdot 50\,000,00 = 51\,000,00$

$M_2 = 51\,000,00 + 0,02 \cdot 51\,000,00 = 52\,020,00$

$M_3 = 52\,020,00 + 0,02 \cdot 52\,020,00 = 53\,060,40$

$M_4 = 53\,060,40 + 0,02 \cdot 53\,060,40 \cong 54\,121,61$

$M_5 = 54\,121,61 + 0,02 \cdot 54\,121,61 \cong 55\,204,04$

Note que o capital considerado para calcular M_2 é M_1, para M_3 é M_2, e assim por diante.

Desse modo, a dívida de Mateus é de R$ 55.204,04. O acréscimo de R$ 5.204,04 corresponde aos juros cobrados pelo não pagamento. Como temos juros sobre juros, dizemos que nesse empréstimo é utilizada a modalidade de juros compostos.

Juros compostos

Na situação apresentada anteriormente, os juros gerados em cada período de aplicação (meses, no exemplo) são incorporados ao capital para o cálculo dos juros no período seguinte. Portanto, dizemos que o crescimento do capital é segundo um regime de capitalização composta.

Vamos analisar essas duas modalidades de juros observando o quadro comparativo a seguir, em que são apresentados os cálculos de um empréstimo no valor de R$ 50.000,00 na modalidade de juro simples e na de juros compostos com a mesma taxa de 2% ao mês, ao longo de 5 meses:

Período	Juro simples	Juros compostos
1º mês	51 000,00	51 000,00
2º mês	52 000,00	52 020,00
3º mês	53 000,00	53 060,40
4º mês	54 000,00	54 121,61
5º mês	55 000,00	55 204,04

Os valores da tabela são os montantes que você poderá obter com a calculadora. Percebe-se que, enquanto o cálculo de juro simples é feito apenas em relação ao capital inicial, o de juros compostos é feito sobre o montante do período anterior.

Vamos agora considerar um capital (C), aplicado na modalidade de juros compostos, a uma taxa fixa mensal de $i\%$. Queremos obter uma relação matemática que permita calcular o montante após t meses de aplicação. Observe a seguir que $M_1, M_2, M_3, ..., M_t$ são os montantes após 1 mês, 2 meses, 3 meses, ..., t meses de aplicação:

$M_1 = C + i \cdot C \Rightarrow M_1 = C \cdot (1 + i)$

$M_2 = C \cdot (1 + i) + i \cdot C \cdot (1 + i) = C \cdot (1 + i) \cdot (1 + i) \Rightarrow$
$\Rightarrow M_2 = C \cdot (1 + i)^2$

$M_3 = C \cdot (1 + i)^2 + i \cdot C \cdot (1 + i)^2 = C \cdot (1 + i)^2 \cdot (1 + i) \Rightarrow$
$\Rightarrow M_3 = C \cdot (1 + i)^3$

$M_4 = C \cdot (1 + i)^3 + i \cdot C \cdot (1 + i)^3 = C \cdot (1 + i)^3 \cdot (1 + i) \Rightarrow$
$\Rightarrow M_4 = C \cdot (1 + i)^4$

⋮ (t meses)

$M_t = C \cdot (1 + i)^t$

Para facilitar, a relação acima foi obtida considerando a taxa e o período de aplicação na unidade de tempo mês. Essa mesma relação é válida desde que a taxa de juros e o período estejam na mesma unidade de tempo. Assim, de modo geral, temos:

> O montante (M) gerado por um capital (C), que foi aplicado a uma taxa fixa (i), durante t períodos, na modalidade de juros compostos, pode ser calculado pela relação $M_t = C \cdot (1 + i)^t$, em que i e t são expressos na mesma unidade de tempo.

Exemplo:

Qual é o montante correspondente a 6 meses de aplicação da quantia de R$ 50.000,00, na modalidade de juros compostos, a uma taxa fixa mensal de 2%?

- Note que esse exemplo se refere ao mesmo valor que consta no quadro anterior. Para calcular o montante após 6 meses, devemos utilizar a fórmula da relação matemática já citada:

$M_t = C \cdot (1 + i)^t$
$M_6 = 50\,000 \cdot (1 + 0{,}02)^6$
$M_6 = 50\,000 \cdot 1{,}02^6$
$M_6 \cong 50\,000 \cdot 1{,}1261624 \Rightarrow M_6 \cong 56\,308{,}12$

Portanto, o montante correspondente é de, aproximadamente, R$ 56.308,12.

Obervações:

1. Para calcular $1{,}02^6$ numa calculadora simples, digitamos:

    $\boxed{1}\ \boxed{,}\ \boxed{0}\ \boxed{2}$

    depois a tecla $\boxed{\times}$ e em seguida a tecla $\boxed{=}$ 5 vezes.

2. Na modalidade de juros compostos, os acréscimos sobre o capital (C) são sucessivos com taxas de acréscimos iguais, taxa fixa (i). Assim, poderíamos escrever a fórmula para o cálculo do montante da seguinte maneira:

    $M_t = C \cdot \underbrace{(1 + i) \cdot (1 + i) \cdot (1 + i) \cdot \ldots \cdot (1 + i)}_{t\ vezes}$

3. Considerando que as taxas de acréscimos são $i_1, i_2, i_3, \ldots, i_t$ (não necessariamente iguais), essa relação corresponde a:

    $M_t = C \cdot (1 + i_1) \cdot (1 + i_2) \cdot (1 + i_3) \cdot \ldots \cdot (1 + i_t)$

Exercícios resolvidos

1. Um capital de R$ 10.000,00 foi aplicado, na modalidade de juros compostos, a uma taxa de 10% ao mês.

a) Qual é o montante dessa aplicação após 4 meses?
b) Qual é o rendimento dessa aplicação após 4 meses?

a) $M = C \cdot (1 + i)^t \Rightarrow M = 10\,000(1 + 0{,}1)^4 =$
$= 10\,000 \cdot 1{,}4641 = 14\,641$

Logo, o montante após 4 meses é R$ 14.641,00.

b) $14\,641 - 10\,000 = 4\,641$

Portanto, o rendimento após 4 meses é R$ 4.641,00.

2. João comprou um terreno em uma região cuja valorização é 20% a cada ano. Após 4 anos, esse terreno está valendo R$ 103.680,00. Quanto João pagou por esse terreno?

$M = C \cdot (1 + i)^t \Rightarrow 103\,680 = C \cdot (1 + 0{,}2)^4 \Rightarrow$
$\Rightarrow 103\,680 = C \cdot 2{,}0736 \Rightarrow C = 50\,000$

Logo, João pagou R$ 50.000,00 por esse terreno.

3. Em 3 anos, uma dívida aumentou de R$ 3.000,00 para R$ 10.125,00. Considerando que a dívida sofreu correções na modalidade de juros compostos, qual é a taxa anual de juros dessa dívida?

$M = C \cdot (1 + i)^t \Rightarrow 10\,125 = 3\,000 \cdot (1 + i)^3 \Rightarrow$
$\Rightarrow 3{,}375 = (1 + i)^3 \Rightarrow 1{,}5 = 1 + i \Rightarrow i = 0{,}5$

Portanto, a taxa é 50% ao ano.

Exercícios propostos

1. Qual é o montante gerado pela aplicação de um capital de R$ 10.000,00, a uma taxa de juros compostos de 2% ao mês, durante 3 meses?

2. Em um banco, uma pessoa fez um empréstimo no valor de R$ 40.000,00. A taxa mensal de juros compostos é igual a 1,6%. Se a dívida for paga após 8 meses, qual será o valor total pago?

(Utilize a aproximação $(1{,}016)^8 \cong 1{,}1354$.)

3. Qual é o montante gerado em uma aplicação de R$ 2.000,00, a uma taxa de juros compostos de 1% ao mês, durante 60 meses?

(Utilize a aproximação $(1{,}01)^{60} \cong 1{,}8167$.)

4. Um capital foi aplicado durante 3 anos, a uma taxa de juros compostos de 30% ao ano, gerando o montante de R$ 10.985,00. Qual foi o capital aplicado?

5. Qual é a taxa mensal, na modalidade de juros compostos, cobrada por um banco se, ao fazer um empréstimo de R$ 8.000,00, o valor total a ser pago após 1 mês é igual a R$ 8.240,00?

6. Se um capital for aplicado a uma taxa de juros compostos de 25% ao ano, ao fim de 4 anos, o montante gerado será menor, igual ou maior que o dobro do capital inicial aplicado?

7. Uma pessoa deixou de pagar a fatura do cartão de crédito, cujo valor é corrigido a juros compostos. Essa dívida aumentou 33,1% em 3 meses. Calcule a taxa de juros mensais cobrada.

8. Pedro deseja comprar o carro de Paulo, mas ainda não tem dinheiro suficiente. Considerando que o carro custa R$ 25.000,00 e Pedro vai aplicar R$ 22.000,00 em um fundo de investimento que rende 1% ao mês, em 12 meses Pedro conseguirá comprar o carro de Paulo, dispondo apenas do dinheiro aplicado? (Utilize a aproximação $(1{,}01)^{12} \cong 1{,}1268$.)

9. Carlos aplicou um capital a uma taxa de Juro simples de 20% ao ano, durante 3 anos. Se Carlos tivesse aplicado na modalidade de juros compostos, teria recebido, com a mesma taxa, R$ 2.304,00 a mais. Calcule o capital aplicado.

10. No início do ano, as pessoas geralmente ficam em dúvida se é vantajoso, do ponto de vista financeiro, pagar o IPTU (Imposto Predial e Territorial Urbano) à vista, com desconto de 7%, ou em 10 vezes iguais, sem desconto. Considerando que a caderneta de poupança paga 0,6% de juros ao mês, decida se é vantagem pagar à vista ou parcelado, deixando o dinheiro na poupança. (Utilize uma calculadora.)

TEXTOS DA MATEMÁTICA

Atualmente, as pessoas que trabalham no mercado financeiro utilizam calculadoras e também programas especiais em computadores. Assim, as simulações e os cálculos necessários são realizados rapidamente. Porém, nem sempre foi assim. O texto a seguir pretende contar um pouco dessa história.

Os termos relacionados a "depósito", "juros" e "crédito" encontram-se em registros entre os anos 1450 e 1650. Esses termos aparecem como *depositum*, do latim *ponere* (pôr), *juro* (jurar) e *credere* (acreditar).

Em 1618 foi publicada uma segunda edição do trabalho *Mirifici logarithmorum canonis descriptio*, de John Napier, matemático relacionado ao surgimento dos logaritmos. É nesse trabalho que aparece a constante matemática $e = 2,718281...$

Napier teria chegado a essa constante a partir de alguns ensaios referentes ao cálculo de juros compostos. John Napier (barão de Merchiston) nasceu nas proximidades de Edinburg, no ano de 1550. Sempre teve uma vida em meio a conforto, pois, ao contrário de muitos homens considerados importantes para o desenvolvimento da Ciência, era de uma condição financeira muito boa. Apesar de sua condição social, preferia as atividades intelectuais. Teve importantes professores contratados por seu pai e, aos 13 anos de idade, ingressou na Universidade de St. Andrews, onde teve destaque pela sua grande capacidade intelectual.

No ano de 1585, ficou conhecido em toda a Escócia pela invenção de máquinas destinadas à guerra. Eram engenhos utilizados para arremessar bolas de ferro a certas distâncias e com precisões excelentes para a época. Isso parece ter sido motivo de arrependimento, pois estava dando a seus patrícios o poder de destruição. Tornou-se internacionalmente famoso como matemático no ano de 1590, pela descoberta dos logaritmos. Seu achado representava uma colaboração muito grande na resolução de complicados problemas decorrentes da Astronomia. Entre tantos admiradores e seguidores dos estudos e descobertas de Napier encontrava-se Henry Briggs (1561-1630), professor conceituado de Matemática em Oxford. Em 1615, Briggs procurou Napier. Encontraram-se no castelo de Napier, na Escócia, e tiveram daquelas discussões intelectuais: discutiram sobre possíveis modificações no sistema de logaritmos. Um resultado provável dessa discussão teria sido que Briggs ajudou Napier em pelo menos duas obras, publicadas após sua morte: *Logarithmorum chilia prima* (em 1617) e *Arithmetica logarithmica* (em 1624).

O pai de Napier era um homem muito rico e frequentemente arrendava terras e acabava emprestando dinheiro. Como troca pelos seus empréstimos, recebia juros. É aí que entra Napier. Provavelmente pelo fato de estar auxiliando seu pai nos negócios, Napier chegou ao número 2,718281...

Esse texto foi elaborado a partir do livro de Eli Maor, e: a história de um número. Tradução Jorge Calife. Essa obra foi publicada em 2003, pela Editora Record.

QUESTÕES

1. Em qual obra/trabalho de Napier aparece a constante matemática $e = 2,718281...$?
2. No ano de 1585, como Napier ficou conhecido na Escócia?
3. Qual foi a descoberta, realizada por Napier, que o tornou um matemático internacionalmente famoso? Em que ano isso aconteceu?

Progressão geométrica e logaritmos

No início deste capítulo, vimos como calcular os montantes mensais de um capital (C) aplicado a juros compostos a uma taxa fixa mensal (*i*).

Observe novamente a sequência formada pelos montantes ao longo de *n* meses (ou *t* meses):

$M_1 = C \cdot (1+i)$
$M_2 = C \cdot (1+i)^2$
$M_3 = C \cdot (1+i)^3$
$M_4 = C \cdot (1+i)^4$
⋮
após *n* meses
$M_n = C \cdot (1+i)^n$

Progressão geométrica de razão: $(1+i)$

Questões e reflexões

1. Como você define uma progressão geométrica?
2. Considerando que $a_n = 2^{n-1}$ representa o termo geral de uma progressão geométrica. Qual é a razão dessa sequência?

Assim, como os montantes estão em progressão geométrica, poderíamos obtê-los utilizando a fórmula do termo geral da progressão geométrica. Considerando que o primeiro termo dessa sequência corresponde ao montante M_1 e a razão é $(1+i)$, temos:

$a_n = a_1 \cdot q^{n-1}$ (termo geral da PG)

$M_n = M_1 \cdot (1+i)^{n-1}$

e como $M_1 = C \cdot (1+i)$ temos:

$M_n = C \cdot (1+i) \cdot (1+i)^{n-1} \Rightarrow M_n = C \cdot (1+i)^n$

Existem situações relacionadas a juros nas quais precisaremos determinar o tempo de aplicação de uma quantia. Nesses casos, utilizaremos o conhecimento de logaritmos.

Analise a seguir cada um dos exemplos.

Exemplo:

Expresse o tempo (*n*) de uma aplicação em função do montante (M_n) e da taxa de aplicação (*i*) nesse mesmo tempo, isto é, obtenha (*n*) na fórmula do montante.

- Como a calculadora nos fornece logaritmo na base 10, observando propriedades dos logaritmos podemos isolar (*n*), isto é:

$M_n = C \cdot (1+i)^n$
↓ (I)
$\log_{10} M_n = \log_{10} [C \cdot (1+i)^n]$
↓ (II)
$\log_{10} M_n = \log_{10} C + \log_{10} (1+i)^n$
↓ (III)
$\log_{10} M_n = \log_{10} C + n \cdot \log_{10} (1+i)$
↓ (IV)
$\log_{10} M_n - \log_{10} C = n \cdot \log_{10} (1+i)$
↓ (V)
$\dfrac{\log_{10} M_n - \log_{10} C}{\log_{10} (1+i)} = n$

Observe que, utilizando uma calculadora, podemos determinar o tempo (*n*) de aplicação, conhecendo o montante, o capital inicial e a taxa de aplicação.

Questões e reflexões

1. Explique cada uma das passagens de (I) a (V) nos cálculos do exemplo anterior.
2. Como a calculadora fornece logaritmo na base *e*, obtenha, no exemplo, o tempo (*n*) de aplicação utilizando apenas logaritmo na base *e*.

Exemplo:

Um capital (C) foi aplicado a uma taxa fixa mensal de 2% na modalidade de juros compostos. Após quantos meses o montante corresponderá ao dobro do capital aplicado?

- Estabelecemos a condição de que o montante será igual ao dobro do capital (C), isto é:

$M_t = C \cdot (1+i)^t$
$2 \cdot C = C \cdot (1+0{,}02)^t$
$2 = 1{,}02^t$

- Aplicando logaritmo na base 10 nos dois membros dessa igualdade e utilizando uma calculadora para obter os valores dos logaritmos, temos:

$\log_{10} 2 = \log_{10} 1{,}02^t$
$\log_{10} 2 = t \cdot \log_{10} 1{,}02$
$0{,}30103 \simeq t \cdot 0{,}0086 \Rightarrow t \simeq 35$

Portanto, o capital duplicará em aproximadamente 35 meses a uma taxa fixa de 2% na modalidade de juros compostos.

Equivalência de taxas

Nas situações envolvendo juros compostos que estudamos até aqui, vimos que a taxa (*i*) e o tempo (*t*) estavam na mesma unidade de tempo. Então, se a taxa (*i*) for mensal, o tempo (*t*) será em meses, e, se a taxa (*i*) for anual, o tempo (*t*) será em anos.

Vamos considerar agora exemplos relacionando unidades de tempo diferentes para a taxa (*i*) e o período de tempo (*t*).

Exemplo:

Um investimento a juros compostos rende 2% ao mês. Qual é a taxa anual correspondente?

- Calculamos o montante em função do capital investido (C) a uma taxa mensal de 2%. Ao fim de 12 meses (1 ano), temos:

$M_t = C \cdot (1+i)^t$

$M_t = C \cdot (1+0,02)^{12}$

$M_t = C \cdot 1,02^{12}$

↓ *calculadora*: $1,02^{12} \approx 1,268$

$M_t \approx C \cdot 1,268$

Note que o capital está multiplicado por 1,268, isto é, aumentou 26,8%.

Portanto, essa é a taxa anual correspondente.

- Outra maneira de fazer esse cálculo é considerar que i_a representa a taxa anual e i_m, a taxa mensal. Assim, aplicando a fórmula para o montante, teremos após 1 ano (12 meses) a seguinte igualdade:

$C \cdot (1+i_a)^1 = C \cdot (1+i_m)^{12}$

$(1+i_a)^1 = (1+0,02)^{12}$

$1+i_a = 1,02^{12}$

$1+i_a \approx 1,268 \Rightarrow i_a = 0,268 = 26,8\%$

Exemplo:

Analisemos uma aplicação a juros compostos e a uma taxa fixa anual de 20%. Qual é a taxa mensal fixa correspondente?

- Calculamos o montante em função do capital investido (C), a uma taxa anual de 20%. Ao fim de 1 ano, temos:

$M_t = C \cdot (1+i)^t$

$M_t = C \cdot (1+0,20)^1$

$M_t = C \cdot 1,20$

- Considerando esse mesmo montante resultante da aplicação mensal do mesmo capital (C), a uma taxa (*i*) fixa e desconhecida, temos, ao fim de 12 meses:

$M_t = C \cdot (1+i)^t$

$1,20 \cdot C = C \cdot (1+i)^{12}$

$1,20 = (1+i)^{12}$

$\sqrt[12]{1,20} = 1+i$

↓ *calculadora*: $\sqrt[12]{1,20} \approx 1,0153$

$1,0153 \approx 1+i \Rightarrow i \approx 0,0153 \Rightarrow i \approx 1,53\%$

Portanto, a taxa mensal fixa correspondente é, aproximadamente, 1,53%.

Compras a prazo e financiamentos

As compras a prazo e os financiamentos utilizados para comprar exigem do consumidor um cuidado especial: os juros que são cobrados. Nesse sentido, ao compreender como esses juros são calculados, cabe ao consumidor, não podendo comprar à vista, pesquisar quais são as melhores condições de pagamento, procurando as menores taxas possíveis.

Vamos considerar a seguir duas situações envolvendo compras a prazo e financiamentos. Discuta essas situações com seus colegas e o professor:

1ª situação (cálculo do valor à vista):

Lucas comprou um computador em 3 parcelas iguais, sem entrada, no valor de R$ 800,00 cada parcela. A loja informou que os juros compostos que estavam sendo financiados nessa compra a prazo eram de 4% ao mês.

Como podemos determinar o preço à vista desse computador?

- Vamos utilizar um esquema em que os números 1, 2 e 3 representam os meses de pagamento das parcelas de R$ 800,00:

- Considerando que o pagamento da primeira prestação, isto é, 800 reais, corresponde ao montante do valor V_1 após 1 mês a juros compostos de 4%, temos:

$$M_t = C \cdot (1+i)^t$$
$$800 = V_1 \cdot (1+0{,}04)^1$$
$$\frac{800}{1{,}04} = V_1$$

- Considerando que o pagamento da segunda prestação, isto é, 800 reais, corresponde ao montante do valor V_2 após 2 meses a juros compostos de 4%, temos:

$$M_t = C \cdot (1+i)^t$$
$$800 = V_2 \cdot (1+0{,}04)^2$$
$$\frac{800}{1{,}04^2} = V_2$$

- Considerando que o pagamento da terceira prestação, isto é, 800 reais, corresponde ao montante do valor V_3 após 3 meses a juros compostos de 4%, temos:

$$M_t = C \cdot (1+i)^t$$
$$800 = V_3 \cdot (1+0{,}04)^3$$
$$\frac{800}{1{,}04^3} = V_3$$

- Assim, para saber o valor (V) à vista do computador, temos:

$$V = V_1 + V_2 + V_3$$
$$V = \frac{800}{1{,}04} + \frac{800}{1{,}04^2} + \frac{800}{1{,}04^3}$$
$$V \approx 769{,}23 + 739{,}64 + 711{,}20$$
$$V \approx 2220{,}07$$

Portanto, o valor à vista desse computador é R$ 2.220,07.

Observação:
Na situação analisada, os valores V_1, V_2 e V_3 representam os valores atuais (tempo zero) das parcelas. Também é comum dizer que são os valores presentes das parcelas.

2ª situação (cálculo do valor das parcelas):

Um automóvel zero quilômetro foi anunciado nas seguintes condições de pagamento: à vista, R$ 70.000,00, ou a prazo, em 36 parcelas iguais, sem entrada, com juros compostos mensais de 1%. Como podemos descobrir o valor de cada parcela?

Novamente, utilizaremos um esquema em que os números 1, 2, 3, ... e 36 representam os meses de pagamentos das parcelas fixas no valor V:

- Considerando que o pagamento da primeira parcela, isto é, V reais, corresponde ao montante de um capital V_1 (valor à vista) após 1 mês a juros compostos de 1%, temos:

$$M_t = C \cdot (1+i)^t$$
$$V = V_1 \cdot (1+0{,}01)^1$$
$$\frac{V}{1{,}01} = V_1$$

- Considerando que o pagamento da segunda parcela, isto é, V reais, corresponde ao montante de um capital V_2 (valor à vista) após 2 meses a juros compostos de 1%, temos:

$$M_t = C \cdot (1+i)^t$$
$$V = V_2 \cdot (1+0{,}01)^2$$
$$\frac{V}{1{,}01^2} = V_2$$

- Considerando que o pagamento da terceira parcela, isto é, V reais, corresponde ao montante de um capital V_3 (valor à vista) após 3 meses a juros compostos de 1%, temos:

$$M_t = C \cdot (1+i)^t$$
$$V = V_3 \cdot (1+0{,}01)^3$$
$$\frac{V}{1{,}01^3} = V_3$$

- Analogamente, calculamos os demais valores até chegarmos na 36ª parcela:

$$M_t = C \cdot (1+i)^t$$
$$V = V_{36} \cdot (1+0{,}01)^{36}$$
$$\frac{V}{1{,}01^{36}} = V_{36}$$

- Como sabemos o preço à vista do automóvel, podemos agora calcular o valor (V) de cada parcela:

$$V_1 + V_2 + V_3 + \ldots + V_{36} = 70000$$

$$\frac{V}{1{,}01} + \frac{V}{1{,}01^2} + \frac{V}{1{,}01^3} + \ldots + \frac{V}{1{,}01^{36}} = 70000$$

$$V \cdot \left(\frac{1}{1{,}01} + \frac{1}{1{,}01^2} + \frac{1}{1{,}01^3} + \ldots + \frac{1}{1{,}01^{36}}\right) = 70000$$

Nesta última expressão, a adição indicada entre parênteses corresponde à soma dos termos de uma progressão geométrica, cuja relação é $S_n = \dfrac{a_n q - a_1}{q-1}$.

Então, podemos escrever:

$$V \cdot \left(\frac{\frac{1}{1{,}01^{36}} \cdot \frac{1}{1{,}01} - \frac{1}{1{,}01}}{\frac{1}{1{,}01} - 1}\right) = 70000$$

$$V \cdot \left(\frac{\frac{1-1{,}01^{36}}{1{,}01^{37}}}{\frac{1-1{,}01}{1{,}01}}\right) = 70000$$

$$V \cdot \left(\frac{1-1{,}01^{36}}{1{,}01^{37}}\right) = 70000 \cdot \left(\frac{1-1{,}01}{1{,}01}\right)$$

$$V \cdot \left(\frac{1-1{,}01^{36}}{1{,}01^{36}}\right) = 70000 \cdot (1-1{,}01)$$

Utilizando uma calculadora, temos $1{,}01^{36} \cong 1{,}431$. Substituindo na expressão apresentada na linha anterior:

$$V \cdot \left(\frac{1-1{,}431}{1{,}431}\right) \cong 70000 \cdot (-0{,}01)$$

$$V \cdot (-0{,}301) \cong -700 \Rightarrow V \cong 2\,325{,}58$$

Portanto, o valor de cada parcela é R$ 2.325,58

Observação:

Na situação apresentada, os valores $V_1, V_2, V_3, \ldots, V_{36}$ representam os **valores futuros** das parcelas.

Exercícios resolvidos

1. Um capital foi aplicado a uma taxa de juros compostos de 3% ao mês. Qual é o tempo necessário para que esse capital dobre de valor? (Utilize log 2 ≅ 0,301 e log 1,03 ≅ 0,013.)

    $M = C(1+i)^t \Rightarrow 2C = C(1+0{,}03)^t \Rightarrow 2 = 1{,}03^t$

    Aplicando log nos dois membros dessa igualdade, temos:

    $\log 2 = \log 1{,}03^t \Rightarrow t = \dfrac{\log 2}{\log 1{,}03} \cong \dfrac{0{,}301}{0{,}013} \cong 23{,}15$

    Portanto, em aproximadamente 23 meses, esse capital vai duplicar.

2. Gustavo aplicou R$ 100.000,00 em ações com rentabilidade de 1% ao mês, na modalidade de juros compostos. Depois de n meses, Gustavo resgatou R$ 150.000,00. Considerando que não houve depósito nem retirada nessa aplicação, calcule o valor de n. (Utilize log 1,5 ≅ 0,1761 e log 1,01 ≅ 0,0043.)

    $M = C(1+i)^t \Rightarrow 150\,000 = 100\,000(1+0{,}01)^t \Rightarrow 1{,}5 = 1{,}01^t$

    Aplicando log nos dois membros dessa igualdade, temos:

    $\log 1{,}5 = \log 1{,}01^t \Rightarrow t = \dfrac{\log 1{,}5}{\log 1{,}01} \cong \dfrac{0{,}1761}{0{,}0043} \cong 40{,}95$

    Logo, o valor de n é aproximadamente 41.

3. Roberto decidiu investir R$ 1.000,00 em um tipo de ação de risco com valorização mensal de 8% ao mês, até obter um montante de R$ 4.000,00. Por quanto tempo é necessário que esse dinheiro fique investido? (Utilize log 2 ≅ 0,30 e log 3 ≅ 0,48.)

    $M = C(1+i)^t \Rightarrow 4\,000 = 1\,000(1+0{,}08)^t \Rightarrow 4 = 1{,}08^t$

    Aplicando log nos dois membros dessa igualdade, temos:

    $\log 4 = \log 1{,}08^t \Rightarrow t = \dfrac{\log 4}{\log 1{,}08} = \dfrac{\log 2^2}{\log 108 - \log 100} =$

    $= \dfrac{2 \log 2}{\log 3^3 + \log 2^2 - \log 10^2} \cong \dfrac{2 \cdot 0{,}30}{3 \cdot 0{,}48 + 2 \cdot 0{,}30 - 2} \cong$

    $\cong \dfrac{0{,}60}{0{,}04} = 15$

    Sendo assim, é necessário que esse dinheiro fique investido por, aproximadamente, 15 meses.

Exercícios propostos

1. Qual é o tempo mínimo necessário para que um capital C aplicado a uma taxa de juros compostos de 20% ao ano dobre de valor? (Utilize as aproximações $\log_{10} 2 \cong 0{,}30$ e $\log_{10} 1{,}2 \cong 0{,}08$.)

2. Um apartamento foi comprado por R$ 150.000,00. Considerando que o valor de mercado desse apartamento aumenta 12% ao ano, após quanto tempo esse valor será igual a R$ 300.000,00? (Utilize $\log_{10} 2 \cong 0{,}30$ e $\log_{10} 1{,}12 \cong 0{,}05$.)

3. Em que prazo um capital de R$ 3.000,00 acumula um montante de R$ 13.950,00 a uma taxa efetiva de 15% ao mês? (Utilize $\log 4{,}65 \cong 0{,}667$ e $\log 1{,}15 \cong 0{,}061$.)

4. Um capital foi aplicado a uma taxa de 3% ao ano. Quanto tempo demora para que esse capital triplique de valor? (Utilize $\log 3 \cong 0{,}477$ e $\log 1{,}03 \cong 0{,}013$.)

5. Uma pessoa fez um empréstimo no valor de R$ 40.000,00 e quitou essa dívida com um único pagamento de R$ 48.760,00. Quantos meses essa pessoa demorou para pagar se a dívida aumentava 2% ao mês? (Utilize $\log 1{,}219 \cong 0{,}0860$ e $\log 1{,}02 \cong 0{,}0086$.)

6. Quanto tempo é necessário para resgatar R$ 50.000,00 de uma aplicação de R$ 25.000,00 com rendimento de 4% ao mês? (Utilize $\log 2 \cong 0{,}301$ e $\log 13 \cong 1{,}114$.)

7. Felipe empresta R$ 4.000,00 para Ricardo, com juros de 10% ao mês. Após x meses o valor da dívida é R$ 6.440,00. Se não houve nenhum pagamento, calcule o valor de x. (Utilize $\log 1{,}61 \cong 0{,}207$ e $\log 1{,}1 \cong 0{,}041$.)

8. Ricardo tem um total de R$ 2.000,00. Ele pretende fazer uma viagem daqui a 12 meses que custa R$ 3.000,00. Se Ricardo aplicar os R$ 2.000,00 em ações com rendimento de 3,5% ao mês, ele terá o dinheiro necessário para fazer essa viagem? (Utilize $\log 1{,}035 \cong 0{,}015$ e $\log 1{,}5 \cong 0{,}176$.)

9. Um capital de R$ 100.000,00 é depositado em uma poupança com rendimento de 0,6% ao mês. Sem considerar movimentações e impostos, quantos meses são necessários para que o montante seja R$ 200.000,00? (Utilize $\log 2 \cong 0{,}3010$ e $\log 1{,}006 \cong 0{,}0026$.)

10. Elabore um problema de Matemática Financeira envolvendo os seguintes dados: C = R$ 10.000,00 e $t = 6$ meses. Depois, troque com um colega para que cada um resolva o problema que o outro criou.

Algumas conclusões

Pense possíveis respostas para as questões a seguir. Essas questões abrangem o estudo de Matemática Financeira. Caso sinta alguma dificuldade, sugerimos que retome os conceitos principais estudados até aqui.

Questões:

1. Quando é que duas razões numéricas correspondem a uma proporção?

2. Qual é a condição para que duas grandezas sejam diretamente proporcionais?

3. Qual é a condição para que duas grandezas sejam inversamente proporcionais?

4. O dobro de um número, percentualmente, representa quanto por cento a mais que esse número?

5. Multiplicar um número por 0,23 é o mesmo que calcular quanto por cento desse número?

6. Dois aumentos sucessivos de 10% correspondem a um único aumento de quanto por cento?

7. Em qual modalidade de juros os montantes crescem em progressão aritmética? E em progressão geométrica?

8. Qual é a relação matemática que permite calcular o montante (M) de um capital (C), que foi aplicado a uma taxa de i%, na modalidade de juros compostos, ao longo de t meses?

9. Uma taxa mensal fixa de 1% a juros compostos equivale a uma taxa anual de 12%?

10. Em qual modalidade de juros o montante é calculado sempre sobre o capital inicial?

Troque ideias com seus colegas e o professor. Comente suas respostas e ouça as de seus colegas. Juntos, façam uma lista das dificuldades que tiveram e descubram os assuntos que precisam ser retomados.

Vestibulares e Enem

1. (UFPE) O professor Cláudio prestou um serviço de consultoria pedagógica. Sabendo-se que sobre o valor bruto a receber incidiram os descontos de 11% do INSS (Instituto Nacional de Seguridade Nacional) e 7,5% do IRPF (Imposto de Renda Pessoa Física), e que o valor descontado de INSS foi de R$ 105,00 a mais que o IRPF, qual o valor líquido recebido por Cláudio?

   a) 2.295 reais.
   b) 2.445 reais.
   c) 2.505 reais.
   d) 2.555 reais.
   e) 2.895 reais.

2. (Unicamp-SP) A figura abaixo exibe, em porcentagem, a previsão da oferta de energia no Brasil em 2030, segundo o Plano Nacional de Energia.

   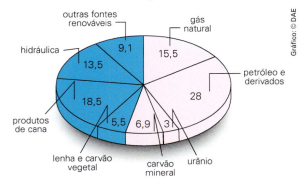

   Segundo o plano, em 2030, a oferta total de energia do país irá atingir 557 milhões de tep (toneladas equivalentes de petróleo). Nesse caso, podemos prever que a parcela oriunda de fontes renováveis, indicada em azul na figura, equivalerá a:

   a) 178,240 milhões de tep.
   b) 297,995 milhões de tep.
   c) 353,138 milhões de tep.
   d) 259,562 milhões de tep.

3. (Uerj) No Brasil, o imposto de renda deve ser pago de acordo com o ganho mensal dos contribuintes, com base em uma tabela de descontos percentuais. Esses descontos incidem, progressivamente, sobre cada parcela do valor total do ganho, denominadas base de cálculo, de acordo com a tabela a seguir.

Base de cálculo aproximada (R$)	Desconto (%)
até 1.900,00	isento
de 1.900,01 até 2.800,00	7,5
de 2.800,01 até 3.750,00	15,0
de 3.750,01 até 4.665,00	22,5
acima de 4.665,00	27,5

   Segundo a tabela, um ganho mensal de R$ 2.100,00 corresponde a R$ 15,00 de imposto.

   Admita um contribuinte cujo ganho total, em determinado mês, tenha sido de R$ 3.000,00.
   Para efeito do cálculo progressivo do imposto, deve-se considerar esse valor formado por três parcelas: R$ 1.900,00, R$ 900,00 e R$ 200,00.

   O imposto de renda, em reais, que deve ser pago nesse mês sobre o ganho total é aproximadamente igual a:

   a) 55
   b) 98
   c) 128
   d) 180

4. (Uerj) Um índice de inflação de 25% em um determinado período de tempo indica que, em média, os preços aumentaram 25% nesse período. Um trabalhador que antes podia comprar uma quantidade x de produtos, com a inflação e sem aumento salarial, só poderá comprar agora uma quantidade y dos mesmos produtos, sendo $y < x$.

   Com a inflação de 25%, a perda do poder de compra desse trabalhador é de:

   a) 20%
   b) 30%
   c) 50%
   d) 80%

5. (Uerj) Na compra de um fogão, os clientes podem optar por uma das seguintes formas de pagamento:
   - à vista, no valor de R$ 860,00;
   - em duas parcelas fixas de R$ 460,00, sendo a primeira paga no ato da compra e a segunda 30 dias depois.

   A taxa de juros mensal para pagamentos não efetuados no ato da compra é de:

   a) 10%
   b) 12%
   c) 15%
   d) 18%

6. (Uece) Duas grandezas positivas x e y são inversamente proporcionais se existe uma correspondência bijetiva entre os valores de x e os valores de y e um número constante positivo k tal que, se o valor y é o correspondente do valor x então $y \cdot x = k$. Nestas condições, se o valor $y = 6$ é o correspondente ao valor $x = 25$, então o valor y que corresponde ao valor $x = 15$ é

   a) 8
   b) 10
   c) 12
   d) 14

Juros compostos Capítulo 1

Vestibulares e Enem

7. (Ufes) Um supermercado vende dois tipos de sabão líquido para lavagem de roupas: o sabão C, mais concentrado, e o sabão D, mais diluído. Para cada lavagem de roupas com o sabão C, Sofia gasta 30 mℓ do produto; usando o sabão D, ela gasta 100 mℓ. O sabão C é vendido apenas em vasilhames de 600 mℓ, custando 12 reais cada vasilhame. O sabão D é vendido apenas em vasilhames de 3 litros, custando 24 reais cada vasilhame. Na compra de n vasilhames do sabão D, o supermercado dá um desconto de $3n$% no preço de cada vasilhame desse sabão, quando $1 < n \leq 10$. Quando $n > 10$, esse desconto é de 30%. Sofia resolve comprar n vasilhames do sabão D. Calcule:

   a) quantos centavos de reais Sofia gastaria com o sabão C em cada lavagem de roupas, se o comprasse;
   b) o valor mínimo de n para que Sofia gaste menos reais com o sabão D do que com o sabão C, em cada lavagem de roupas;
   c) o número máximo de vasilhames do sabão D que Sofia pode comprar com 128 reais.

8. (Unicamp-SP) A tabela abaixo informa alguns valores nutricionais para a mesma quantidade de dois alimentos, A e B.

Alimento	A	B
Quantidade	20 g	20 g
Valor energético	60 kcal	80 kcal
Sódio	10 mg	20 mg
Proteína	6 g	1 g

Considere duas porções isocalóricas (de mesmo valor energético) dos alimentos A e B. A razão entre a quantidade de proteína em A e a quantidade de proteína em B é igual a:

a) 4.   b) 6   c) 8   d) 10

9. (FGV-SP) Sendo x, y e z números reais tais que $\frac{y}{z} = 7$ e $\frac{x}{y} = 3$, o valor de $\frac{x - y}{y - z}$ é igual a:

a) $\frac{5}{4}$ b) $\frac{4}{3}$ c) $\frac{3}{2}$ d) $\frac{5}{3}$ e) $\frac{7}{3}$

10. (PUC-SP) Três irmãs – Jasmim, Flora e Gardênia – reservaram para as compras de Natal as quantias de 600 reais, 360 reais e 120 dólares, respectivamente. Antes de sair às compras, as três fizeram o seguinte acordo: o total de reais reservados por Jasmim e Flora seria igualmente dividido entre as três, enquanto que, os dólares reservados por Gardênia seriam totalmente repassados a Jasmim e Flora em partes proporcionais às quantias que cada uma delas tinha inicialmente.

Considerando que o acordo foi cumprido, quantos dólares Jasmim recebeu a mais do que Flora?

a) 20   c) 30
b) 25   d) 35   e) 40

11. (Uema) Uma empresa fabricante de suco que envasava o produto em frascos de vidro passou a fazer o envasamento em um novo vasilhame plástico com capacidade de $\frac{2}{3}$ do frasco anterior.

A lanchonete revendedora enche de suco um copo com capacidade de $\frac{1}{5}$ do frasco de vidro.

A quantidade de copos de suco (inteiro + fração) que a lanchonete obtém com um frasco do novo vasilhame é igual a

a) 1 copo e $\frac{2}{3}$
b) 2 copos e $\frac{1}{3}$
c) 2 copos e $\frac{2}{3}$
d) 3 copos e $\frac{1}{3}$
e) 3 copos e $\frac{2}{3}$

12. (Enem) Um pesquisador, ao explorar uma floresta, fotografou uma caneta de 16,8 cm de comprimento ao lado de uma pegada. O comprimento da caneta (c), a largura (L) e o comprimento (C), da pegada, na fotografia, estão indicados no esquema.

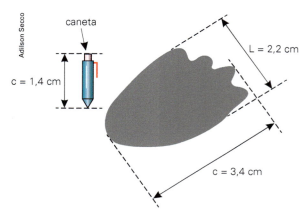

A largura e o comprimento reais da pegada, em centímetros, são, respectivamente, iguais a

a) 4,9 e 7,6.
b) 8,6 e 9,8.
c) 14,2 e 15,4.
d) 26,4 e 40,8.
e) 27,5 e 42,5.

13. (Enem) A insulina é utilizada no tratamento de pacientes com diabetes para o controle glicêmico. Para facilitar sua aplicação, foi desenvolvida uma "caneta" na qual pode ser inserido um refil contendo 3 mℓ de insulina, como mostra a imagem.

Para controle das aplicações, definiu-se a unidade de insulina como 0,01 mℓ. Antes de cada aplicação, é necessário descartar 2 unidades de insulina, de forma a retirar possíveis bolhas de ar.

A um paciente foram prescritas duas aplicações diárias: 10 unidades de insulina pela manhã e 10 à noite.

Qual o número máximo de aplicações por refil que o paciente poderá utilizar com a dosagem prescrita?

a) 25
b) 15
c) 13
d) 12
e) 8

14. (PUC-RJ) Os sócios de uma empresa decidem dividir o lucro de um determinado período, pelos seus três gerentes, de modo que cada um receba uma parte diretamente proporcional ao seu tempo de serviço.

Sabendo que o lucro que será dividido é de R$ 18.500,00 e que o tempo de serviço de cada um deles é, respectivamente 5, 7 e 8 anos, podemos afirmar que o mais antigo na empresa receberá:

a) R$ 4.625,00
b) R$ 5.125,00
c) R$ 6.475,00
d) R$ 7.400,00
e) R$ 9.250,00

15. (FGV-SP) Um investidor aplicou certa quantia, em reais, à taxa de juro composto de 1% ao mês. Neste problema, desprezando qualquer tipo de correção monetária devido à inflação, responda às perguntas a seguir.

a) Neste investimento, após 2 meses, seria possível resgatar o valor aplicado com lucro de R$ 4.020,00. Calcule o valor inicialmente aplicado.

b) No investimento indicado, é possível resgatar um montante de 4 vezes o capital inicialmente aplicado em 139,3 meses. Caso o cálculo fosse feito adotando-se log 2 = 0,301 e log 202 = 2,305, que são logaritmos com apenas 3 casas decimais de aproximação, seria obtido um valor aproximado de t anos. Chamando de E = t − 139,3 ao erro cometido no cálculo devido ao uso de apenas 3 casas decimais de aproximação nos logaritmos indicados, calcule E.

16. (UERJ – R2016) No ano letivo de 2014, em uma turma de 40 alunos, 60% eram meninas. Nessa turma, ao final do ano, todas as meninas foram aprovadas e alguns meninos foram reprovados. Em 2015, nenhum aluno novo foi matriculado, e todos os aprovados confirmaram suas matrículas. Com essa nova composição, em 2015, a turma passou a ter 20% de meninos. O número de meninos aprovados em 2014 foi igual a:

a) 4
b) 5
c) 6
d) 8

17. (FGV-SP) Dos animais de uma fazenda, 40% são bois, 30% são vacas, e os demais são caprinos. Se o dono da fazenda vende 30% dos bois e 70% das vacas, o total de animais da fazenda se reduz em:

a) 30%
b) 33%
c) 45%
d) 60%
e) 66%

DESAFIO

(Unifesp) O carro modelo *flex* de Cláudia, que estava com o tanque vazio, foi totalmente abastecido com 20% de gasolina comum e 80% de etanol. Quando o tanque estava com o combustível em 40% de sua capacidade, Cláudia retornou ao posto para reabastecimento e completou o tanque apenas com gasolina comum.

a) Após o reabastecimento, qual a porcentagem de gasolina comum no tanque?

b) No primeiro abastecimento, o preço do litro de gasolina comum no posto superava o de etanol em 50% e, na ocasião do reabastecimento, apenas em 40%. Sabe-se que houve 10% de aumento no preço do litro de etanol, do primeiro para o segundo abastecimento, o que fez com que o preço da gasolina comum superasse o do etanol em R$ 0,704 na ocasião do reabastecimento. Calcule o preço do litro de gasolina comum na ocasião do primeiro abastecimento.

EXPLORANDO HABILIDADES E COMPETÊNCIAS

O juro simples possui um valor fixo a ser cobrado por período proporcional ao valor que foi emprestado. Quando o empréstimo não é pago, o valor devido aumenta linearmente.

Os juros compostos, entretanto, são calculados não só em relação ao valor emprestado como também em relação ao tempo que se demora para quitar a dívida. Esse tipo de juros é o mais utilizado em transações financeiras.

Assim, quando você combina um valor de juros mensais, ao fim de 1 mês o valor da dívida é o valor emprestado mais o valor dos juros daquele mês. Se ao fim de um mês não for feito nenhum pagamento, no mês seguinte os juros serão maiores, já que são calculados proporcionalmente ao valor total devido.

Veja abaixo alguns exemplos de simulações de transações financeiras envolvendo juros:

Exemplo 1:
Neste exemplo, estamos comparando o acréscimo mensal sobre um capital de R$ 1.000,00. No gráfico, a linha vermelha representa o valor mensal devido quando o cálculo é feito com juro simples. A linha azul representa esse valor quando o cálculo é feito com juros compostos.

Mês	Valor com juros compostos	Valor com juro simples
0	R$ 1.000,00	R$ 1.000,00
1	R$ 1.010,00	R$ 1.010,00
2	R$ 1.020,10	R$ 1.020,00
3	R$ 1.030,30	R$ 1.030,00
4	R$ 1.040,60	R$ 1.040,00
5	R$ 1.051,01	R$ 1.050,00
6	R$ 1.061,52	R$ 1.060,00
7	R$ 1.072,14	R$ 1.070,00
8	R$ 1.082,86	R$ 1.080,00
9	R$ 1.093,69	R$ 1.090,00
10	R$ 1.104,62	R$ 1.100,00
11	R$ 1.115,67	R$ 1.110,00
12	R$ 1.126,83	R$ 1.120,00

Unidade 1 Matemática Financeira

Exemplo 2:
Este outro exemplo é similar ao anterior, mas com uma taxa de juros maior. No gráfico, a linha vermelha ainda representa o cálculo feito com juro simples. A linha amarela representa esse valor quando o cálculo é feito com juros compostos.

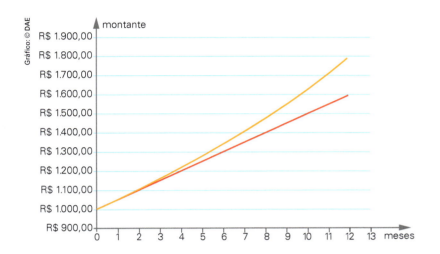

Mês	Valor com juros composto	Valor com juro simples
0	R$ 1.000,00	R$ 1.000,00
1	R$ 1.050,00	R$ 1.050,00
2	R$ 1.102,50	R$ 1.100,00
3	R$ 1.157,63	R$ 1.150,00
4	R$ 1.215,51	R$ 1.200,00
5	R$ 1.276,28	R$ 1.250,00
6	R$ 1.340,10	R$ 1.300,00
7	R$ 1.407,10	R$ 1.350,00
8	R$ 1.477,46	R$ 1.400,00
9	R$ 1.551,33	R$ 1.450,00
10	R$ 1.628,89	R$ 1.500,00
11	R$ 1.710,34	R$ 1.550,00
12	R$ 1.795,86	R$ 1.600,00

Questões e investigações

Com base nos gráficos e nas tabelas, responda às questões.

1. Qual é a taxa de juros aplicada no exemplo 1? E no exemplo 2?

2. Para interpretar as tabelas, considere que a linha zero é o momento presente, a linha 1 é o valor devido após 1 período e assim por diante. Considerando períodos mensais, no caso do exemplo 2, podemos supor que uma pessoa que tenha utilizado um empréstimo de R$ 1.000,00 no dia 5 de março, a juros compostos, deverá pagar R$ 1.795,86 no mesmo dia do ano seguinte. Suponha então que uma pessoa exatamente nessa situação pague um valor de R$ 1.000,00 após 9 períodos. Nesse caso, quanto ela deverá pagar no dia 5 de março do ano seguinte?

3. Com base na tabela do exemplo 1, elabore duas questões similares à questão anterior: uma questão deve envolver Juro simples e outra, juros compostos. Depois, resolva as questões elaboradas por você.

4. Considere a seguinte situação: uma pessoa pegou emprestado do banco um valor de R$ 1.000,00 a uma taxa de juros compostos de 5% ao mês. Após um mês, recebe um valor de R$ 2.000,00 que ela pode aplicar a uma taxa de 1% ao mês. Ela precisa escolher entre três maneiras diferentes de utilizar esse dinheiro:

   a) Pagar o empréstimo (com os juros de 1 mês) e aplicar o restante.

   b) Aplicar o valor e pagar o empréstimo depois de 2 meses (com os juros de 3 meses).

   c) Pagar metade do valor devido, aplicar o restante e, após 1 mês, terminar de pagar o empréstimo.

   Em qual das três opções a pessoa terminará o terceiro mês com mais dinheiro?

UNIDADE 2

TRIGONOMETRIA

A busca pelo desconhecido e a necessidade de desvendar nosso mundo parecem ser os grandes motivadores para o desenvolvimento tanto da Astronomia como da Trigonometria.

Embora a Trigonometria tenha suas raízes no cálculo de distâncias inacessíveis, ela está intimamente ligada aos fenômenos periódicos. Nesta unidade, ampliamos nosso conhecimento desta área tão importante para a Matemática: a Trigonometria.

Hiparco de Niceia (190 a.C.-120 a.C.) no Observatório de Alexandria.

CAPÍTULO 4
TRIGONOMETRIA NA CIRCUNFERÊNCIA

Você já estudou as chamadas razões trigonométricas seno, cosseno e tangente de um ângulo agudo em um triângulo retângulo.

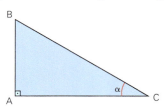

$$\operatorname{tg} \alpha = \frac{\text{medida do cateto oposto ao ângulo } \alpha}{\text{medida do cateto adjacente ao ângulo } \alpha}$$

$$\operatorname{sen} \alpha = \frac{\text{medida do cateto oposto ao ângulo } \alpha}{\text{medida da hipotenusa}}$$

$$\cos \alpha = \frac{\text{medida do cateto adjacente ao ângulo } \alpha}{\text{medida da hipotenusa}}$$

Note o que acontece quando temos uma circunferência de raio (r) unitário e com centro na origem do sistema de coordenadas cartesianas. Ao localizar nessa circunferência um ponto P (a, b) e considerar o triângulo retângulo destacado, temos:

Nesse triângulo retângulo, vamos considerar as razões trigonométricas seno e cosseno para o ângulo agudo α:

- $\operatorname{sen} \alpha = \dfrac{b}{1} \Rightarrow b = \operatorname{sen} \alpha$ (A **ordenada** do ponto P é o valor do seno do ângulo α)

- $\cos \alpha = \dfrac{a}{1} \Rightarrow a = \cos \alpha$ (A **abcissa** do ponto P é o valor do cosseno do ângulo α)

Portanto, o ponto P tem coordenadas P (cos α, sen α).

Esse procedimento de relacionar as coordenadas dos pontos de uma circunferência de raio unitário, cujo centro é a origem do sistema de coordenadas cartesianas, com o seno e o cosseno dos respectivos ângulos, permitirá, como veremos, estudar as razões trigonométricas como funções trigonométricas. Iniciamos esse estudo neste capítulo.

Arcos e ângulos

Na circunferência representada a seguir, os pontos A e B estão delimitando duas partes. Cada uma dessas duas partes, incluindo os dois pontos, é denominada **arco da circunferência**.

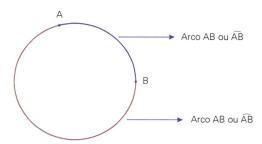

Caso os pontos A e B coincidam, também teremos dois arcos AB: um arco nulo e outro arco de uma volta.

Observações:

1. Quando os dois pontos A e B são distintos, eles determinam dois arcos AB. Para diferenciar um do outro, consideramos um ponto em cada um deles, conforme é indicado na figura a seguir.

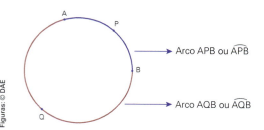

2. Neste nosso estudo, vamos indicar um arco apenas pelos dois pontos extremos e, quando isso acontecer, estaremos nos referindo ao menor dos arcos com extremidades nesses pontos.

A todo arco em uma circunferência podemos associar um ângulo com o vértice no centro dessa circunferência. Para determinar esse ângulo, que denominamos ângulo central, traçamos as semirretas OA e OB ou $\left(\overrightarrow{OB} \text{ e } \overrightarrow{OA}\right)$:

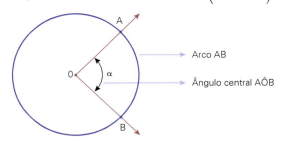

A medida de um arco de uma circunferência é a medida do ângulo central correspondente. Assim, de acordo com a figura anterior, podemos representar:

- medida do ângulo central ⟶ med(AÔB) = α
- medida do arco AB ⟶ med($\widehat{AB}$) = α

Note, por exemplo, que a figura a seguir é formada por três circunferências concêntricas. Em cada uma dessas circunferências, foi marcado um arco cuja medida é α, isto é, os três arcos correspondem ao mesmo ângulo central de medida α. Dizemos que os arcos AB, CD e EF são de mesma medida.

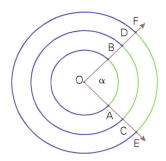

Contudo, o que vai diferenciar esses arcos é o comprimento. São três arcos de comprimentos diferentes. O comprimento de um arco é uma medida linear do arco, isto é, utilizamos as unidades de medida de comprimento, como centímetro, metro, entre outras.

Imagine um arco sendo estendido (retificado) até que possamos obter um segmento de reta, como sugere a figura a seguir. A medida desse segmento será o comprimento do arco.

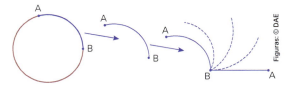

Comprimento de um arco

Vamos recordar como obter o comprimento de um arco.

Uma circunferência é um arco de uma volta cujo comprimento pode ser obtido pela fórmula $C = 2\pi r$, na qual r representa o raio da circunferência e π o número irracional correspondente à aproximação racional 3,14.

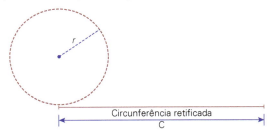

Com base no comprimento de uma circunferência, podemos obter o comprimento de um arco, desde que saibamos a medida em grau do ângulo central correspondente.

Utilizando proporções, podemos obter a medida do comprimento de um arco (ℓ), conhecendo a medida do ângulo central (α) e a medida do raio da circunferência (r). A proporção é a razão entre a medida do comprimento da circunferência completa ($2\pi r$).

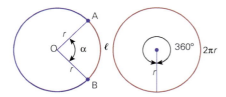

De acordo com essas figuras, temos a seguinte proporção:

$$\frac{\ell}{\alpha} = \frac{2\pi r}{360°}$$

Essa relação pode ser utilizada para o cálculo do comprimento de um arco com base na medida, dada em graus, do ângulo central correspondente.

Questões e reflexões

1. Ao se duplicar a medida de um ângulo central em uma circunferência, o que ocorre com o comprimento do arco?
2. Considerando duas circunferências concêntricas (uma de raio r e outra de raio $2r$), com um ângulo central de medida 30° e os comprimentos dos arcos correspondentes à medida desse ângulo central, responda: A medida do comprimento de um arco é o dobro da medida do comprimento do outro?

Outra unidade de medida de ângulo

Além do **grau**, existe outra unidade de medida de ângulo muito utilizada: o **radiano**. Essa unidade pode ser compreendida com base no comprimento de uma circunferência de raio r, isto é:

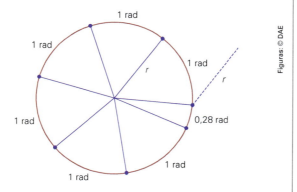

Se considerarmos a aproximação $\pi \cong 3{,}14$ o comprimento da circunferência será, aproximadamente, $6{,}28 \cdot r$. É como se o arco correspondente a uma volta completa fosse dividido em 6 arcos de comprimento igual a r e mais 1 arco de comprimento igual a $0{,}28 \cdot r$ (ver figura anterior):

$$C = 2\pi \cdot r$$
$$C \cong 2 \cdot 3{,}14 \cdot r$$
$$C \cong 6{,}28 \cdot r$$
$$C \cong 6 \cdot r + 0{,}28 \cdot r$$

Aos arcos anteriores de mesmo comprimento (r) associa-se um ângulo central que corresponde à unidade de medida conhecida como **1 radiano** (que representamos como 1 rad). O pedacinho que falta para completar o ângulo central de uma volta inteira tem medida 0,28 radiano, aproximadamente.

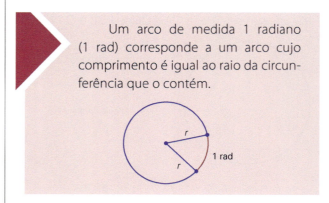

Um arco de medida 1 radiano (1 rad) corresponde a um arco cujo comprimento é igual ao raio da circunferência que o contém.

Vamos obter uma relação entre as unidades grau e radiano. Assim, como em uma volta completa o ângulo central é 360°, temos que, em radianos, a medida desse ângulo será 2π rad. Além disso, temos alguns ângulos de forma imediata correspondentes aos arcos em vermelho:

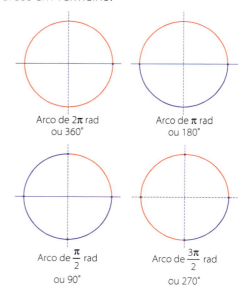

Usar a unidade de medida radiano tem uma vantagem que você pode constatar por meio da compreensão do que é 1 radiano em uma circunferência de raio r, obtendo, por exemplo, outros arcos.

Medida do ângulo central	Comprimento do arco
1 rad	$1 \cdot r$
2 rad	$2 \cdot r$
3 rad	$3 \cdot r$
4 rad	$4 \cdot r$
⋮	⋮
α rad	$\alpha \cdot r$

A última linha dessa tabela sugere outro procedimento que permite obter o comprimento ℓ de um arco cuja medida do ângulo central é α rad, isto é:

$$\ell = \alpha \cdot r$$
ou
$$\alpha = \frac{\ell}{r}$$

Note que esse resultado também poderia ser obtido por meio da seguinte proporção:

Ângulo central	Comprimento do arco
2π rad	$2\pi r$
α rad	ℓ

$$\frac{2\pi}{\alpha} = \frac{2\pi r}{\ell} \Rightarrow \alpha = \frac{\ell}{r}$$

Observação:

Essa relação pode ser interpretada da seguinte maneira: o comprimento de um arco e a medida do raio da circunferência correspondente, na mesma unidade de comprimento, são diretamente proporcionais. A constante de proporcionalidade é o valor numérico da medida, em radianos, do ângulo central correspondente.

Exemplo:

As circunferências representadas a seguir são concêntricas, com raios medindo 2 cm, 3 cm, 4 cm, 5 cm e 6 cm. Considerando que o ângulo central é igual a $\frac{2\pi}{3}$, vamos representar os comprimentos dos arcos indicados por x, y, z, t e v.

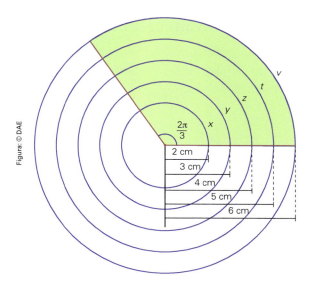

- Como os comprimentos dos arcos são proporcionais às medidas dos raios das circunferências às quais esses raios pertencem e a constante de proporcionalidade é a medida do ângulo central em radianos, temos:

$$\frac{\text{comprimento do arco}}{\text{medida do raio}} = \frac{2\pi}{3}$$

$$\frac{x}{2} = \frac{y}{3} = \frac{z}{4} = \frac{t}{5} = \frac{v}{6} = \frac{2\pi}{3}$$

$$\frac{x}{2} = \frac{2\pi}{3} \Rightarrow x = \frac{4\pi}{3} \text{ cm}$$

$$\frac{y}{3} = \frac{2\pi}{3} \Rightarrow y = 2\pi \text{ cm}$$

$$\frac{z}{4} = \frac{2\pi}{3} \Rightarrow z = \frac{8\pi}{3} \text{ cm}$$

$$\frac{t}{5} = \frac{2\pi}{3} \Rightarrow t = \frac{10\pi}{3} \text{ cm}$$

$$\frac{v}{6} = \frac{2\pi}{3} \Rightarrow v = 4\pi \text{ cm}$$

Para transformar a medida de um arco de radianos para grau e vice-versa, utilizamos a seguinte relação:

$$180° = \pi \text{ rad}$$

A unidade de medida radiano também é muito utilizada na disciplina de Física. Faça uma pesquisa sobre os significados de deslocamento angular, velocidade angular e aceleração angular. Anote em seu caderno o resultado da pesquisa e troque ideias com a turma.

Circunferência trigonométrica

Consideremos uma circunferência de centro na origem do plano cartesiano e raio unitário, conforme a representação abaixo.

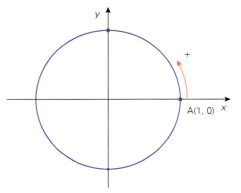

A partir do ponto A(1, 0), convencionamos que qualquer arco no sentido anti-horário será positivo. Como consequência, qualquer arco no sentido horário será negativo.

> A circunferência de centro na origem do sistema de coordenadas cartesianas ortogonais com raio unitário, na qual escolhemos um ponto de origem dos arcos e um sentido de percurso, é chamada **circunferência trigonométrica**.

Os eixos cartesianos dividem a circunferência trigonométrica em quatro partes congruentes. Essas partes são denominadas quadrantes, que são indicados por 1º Q (primeiro quadrante), 2º Q (segundo quadrante), 3º Q (terceiro quadrante) e 4º Q (quarto quadrante), a partir do ponto de origem dos arcos, e são considerados no sentido positivo.

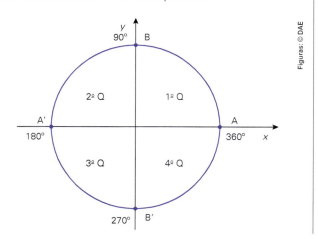

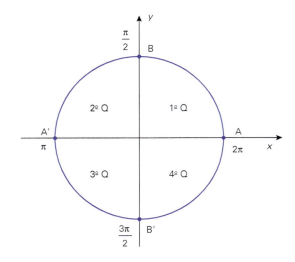

Observações:

1. Os pontos A, B, A' e B' pertencem aos eixos coordenados. Desse modo, vamos considerar que eles não pertencem a nenhum quadrante.

2. Como a circunferência trigonométrica tem raio unitário, a medida de qualquer arco, em radiano, é numericamente igual ao comprimento desse arco.

3. Qualquer ponto P(x, y) que pertença à circunferência trigonométrica terá suas coordenadas variando conforme as desigualdades:
$$-1 \leq x \leq 1 \text{ e } -1 \leq y \leq 1$$

Exemplo:

Vamos considerar nos itens abaixo as extremidades de alguns arcos na circunferência trigonométrica.

a) Arco de 65º:

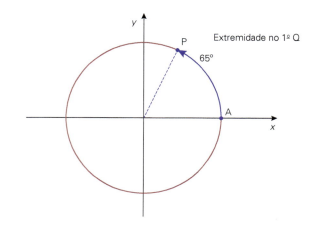

Unidade 2 Trigonometria

b) Arco de $\dfrac{2\pi}{3}$:

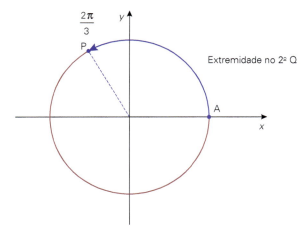

Sabemos que, em uma circunferência, um arco tem duas extremidades. Como uma delas é sempre a origem, para facilitar a identificação, quando citarmos a extremidade de um arco, estaremos nos referindo à extremidade que não é a origem do arco.

Arcos côngruos

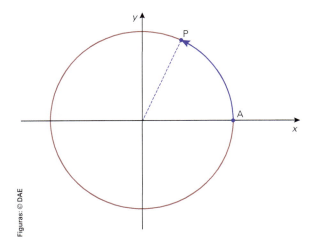

Considere um arco em uma circunferência trigonométrica com origem no ponto A e a outra extremidade no ponto P. Existem infinitos arcos que podemos considerar nessa circunferência tendo os pontos A e P como suas extremidades. Pode-se dar um número inteiro de voltas em qualquer um dos dois sentidos (horário ou anti-horário). Desde que inicie no ponto A e finalize no ponto P teremos arcos com as mesmas extremidades e diferenciados apenas em relação ao número de voltas da circunferência. Esses arcos são chamados **arcos côngruos**.

Exemplo:

Vamos considerar o arco de medida 120° na circunferência trigonométrica, tendo como origem o ponto A e a outra extremidade como o ponto P.

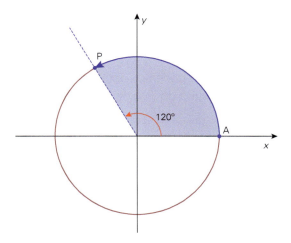

- Note que todos os arcos da tabela a seguir têm origem no ponto A e a outra extremidade no ponto P.

Arcos no sentido anti-horário	Arcos no sentido horário
120° = 120° + 0 · 360°	120° = 120° + 0 · 360°
480° = 120° + 1 · 360°	−240° = 120° + (−1) · 360°
840° = 120° + 2 · 360°	−600° = 120° + (−2) · 360°
1 200° = 120° + 3 · 360°	−960° = 120° + (−3) · 360°
1 560° = 120° + 4 · 360°	−1 320° = 120° + (−4) · 360°

Se escolhermos dois arcos quaisquer dos que estão indicados na tabela, eles serão diferentes em relação ao número de voltas dadas na circunferência, mesmo tendo as mesmas extremidades.

Dois arcos em uma circunferência trigonométrica são côngruos quando suas medidas diferem de um múltiplo de 360° ou 2π rad.

Observações:

1. Para um arco de medida $\alpha°$, todos os arcos côngruos a ele podem ser representados pela expressão $\alpha° + k \cdot 360°$, com $k \in \mathbb{Z}$. Para um arco de medida α rad, todos os arcos côngruos a ele podem ser representados pela expressão $\alpha + k \cdot 2\pi$, com $k \in \mathbb{Z}$.

2. Quando $k = 0$, obtemos nessas expressões o arco de medida α (em graus ou em radianos). Se esse arco é tal que $0° \leq \alpha° < 360°$ ou $0 \leq \alpha < 2\pi$, dizemos que é a primeira determinação positiva.

Exemplos:

1. Observe como podemos obter a primeira determinação positiva do arco de medida 1 500°.

    • Vamos dividir a medida 1 500° por 360°:

    $$\begin{array}{r|l} 1\,500° & \underline{360°} \\ -1\,440° & 4 \\ \hline 60° & \end{array}$$

    → número de voltas
    → primeira determinação positiva

    Pelo algoritmo da divisão, temos:
    $$1500° = 4 \cdot 360° + 60°$$

Ou seja: o quociente indica o número de voltas, e o resto representa a primeira determinação positiva.

2. Agora vamos obter a primeira determinação positiva do arco de medida $\frac{57\pi}{6}$ rad.

    • Como a medida do arco está em radianos, devemos dividi-la por 2π. Para facilitar, consideramos $2\pi = \frac{12\pi}{6}$. Assim, deixamos os denominadores iguais na divisão. Efetuamos, então:

    $$\begin{array}{r|l} \frac{57\pi}{6} & \underline{\frac{12\pi}{6}} \\ -\frac{48\pi}{6} & 4 \\ \hline \frac{9\pi}{6} \text{ ou } \frac{3\pi}{2} & \end{array}$$

    → Número de voltas
    → Primeira determinação positiva

    • Pelo algoritmo da divisão, temos que:
    $$\frac{57\pi}{6} = 4 \cdot \frac{12\pi}{6} + \frac{9\pi}{6}$$

Ou seja: o quociente indica o número de voltas e o resto representa a primeira determinação positiva.

Exercícios resolvidos

1. Transforme para radianos as seguintes medidas:
    a) 210°
    b) 780°

    a) $\frac{180}{210} = \frac{\pi}{x} \Rightarrow x = \frac{210\pi}{180} = \frac{7\pi}{6}$ rad

    b) $\frac{180}{780} = \frac{\pi}{x} \Rightarrow x = \frac{780\pi}{180} = \frac{13\pi}{3}$ rad

2. Transforme para graus as seguintes medidas:
    a) $\frac{2\pi}{3}$ rad
    b) $\frac{9\pi}{2}$ rad

    a) $\frac{2\pi}{3}$ rad $= \frac{2}{3} \cdot \pi$ rad $= \frac{2}{3} \cdot 180° = 120°$

    b) $\frac{9\pi}{2}$ rad $= \frac{9}{2} \cdot \pi$ rad $= \frac{9}{2} \cdot 180° = 810°$

3. Calcule o comprimento do menor arco determinado por um ângulo de 120° em uma circunferência de raio 5 cm.

    Primeiro, vamos descobrir quanto é 120°, em radiano:

    $\frac{180}{120} = \frac{\pi}{x} \Rightarrow x = \frac{120\pi}{180} = \frac{2\pi}{3}$ rad

    Seja x a medida procurada do comprimento do arco, então:
    $$x = \frac{2\pi}{3} \cdot 5 = \frac{10\pi}{3}$$

    Portanto, a medida desse arco é $\frac{10\pi}{3}$ cm.

4. Escreva a expressão geral de todos os arcos que são côngruos a:
    a) 235°
    b) $\frac{7\pi}{5}$ rad

    a) A expressão geral de todos os arcos que são côngruos a 235° é $235° + k \cdot 360°$, com $k \in \mathbb{Z}$.

    b) A expressão geral de todos os arcos que são côngruos a $\frac{7\pi}{5}$ rad é $\frac{7\pi}{5} + k \cdot 2\pi$, com $k \in \mathbb{Z}$.

Exercícios propostos

1. Transforme para radianos as seguintes medidas:
   a) 150°
   b) 240°
   c) 300°

2. Transforme em graus as seguintes medidas:
   a) $\frac{2\pi}{3}$ rad
   b) $\frac{7\pi}{6}$ rad
   c) $\frac{11\pi}{6}$ rad

3. Calcule, em graus, o valor da seguinte expressão:
   $$y = \frac{\pi}{2}\text{rad} + \frac{\pi}{3}\text{rad} - \frac{17\pi}{12}\text{rad} + \frac{3\pi}{4}\text{rad}$$

4. Na figura a seguir, calcule a medida do raio da circunferência.

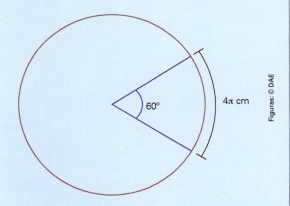

5. Os pares de arcos a seguir são côngruos?
   a) 60° e 780°.
   b) 30° e 330°.
   c) $\frac{\pi}{4}$ rad e $\frac{17\pi}{4}$ rad.
   d) $\frac{\pi}{5}$ rad e $\frac{12\pi}{5}$ rad.
   e) 120° e $\frac{62\pi}{3}$ rad.

6. Escreva a expressão geral de todos os arcos que são côngruos a:
   a) 30°
   b) $\frac{\pi}{4}$ rad
   c) 1 140°
   d) $\frac{19\pi}{4}$ rad

7. Com relação ao arco de medida 2 360°, responda:
   a) Qual é a expressão geral de todos os seus arcos côngruos?
   b) Qual é a primeira determinação positiva?
   c) Qual é a primeira determinação negativa?
   d) O arco de medida 4 340° é côngruo a 2 360°?

8. Com relação ao arco de medida $\frac{29\pi}{3}$ rad, responda:
   a) Qual é a expressão geral de todos os seus arcos côngruos?
   b) Qual é a primeira determinação positiva?
   c) Qual é a primeira determinação negativa?
   d) O arco de medida $\frac{101\pi}{3}$ é côngruo a $\frac{29\pi}{3}$?

9. O ponteiro dos minutos de um relógio mede 15 centímetros. Qual é, aproximadamente, a distância que a extremidade desse ponteiro percorre em 40 minutos? (Utilize a aproximação $\pi \cong 3{,}14$.)

10. Na figura a seguir, um quadrado ABCD está inscrito em uma circunferência centrada na origem dos eixos.

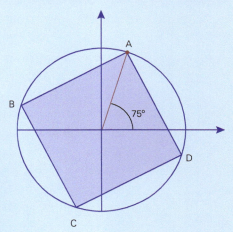

Escreva a expressão geral de todos os arcos côngruos ao arco cuja extremidade é o vértice C do quadrado.

HISTÓRIA DA MATEMÁTICA

Empregamos as unidades grau (°) e radiano (rad) para medir arcos ou ângulos. Mas como teriam surgido essas unidades de medida? A utilização dessas unidades é recente na história da Matemática?

Por que há 360° numa revolução completa? Não há nenhuma razão para isso, a não ser, razões históricas. Mesmo estas devem acabar levando a hipóteses e estas a meros "porque sim", como sempre acontece quando continuamos a perguntar "por quê?" e "onde?" em cada passo de uma investigação retrospectiva, no tempo ou na lógica. Façamos uma revisão breve da história de 360°.

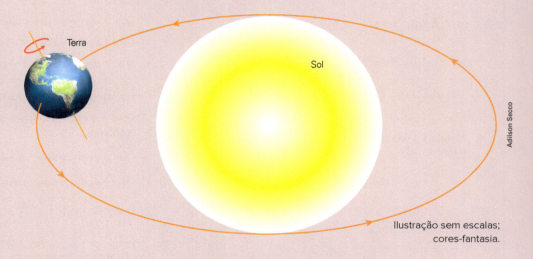

Ilustração sem escalas; cores-fantasia.

Os babilônios antigos, tendo se estabelecido (entre 4000 a.C. e 3000 a.C.) para drenar pântanos, cultivar campos, construir cidades e trocar bens, interessaram-se pela Astronomia por si mesma, pela sua relação com os conceitos religiosos e por suas conexões com o calendário, as estações e a época do plantio. Desenvolveram também um sistema numérico de base 60, usando a ideia de valor posicional para frações e para números inteiros (a ideia da separatriz decimal e casas à sua direita representando décimos, centésimos etc. só entrou em nosso sistema de numeração indo-arábico por volta de 1585 d.C. – mais de quatro milênios depois!). Ninguém sabe por que os babilônios escolheram 60, embora haja muitas teorias interessantes a respeito. É possível até que o uso de 60 tenha sido decorrência da facilidade de se dividir um círculo em seis partes iguais usando seu raio como corda. Talvez a fonte original de 60 seja $\frac{1}{6}$ de 360. A ideia de 360 partes em um círculo poderia ter resultado de uma estimativa ligeiramente errônea de 360 dias num ano. Todavia, parece provável que o sistema sexagesimal moderno tenha precedido a divisão do círculo em 360 partes – certamente precede a subdivisão de cada parte em 60 subpartes. Seja como for, independentemente de que o anterior tenha sido 60 ou 360, os babilônios estudaram Astronomia e usaram um sistema numérico sexagesimal em que as frações eram escritas como denominadores de potências de 60, empregando até certo ponto a mesma noção posicional com que escrevemos frações decimais.

Assim, quando a civilização grega, através do comércio e da conquista, absorveu parcialmente a cultura babilônica, adotou suas frações sexagesimais junto com sua Astronomia. Hipsicles (c. 180 a.C.) foi o primeiro astrônomo grego a dividir o círculo do zodíaco em 360 partes, seguindo os caldeus, que o haviam dividido em 12 seções, cada uma com 30 (e às vezes 60) partes. Nem Hipsicles nem os caldeus usaram essa divisão para outros círculos. Essa generalização deve-se, aparentemente, ao astrônomo Hiparco (c. 150 a.C.).

Ptolomeu (c. 125 d.C.), o famoso astrônomo e geógrafo grego, fez um uso genérico das frações sexagesimais em todo tipo de cálculo e não apenas na medida de ângulos. Segundo ele dizia, fazia isso para evitar o uso de "frações", indício de que a ideia completa de frações conforme é ensinada nas escolas elementares de hoje não era clara para esse gênio grego, mas que ele apreciava a eficiência da noção posicional em cálculos que as envolvessem.

Ptolomeu (c. 90 a.C. – c. 168 a.C.).

Mas ele usava uma aritmética decimal não posicional para os inteiros, e não usava frações sexagesimais para medir o tempo. Esta última ideia foi introduzida por seu comentador, Teon de Alexandria (c. 390 d.C.).

As frações sexagesimais babilônicas usadas em traduções árabes do grego, de Ptolomeu, eram chamadas pelos tradutores "primeiras menores partes" para sexagésimos, "segundas menores partes" para sexagésimos de sexagésimos, e assim por diante. As primeiras traduções europeias se faziam em latim, que era a língua internacional dos intelectuais. Em latim essas frases tornaram-se partes *minutae primae* e partes *minutae secundae*, das quais derivam as palavras "minuto" e "segundo".

JONES, Phillip S. *Tópicos de história da Matemática para uso em sala de aula* – Trigonometria. São Paulo: Editora Atual, 1992, p. 33-34.

Em sua opinião, qual é a melhor hipótese para o surgimento da utilização da circunferência dividida em 360 partes: o calendário dos babilônios, de 360 dias, ou o sistema sexagesimal? Discuta com seus colegas a esse respeito. Que tal pesquisar um pouco mais?

QUESTÕES

De acordo com o texto, responda:

1. Quais são os motivos que levaram os babilônios a se interessarem pelo estudo da Astronomia?
2. Qual era o tipo de aritmética decimal que Ptolomeu usava para medir o tempo?

Seno e cosseno de um arco

Agora que sabemos o que é uma circunferência trigonométrica, vamos indicar um arco de medida α na circunferência com extremidade no ponto P(a, b) conforme indicado a seguir.

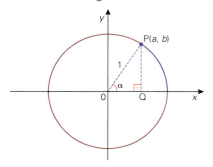

Considerando as razões trigonométricas seno e cosseno de um ângulo agudo no triângulo retângulo, temos:

- $\operatorname{sen} \alpha = \dfrac{\text{medida do cateto oposto ao ângulo } \alpha}{\text{hipotenusa}}$

  $\operatorname{sen} \alpha = \dfrac{PQ}{OP} = \dfrac{b}{1} \Rightarrow b = \operatorname{sen} \alpha$

- $\cos \alpha = \dfrac{\text{medida do cateto adjacente ao ângulo } \alpha}{\text{hipotenusa}}$

  $\cos \alpha = \dfrac{OQ}{OP} = \dfrac{a}{1} \Rightarrow a = \cos \alpha$

Com base nessas duas ideias, estudamos seno e cosseno na circunferência trigonométrica. Associamos a cada arco um valor para o seno e um valor para o cosseno. Esses dois valores são as coordenadas da extremidade do arco (ponto P). A abscissa será o cosseno do arco, e a ordenada, o seno do arco:

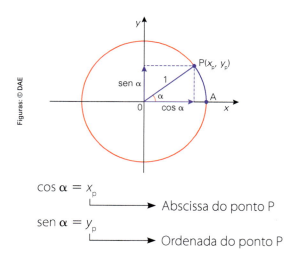

$\cos \alpha = x_p$ → Abscissa do ponto P

$\operatorname{sen} \alpha = y_p$ → Ordenada do ponto P

A seguir, observe o que ocorre com o seno e o cosseno quando fazemos o arco percorrer a circunferência trigonométrica.

Razão trigonométrica seno

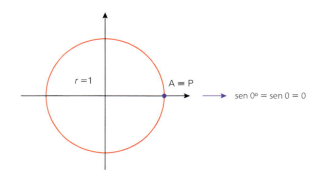

$\operatorname{sen} 0º = \operatorname{sen} 0 = 0$

- Arco variando no 1º quadrante:

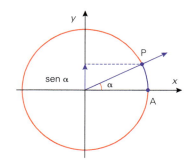

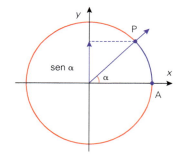

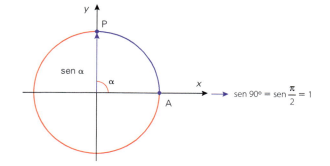

$\operatorname{sen} 90º = \operatorname{sen} \dfrac{\pi}{2} = 1$

48 Unidade 2 Trigonometria

- Arco variando no 2º quadrante:

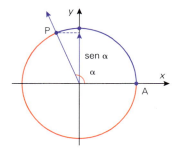

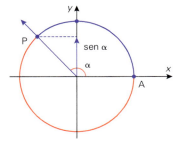

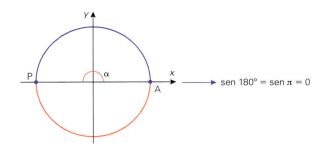

sen 180º = sen π = 0

- Arco variando no 3º quadrante:

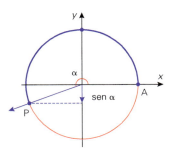

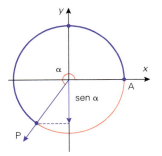

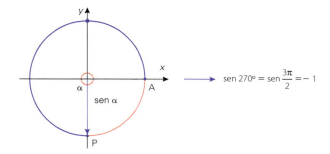

sen 270º = sen $\frac{3\pi}{2}$ = −1

- Arco variando no 4º quadrante:

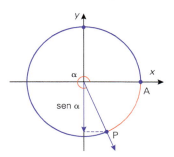

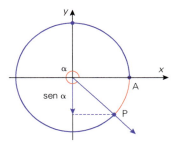

Questões e reflexões

Observando a variação de um arco α na primeira volta na circunferência trigonométrica, responda:

1. Entre quais valores varia o sen α?
2. Aumentando um arco α no intervalo $\left(0, \frac{\pi}{2}\right)$, o que ocorre com o valor de sen α?
3. Em quais quadrantes, quando se aumenta o valor de α, o valor de sen α diminui?
4. Em quais quadrantes o seno é positivo? E em quais é negativo?

OBSERVAÇÃO
Como o seno é uma ordenada, então o sinal do seno é o sinal da ordenada do ponto correspondente à extremidade do arco.

Razão trigonométrica cosseno

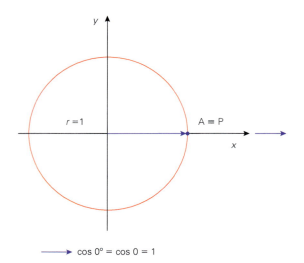

cos 0° = cos 0 = 1

- Arco variando no 1º quadrante:

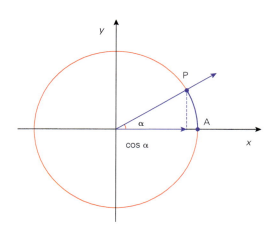

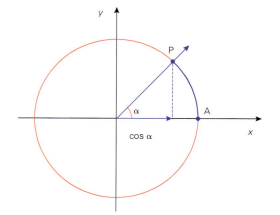

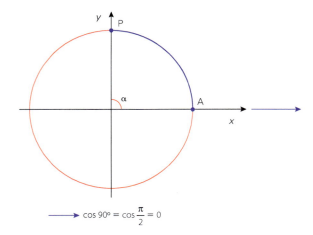

cos 90° = cos $\frac{\pi}{2}$ = 0

- Arco variando no 2º quadrante:

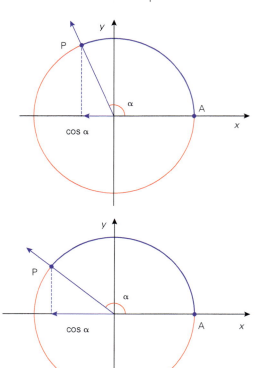

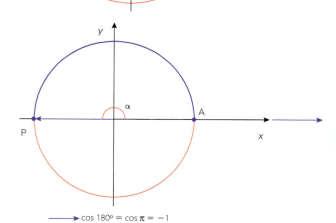

cos 180° = cos π = −1

- Arco variando no 3º quadrante:

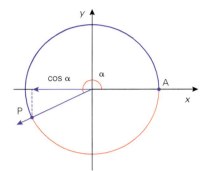

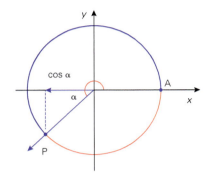

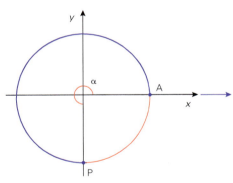

$\cos 270° = \cos \dfrac{3\pi}{2} = 0$

- Arco variando no 4º quadrante:

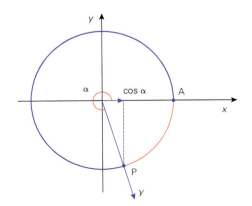

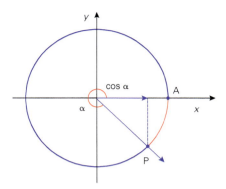

Questões e reflexões

Observando a variação de um arco α na primeira volta na circunferência trigonométrica, responda:

1. Entre quais valores varia o cos α?
2. Aumentando um arco α no intervalo $\left(0, \dfrac{\pi}{2}\right)$ o que ocorre com o valor de cos α?
3. Em quais quadrantes, quando se aumenta o valor de α, o valor de cos α aumenta?
4. Em quais quadrantes o cosseno é positivo? E em quais é negativo?

OBSERVAÇÃO:
Como o cosseno é uma abscissa, então o sinal do cosseno é o sinal da abscissa do ponto correspondente à extremidade do arco.

Resumindo o que vimos anteriormente, além dos sinais nos quadrantes de seno e cosseno, temos:

	0°	90°	180°	270°
sen	0	1	0	−1
cos	1	0	−1	0

$-1 \leq \text{sen}\,\alpha \leq 1$
$-1 \leq \cos\alpha \leq 1$

Simetria no estudo do seno e do cosseno na circunferência trigonométrica

Quando estudamos a Trigonometria no triângulo retângulo, no volume 1 desta coleção, vimos a razão seno e a razão cosseno para os arcos de 30°, 45° e 60° (arcos notáveis). Ao associarmos o seno e o cosseno de um arco numa circunferência trigonométrica com as coordenadas da extremidade desse arco, podemos também ampliar o cálculo dessas razões trigonométricas (seno e cosseno) desses arcos notáveis. Assim, é possível relacioná-los com outros arcos nos demais quadrantes como sugere a figura a seguir:

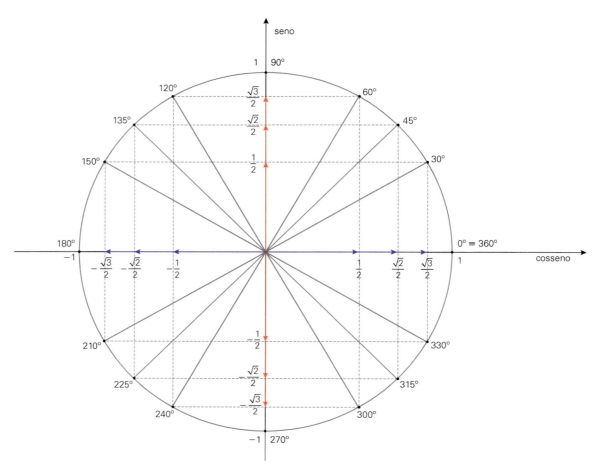

Note que as linhas tracejadas estão indicando retângulos com centro na origem do sistema de coordenadas cartesianas. Assim, por exemplo, observando o retângulo com vértices nas extremidades dos arcos de 30º, 150º, 210º e 330º, temos:

$$\text{sen}\,150º = \text{sen}\,30º = \frac{1}{2} \qquad \cos 150º = -\cos 30º = -\frac{\sqrt{3}}{2}$$

$$\text{sen}\,210º = -\text{sen}\,30º = -\frac{1}{2} \qquad \cos 210º = -\cos 30º = -\frac{\sqrt{3}}{2}$$

$$\text{sen}\,330º = -\text{sen}\,30º = -\frac{1}{2} \qquad \cos 330º = \cos 30º = \frac{\sqrt{3}}{2}$$

Portanto, podemos expressar o seno e o cosseno dos arcos de 150º, 210º e 330º em função do seno e do cosseno do arco de 30º.

Aqui é importante observar que foi possível relacionar o seno e o cosseno de arcos com extremidades no 2º, no 3º e no 4º quadrantes em função das mesmas razões trigonométricas de arcos do 1º quadrante. Dizemos que foram feitas reduções ao 1º quadrante. Esse procedimento é justificável pelas simetrias das coordenadas de pontos no 2º, no 3º e no 4º quadrantes em relação ao 1º quadrante. Para compreender melhor isso, vamos considerar a seguir, separadamente, um arco genérico com extremidades no 2º, no 3º e no 4º quadrantes para "reduzir" ao 1º quadrante.

- Arcos com extremidade no 2º quadrante

Observe na circunferência trigonométrica representada a seguir que as abscissas dos pontos P e Q são opostas enquanto as ordenadas são iguais:

GRAU

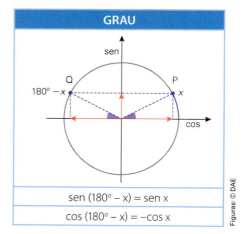

$\text{sen}\,(180º - x) = \text{sen}\,x$
$\cos(180º - x) = -\cos x$

Unidade 2 Trigonometria

Se o arco *x* estivesse em radianos, teríamos:

sen $(\pi - x)$ = sen x e cos $(\pi - x)$ = $-$ cos x

- Arcos com extremidade no 3º quadrante

Observe na circunferência trigonométrica representada a seguir que as abscissas dos pontos P e Q são opostas, assim como as ordenadas:

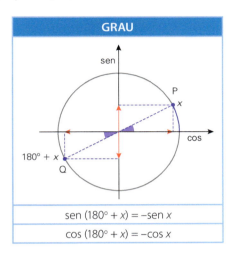

GRAU
sen (180° + x) = $-$sen x
cos (180° + x) = $-$cos x

Se o arco *x* estivesse em radianos, teríamos:

sen $(\pi + x)$ = $-$ sen x e cos $(\pi + x)$ = $-$ cos x

- Arcos com extremidade no 4º quadrante

Observe na circunferência trigonométrica representada a seguir que as abscissas dos pontos P e Q são iguais, enquanto suas ordenadas são opostas:

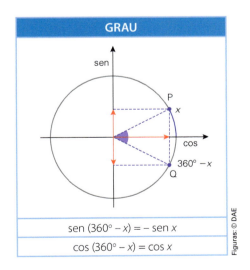

GRAU
sen (360° $- x$) = $-$ sen x
cos (360° $- x$) = cos x

Se o arco *x* estivesse em radianos, teríamos:

sen $(2\pi - x)$ = $-$ sen x e cos $(2\pi - x)$ = cos x

Observação:

Se considerarmos na circunferência trigonométrica dois arcos opostos, isto é, um arco de medida *x* (arco AB) e outro arco de medida –*x* (arco AB'), podemos constatar que, de acordo com as figuras a seguir, os senos são opostos, e os cossenos são iguais.

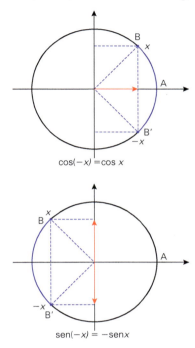

Note que os arcos de medidas *x* e –*x* têm o mesmo comprimento. Como os pontos B e B' têm a mesma abscissa, eles possuem o mesmo valor do cosseno e, analogamente, como esses pontos têm ordenadas opostas, eles têm senos opostos.

Função seno e função cosseno

Você já ouviu falar em movimento harmônico simples?

Em Física, existem situações envolvendo fenômenos periódicos, isto é, fenômenos que têm movimentos que se repetem sob certas condições. Um tipo de movimento periódico é o chamado movimento harmônico simples (MHS). Vamos considerar a seguinte situação:

Um corpo de massa M está preso à extremidade de uma mola. A outra extremidade está presa a uma parede, como sugere a figura a seguir. O ponto 0 indica a posição de equilíbrio. Se comprimirmos essa mola até a posição –A e a soltarmos, uma força restauradora fará com que essa mola se desloque para a direita passando pela posição de equilíbrio e chegando até o ponto indicado pela posição A. Considerando condições ideais, esse corpo vai se deslocar periodicamente da posição A até a posição –A.

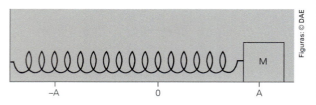

Para determinar a posição x desse corpo em função do tempo t, utilizamos a seguinte relação matemática:

$$x(t) = A \cdot \cos(\omega \cdot t + \varphi)$$

Note que, na situação apresentada, a posição do corpo é dada em função do tempo t e está relacionada ao cosseno de um arco.

Movimentos que são periódicos podem ser descritos por meio de uma função trigonométrica.

Agora, vamos compreender como são as funções trigonométricas seno e cosseno.

Função seno

Vimos que, para cada arco ou ângulo x, podemos associar um valor de seno. Logo, para cada x real (considere x em radiano) podemos associar outro número real dado por sen x:

> Denominamos função seno a função $f: \mathbb{R} \to \mathbb{R}$ que associa a cada número real x o número real sen x, isto é, $f(x) = \text{sen } x$.

O esboço do gráfico dessa função pode ser feito por meio do seno de diversos arcos na primeira volta na circunferência trigonométrica. Você poderá utilizar uma calculadora para verificar os valores dos senos.

Assim, utilizando algumas vezes aproximações, podemos obter as coordenadas de alguns desses pontos. Como exemplo:

$$x = \frac{\pi}{6} \to y = \text{sen} \frac{\pi}{6} = \frac{1}{2} = 0{,}5$$

$$x = \frac{\pi}{4} \to y = \text{sen} \frac{\pi}{4} = \frac{\sqrt{2}}{2} \cong 0{,}7$$

$$x = \frac{\pi}{3} \to y = \text{sen} \frac{\pi}{3} = \frac{\sqrt{3}}{2} \cong 0{,}9$$

Atribuindo outros valores para x no intervalo [0, 2π], obtendo os valores em correspondência para y e localizando esses pontos no plano cartesiano, obtermos o gráfico da função seno.

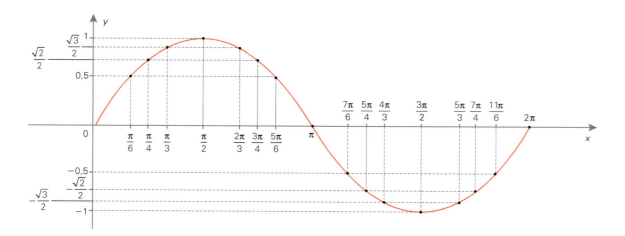

Como a função seno é definida no conjunto dos números reais, a curva correspondente (chamada senoide) a esse gráfico pode ser estendida para arcos negativos (determinações negativas) e também para arcos maiores que 2π (determinações positivas além da primeira volta). Se assim considerarmos, a função $f: \mathbb{R} \to \mathbb{R}$, definida por $f(x) = \text{sen } x$, terá o seguinte gráfico:

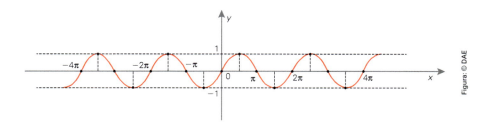

Note, com base no gráfico acima, que a função repete seus valores de modo periódico a cada volta na circunferência, isto é:

⋮

$[-4\pi; -2\pi] \to$ 2ª volta no sentido negativo.

$[-2\pi; 0] \to$ 1ª volta no sentido negativo.

$[0; 2\pi] \to$ 1ª volta no sentido positivo.

$[2\pi; 4\pi] \to$ 2ª volta no sentido positivo.

⋮

Assim, podemos escrever que:

... = sen $(x - 4\pi)$ = sen $(x - 2\pi)$ = sen (x) = = sen $(x + 2\pi)$ = sen $(x + 4\pi)$ = ...

para qualquer arco real x que considerarmos. Dizemos que essa função é periódica de período 2π, ou seja, repete-se de 2π em 2π.

Podemos, assim, resumir algumas ideias importantes sobre a função seno:

- Função periódica: a função seno é periódica de período P = 2π.
- Domínio: como para qualquer arco real x associamos sen x, temos que o domínio é real, isto é, $D(f) = \mathbb{R}$.
- Imagem: o conjunto imagem é formado pelos valores possíveis para sen x, isto é, $Im(f) = [-1, 1]$.
- Função ímpar: a função seno é ímpar, pois sen $(-x) = -$sen x.

Observações:

1. Com base no gráfico da função seno construído anteriormente, temos:

	1º quadrante	2º quadrante	3º quadrante	4º quadrante
Sinal do seno	+	+	−	−
Variação do seno	crescente	decrescente	decrescente	crescente

2. O intervalo $[-1, 1]$, que é o conjunto imagem da função seno, também pode ser representado por $-1 \leq$ sen $x \leq 1$.

Função cosseno

Vimos que, para cada arco ou ângulo x, podemos associar um valor de cosseno. Logo, para cada x real (considere x em radianos) podemos associar outro número real dado por cos x:

Denominamos de função cosseno a função $f: \mathbb{R} \to \mathbb{R}$ que associa a cada número real x o número real cos x, isto é, $f(x) =$ cos x.

O esboço do gráfico dessa função pode ser feito por meio do cosseno de diversos arcos na primeira volta na circunferência trigonométrica. Você poderá utilizar uma calculadora para verificar os valores dos cossenos. Assim, utilizando algumas vezes aproximações, podemos obter as coordenadas de alguns desses pontos. Como exemplo:

$$x = \frac{\pi}{6} \to y = \cos\frac{\pi}{6} = \frac{\sqrt{3}}{2} \cong 0{,}9$$

$$x = \frac{\pi}{4} \to y = \cos\frac{\pi}{4} = \frac{\sqrt{2}}{2} \cong 0{,}7$$

$$x = \frac{\pi}{3} \to y = \cos\frac{\pi}{3} = \frac{1}{2} = 0{,}5$$

Atribuindo outros valores para x no intervalo $[0, 2\pi]$, obtendo os valores em correspondência para y e localizando esses pontos no plano cartesiano obtermos o gráfico da função cosseno.

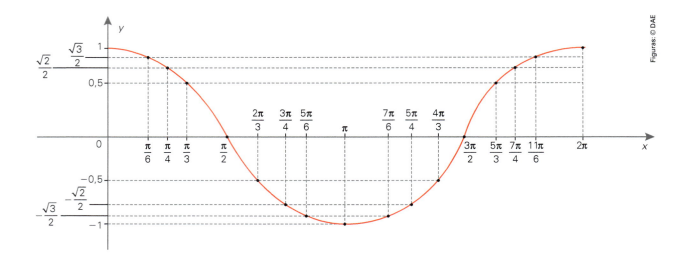

Como a função cosseno é definida no conjunto dos números reais, a curva correspondente (chamada cossenoide) a esse gráfico pode ser estendida para arcos negativos (determinações negativas) e também para arcos maiores que 2π (determinações positivas além da primeira volta). Se assim considerarmos, a função $f: \mathbb{R} \to \mathbb{R}$, definida por $f(x) = \cos x$, terá o seguinte gráfico:

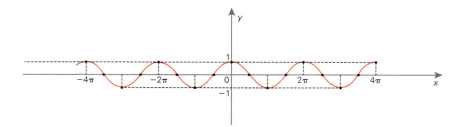

Note, com base no gráfico acima, que a função repete seus valores de modo periódico a cada volta na circunferência, isto é:

⋮

$[-4\pi; -2\pi] \to$ 2ª volta no sentido negativo.

$[-2\pi; 0] \to$ 1ª volta no sentido negativo.

$[0; 2\pi] \to$ 1ª volta no sentido positivo.

$[2\pi; 4\pi] \to$ 2ª volta no sentido positivo.

⋮

Assim, podemos escrever que:

$\ldots = \cos(x - 4\pi) = \cos(x - 2\pi) = \cos(x) = \cos(x + 2\pi) = \cos(x + 4\pi) = \ldots$

para qualquer arco real x que considerarmos. Dizemos que essa função é periódica de período 2π, ou seja, repete-se de 2π em 2π.

Podemos assim resumir algumas ideias importantes sobre a função cosseno:

- Função periódica: a função cosseno é periódica de período $P = 2\pi$.

- Domínio: como para qualquer arco real x associamos $\cos x$, temos que o domínio é real, isto é, $D(f) = \mathbb{R}$.

- Imagem: o conjunto imagem é formado pelos valores possíveis para $\cos x$, isto é, $\text{Im}(f) = [-1, 1]$.

- Função par: a função cosseno é par, pois $\cos(-x) = \cos x$.

Observações:

1. Com base no gráfico da função cosseno construído anteriormente, temos:

	1º quadrante	2º quadrante	3º quadrante	4º quadrante
Sinal do cosseno	+	−	−	+
Variação do cosseno	decrescente	decrescente	crescente	crescente

2. Note que a cossenoide nada mais é que a senoide deslocada $\frac{\pi}{2}$ unidade para a direita.

Funções envolvendo seno e cosseno

Com base no conhecimento das funções trigonométricas seno e cosseno, podemos também analisar o comportamento de outras funções que envolvem essas duas. Essa análise é útil para a compreensão de fenômenos periódicos que relacionam, de alguma maneira, essas funções. Vejamos alguns exemplos:

1. Conhecendo o gráfico da função $f(x) =$ sen x, vamos esboçar, na primeira volta, o gráfico da função $g(x) = 3 +$ sen x.

- Utilizando os valores de x correspondentes às extremidades dos arcos que dividem os quadrantes, podemos construir a seguinte tabela:

x	sen x	$3 +$ sen x
0	0	3
$\frac{\pi}{2}$	1	4
π	0	3
$\frac{3\pi}{2}$	−1	2
2π	0	3

- Com esses valores e conhecendo o gráfico da função $f(x) =$ sen x, podemos ter uma ideia do gráfico da função $g(x) = 3 +$ sen x.

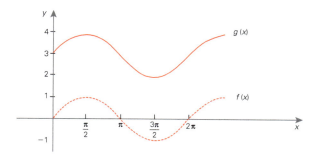

Questões e reflexões

1. Comparando os gráficos das funções $f(x) =$ sen x e $g(x) = 3 +$ sen x, essas funções têm o mesmo período?
2. Se sobrepormos esses dois gráficos, eles coincidirão?
3. Sem atribuir valores a x, como você pode obter o gráfico da função g com base no gráfico da função f?

2. Conhecendo o gráfico da função $f(x) =$ cos x, vamos esboçar, na primeira volta, o gráfico da função $g(x) = 2$ cos x.

- Utilizando os valores de x correspondentes às extremidades dos arcos que dividem os quadrantes, podemos construir a seguinte tabela:

x	cos x	$2 \cdot$ cos x
0	1	2
$\frac{\pi}{2}$	0	0
π	−1	−2
$\frac{3\pi}{2}$	0	0
2π	1	2

- Com esses valores e conhecendo o gráfico da função $f(x) =$ cos x, podemos ter uma ideia do gráfico da função $g(x) = 2$ cos x.

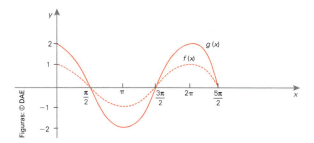

Questões e reflexões

1. Comparando os gráficos das funções $f(x) = \cos x$ e $g(x) = 2\cos x$, essas funções têm o mesmo período?

2. Se sobrepormos esses dois gráficos, eles coincidirão?

3. Essas duas funções têm o mesmo conjunto imagem?

Observe que, quando temos uma função definida no conjunto dos números reais na forma $f(x) = a + b \cdot \text{sen}(mx + n)$ ou na forma $f(x) = a + b \cdot \cos(mx + n)$, pode-se verificar e demonstrar (não faremos aqui tal demonstração) que os números reais a, b, m e n de alguma maneira estão relacionados aos gráficos dessas funções, em que:

- a, $b \rightarrow$ indicam alteração no conjunto imagem da função;

- $m \rightarrow$ o período da função pode ser calculado por $p = \dfrac{2\pi}{|m|}$;

- $n \rightarrow$ está relacionado ao deslocamento horizontal da curva.

Sugerimos, ainda nesta página, uma atividade exploratória que envolve a construção gráfica de diversas funções com a utilização da ferramenta *Winplot* (ou outra ferramenta que você tenha acesso). Essa ferramenta já foi utilizada em atividades propostas no Volume 1 desta coleção na obtenção de gráficos de outras funções.

Aplicações da função seno e da função cosseno

Apresentamos a seguir duas situações para exemplificar a utilização do estudo de funções trigonométricas. Analise detalhadamente cada uma dessas situações.

1ª situação

Uma partícula realiza movimento harmônico simples e sua posição x, em centímetro, em função do tempo t, em segundo, é dada por:

$$x(t) = 0,2 \cdot \cos\left(\dfrac{\pi}{2} \cdot t + \dfrac{\pi}{2}\right)$$

Vamos determinar a elongação máxima e o período de repetição do movimento dessa partícula.

- Para determinar a elongação máxima, basta determinar a maior imagem da função. Isso ocorre para o maior valor assumido pelo cosseno:

$$x(t) = 0,2 \cdot \cos\left(\dfrac{\pi}{2} \cdot t + \dfrac{\pi}{2}\right)$$

$$\downarrow \cos\left(\dfrac{\pi}{2} \cdot t + \dfrac{\pi}{2}\right) = 1$$

$$x(t)_{máximo} = 0,2 \cdot 1 \rightarrow x(t)_{máximo} = 0,2 \text{ cm}$$

- O período de repetição pode ser determinado pelo período da função correspondente:

$$p = \dfrac{2\pi}{|m|}$$

$$p = \dfrac{2\pi}{\left|\dfrac{\pi}{2}\right|} \Rightarrow p = 4 \text{ s}$$

Portanto, a elongação máxima é 0,2 cm e o período é 4 s.

EXPLORANDO

Para que você possa perceber melhor o comportamento gráfico de diversas funções trigonométricas relacionadas à função seno e à função cosseno, sugerimos realizar as seguintes atividades utilizando a ferramenta *Winplot*.

1. Construa, em um mesmo plano cartesiano, os gráficos das funções $f(x) = \text{sen } x$ e $g(x) = \text{sen}\left(x + \dfrac{\pi}{3}\right)$. Depois, responda:

a) Se os dois gráficos forem sobrepostos, o que é possível concluir sobre as curvas?

b) Como você explica o gráfico da função g com base no gráfico da função f?

c) Essas duas funções têm o mesmo conjunto imagem? E o período dessas duas funções é o mesmo?

2. Construa, em um mesmo plano cartesiano, os gráficos das funções $f(x) = \cos x$ e $g(x) = \cos(4x)$. Depois, responda:

a) Essas duas funções têm o mesmo conjunto imagem? E o período dessas duas funções é o mesmo?

b) As curvas obtidas são iguais?

3. Construa, em um mesmo plano cartesiano, os gráficos das funções $f(x) = \text{sen } x$ e $g(x) = 3 \text{ sen } x$. Depois, responda:

a) Essas funções têm o mesmo período? Qual é o conjunto imagem de cada uma dessas funções?

b) Para quais valores de x, essas duas funções têm a mesma imagem?

4. Construa, em um mesmo plano cartesiano, os gráficos das funções $f(x) = \cos(2x)$ e $g(x) = -3 + \cos(2x)$. Depois, responda:

a) Como você explica o gráfico da função g em função do gráfico da função f?

b) Essas funções têm o mesmo período? Qual é o conjunto imagem de cada uma dessas funções?

5. Explique:

a) como obter o gráfico da função $f(x) = -\cos x$ em função do gráfico da função $g(x) = \cos x$.

b) como obter o gráfico da função $f(x) = -\text{sen } x$ em função do gráfico da função $g(x) = \text{sen } x$.

2ª situação

A energia elétrica é resultante do movimento ordenado dos elétrons. Esse movimento ordenado é conhecido como corrente elétrica. Em uma corrente alternada, a intensidade da corrente é periódica. Considere que essa corrente (i), em ampères (A), seja representada em função do tempo t, em segundo, conforme representado no gráfico a seguir:

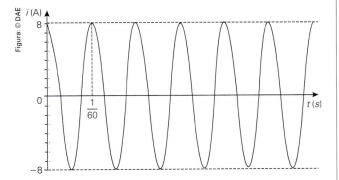

Observando a função $i(t) = a \cdot \cos(m \cdot t)$, na qual a e m são números reais positivos, vamos determinar a lei de formação dessa função e a frequência dessa corrente, isto é, o número de ondas por segundo.

- Pelo gráfico temos que o máximo dessa função é igual a 8 e ocorre, por exemplo, quando $t = 0$. Desse modo, temos:

$$i(t) = a \cdot \cos(m \cdot t)$$
$$i(0) = a \cdot \cos(m \cdot 0)$$
$$8 = a \cdot 1 \Rightarrow a = 8$$

- Observando no gráfico que o período dessa função é igual a $\frac{1}{60}$, podemos determinar o valor de m utilizando a fórmula do cálculo do período da função:

$$p = \frac{2\pi}{|m|}$$

$$\frac{1}{60} = \frac{2\pi}{|m|}$$

$$|m| = 120\pi \Rightarrow m = 120\pi \, (m > 0)$$

- A frequência (f) dessa corrente (frequência, em Física, é o inverso de período) é dada por:

$$f = \frac{1}{p}$$

$$f = \frac{1}{\frac{1}{60}} \Rightarrow f = 60 \text{ hertz}$$

Portanto, a lei de formação é $i(t) = 8 \cdot \cos(120\pi \cdot t)$ e a frequência dessa corrente é 60 hertz (ou 60 Hz).

Exercícios resolvidos

1. Determine o valor da expressão

$$y = \frac{\text{sen}\left(\frac{3\pi}{2}\right) - 3\cos(180°)}{3\,\text{sen}(90°) + \cos(2\pi)}.$$

$$y = \frac{-1 - 3\cdot(-1)}{3\cdot 1 + 1} = \frac{-1 + 3}{3 + 1} = \frac{2}{4} = \frac{1}{2}$$

2. Construa os gráficos das funções trigonométricas a seguir. Depois, determine o período, máximo, mínimo e o conjunto imagem de cada uma delas.

a) $f(x) = -1 + 3\,\text{sen}(x)$

a) Máximo da função f: $\left(\frac{\pi}{2}\right) = -1 + 3\,\text{sen}\left(\frac{\pi}{2}\right) =$
$= -1 + 3\cdot 1 = 2$
Mínimo da função f: $\left(\frac{3\pi}{2}\right) = -1 + 3\,\text{sen}\left(\frac{3\pi}{2}\right) =$
$= -1 + 3\cdot(-1) = -4$
Período da função f: $p = \frac{2\pi}{|1|} = 2\pi$
$\text{Im}(f) = [-4, 2]$

b) $g(x) = 2 - 2\cos(2x)$

b) Máximo da função g: $\left(\frac{\pi}{2}\right) = 2 - 2\cos\left(2\cdot\frac{3\pi}{2}\right) =$
$= 2 - 2\cdot(-1) = 4$
Mínimo da função g: $g(0) = 2 - 2\cos(2\cdot 0) =$
$= 2 - 2\cdot 1 = 0$
Período da função g: $p = \frac{2\pi}{|2|} = \pi$
$\text{Im}(g) = [0, 4]$

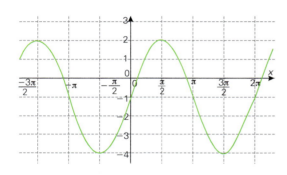
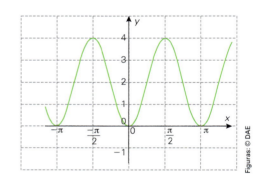

Exercícios propostos

1. Calcule o valor de:
 a) sen (1 500°)
 b) cos (2 565°)
 c) cos (−675°)
 d) cos (−3 540°)
 e) $\text{sen}\left(\frac{13\pi}{6}\right) + \cos\left(\frac{13\pi}{3}\right)$

2. Calcule o valor de:
 a) sen (1 980°)
 b) cos (1 350°)
 c) $\text{sen}\left(\frac{11\pi}{2}\right)$
 d) cos (18π)

3. Determine para quais valores reais de *x* existe θ tal que:
 a) $\text{sen}\,\theta = \left(\frac{2x - 7}{5}\right)$
 b) $\cos\theta = \left(\frac{x + 1}{3}\right)$

4. Determine para quais valores reais de *x* existe α ∈]π, 2π[tal que sen α = 2*x* − 3.

5. Na figura a seguir, o vértice B do triângulo OAB é a extremidade de um arco de medida $\frac{\pi}{3}$ rad.

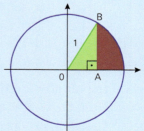

 a) Calcule a área do triângulo OAB.
 b) Calcule o perímetro do triângulo OAB.
 c) Calcule a área pintada de vermelho.

6. Considere a sequência definida por $a_n = \dfrac{\pi}{4} \cdot n + \dfrac{\pi}{3}$ na qual n é um número natural não nulo. Calcule o valor de sen (a_{16}).

7. Nesta figura, estão representados os arcos de medidas 1 radiano, 3 radianos e 5 radianos.
Analise as afirmações e decida se cada uma delas é verdadeira ou falsa. Anote as respostas em seu caderno.

   a) sen 3 < sen 1
   b) cos 5 > cos 1
   c) sen 3 < sen 5
   d) sen 5 > cos 5
   e) sen 1 > cos 1

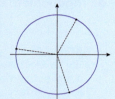

8. Na circunferência trigonométrica a seguir, o ponto P é a extremidade de um arco de medida α.

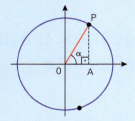

   a) Quais são as medidas dos segmentos OA e PA em função do ângulo α?
   b) Qual é a medida do segmento OP?
   c) Prove que $\text{sen}^2\alpha + \cos^2\alpha = 1$.

9. O limite da soma dos infinitos termos de uma progressão geométrica é igual a $\alpha = \dfrac{\alpha_1}{1-q}$ em que α_1 é o primeiro termo e q é a razão da progressão geométrica. Além disso, esse limite só existe se $-1 < q < 1$. Assim, calcule o valor da expressão
$$y = \cos\left(\dfrac{\pi}{6} + \dfrac{\pi}{12} + \dfrac{\pi}{24} + \ldots\right) + \text{sen}\left(\dfrac{\pi}{3} + \dfrac{\pi}{9} + \dfrac{\pi}{27} + \ldots\right)$$

10. Indique as medidas de dois arcos α e β do 2º quadrante de tal maneira que sen α > sen β.

11. Qual é o período e o conjunto imagem de cada uma das funções a seguir?
    a) $f(x) = -4 + 3 \cdot \text{sen}\left(\dfrac{x}{2} + \pi\right)$
    b) $f(x) = 1 - \cos(4x)$
    c) $f(x) = 2 \cdot \text{sen}\left(\dfrac{2x}{3} - \dfrac{\pi}{2}\right)$

12. Qual é o valor mínimo de cada uma das funções a seguir? E qual é o valor máximo?
    a) $f(x) = 7 - 2\,\text{sen}\,(3x)$
    b) $f(x) = -1 + 3\cos(x - \pi)$

13. Qual é o valor máximo e qual é o valor mínimo da função definida por $f(x) = 1 + 3\cos^2(x)$?

14. Observe um período completo do gráfico da função $f = A + B \cdot \text{sen}\,(C \cdot x)$, com A, B e C constantes reais.

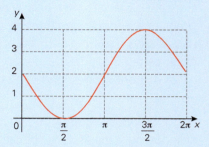

   a) Qual é o período da função f?
   b) Qual é o conjunto imagem da função f?
   c) A função f pode ser t por $f(x) = 2 - 2 \cdot \text{sen}\,(x)$? Justifique sua resposta.

15. No gráfico a seguir, está representado um período completo da função f, definida por $f(x) = 3 \cdot \text{sen}\left(\dfrac{x}{2}\right)$.

Cada vez que escolhemos um ponto P pertencente ao gráfico da função e não pertencente ao eixo das abscissas, é determinado um triângulo OAP.

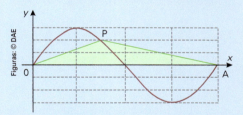

   a) Qual é a medida da altura máxima do triângulo OAP?
   b) Qual é a área máxima do triângulo OAP?

16. Há uma relação que permite calcular o trabalho de uma força F no deslocamento d de um corpo $T = F \cdot d \cdot \cos\theta$, conforme ilustrado abaixo:

   a) Nessa relação, qual é o valor do ângulo θ para se ter o maior valor possível para T?

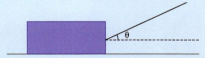

   b) Obtenha o trabalho realizado em um percurso de 5 m, sendo $\theta = 60°$ e F = 10 N.

17. Elabore uma situação semelhante à atividade anterior, relacionando a Física com a Matemática. Depois, troque com um colega para que cada um resolva a situação que o outro criou.

CAPÍTULO 5

RELAÇÕES TRIGONOMÉTRICAS

Quando definimos seno e cosseno de um arco em uma circunferência trigonométrica, vimos que a todo arco corresponde um valor para o seno e outro valor para o cosseno. No plano cartesiano, esses valores são as coordenadas do ponto correspondente à extremidade do arco.

Observe a seguir um triângulo retângulo de hipotenusa medindo 1 e os catetos sendo o seno e o cosseno do ângulo x:

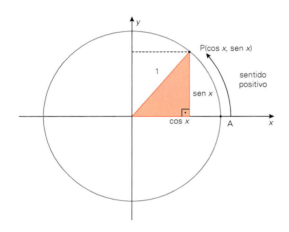

Aplicando o teorema de Pitágoras nesse triângulo, temos:

$1^2 = (\text{sen } x)^2 + (\cos x)^2$

$\downarrow (\text{sen } x)^2 = \text{sen}^2 x \text{ e } (\cos x)^2 = \cos^2 x$

$1 = \text{sen}^2 x + \cos^2 x$ → relação trigonométrica

> Para qualquer arco real x, vale a relação trigonométrica:
> $\text{sen}^2 x + \cos^2 x = 1$

Essa relação permite que, conhecendo uma das duas razões trigonométricas (seno ou cosseno) e o quadrante a que pertence o arco x, determinemos a outra razão trigonométrica. Tal relação é conhecida por **relação fundamental da Trigonometria.**

OBSERVAÇÃO:
Além da relação fundamental da Trigonometria, existem outras relações trigonométricas que veremos neste capítulo. Antes, observaremos a ideia geométrica de tangente de um arco na circunferência trigonométrica.

A tangente de um arco na circunferência

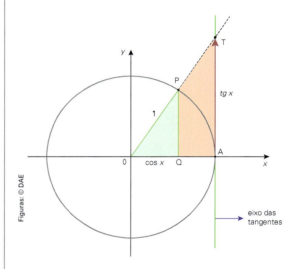

Na circunferência trigonométrica, marcamos um arco AP de medida x. Ligamos a extremidade desse arco ao centro da circunferência e prolongamos esse segmento até encontrar o eixo das tangentes no ponto T (o eixo das tangentes é paralelo ao eixo das ordenadas, passando pela origem A dos arcos), conforme indicado na figura acima. O segmento orientado AT se estiver para cima do eixo das abscissas será positivo, mas se estiver para baixo do eixo das abscissas será negativo. No segmento AT, A é a origem do arco. O segmento AT representa a tangente do arco x.

Observando que os triângulos retângulos OPQ e OTA são semelhantes, temos:

$$\frac{AT}{QP} = \frac{OA}{OQ}$$

$$\frac{\operatorname{tg} x}{\operatorname{sen} x} = \frac{1}{\cos x} \Rightarrow \operatorname{tg} x = \frac{\operatorname{sen} x}{\cos x} \ (\cos x \neq 0)$$

Essa relação trigonométrica também poderia ser obtida aplicando a tangente de um ângulo agudo no triângulo retângulo OPQ, mas a interpretação geométrica da tangente apresentada na figura acima nos permite observar o comportamento da tangente quando o arco x varia ao longo da circunferência trigonométrica.

Agora, observe a seguir, não apenas os valores que a tangente assume, como também os sinais em cada quadrante e os arcos para os quais a tangente não é definida.

- $x = 0$

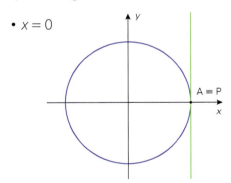

- Para arcos do 1º quadrante (posições P_1, P_2 e P_3):

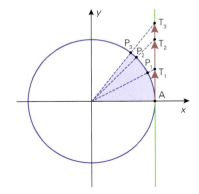

À medida que x aumenta, para $0 < x < \frac{\pi}{2}$, aumenta o valor da tangente. Além disso, para x no 1º quadrante, a tangente é positiva.

- $x = \frac{\pi}{2}$

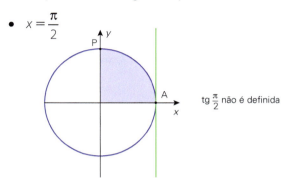

$\operatorname{tg} \frac{\pi}{2}$ não é definida

- Para arcos do 2º quadrante (posições P_1, P_2 e P_3):

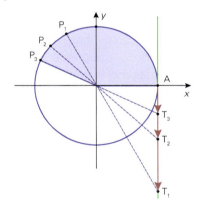

À medida que x aumenta, para $\frac{\pi}{2} < x < \pi$, aumenta o valor da tangente. Note que $AT_1 < AT_2 < AT_3$. Além disso, para x no 2º quadrante, a tangente é negativa.

- $x = \pi$

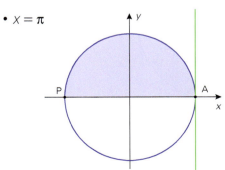

> **Questões e reflexões**
>
> 1. Aumentando-se as medidas dos arcos no 3º quadrante, o que ocorre com a tangente?
> 2. É correto dizer que se o arco no 3º quadrante se aproxima de 270° a tangente tende ao infinito?
> 3. E no 4º quadrante, aumentando-se as medidas dos arcos, o que ocorre com a tangente?

Observações:

1. Conhecendo o sinal de sen x e o sinal de cos x, o sinal da tg x é determinado utilizando a relação tg $x = \dfrac{\text{sen } x}{\cos x}$.

2. No caso de $\text{tg}\left(\dfrac{\pi}{2}\right)$ e $\text{tg}\left(\dfrac{3\pi}{2}\right)$, de acordo com as ilustrações anteriores, a reta contendo o segmento que liga o centro da circunferência trigonométrica à extremidade do arco é paralela ao eixo das tangentes. Desse modo, não existe a tangente. Além disso, observe que o cosseno desses dois arcos se anula.

No capítulo anterior, vimos que podemos calcular o seno e o cosseno de um arco com extremidade no 2º quadrante, no 3º quadrante ou no 4º quadrante em função das mesmas razões seno e cosseno de um arco do 1º quadrante. Na figura a seguir, observe os valores das tangentes de alguns arcos notáveis.

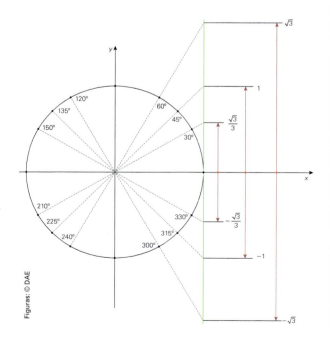

De modo geral, seja x um arco com extremidade no 1º quadrante, temos:

- Arco com extremidade no 2º quadrante.

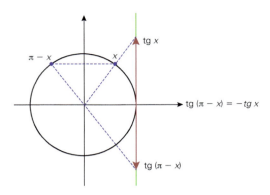

Note que os arcos de medidas x e $\pi - x$, indicados na figura acima, têm extremidades em pontos simétricos em relação ao eixo das ordenadas.

- Arco com extremidade no 3º quadrante.

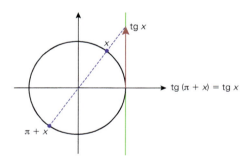

Nesse caso, as extremidades dos arcos x e $\pi + x$ são pontos simétricos em relação à origem do sistema de coordenadas cartesianas.

- Arco com extremidade no 4º quadrante.

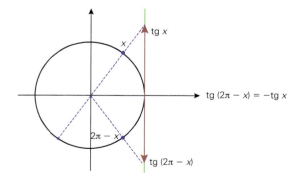

Agora, os arcos x e $2\pi - x$ têm extremidades em pontos simétricos em relação ao eixo das abscissas.

Outras razões trigonométricas

Até aqui vimos as razões trigonométricas seno, cosseno e tangente na circunferência. Além disso, obtivemos duas relações trigonométricas importantes:

$$\text{sen}^2 x + \cos^2 x = 1$$
e
$$\text{tg}\, x = \frac{\text{sen}\, x}{\cos x} \; (\cos x \neq 0)$$

Agora, veremos, também na circunferência trigonométrica, as razões trigonométricas cotangente, cossecante e secante.

A cotangente de um arco na circunferência

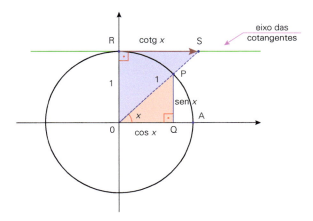

Na circunferência trigonométrica, marcamos um arco AP de medida x. Ligamos a extremidade desse arco ao centro da circunferência e prolongamos esse segmento até encontrar o eixo das cotangentes no ponto S (o eixo das cotangentes é paralelo ao eixo das abscissas, passando pelo ponto R), conforme indicado na figura acima. O segmento orientado RS se estiver para a direita do eixo das ordenadas será positivo, mas se estiver para a esquerda do eixo das ordenadas será negativo. O segmento RS representa a cotangente do arco x.

Observando que os triângulos ORS e OPQ são semelhantes, temos:

$$\frac{RS}{OQ} = \frac{OR}{PQ}$$

$$\frac{\text{cotg}\, x}{\cos x} = \frac{1}{\text{sen}\, x} \Rightarrow \text{cotg}\, x = \frac{\cos x}{\text{sen}\, x} \; (\text{sen}\, x \neq 0)$$

Observações:

1. Para os valores em que a cotangente e a tangente são definidas, podemos dizer que uma é o inverso da outra. Além disso, essas razões trigonométricas têm os mesmos sinais nos quadrantes.

2. Não faremos a análise da cotangente dos arcos ao longo de uma volta na circunferência. Para o cálculo da cotangente de um arco, podemos utilizar, como acima observado, os valores do cosseno e do seno desse arco.

A cossecante de um arco na circunferência

Marcamos o arco AP de medida x na circunferência trigonométrica. Traçamos uma reta tangenciando a circunferência no ponto P até encontrar o eixo das ordenadas, que é também o eixo das cossecantes, no ponto U, conforme indicado na figura a seguir. O segmento orientado OU se estiver para cima do eixo das abscissas será positivo, mas se estiver para baixo do eixo das abscissas será negativo. O segmento OU representa a cossecante do arco de medida x.

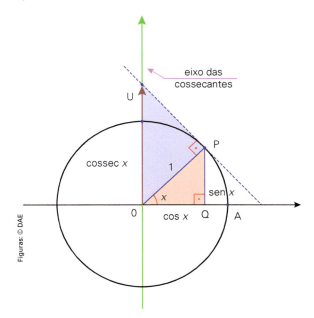

Observando que os triângulos OUP e OPQ são semelhantes, temos:

$$\frac{OU}{OP} = \frac{OP}{PQ}.$$

$$\frac{\text{cossec}\, x}{1} = \frac{1}{\text{sen}\, x} \Rightarrow \text{cossec}\, x = \frac{1}{\text{sen}\, x} \; (\text{sen}\, x \neq 0)$$

Observações:

1. Para os arcos em que é definida, a cossecante de um arco pode ser compreendida como o inverso do seno desse mesmo arco. Além disso, cossecante e seno têm os mesmos sinais nos quadrantes.

2. Não faremos a análise da cossecante dos arcos ao longo de uma volta na circunferência. Para o cálculo da cossecante de um arco, podemos utilizar, como acima observado, os valores do seno desse arco.

A secante de um arco na circunferência

Marcamos o arco AP de medida x na circunferência trigonométrica. Traçamos uma reta tangenciando a circunferência no ponto P até encontrar o eixo das abscissas, que é também o eixo das secantes, no ponto V, conforme indicado na figura a seguir. O segmento orientado OV se estiver para a direita do eixo das ordenadas será positivo, mas se estiver para a esquerda do eixo das ordenadas será negativo. O segmento OV representa a secante do arco de medida x.

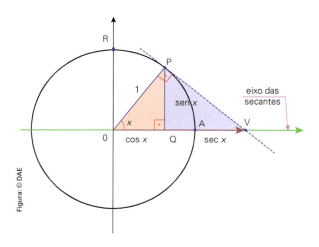

Utilizando a semelhança entre os triângulos OPV e OPQ, temos:

$$\frac{OV}{OP} = \frac{OP}{OQ}$$

$$\frac{\sec x}{1} = \frac{1}{\cos x} \Rightarrow \sec x = \frac{1}{\cos x} \ (\cos x \neq 0)$$

Observações:

1. Para os arcos em que é definida, a secante de um arco pode ser compreendida como o inverso do cosseno desse mesmo arco. Além disso, secante e cosseno têm os mesmos sinais nos quadrantes.

2. Não faremos a análise da secante dos arcos ao longo de uma volta na circunferência. Para o cálculo da secante de um arco, podemos utilizar, como acima observado, os valores do cosseno desse arco.

As relações apresentadas até aqui são conhecidas como relações trigonométricas. Resumimos no quadro a seguir essas relações para um arco x, considerando as condições de existências, são:

$$\operatorname{sen}^2 x + \cos^2 x = 1$$

$$\operatorname{tg} x = \frac{\operatorname{sen} x}{\cos x} \qquad \operatorname{cotg} x = \frac{\cos x}{\operatorname{sen} x}$$

$$\sec x = \frac{1}{\cos x} \qquad \operatorname{cossec} x = \frac{1}{\operatorname{sen} x}$$

Exemplo:

Vamos obter outras duas relações trigonométricas denominadas relações decorrentes. As duas são obtidas com base na relação fundamental da Trigonometria. Observe.

- Dividimos a relação fundamental

$\operatorname{sen}^2 x + \cos^2 x = 1$ por $\cos^2 x$ ($\cos x \neq 0$):

$$\frac{\operatorname{sen}^2 x}{\cos^2 x} + \frac{\cos^2 x}{\cos^2 x} = \frac{1}{\cos^2 x}$$

$$\operatorname{tg}^2 x + 1 = \sec^2 x \Rightarrow \sec^2 x = 1 + \operatorname{tg}^2 x$$

- Dividimos a relação fundamental

$\operatorname{sen}^2 x + \cos^2 x = 1$ por $\operatorname{sen}^2 x$ ($\operatorname{sen} x \neq 0$):

$$\frac{\operatorname{sen}^2 x}{\operatorname{sen}^2 x} + \frac{\cos^2 x}{\operatorname{sen}^2 x} = \frac{1}{\operatorname{sen}^2 x}$$

$$1 + \operatorname{cotg}^2 x = \operatorname{cossec}^2 x \Rightarrow \operatorname{cossec}^2 x = 1 + \operatorname{cotg}^2 x$$

Equações trigonométricas

Assim como existem equações polinomiais, equações exponenciais e equações logarítmicas, por exemplo, também existem equações trigonométricas. São exemplos de equações trigonométricas:

- sen $(x) = -1$
- cos $(4x) = 0{,}5$
- sen$(x) \cdot$ cos$(x) = 0$
- tg$^2 x - 4$ tg$x + 3 = 0$

Um problema a ser enfrentado na resolução de uma equação trigonométrica é que, quando esse tipo de equação admite mais de uma solução, precisamos generalizar suas soluções. Essa generalização requer a compreensão de que, ao encontrar uma solução ou mais na primeira volta da circunferência trigonométrica, temos infinitos outros arcos côngruos que também são soluções.

Exemplo:

Consideremos a equação sen $x = 1$ e observemos suas soluções.

- A princípio, pensando na primeira volta, indicamos o arco de medida $\dfrac{\pi}{2}$ como solução:

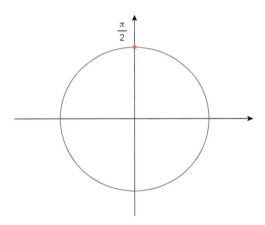

- Porém, existem infinitos outros arcos que também são soluções dessa equação. Por exemplo, todos os arcos a seguir têm extremidade no mesmo ponto indicado na figura acima; portanto, também são soluções dessa equação:

$$\dfrac{\pi}{2} + 2\pi;\ \dfrac{\pi}{2} - 2\pi;\ \dfrac{\pi}{2} + 4\pi;\ \dfrac{\pi}{2} - 4\pi;\ \dfrac{\pi}{2} + 6\pi;\ \dfrac{\pi}{2} - 6\pi$$

- Vamos representar a expressão geral de todos os arcos côngruos àquele da primeira volta. Dessa forma, podemos dizer que todas as soluções da equação dada são da forma:

$$x = \dfrac{\pi}{2} + k \cdot 2\pi\ (\text{com } k \in \mathbb{Z})$$

Antes de considerar outros exemplos de equações trigonométricas, é importante que você observe as seguintes generalizações para determinados arcos indicados na circunferência trigonométrica:

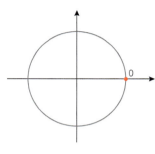

$x = k \cdot 2\pi$	
VALORES DE k	**ARCOS**
0	0
1	2π
-1	-2π
2	4π
-2	-4π
⋮	⋮

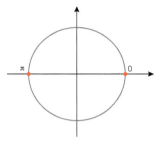

$x = k \cdot \pi$	
VALORES DE k	**ARCOS**
0	0
1	π
-1	$-\pi$
2	2π
-2	-2π
⋮	⋮

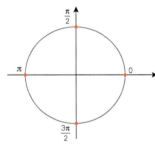

$x = k \cdot \dfrac{\pi}{2}$	
VALORES DE k	**ARCOS**
0	0
1	$\dfrac{\pi}{2}$
-1	$-\dfrac{\pi}{2}$
2	π
-2	$-\pi$
⋮	⋮

A seguir, observe como podemos obter as soluções de algumas equações trigonométricas relacionadas a seno, cosseno ou tangente de arcos.

Exemplos:

1. Vamos obter todas as soluções da equação trigonométrica cos $(x) = 1$.

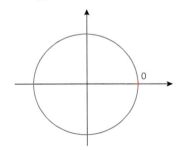

- Na primeira volta da circunferência, localizamos as extremidades dos arcos que satisfazem tal equação, como na figura anterior.
- Generalizamos as infinitas soluções dessa equação:
$$x = k \cdot 2\pi \quad (\text{com } k \in \mathbb{Z})$$

2. Considere a equação trigonométrica sen $(2x) = 1$. Vamos obter uma expressão que forneça todas as soluções dessa equação e, depois, escrever as soluções que pertencem ao intervalo $[0, 2\pi]$.

- Localizamos na circunferência a extremidade do arco $2x$ tal que sen $(2x) = 1$.

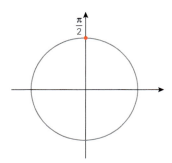

- Arcos que têm extremidade em $\frac{\pi}{2}$ são da forma $\frac{\pi}{2} + k \cdot 2\pi$. Dessa maneira, temos a expressão de todas as soluções:
$$2x = \frac{\pi}{2} + k \cdot 2\pi$$
$$x = \frac{\pi}{4} + k \cdot \pi \ (\text{com } k \in \mathbb{Z})$$

- Como k é um número inteiro, com base na expressão anterior, atribuímos valores a k para obter as soluções no intervalo $[0, 2\pi]$:

$k = 0 \to x = \frac{\pi}{4} + 0 \cdot \pi \quad x = \frac{\pi}{4}$

$k = 1 \to x = \frac{\pi}{4} + 1 \cdot \pi \quad x = \frac{5\pi}{4}$

$k = 2 \to x = \frac{\pi}{4} + 2 \cdot \pi \quad x = \frac{9\pi}{4}$ (fora do intervalo)

Assim, existem duas soluções para essa equação no intervalo considerado: $\frac{\pi}{4}$ e $\frac{5\pi}{4}$.

Observação:

Por causa da diversidade de tipos de equações e maneiras de representar as soluções, muitas vezes nos deparamos com a dificuldade em generalizar tais soluções. Com o objetivo de facilitar essa tarefa, apresentamos três casos envolvendo as razões seno, cosseno ou tangente. Em cada caso, apresentamos um exemplo.

1º caso: equação na incógnita x da forma sen $x =$ sen θ.

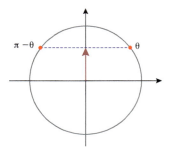

Se as extremidades dos arcos de medida x e θ são simétricas em relação ao eixo das ordenadas, como sugere a figura acima, temos que as soluções desse tipo de equação podem ser dadas por:
$$x = \theta + k \cdot 2\pi$$
ou
$$x = \pi - \theta + k \cdot 2\pi \ (\text{com } k \in \mathbb{Z})$$

Exemplos:

Vamos resolver a equação sen $x = \frac{1}{2}$.

- Nesse caso, as extremidades dos arcos na circunferência trigonométrica são os pontos representados na circunferência a seguir.

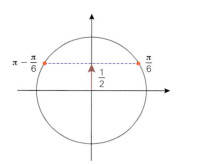

- As soluções dessa equação são representadas por:
$$x = \frac{\pi}{6} + k \cdot 2\pi$$
ou
$$x = \frac{5\pi}{6} + k \cdot 2\pi \ (\text{com } k \in \mathbb{Z})$$

2º caso: equação na incógnita x da forma cos x = cos θ.

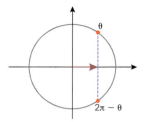

Se as extremidades dos arcos de medida x e θ são simétricas em relação ao eixo das abscissas, como sugere a figura acima, temos que as soluções desse tipo de equação podem ser dadas por:

$$x = \theta + k \cdot 2\pi$$
ou
$$x = -\theta + k \cdot 2\pi \text{ (com } k \in \mathbb{Z})$$

Porém, essas duas expressões podem ser resumidas em uma expressão apenas:

$$x = \pm\theta + k \cdot 2\pi \text{ (com } k \in \mathbb{Z})$$

Exemplo:

Vamos resolver a equação $\cos x = -\dfrac{\sqrt{2}}{2}$.

- Nesse caso, as extremidades dos arcos na circunferência trigonométrica são os pontos representados na circunferência a seguir.

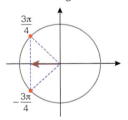

- Obtendo as soluções na primeira volta:

– no 2º quadrante, temos $\pi - \dfrac{\pi}{4} = \dfrac{3\pi}{4}$;

– no 3º quadrante, temos $\pi + \dfrac{\pi}{4} = \dfrac{5\pi}{4}$.

- As soluções dessa equação são representadas por:

$$x = \dfrac{3\pi}{4} + k \cdot 2\pi$$
ou
$$x = -\dfrac{3\pi}{4} + k \cdot 2\pi \text{ (com } k \in \mathbb{Z})$$

Resumindo essas duas expressões em uma expressão apenas, temos:

$$x = \pm\dfrac{3\pi}{4} + k \cdot 2\pi \text{ (com } k \in \mathbb{Z})$$

3º caso: equação na incógnita x da forma tg x = tg θ.

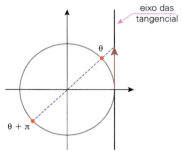

Se as extremidades dos arcos de medida x e θ são simétricas em relação ao centro da circunferência, como sugere a figura acima, temos que as soluções desse tipo de equação podem ser dadas por:

$$x = \theta + k \cdot 2\pi$$
ou
$$x = \theta + \pi + k \cdot 2\pi \text{ (com } k \in \mathbb{Z})$$

Nesse caso, essas duas expressões também podem ser representadas por uma só:

$$x = \theta + k \cdot \pi \text{ (com } k \in \mathbb{Z})$$

Exemplo:

Vamos resolver a equação $\text{tg } x = \dfrac{\sqrt{3}}{3}$.

- Nesse caso, as extremidades dos arcos na circunferência trigonométrica são os pontos representados na circunferência a seguir.

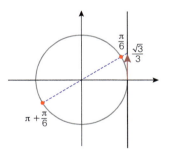

- As soluções dessa equação são representadas por:

$$x = \dfrac{\pi}{6} + k \cdot 2\pi$$
ou
$$x = \dfrac{7\pi}{6} + k \cdot 2\pi \text{ (com } k \in \mathbb{Z})$$

Resumindo essas duas expressões em uma expressão apenas, temos:

$$x = \dfrac{\pi}{6} + k \cdot \pi \text{ (com } k \in \mathbb{Z})$$

Exercícios resolvidos

1. Simplifique a expressão $\dfrac{\operatorname{tg} x + \operatorname{cotg} x}{\sec x}$ com $\operatorname{sen} x \neq 0$ e $\cos x \neq 0$.

$$\dfrac{\operatorname{tg}(x)+\operatorname{cotg}(x)}{\sec(x)} = \dfrac{\dfrac{\operatorname{sen}(x)}{\cos(x)}+\dfrac{\cos(x)}{\operatorname{sen}(x)}}{\dfrac{1}{\cos(x)}} = \dfrac{\dfrac{\operatorname{sen}^2(x)+\cos^2(x)}{\cos(x)\cdot \operatorname{sen}(x)}}{\dfrac{1}{\cos(x)}} =$$

$$= \dfrac{1}{\cos(x)\cdot \operatorname{sen}(x)}\cdot \cos(x) = \dfrac{1}{\operatorname{sen}(x)} = \operatorname{cossec}(x)$$

Assim, $\dfrac{\operatorname{tg}(x)+\operatorname{cotg}(x)}{\sec(x)} = \operatorname{cossec}(x)$.

2. Resolva as seguintes equações trigonométricas:

a) $\operatorname{sen} x = \dfrac{\sqrt{3}}{2}$

b) $\cos x = \dfrac{\sqrt{2}}{2}$

c) $\operatorname{tg} x = \sqrt{3}$

a)
$$\operatorname{sen}(x) = \dfrac{\sqrt{3}}{2} \Rightarrow x = \dfrac{\pi}{3}+k\cdot 2\pi \ (\text{com } k \in \mathbb{Z}) \text{ ou}$$
$$x = \dfrac{2\pi}{3}+k\cdot 2\pi \ (\text{com } k \in \mathbb{Z})$$
$$S = \left\{x \in \mathbb{R}\,|\, x = \dfrac{\pi}{3}+k\cdot 2\pi \text{ ou } x = \dfrac{2\pi}{3}+k\cdot 2\pi, \text{ com } k \in \mathbb{Z}\right\}$$

b)
$$\cos(x) = \dfrac{\sqrt{2}}{2} \Rightarrow x = \dfrac{\pi}{4}+k\cdot 2\pi \ (\text{com } k \in \mathbb{Z}) \text{ ou}$$
$$x = \dfrac{7\pi}{4}+k\cdot 2\pi \ (\text{com } k \in \mathbb{Z})$$
$$S = \left\{x \in \mathbb{R}\,|\, x = \dfrac{\pi}{4}+k\cdot 2\pi \text{ ou } x = \dfrac{7\pi}{4}+k\cdot 2\pi, \text{ com } k \in \mathbb{Z}\right\}$$

c)
$$\operatorname{tg}(x) = \sqrt{3} \Rightarrow x = \dfrac{\pi}{3}+k\cdot \pi \ (\text{com } k \in \mathbb{Z})$$
$$S = \left\{x \in \mathbb{R}\,|\, x = \dfrac{\pi}{3}+k\cdot \pi, \text{ com } k \in \mathbb{Z}\right\}$$

Exercícios propostos

1. Se $\cos x = -\dfrac{5}{13}$ e $\pi < x < \dfrac{3\pi}{2}$, calcule os valores de $\operatorname{sen} x$, $\operatorname{tg} x$, $\sec x$, $\operatorname{cossec} x$ e $\operatorname{cotg} x$.

2. Se $\operatorname{tg} x = 3$ e $0 < x < \dfrac{\pi}{2}$, calcule os valores de $\operatorname{sen} x$, $\cos x$, $\sec x$, $\operatorname{cossec} x$ e $\operatorname{cotg} x$.

3. Calcule o valor de k tal que $\operatorname{sen} x = \dfrac{\sqrt{k-1}}{2}$ e $\cos x = \dfrac{k}{8}$.

4. Simplifique a expressão $[1 + \operatorname{tg}^2 x] \cdot [1 - \operatorname{sen}^2 x]$, com $\cos x \neq 0$.

5. Mostre que é verdadeira a igualdade trigonométrica, na qual $\dfrac{2 - \operatorname{sen}^2 x - 2\cos x}{1 - \cos x} = 1 - \cos x$ com $\cos x \neq 1$.

6. Se $\operatorname{sen} x = m$ e $\cos x = n$, calcule, em função de m e n, o valor de $[\operatorname{sen} x + \cos x]^2$.

7. Sabendo que $\operatorname{tg}^2 x - 4\cdot \sec x + 5 = 0$, calcule o valor de $\cos x$.

8. A expressão $\dfrac{\operatorname{cossec} x - \operatorname{sen} x}{\sec x - \cos x}$ é equivalente a $\operatorname{cotg}^n x$, para $\cos x \neq 0$, $\cos x \neq \pm 1$ e $\operatorname{sen} x \neq 0$. Calcule o valor de n.

9. Considerando a equação trigonométrica $\operatorname{sen} x = -\dfrac{\sqrt{3}}{2}$:

a) determine as soluções dessa equação no intervalo $[0, 2\pi]$.

b) escreva a expressão que representa todas as soluções dessa equação.

10. Qual é o número de soluções da equação $\cos x = \dfrac{\sqrt{2}}{2}$, no intervalo $[0, 4\pi]$?

11. Determine as soluções para a equação $\operatorname{tg}(x) = 1$ no intervalo $[-\pi, 2\pi]$.

12. Calcule a soma das raízes da equação $2\cdot \operatorname{sen}^2(x) - 3\cdot \operatorname{sen}(x) + 1 = 0$ no intervalo $[0, 2\pi]$.

13. Qual é a menor raiz positiva da equação $81^{\cos x(4x+\pi)} = 9$?

14. Considere as funções $f(x) = 3x$ e $g(x) = -1 + 2\cdot \cos(x)$.

a) Determine a função $g(f(x))$.

b) Resolva a equação $g(f(x)) = 1$.

15. Considerando $2\cdot \operatorname{sen}^2(x) - 10\cdot \operatorname{sen}(x)\cdot \cos(x) + 8\cdot \cos^2(x) = 0$, calcule os possíveis valores para $\operatorname{tg}(x)$.

TRANSFORMAÇÕES TRIGONOMÉTRICAS

CAPÍTULO 6

No levantamento topográfico de uma área, era necessário demarcar uma região na forma triangular como sugere a figura abaixo. Chegou-se à conclusão de que era possível obter diretamente no local as medidas de dois dos lados e do ângulo entre eles. Havia uma dificuldade de acesso para obter a medida aproximada do terceiro lado: parte de um lago estava dentro dessa região.

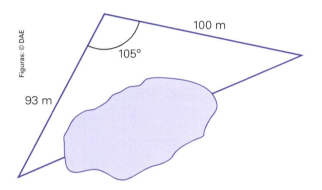

Utilizando a lei dos cossenos, assunto estudado no volume 1 desta coleção, e uma calculadora, foi possível obter a medida desconhecida. Considerando x a medida desconhecida, temos:

$x^2 = 93^2 + 100^2 - 2 \cdot 93 \cdot 100 \cdot \cos 105°$

$x^2 = 8649 + 10000 - 18600 \cdot \cos 105°$

↓ calculadora: $\cos 105° \cong -0{,}2588$

$x^2 \cong 18649 - 18600 \cdot (-0{,}2588)$

$x^2 \cong 23462{,}68 \Rightarrow x \cong 153{,}18$ m

Portanto, a medida do terceiro lado dessa região triangular é, aproximadamente, 153,18 m.

Note que, no cálculo acima, apareceu o cosseno do arco 105°. Como esse arco corresponde à soma do arco de 45° com o arco de 60°, com base no conhecimento do seno e do cosseno desses dois arcos podemos determinar cos 105° por meio de uma relação trigonométrica que envolve a adição de arcos. Veremos a seguir.

Fórmulas para adição e subtração de arcos

Vamos retomar o cálculo da distância entre dois pontos de um plano cartesiano conhecidas suas coordenadas. Assim, considere, no plano cartesiano representado a seguir, os pontos $A(x_A, y_A)$ e $B(x_B, y_B)$.

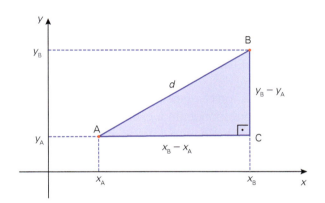

A distância d entre os pontos A e B, indicada no triângulo retângulo acima, corresponde à medida da hipotenusa em que os catetos têm medidas $AC = |x_B - x_A|$ e $BC = |y_B - y_A|$. Utilizando o teorema de Pitágoras:

$$d^2 = (AC)^2 + (BC)^2$$
$$d^2 = (|x_B - x_A|)^2 + (|y_B - y_A|)^2$$
$$d^2 = (x_B - x_A)^2 + (y_B - y_A)^2$$
$$d = \sqrt{(x_B - x_A)^2 + (y_B - y_A)^2}$$

Vamos utilizar a relação que fornece a distância entre dois pontos quaisquer de um plano cartesiano em função das coordenadas desse pontos para obter a fórmula do cosseno da diferença de dois arcos.

Cosseno da diferença de dois arcos

Na circunferência trigonométrica abaixo, vamos considerar dois arcos de medidas α e β, cujas extremidades estão indicadas pelos pontos P e Q, respectivamente.

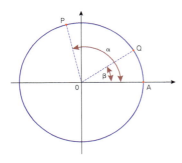

Como a circunferência é trigonométrica, esses pontos têm as seguintes coordenadas:

$$P(\cos\alpha, \operatorname{sen}\alpha) \text{ e } Q(\cos\beta, \operatorname{sen}\beta)$$

Vamos indicar, nessa mesma circunferência, o ponto R correspondente à extremidade do arco de medida igual à diferença entre as medidas dos arcos AP e AQ, isto é:

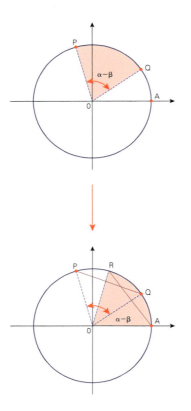

Observando que os arcos QP e AR são de mesma medida, as coordenadas do ponto R são dadas por:

$$R\left[\cos(\alpha-\beta), \operatorname{sen}(\alpha-\beta)\right]$$

Além disso, os segmentos QP e AR têm o mesmo comprimento. Assim, considerando a distância entre dois pontos, as coordenadas dos pontos P, Q e R e também o ponto A(1, 0), temos:

$$d_{AR} = d_{QP}$$

Calculando separadamente essas distâncias:

- $d_{AR} = \sqrt{[1-\cos(\alpha-\beta)]^2 + [0-\operatorname{sen}(\alpha-\beta)]^2}$
  $d_{AR} = \sqrt{1-2\cos(\alpha-\beta)+\cos^2(\alpha-\beta)+\operatorname{sen}^2(\alpha-\beta)}$
  $d_{AR} = \sqrt{1-2\cos(\alpha-\beta)+1}$
  $d_{AR} = \sqrt{2-2\cos(\alpha-\beta)}$

- $d_{QP} = \sqrt{(\cos\alpha-\cos\beta)^2 + (\operatorname{sen}\alpha-\operatorname{sen}\beta)^2}$
  $d_{QP} = \sqrt{\cos^2\alpha-2\cos\alpha\cdot\cos\beta+\cos^2\beta+\operatorname{sen}^2\alpha-2\operatorname{sen}\alpha\cdot\operatorname{sen}\beta+\operatorname{sen}^2\beta}$
  $d_{QP} = \sqrt{\underbrace{\cos^2\alpha+\operatorname{sen}^2\alpha}_{1}+\underbrace{\cos^2\beta+\operatorname{sen}^2\beta}_{1}-2\cos\alpha\cdot\cos\beta-2\operatorname{sen}\alpha\cdot\operatorname{sen}\beta}$
  $d_{QP} = \sqrt{2-2\cos\alpha\cdot\cos\beta-2\operatorname{sen}\alpha\cdot\operatorname{sen}\beta}$

Como tais distâncias são iguais, fazemos:

$$\sqrt{2-2\cos(\alpha-\beta)} = \sqrt{2-2\cos\alpha\cdot\cos\beta-2\operatorname{sen}\alpha\cdot\operatorname{sen}\beta}$$

Elevando ao quadrado os dois membros dessa igualdade, podemos escrever:

$2 - 2\cos(\alpha-\beta) = 2 - 2\cos\alpha\cdot\cos\beta - 2\operatorname{sen}\alpha\cdot\operatorname{sen}\beta$

$-2\cos(\alpha-\beta) = -2\cos\alpha\cdot\cos\beta - 2\operatorname{sen}\alpha\cdot\operatorname{sen}\beta$

$\cos(\alpha-\beta) = \cos\alpha\cdot\cos\beta + \operatorname{sen}\alpha\cdot\operatorname{sen}\beta$

> O cosseno da diferença de dois arcos de medidas α e β é dado por:
> $$\cos(\alpha+\beta) = \cos\alpha\cdot\cos\beta - \operatorname{sen}\alpha\cdot\operatorname{sen}\beta$$

Cosseno da soma de dois arcos

Utilizando a relação anterior para o cosseno da diferença de dois arcos, podemos obter outra relação trigonométrica para o cosseno da soma de dois arcos:

$$\cos(\alpha+\beta) = \cos[\alpha-(-\beta)]$$
↓ fórmula anterior
$$\cos(\alpha+\beta) = \cos\alpha \cdot \cos(-\beta) + \sen\alpha \cdot \sen(-\beta)$$
↓ $\cos(-\beta) = \cos\beta$ e $\sen(-\beta) = -\sen\beta$
$$\cos(\alpha+\beta) = \cos\alpha \cdot \cos\beta + \sen\alpha \cdot (-\sen\beta)$$
$$\cos(\alpha+\beta) = \cos\alpha \cdot \cos\beta - \sen\alpha \cdot \sen\beta$$

> O cosseno da soma de dois arcos de medidas α e β é dado por:
> $$\cos(\alpha+\beta) = \cos\alpha \cdot \cos\beta - \sen\alpha \cdot \sen\beta$$

Exemplo:

Vamos retornar à situação apresentada no início deste capítulo e calcular cosseno de 105° com base nos valores de cosseno e seno dos arcos 45° e 60°:

$$\cos 105° = \cos(45° + 60°)$$
$$\cos 105° = \cos 45° \cdot \cos 60° - \sen 45° \cdot \sen 60°$$
$$\cos 105° = \frac{\sqrt{2}}{2} \cdot \frac{1}{2} - \frac{\sqrt{2}}{2} \cdot \frac{\sqrt{3}}{2} \Rightarrow \cos 105° = \frac{\sqrt{2}-\sqrt{6}}{4}$$

Seno da diferença de dois arcos

A relação que permite calcular o seno da diferença de dois arcos pode ser obtida considerando inicialmente arcos complementares na circunferência trigonométrica:

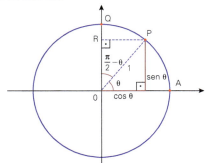

Figura: © DAE

Observando o triângulo ORP, temos que:

$$\sen\left(\frac{\pi}{2}-\theta\right) = \frac{\text{cateto oposto}}{\text{hipotenusa}} = \frac{\cos\theta}{1} = \cos\theta$$
$$\cos\left(\frac{\pi}{2}-\theta\right) = \frac{\text{cateto adjacente}}{\text{hipotenusa}} = \frac{\sen\theta}{1} = \sen\theta$$

Note que os arcos θ e $\frac{\pi}{2}-\theta$ são complementares. Desse modo temos que, se dois arcos são complementares, o seno de um deles é igual ao cosseno do outro.

Com base nesse resultado podemos obter a relação trigonométrica correspondente ao seno da diferença de dois arcos de medidas α e β:

$$\sen(\alpha-\beta) = \cos\left[\frac{\pi}{2}-(\alpha-\beta)\right]$$
$$\sen(\alpha-\beta) = \cos\left[\left(\frac{\pi}{2}-\alpha\right)+\beta\right]$$
$$\sen(\alpha-\beta) = \cos\left(\frac{\pi}{2}-\alpha\right) \cdot \cos\beta - \sen\left(\frac{\pi}{2}-\alpha\right) \cdot \sen\beta$$
↓ $\cos\left(\frac{\pi}{2}-\alpha\right) = \sen\alpha$ e $\sen\left(\frac{\pi}{2}-\alpha\right) = \cos\alpha$
$$\sen(\alpha-\beta) = \sen\alpha \cdot \cos\beta - \cos\alpha \cdot \sen\beta$$
$$\sen(\alpha-\beta) = \sen\alpha \cdot \cos\beta - \sen\beta \cdot \cos\alpha$$

> O seno da diferença de dois arcos de medidas α e β é dado por:
> $$\sen(\alpha-\beta) = \sen\alpha \cdot \cos\beta - \sen\beta \cdot \cos\alpha$$

Seno da soma de dois arcos

A relação que permite calcular o seno da soma dos arcos de medidas α e β pode ser obtida com base na relação anterior, isto é:

$$\sen(\alpha+\beta) = \sen[\alpha-(-\beta)]$$
$$\sen(\alpha+\beta) = \sen\alpha \cdot \cos(-\beta) - \sen(-\beta) \cdot \cos\alpha$$
↓ $\cos(-\beta) = \cos\beta$ e $\sen(-\beta) = -\sen\beta$
$$\sen(\alpha+\beta) = \sen\alpha \cdot \cos\beta - (-\sen\beta) \cdot \cos\alpha$$
$$\sen(\alpha+\beta) = \sen\alpha \cdot \cos\beta + \sen\beta \cdot \cos\alpha$$

> O seno da soma de dois arcos de medidas α e β é dado por:
> $$\sen(\alpha+\beta) = \sen\alpha \cdot \cos\beta + \sen\beta \cdot \cos\alpha$$

Tangente da soma e tangente da diferença de dois arcos

Vamos obter, com base nas ideias anteriores, as relações que permitem calcular a tangente da soma e a tangente da diferença de dois arcos de medidas α e β.

Transformações trigonométricas Capítulo 6 73

- Soma dos arcos:

$$\text{tg}(\alpha+\beta)=\frac{\text{sen}(\alpha+\beta)}{\cos(\alpha+\beta)}$$

$$\text{tg}(\alpha+\beta)=\frac{\text{sen}\,\alpha\cdot\cos\beta+\text{sen}\,\beta\cdot\cos\alpha}{\cos\alpha\cdot\cos\beta-\text{sen}\,\alpha\cdot\text{sen}\,\beta}$$

Dividindo o númerador e o denominador da fração por $\cos\alpha \cdot \cos\beta$, temos:

$$\text{tg}(\alpha+\beta)=\frac{\dfrac{\text{sen}\,\alpha\cdot\cos\beta+\text{sen}\,\beta\cdot\cos\alpha}{\cos\alpha\cdot\cos\beta}}{\dfrac{\cos\alpha\cdot\cos\beta-\text{sen}\,\alpha\cdot\text{sen}\,\beta}{\cos\alpha\cdot\cos\beta}}$$

$$\text{tg}(\alpha+\beta)=\frac{\dfrac{\text{sen}\,\alpha\cdot\cos\beta}{\cos\alpha\cdot\cos\beta}+\dfrac{\text{sen}\,\beta\cdot\cos\alpha}{\cos\alpha\cdot\cos\beta}}{\dfrac{\cos\alpha\cdot\cos\beta}{\cos\alpha\cdot\cos\beta}-\dfrac{\text{sen}\,\alpha\cdot\text{sen}\,\beta}{\cos\alpha\cdot\cos\beta}}$$

$$\text{tg}(\alpha+\beta)=\frac{\dfrac{\text{sen}\,\alpha}{\cos\alpha}+\dfrac{\text{sen}\,\beta}{\cos\beta}}{1-\dfrac{\text{sen}\,\alpha}{\cos\alpha}\cdot\dfrac{\text{sen}\,\beta}{\cos\beta}}$$

$$\text{tg}(\alpha+\beta)=\frac{\text{tg}\,\alpha+\text{tg}\,\beta}{1-\text{tg}\,\alpha\cdot\text{tg}\,\beta}$$

Deixamos para você demonstrar a fórmula da tangente da diferença de dois arcos.

> A tangente da soma e a tangente da diferença de dois arcos de medidas α e β são dadas por:
>
> $$\text{tg}(\alpha+\beta)=\frac{\text{tg}\,\alpha+\text{tg}\,\beta}{1-\text{tg}\,\alpha\cdot\text{tg}\,\beta} \quad \text{e}$$
>
> $$\text{tg}(\alpha-\beta)=\frac{\text{tg}\,\alpha-\text{tg}\,\beta}{1+\text{tg}\,\alpha\cdot\text{tg}\,\beta}$$

EXPLORANDO

Utilize uma calculadora e, com o auxílio de um colega, explore a relação da tangente da soma de arcos.

1. Elabore uma tabela em seu caderno, como a sugerida a seguir, atribuindo valores em grau para os ângulos A, B e C internos de um triângulo não retângulo.

	A	B	C
1º triângulo	♦	♦	♦
2º triângulo	♦	♦	♦
3º triângulo	♦	♦	♦
4º triângulo	♦	♦	♦

2. Faça outra tabela em seu caderno, conforme sugerido a seguir, com os valores das correspondentes tangentes dos ângulos presentes na tabela anterior. Utilize uma calculadora.

	tg A	tg B	tg C
1º triângulo	♦	♦	♦
2º triângulo	♦	♦	♦
3º triângulo	♦	♦	♦
4º triângulo	♦	♦	♦

3. Para cada um dos triângulos acima, calcule para preencher a tabela a seguir:

	tg A + tg B + tg C	tg A · tg B · tg C
1º triângulo	♦	♦
2º triângulo	♦	♦
3º triângulo	♦	♦
4º triângulo	♦	♦

4. Comparando os valores de tg A + tg B + tg C e tg A · tg B · tg C, qual conclusão você obteve?

5. Demonstre que, se A + B + C = 180°, com A, B e C ângulos diferentes de 90°, tem-se tg A + tg B + tg C = tg A · tg B · tg C.

Fórmulas de duplicação de arcos

Após obtermos as fórmulas de seno, cosseno e tangente da soma e da diferença de arcos, podemos também estabelecer relações que expressam essas mesmas razões trigonométricas para o dobro de um arco em função do próprio arco. São as chamadas fórmulas de duplicação de arcos.

Seno do dobro de um arco

Na fórmula do seno da soma de dois arcos de medidas α e β, vamos substituir essas medidas por x, ou seja:

$$\operatorname{sen}(\alpha+\beta) = \operatorname{sen}\alpha \cdot \cos\beta + \operatorname{sen}\beta \cdot \cos\alpha$$
$$\operatorname{sen}(x+x) = \operatorname{sen} x \cdot \cos x + \operatorname{sen} x \cdot \cos x$$
$$\operatorname{sen}(2x) = 2 \cdot \operatorname{sen} x \cdot \cos x$$

$$\boxed{\operatorname{sen}(2x) = 2 \cdot \operatorname{sen} x \cdot \cos x}$$

Exemplos:

São exemplos da aplicação da relação trigonométrica do seno do dobro de um arco:

- $\operatorname{sen}(90°) = 2 \cdot \operatorname{sen}(45°) \cdot \cos(45°)$
- $\operatorname{sen}(2\pi) = 2 \cdot \operatorname{sen}\pi \cdot \cos\pi$
- $\operatorname{sen}(45°) = 2 \cdot \operatorname{sen}\left(\dfrac{45°}{2}\right) \cdot \cos\left(\dfrac{45°}{2}\right)$
- $\operatorname{sen}(\alpha) = 2 \cdot \operatorname{sen}\left(\dfrac{\alpha}{2}\right) \cdot \cos\left(\dfrac{\alpha}{2}\right)$
- $\operatorname{sen}(4x) = 2 \cdot \operatorname{sen}(2x) \cdot \cos(2x)$

Cosseno do dobro de um arco

Na fórmula do cosseno da soma de dois arcos de medidas α e β, vamos substituir essas medidas por x, ou seja:

$$\cos(\alpha+\beta) = \cos\alpha \cdot \cos\beta - \operatorname{sen}\alpha \cdot \operatorname{sen}\beta$$
$$\cos(x+x) = \cos x \cdot \cos x - \operatorname{sen} x \cdot \operatorname{sen} x$$
$$\cos(2x) = \cos^2 x - \operatorname{sen}^2 x$$

$$\boxed{\cos(2x) = \cos^2 x - \operatorname{sen}^2 x}$$

Exemplos:

São exemplos da aplicação da relação trigonométrica do cosseno do dobro de um arco:

- $\cos(90°) = \cos^2(45°) - \operatorname{sen}^2(45°)$
- $\cos(2\pi) = \cos^2(\pi) - \operatorname{sen}^2(\pi)$
- $\cos(4x) = \cos^2(2x) - \operatorname{sen}^2(2x)$
- $\cos(\alpha) = \cos^2\left(\dfrac{\alpha}{2}\right) - \operatorname{sen}^2\left(\dfrac{\alpha}{2}\right)$

Observação:

Duas outras relações podem ser obtidas para o cosseno do dobro de um arco. Basta observar a relação fundamental da Trigonometria e a relação $\cos(2x) = \cos^2 x - \operatorname{sen}^2 x$, isto é:

$$\cos(2x) = \cos^2 x - \operatorname{sen}^2 x$$
$$\cos(2x) = 1 - \operatorname{sen}^2 x - \operatorname{sen}^2 x \Rightarrow$$
$$\Rightarrow \cos(2x) = 1 - 2\operatorname{sen}^2 x$$
$$\cos(2x) = \cos^2 x - (1 - \cos^2 x) \Rightarrow$$
$$\Rightarrow \cos(2x) = 2\cos^2 x - 1$$

Tangente do dobro de um arco

Na fórmula da tangente da soma de dois arcos de medidas α e β, vamos substituir essas medidas por x, ou seja:

$$\operatorname{tg}(\alpha+\beta) = \dfrac{\operatorname{tg}\alpha + \operatorname{tg}\beta}{1 - \operatorname{tg}\alpha \cdot \operatorname{tg}\beta}$$

$$\operatorname{tg}(x+x) = \dfrac{\operatorname{tg} x + \operatorname{tg} x}{1 - \operatorname{tg} x \cdot \operatorname{tg} x}$$

$$\operatorname{tg}(2x) = \dfrac{2 \cdot \operatorname{tg} x}{1 - \operatorname{tg} x^2}$$

$$\boxed{\operatorname{tg}(2x) = \dfrac{2 \cdot \operatorname{tg} x}{1 - \operatorname{tg}^2 x}}$$

Transformações trigonométricas Capítulo 6

Exemplos:

São exemplos da aplicação da relação trigonométrica da tangente do dobro de um arco:

- $\text{tg}(60°) = \dfrac{2 \cdot \text{tg}(30°)}{1 - \text{tg}^2(30°)}$

- $\text{tg}(2\pi) = \dfrac{2 \cdot \text{tg}(\pi)}{1 - \text{tg}^2(\pi)}$

- $\text{tg}(6x) = \dfrac{2 \cdot \text{tg}(3x)}{1 - \text{tg}^2(3x)}$

- $\text{tg}(\alpha) = \dfrac{2 \cdot \text{tg}\left(\dfrac{\alpha}{2}\right)}{1 - \text{tg}^2\left(\dfrac{\alpha}{2}\right)}$

Aplicações das fórmulas de duplicação de arcos

O quadro a seguir resume as três fórmulas de duplicação de arcos:

$$\text{sen}(2x) = 2 \cdot \text{sen}\, x \cdot \cos x$$

$$\cos(2x) = \cos^2 x - \text{sen}^2 x$$

$$\text{tg}(2x) = \dfrac{2 \cdot \text{tg}\, x}{1 - \text{tg}^2 x}$$

Apresentamos a seguir exemplos da utilização dessas fórmulas. Procure observá-los com atenção e troque ideias com seus colegas a respeito dos resultados.

Exemplos:

1. Vamos calcular sen (2β) considerando que $\text{sen}\,\beta - \cos\beta = \dfrac{1}{2}$.

 - Um procedimento para obter o valor de sen (2β) é elevar ao quadrado a igualdade fornecida, ou seja:

$$(\text{sen}\,\beta - \cos\beta)^2 = \left(\dfrac{1}{2}\right)^2$$

$$\text{sen}^2\beta - 2 \cdot \text{sen}\,\beta \cdot \cos\beta + \cos^2\beta = \dfrac{1}{4}$$

$$1 - \text{sen}(2\beta) = \dfrac{1}{4}$$

$$-\text{sen}(2\beta) = -\dfrac{3}{4} \Rightarrow \text{sen}(2\beta) = \dfrac{3}{4}$$

Nesse procedimento, fizemos aparecer duas relações importantes: a relação fundamental da Trigonometria e também a relação que fornece o dobro do arco.

2. Utilizando as fórmulas de duplicação de arcos, podemos obter a fórmula que permite calcular o seno do triplo de um arco em função do seno desse arco.

- Expressamos o arco 3θ como a soma dos arcos 2θ e θ e utilizamos a fórmula do seno da soma de dois arcos, ou seja:

$$\text{sen}(3\theta) = \text{sen}(2\theta + \theta)$$

$$\text{sen}(3\theta) = \text{sen}(2\theta) \cdot \cos\theta + \text{sen}\,\theta \cdot \cos(2\theta)$$

- Substituindo sen (2θ) = 2sen θ cos θ e cos (2θ) = $\cos^2\theta - \text{sen}^2\theta$ na igualdade acima, temos:

$$\text{sen}(3\theta) = 2 \cdot \text{sen}\,\theta \cdot \cos\theta \cdot \cos\theta + \text{sen}\,\theta \cdot (\cos^2\theta - \text{sen}^2\theta)$$

$$\text{sen}(3\theta) = 2 \cdot \text{sen}\,\theta \cdot \cos^2\theta + \text{sen}\,\theta \cdot \cos^2\theta - \text{sen}^3\theta$$

- Pela relação fundamental da Trigonometria, podemos substituir $\cos^2\theta$ por $1 - \text{sen}^2\theta$:

$$\text{sen}(3\theta) = 2 \cdot \text{sen}\,\theta \cdot (1 - \text{sen}^2\theta) + \text{sen}\,\theta \cdot (1 - \text{sen}^2\theta) - \text{sen}^3\theta$$

$$\text{sen}(3\theta) = 2 \cdot \text{sen}\,\theta - 2 \cdot \text{sen}^3\theta + \text{sen}\,\theta - \text{sen}^3\theta - \text{sen}^3\theta$$

$$\text{sen}(3\theta) = 3 \cdot \text{sen}\,\theta - 4 \cdot \text{sen}^3\theta$$

Exercícios resolvidos

1. Se $\operatorname{sen}(x) = \dfrac{5}{13}$, $\cos(y) = \dfrac{3}{5}$, $0 < x < \dfrac{\pi}{2}$ e $\dfrac{3\pi}{2} < y < 2\pi$, calcule:

a) $\cos(x)$ e $\operatorname{sen}(y)$.

b) $\operatorname{sen}(x - y)$ e $\cos(x + y)$.

a) $\cos^2(x) = 1 - \left(\dfrac{5}{13}\right)^2 \therefore \cos(x) = \dfrac{12}{13}$ e

$\operatorname{sen}^2(y) = 1 - \left(\dfrac{3}{5}\right)^2 \therefore \operatorname{sen}(y) = -\dfrac{4}{5}$

b) $\operatorname{sen}(x - y) = \operatorname{sen}(x) \cdot \cos(y) - \operatorname{sen}(y) \cdot \cos(x) =$

$= \dfrac{5}{13} \cdot \dfrac{3}{5} - \left(-\dfrac{4}{5}\right) \cdot \dfrac{12}{13} = \dfrac{63}{65}$

$\cos(x + y) = \cos(x) \cdot \cos(y) - \operatorname{sen}(x) \cdot \operatorname{sen}(y) =$

$= \dfrac{12}{13} \cdot \dfrac{3}{5} - \dfrac{5}{13} \cdot \left(-\dfrac{4}{5}\right) = \dfrac{56}{65}$

2. Se $\operatorname{tg}(a) = 7$ e $\operatorname{tg}(b) = 2$, calcule o valor de $\operatorname{tg}(a - b)$.

$\operatorname{tg}(a - b) = \dfrac{\operatorname{tg}(a) - \operatorname{tg}(b)}{1 + \operatorname{tg}(a) \cdot \operatorname{tg}(b)} = \dfrac{7 - 2}{1 + 7 \cdot 2} = \dfrac{5}{15} = \dfrac{1}{3}$

3. Considere a função g definida por

$g(x) = \dfrac{\sqrt{3}}{2} \cdot \cos(x) + \dfrac{1}{2} \cdot \operatorname{sen}(x)$.

a) Determine o período e o conjunto imagem da função g.

b) Calcule os valores de $g\left(\dfrac{\pi}{6}\right)$ e $g\left(\dfrac{\pi}{2}\right)$.

a) $g(x) = \operatorname{sen}\left(\dfrac{\pi}{3}\right) \cdot \cos(x) + \cos\left(\dfrac{\pi}{3}\right) \cdot \operatorname{sen}(x)$

$= \operatorname{sen}\left(\dfrac{\pi}{3} + x\right)$

$p = \dfrac{2\pi}{|1|} = 2\pi$ e $\operatorname{Im}(g) = [-1, 1]$

b) $g\left(\dfrac{\pi}{6}\right) = \operatorname{sen}\left(\dfrac{\pi}{3} + \dfrac{\pi}{6}\right) = 1$ e

$g\left(\dfrac{\pi}{2}\right) = \operatorname{sen}\left(\dfrac{\pi}{3} + \dfrac{\pi}{2}\right) = \dfrac{1}{2}$

4. Se $\operatorname{sen}(18°) = \dfrac{\sqrt{5} - 1}{4}$, calcule o valor de $\cos(36°)$.

$\cos(36°) = \cos(2 \cdot 18°)$

$\cos(36°) = 1 - 2 \cdot \operatorname{sen}^2(18°)$

$\cos(36°) = 1 - 2 \cdot \left(\dfrac{\sqrt{5} - 1}{4}\right)^2$

$\cos(36°) = 1 - 2 \cdot \left(\dfrac{5 - 2\sqrt{5} + 1}{16}\right)$

$\cos(36°) = 1 - \left(\dfrac{3 - \sqrt{5}}{4}\right)$

$\cos(36°) = \dfrac{1 + \sqrt{5}}{4}$

5. O triângulo ABC é isósceles de base $\overline{BC}$ e $\cos(\beta) = \dfrac{\sqrt{7}}{4}$. Calcule o valor de $\cos(\alpha)$.

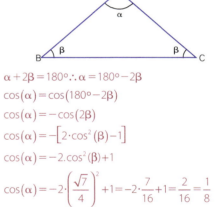

$\alpha + 2\beta = 180° \therefore \alpha = 180° - 2\beta$

$\cos(\alpha) = \cos(180° - 2\beta)$

$\cos(\alpha) = -\cos(2\beta)$

$\cos(\alpha) = -[2 \cdot \cos^2(\beta) - 1]$

$\cos(\alpha) = -2 \cdot \cos^2(\beta) + 1$

$\cos(\alpha) = -2 \cdot \left(\dfrac{\sqrt{7}}{4}\right)^2 + 1 = -2 \cdot \dfrac{7}{16} + 1 = \dfrac{2}{16} = \dfrac{1}{8}$

Exercícios propostos

1. Calcule os valores de $\operatorname{sen}(15°)$ e $\cos(15°)$.

2. Calcule o valor de $\operatorname{tg}(15°)$.

3. Se $\operatorname{tg}(x) = 3$ e $\operatorname{tg}(x + y) = 13$, calcule o valor de $\operatorname{tg}(y)$.

4. Simplifique a expressão $y = \dfrac{\operatorname{sen}(a+b) + \operatorname{sen}(a-b)}{\cos(a+b) + \cos(a-b)}$

5. Calcule o valor de x em cada expressão:

a) $x = \operatorname{sen} 25° \cdot \cos 5° + \operatorname{sen} 5° \cdot \cos 25°$

b) $x = \cos 61° \cdot \cos 29° - \operatorname{sen} 61° \cdot \operatorname{sen} 29°$

6. Utilizando as fórmulas para adição e subtração de arcos, prove que:

$\operatorname{sen}(x + y) \cdot \operatorname{sen}(x - y) = \operatorname{sen}^2 x - \operatorname{sen}^2 y$

7. Considere a função f definida por

$f(x) = \operatorname{sen}(3x) \cdot \cos\left(\dfrac{\pi}{4}\right) + \operatorname{sen}\left(\dfrac{\pi}{4}\right) \cdot \cos(3x)$.

a) Determine o período e o conjunto imagem da função f.

b) Calcule os valores de $f(0)$ e $f\left(\dfrac{\pi}{4}\right)$.

8. Na figura a seguir, os triângulos ABC e ABD são retângulos em A, e D é o ponto médio de AC. Calcule o valor de tg (y).

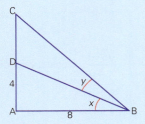

9. Calcule o valor aproximado do módulo da resultante R correspondente às aplicações de duas forças F1 e F2, ambas de módulo 6, que formam um ângulo de medida 75° no ponto em que são aplicadas.

10. Se $sen(x) = \dfrac{3}{5}$ e $0 < x < \dfrac{\pi}{2}$, calcule os valores de sen (2x) e cos(2x).

11. Se tg (x) = $\dfrac{1}{2}$, calcule:

    a) tg (2x)
    b) tg (4x)

12. No triângulo retângulo da figura abaixo, calcule o valor de sen (2α) − sen (2β).

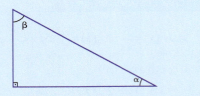

13. Qual é o maior valor que a função f definida por $f(x) = 10^{4 \cdot sen(x) \cdot cos(x)}$ pode assumir?

14. Se tg (x) + cotg (x) = 10, calcule o valor de sen (2x).

15. Calcule o valor da expressão $\left[sen\left(\dfrac{\pi}{12}\right) + cos\left(\dfrac{\pi}{12}\right) \right]^2$.

16. Considere a função f definida por $f(x) = 2 \cdot cos^4(x) - 2 \cdot sen^4(x)$.

    a) Determine o período e o conjunto imagem da função f.
    b) Esboce o gráfico da função f no intervalo [0, 2π].

17. Qual é o conjunto imagem da função f definida por $f(x) = 10 \cdot sen(x) \cdot cos(x)$?

18. Demonstre que $cos(3\theta) = 4 cos^3 \theta - 3 cos \theta$.

19. Crie uma equação trigonométrica em que apareça sen 2x. Entregue essa equação para um colega resolver. Você deverá resolver a equação elaborada pelo seu colega.

Algumas conclusões

Pense possíveis respostas às questões a seguir. Essas questões abrangem o estudo de Trigonometria. Caso sinta alguma dificuldade para responder, sugerimos que retome os conceitos principais que foram estudados até aqui.

Questões:

1. Quais são as unidades de medida de arcos que foram abordadas nesta Unidade?
2. Como você define um arco de 1 radiano?
3. Qual é a definição de seno na circunferência trigonométrica? Qual é a definição de cosseno na circunferência trigonométrica?
4. Em quais quadrantes da circunferência trigonométrica o seno e o cosseno têm o mesmo sinal?
5. Qual é o valor máximo e qual é o valor mínimo do seno e do cosseno de um arco na circunferência trigonométrica?
6. O que são arcos côngruos?
7. Conhecendo o valor da tangente de um arco, como podemos obter o valor da secante desse arco?
8. Quais são as fórmulas do seno, do cosseno e da tangente da soma de dois arcos? E da diferença de dois arcos?
9. Quais as fórmulas do seno, do cosseno e da tangente do dobro de um arco em função do arco?
10. As funções trigonométricas seno e cosseno são periódicas? Explique.

Troque ideias com os seus colegas e o professor. Comente suas respostas e ouça as de seus colegas. Juntos, façam uma lista das dificuldades que tiveram e descubram os assuntos que precisam ser retomados.

Vestibulares e Enem

1. (FGV-SP) Um edifício comercial tem 48 salas, distribuídas em 8 andares, conforme indica a figura. O edifício foi feito em um terreno cuja inclinação em relação à horizontal mede α graus. A altura de cada sala é 3 m, a extensão 10 m e a altura da pilastra de sustentação, que mantém o edifício na horizontal, é 6 m.

α	sen α	cos α	tg α
4°	0,0698	0,9976	0,0699
5°	0,0872	0,9962	0,0875
6°	0,1045	0,9945	0,1051
7°	0,1219	0,9925	0,1228
8°	0,1392	0,9903	0,1405

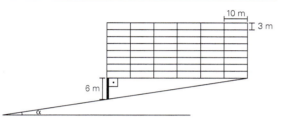

Usando os dados da tabela, a melhor aproximação inteira para α é:

a) 4°
b) 5°
c) 6°
d) 7°
e) 8°

2. (Uern) Considerando que $sen^2\alpha = \frac{3}{4}$ com $0° < \alpha < 90°$ então o valor da expressão $\left(\cos\frac{\alpha}{2} + \text{sen }\alpha\right) \cdot \text{tg }\alpha$ é:

a) 1
b) 3
c) $\sqrt{3}$
d) $2\sqrt{3}$

3. (PUC-RJ) Sabendo que $\pi < x < \frac{3\pi}{2}$ e $\text{sen}(x) = -\frac{1}{3}$ é correto afirmar que sen (2x) é:

a) $-\frac{2}{3}$
b) $-\frac{1}{6}$
c) $\frac{\sqrt{3}}{8}$
d) $\frac{1}{27}$
e) $\frac{4\sqrt{2}}{9}$

4. (Enem) Segundo o Instituto Brasileiro de Geografia e Estatística (IBGE), produtos sazonais são aqueles que apresentam ciclos bem definidos de produção, consumo e preço. Resumidamente, existem épocas do ano em que a sua disponibilidade nos mercados varejistas ora é escassa, com preços elevados, ora é abundante, com preços mais baixos, o que ocorre no mês de produção máxima da safra.

A partir de uma série histórica, observou-se que o preço P, em reais, do quilograma de um certo produto sazonal pode ser descrito pela função $P(x) = 8 + 5\cos\left(\frac{\pi x - \pi}{6}\right)$ em que x representa o mês do ano, sendo x = 1 associado ao mês de janeiro, x = 2 ao mês de fevereiro, e assim sucessivamente, até x = 12 associado ao mês de dezembro.

Disponível em: <www.ibge.gov.br>. Acesso em: 2 ago. 2012 (adaptado).

Na safra, o mês de produção máxima desse produto é

a) janeiro.
b) abril.
c) junho.
d) julho.
e) outubro.

5. (Fuvest-SP) Uma das primeiras estimativas do raio da Terra é atribuída a Eratóstenes, estudioso grego que viveu, aproximadamente, entre 275 a.C. e 195 a.C. Sabendo que em Assuã, cidade localizada no sul do Egito, ao meio-dia do solstício de verão, um bastão vertical não apresentava sombra, Eratóstenes decidiu investigar o que ocorreria, nas mesmas condições, em Alexandria, cidade no norte do Egito. O estudioso observou que, em Alexandria, ao meio-dia do solstício de verão, um bastão vertical apresentava sombra e determinou o ângulo θ entre as direções do bastão e de incidência dos raios de sol. O valor do raio da Terra, obtido a partir de θ e da distância entre Alexandria e Assuã foi de, aproximadamente, 7 500 km.

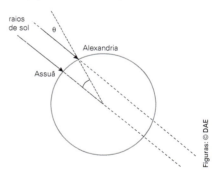

O mês em que foram realizadas as observações e o valor aproximado de θ são

(Note e adote: distância estimada por Eratóstenes entre Assuã e Alexandria ≈ 900 km; π = 3.)

a) junho; 7°.
b) dezembro; 7°.
c) junho; 23°.
d) dezembro; 23°.
e) junho; 0,3°.

6. (Uerj) O raio de uma roda-gigante de centro C mede $\overline{CA} = \overline{CB} = 10$ m. Do centro C ao plano horizontal do chão, há uma distância de 11 m. Os pontos A e B, situados no mesmo plano vertical, ACB, pertencem à circunferência dessa roda e distam, respectivamente, 16 m e 3,95 m do plano do chão. Observe o esquema e a tabela:

Vestibulares e Enem

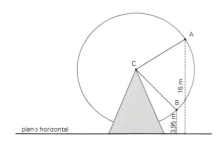

θ (graus)	sen θ
15°	0,259
30°	0,500
45°	0,707
60°	0,866

A medida, em graus, mais próxima do menor ângulo ACB corresponde a:

a) 45
b) 60
c) 75
d) 105

7. (UFSM-RS) Cerca de 24,3% da população brasileira é hipertensa, quadro que pode ser agravado pelo consumo excessivo de sal. A variação da pressão sanguínea P (em mmHg) de um certo indivíduo é expressa em função do tempo por

$$P(t) = 100 - 20\cos\left(\frac{8\pi}{3}t\right)$$

em que t é dado em segundos. Cada período dessa função representa um batimento cardíaco.

Analise as afirmativas:

I. A frequência cardíaca desse indivíduo é de 80 batimentos por minuto.

II. A pressão em $t = 2$ segundos é de 110 mmHg.

III. A amplitude da função $P(t)$ é de 30 mmHg.

Está(ão) correta(s):

a) apenas I.
b) apenas I e II.
c) apenas III.
d) apenas II e III.
e) I, II e III.

8. (Unicamp-SP) A figura abaixo exibe um círculo de raio r que tangencia internamente um setor circular de raio R e ângulo central θ.

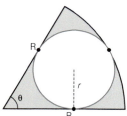

a) Para θ = 60°, determine a razão entre as áreas do círculo e do setor circular.
b) Determine o valor de cos θ no caso em que R = 4r.

9. (Unesp-SP – 2015) A figura representa a vista superior do tampo plano e horizontal de uma mesa de bilhar retangular ABCD, com caçapas em A, B, C e D. O ponto P, localizado em AB, representa a posição de uma bola de bilhar, sendo $\overline{PB} = 1,5$ m e $\overline{PA} = 1,2$ m. Após uma tacada na bola, ela se desloca em linha reta colidindo com BC no ponto T, sendo a medida do ângulo $P\hat{T}B$ igual a 60°. Após essa colisão, a bola segue, em trajetória reta, diretamente até a caçapa D.

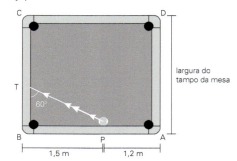

Nas condições descritas e adotando $\sqrt{3} \cong 1,73$, a largura do tampo da mesa, em metros, é próxima de:

a) 2,42
b) 2,08
c) 2,28
d) 2,00
e) 2,56

10. (UFSC) A tabela abaixo apresenta a previsão do comportamento das marés para o dia 7/8/14 no Porto de Itajaí, em Santa Catarina.

Hora	Altura (m)
00:38	0,8
06:02	0,1
12:02	1,0
19:47	0,3

Disponível em: <www.mar.mil.br/dhn/chm/box-previsao-mare/tabuas>. Acesso em: 15 ago. 2014.

Em relação ao assunto e à tabela acima, é CORRETO afirmar que:

01) A partir da conjugação da força gravitacional entre os corpos do sistema Lua-Sol-Terra e da rotação da Terra em torno de seu eixo, é possível inferir que o movimento das marés é periódico e, como tal, pode ser representado por meio de uma função trigonométrica, seno ou cosseno.

02) O período médio do comportamento das marés, no dia 7/8/14, é de, aproximadamente, 6,38 h.

04) A amplitude da função trigonométrica que representa o movimento das marés, segundo os dados da tabela, é de, aproximadamente, 0,45 m.

08) O período da função $y = \text{sen}4\left(5x + \dfrac{2\pi}{3}\right)$ é $\dfrac{2\pi}{5}$.

16) Se sen $x = \dfrac{\sqrt{2}}{2}$, então o valor da expressão

$E = \dfrac{\sec^2 x - 1}{\text{tg}^2 x + 1}$ é $\sqrt{2}$.

32) Sabendo que sen $x = \dfrac{3}{5}$ e cos $y = \dfrac{5}{13}$ com

$0 < x < \dfrac{\pi}{2}$ e $\dfrac{3\pi}{2} < y < 2\pi$, então $\cos(x+y) = \dfrac{64}{65}$.

11. (FGV-SP) Na figura, ABCD representa uma placa em forma de trapézio isósceles de ângulo da base medindo 60°. A placa está fixada em uma parede por $\overline{AD}$ e $\overline{PA}$ representa uma corda perfeitamente esticada, inicialmente perpendicular à parede.

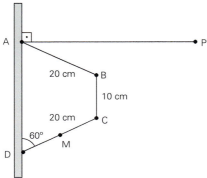

Nesse dispositivo, o ponto P será girado em sentido horário, mantendo-se no plano da placa, e de forma que a corda fique sempre esticada ao máximo. O giro termina quando P atinge M, que é o ponto médio de $\overline{CD}$.

Nas condições descritas, o percurso total realizado por P, em cm, será igual a:

a) $\dfrac{50\pi}{3}$ c) 15π e) 9π

b) $\dfrac{40\pi}{3}$ d) 10π

12. (Uepa) A ornamentação de carrocerias de veículos é uma tradição antiga que se inicia com o uso de transportes de carga motorizados no Brasil. A tradição de decorar carrocerias particulariza e traz personalidade a cada veículo por meio de cores, grafismos e elementos visuais pertinentes a cada cultura onde estão inseridos. Um dos moldes utilizados para pintar, fabricado em chapa metálica galvanizada e desenho cortado a *laser*, está representado na figura 1 a seguir. Inserindo um sistema cartesiano ortogonal na figura 1, obtém-se a figura 2, em que estão representadas as funções trigonométricas f_1, f_2, f_3 e f_4. Nessas condições e considerando que a lei de formação de cada uma das funções representadas na figura 2 são do tipo $y = f(x) = a + b \cdot \text{sen}(cx + d)$ com a, b, c e d números reais, é correto afirmar que:

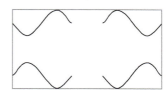

Figura 1: Moldes

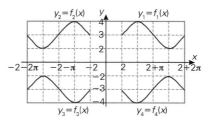

Figura 2: Moldes no sistema cartesiano

a) $y = f_1(x) = 3 + \text{sen}(x+2)$
b) $y = f_2(x) = 3 + \text{sen}(x-2)$
c) $y = f_3(x) = -3 + \text{sen}(x-2)$
d) $y = f_4(x) = -3 - \text{sen}(x-2)$
e) $y = f_1(x) = 3 - \text{sen}(x-2)$

DESAFIO

(Insper-SP) A figura mostra o gráfico da função f, dada pela lei

$f(x) = (\text{sen } x + \cos x)^4 - (\text{sen } x - \cos x)^4$

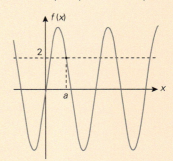

O valor de a, indicado no eixo das abscissas, é igual a:

a) $\dfrac{5\pi}{12}$ c) $\dfrac{3\pi}{8}$ e) $\dfrac{2\pi}{3}$

b) $\dfrac{4\pi}{9}$ d) $\dfrac{5\pi}{6}$

EXPLORANDO HABILIDADES E COMPETÊNCIAS

Bóson de Higgs é visto em ação pela primeira vez

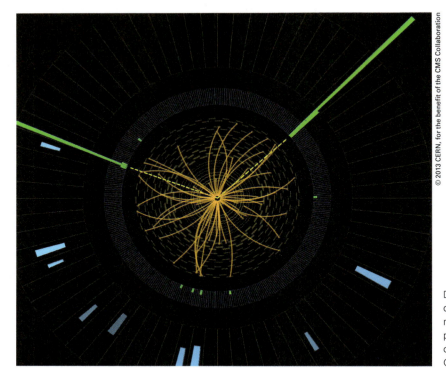

Detecção do bóson de Higgs em ação no maior acelerador de partículas do mundo, o LHC (Large Hadron Collider). Foto de 2012.

O maior acelerador de partículas do mundo, o Grande Colisor de Hádrons (LHC, na sigla em inglês), conseguiu o primeiro vislumbre do bóson de Higgs em ação. Também conhecido como Partícula de Deus, o bóson de Higgs é uma partícula crucial no estudo da física quântica a ciência que estuda as coisas menores do que o átomo.

Por mais de 50 anos, essa partícula foi a peça que faltava para completar a teoria do Modelo Padrão da física, derivado do trabalho de Albert Einstein e seus sucessores no começo do século 20, e que abriu caminho para a física moderna. O experimento Atlas, do LHC, foi um dos detectores que ajudaram a descobrir a existência do bóson de Higgs em 2012.

[...]

Segundo a teoria, o bóson de Higgs deu massa à matéria expelida pelo Big Bang há 14 bilhões de anos, o que permitiu o surgimento de tudo o que existe no cosmos. Segundo Peter Higgs, que sugeriu a existência do bóson de Higgs, todas as partículas não possuíam massa e eram iguais logo após a grande explosão que deu origem ao universo.

Conforme o cosmos esfriou, um campo de força invisível, o campo de Higgs, se formou com seus respectivos bósons (um tipo de partícula subatômica). Esse campo permanece no cosmos e qualquer partícula que interaja com ele recebe uma massa através dos bósons. Quanto mais interagem, mais pesadas se tornam. As partículas que não interagem permanecem sem massa. Portanto, as partículas só conseguiram ganhar massa devido ao bóson de Higgs.

O bóson de Higgs foi idealizado, portanto, para explicar como algumas partículas portadoras de força como os bósons W têm massa, enquanto outras não, como o fóton. Quando tentaram calcular quantas vezes os bósons W precisam interagir uns com os outros para conseguir massa, os resultados foram fisicamente impossíveis sem a presença do bóson de Higgs.

O LHC funciona ao colidir prótons em velocidades próximas à da luz. De vez em quando, um desses prótons emite um bóson W. Logo, analisar a interação de bósons W é uma forma de testar como o Higgs trabalha.

DARAYA, Vanessa. *Bóson de Higgs é visto em ação pela primeira vez*. Exame.com, 21 jul. 2014. Disponível em: <http://exame.abril.com.br/tecnologia/noticias/boson-de-higgs-e-visto-em-acao-pela-primeira-vez>. Acesso em: 24 fev. 2016.

Questões e investigações

1. O LHC é um acelerador de partículas com 27 km de extensão enterrado 100 metros por debaixo da terra, com quatro detectores de partículas (Atlas, Alice, CMS e LHCb) com mais ou menos 12 500 toneladas cada um. Um acelerador de partículas é basicamente um tubo circular grande o suficiente para que as partículas possam girar até atingirem a velocidade desejada. Pesquise mais a respeito do LHC: O que significa essa sigla? Onde o LHC está situado? Quando o LHC foi construído? Quem construiu o LHC?

Vista aérea do European Organization for Nuclear Research (CERN), onde está o LHC. Foto de 2008.

2. Sabendo a extensão do LHC e considerando $\pi \cong 3$, qual será aproximadamente o tamanho do raio do LHC?

3. Seja x o ângulo central referente ao arco percorrido por uma partícula entre os detectores Alice e Atlas. Utilize a lei do cosseno para encontrar, em função de x, a distância em linha reta entre esses dois detectores.

4. Considere que uma partícula parte do detector CMS em sentido anti-horário, como na figura abaixo. Esboce o gráfico da função que relaciona a distância entre essa partícula e a reta t, tangente ao colisor no ponto CMS, e calcule o ângulo percorrido pela partícula.

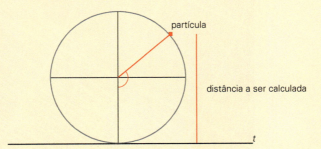

5. Encontre uma função trigonométrica dos senos que modele o gráfico esboçado na resposta do item anterior.

6. Encontre uma função trigonométrica dos cossenos que modele esse mesmo gráfico.

7. Encontre uma função genérica que modele esse movimento para um acelerador de partículas de raio n.

UNIDADE 3

MATRIZES, DETERMINANTES E SISTEMAS LINEARES

A computação gráfica representa um recurso largamente utilizado não apenas em projetos de construções, mas também na produção de filmes. Matrizes e vetores estão ligados a esse recurso gráfico.

Nesta Unidade, estudaremos um pouco sobre matrizes, determinantes e sistemas lineares.

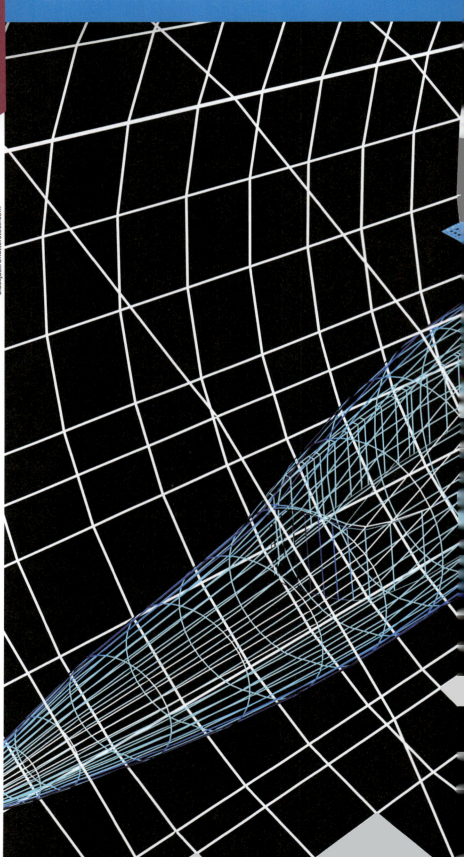

Simulação de um modelo de aeronave em análise no túnel de vento para efeitos aerodinâmicos em sua estrutura.

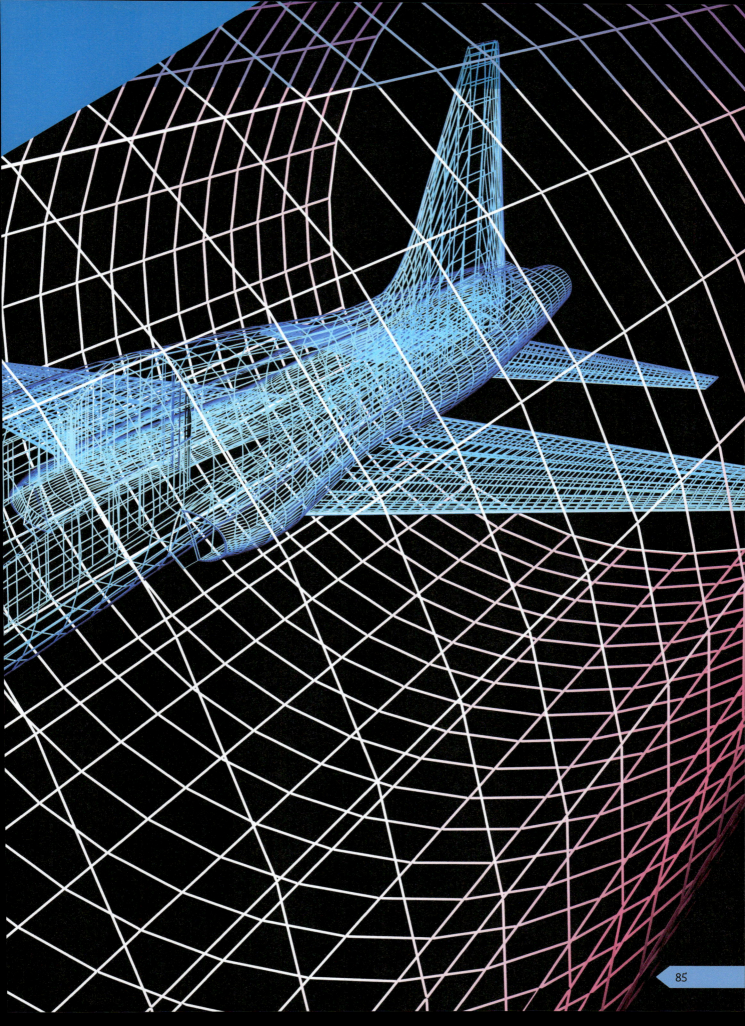

CAPÍTULO 7

MATRIZES E DETERMINANTES

Os profissionais que trabalham na Bolsa de Valores consultam diariamente índices econômicos, decisões políticas que afetam os investimentos, gráficos que indicam tendências, tabelas contendo valores etc.

As informações podem ser organizadas de maneiras diferentes. Uma das formas utilizadas com mais frequência é a apresentação de dados, principalmente os numéricos, em tabelas. Basta olharmos os jornais, as revistas ou até mesmo um calendário, onde os dias de um mês estão dispostos em linhas e também em colunas, que registram os dias da semana.

Observe a situação a seguir.

A região Norte de um país tem os aeroportos A, B e C, enquanto a região Sul desse mesmo país tem os aeroportos D, E e F. O esquema a seguir ilustra a rede de conexões entre os aeroportos dessas duas regiões. Os números indicam a quantidade de linhas aéreas que há na rota de um aeroporto ao outro. Na outra figura há cinco tabelas, mas apenas uma representa corretamente o que é mostrado no esquema. Observe.

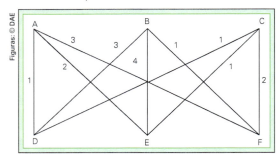

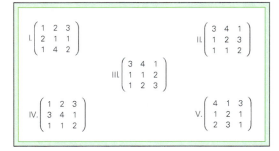

Questões e reflexões

1. O que significa o número 4 na linha que liga os aeroportos B e E?
2. Se uma pessoa está no aeroporto A da região Norte e deseja ir para o aeroporto F da região Sul, quantas possibilidades de escolha de uma linha aérea ela terá?
3. Qual é a única tabela correta?

Na Matemática, matrizes são tabelas formadas por linhas e colunas. Quando uma matriz tem o mesmo número de linhas e de colunas, associamos a ela um número chamado **determinante**. Neste capítulo e no próximo, além de matrizes e determinantes, estudaremos a resolução de sistemas de equações lineares.

Conceitos iniciais de matrizes

Ao participar de uma gincana de Ciências Exatas, Leandro elaborou uma tabela de duas entradas (disciplina e média por etapa), formada pelos resultados das avaliações realizadas em quatro etapas:

	1ª etapa	2ª etapa	3ª etapa	4ª etapa
Matemática	9,5	8,0	5,0	7,5
Física	7,5	8,0	8,5	10,0
Química	6,5	10,0	9,5	8,5

Consultando as informações da tabela, verificamos que Leandro obteve nota 10 na 2ª etapa da avaliação de Química. Essa nota também está presente na linha das notas de Física, na coluna, referente à 4ª etapa. Além disso, podemos constatar que, entre todas as avaliações, o menor resultado é 5. Esse resultado está na primeira linha e na terceira coluna (3ª etapa de Matemática).

Ao citarmos os exemplos anteriores, consideramos apenas a tabela formada pelos valores, isto é:

9,5	8,0	5,0	7,5
7,5	8,0	8,5	10,0
6,5	10,0	9,5	8,5

As linhas (filas na horizontal) referem-se aos resultados das disciplinas, e as colunas (filas na vertical) indicam as notas correspondentes às avaliações realizadas em cada etapa.

Essa mesma tabela poderia ser representada da seguinte maneira:

$$\begin{pmatrix} 9,5 & 8,0 & 5,0 & 7,5 \\ 7,5 & 8,0 & 8,5 & 10,0 \\ 6,5 & 10,0 & 9,5 & 8,5 \end{pmatrix}$$

ou

$$\begin{bmatrix} 9,5 & 8,0 & 5,0 & 7,5 \\ 7,5 & 8,0 & 8,5 & 10,0 \\ 6,5 & 10,0 & 9,5 & 8,5 \end{bmatrix}$$

Uma tabela desse tipo, em que os números estão dispostos em linhas e colunas, recebe o nome de **matriz**. Os elementos de uma matriz sempre aparecem entre parênteses ou entre colchetes, como indicado acima.

Nesse exemplo, temos uma matriz formada por 3 linhas e 4 colunas, ou, de uma forma mais simples, matriz 3 · 4 (lemos: matriz três por quatro).

> Sendo m e n números naturais, uma matriz do tipo $m \times n$ é uma tabela retangular formada por $m \cdot n$ elementos dispostos em m linhas e n colunas.

Observações:

1. Cada um dos $m \times n$ números reais que formam a matriz é denominado elemento dessa matriz.

2. Podemos nos referir a uma matriz $m \times n$ das seguintes maneiras: matriz do tipo $m \times n$ ou matriz de ordem $m \times n$. Essas duas maneiras serão utilizadas indistintamente aqui.

Exemplo:

São exemplos de matriz:

Matriz de ordem $3 \cdot 2 \rightarrow \begin{pmatrix} 2,1 & 4 \\ 5 & 0,2 \\ 9 & \sqrt{2} \end{pmatrix}$

Matriz de ordem $2 \cdot 2 \rightarrow \begin{pmatrix} 3 & 3 \\ 1 & 4 \end{pmatrix} \rightarrow$ **matriz quadrada**: número de linhas igual ao número de colunas

Matriz de ordem $2 \cdot 3 \rightarrow \begin{bmatrix} 10 & 1 & \sqrt{5} \\ 4 & 5 & 0 \end{bmatrix}$

Matriz de ordem $3 \cdot 1 \rightarrow \begin{bmatrix} 1 \\ 5 \\ 25 \end{bmatrix} \rightarrow$ **matriz coluna**: formada por apenas 1 coluna

Matriz de ordem $1 \cdot 4 \rightarrow \begin{bmatrix} 2 & 8 & 33 & 1 \end{bmatrix}$ – **matriz linha**: formada por apenas 1 linha

As matrizes quadradas $1 \cdot 1$, $2 \cdot 2$, $3 \cdot 3$, ... ou $n \cdot n$ são ditas matrizes quadradas de ordem 1, de ordem 2, de ordem 3, ... ou de ordem n, respectivamente.

Representação de uma matriz

A representação de uma matriz genérica ocorrerá da seguinte forma: para indicar uma matriz, utilizamos uma letra maiúscula; para indicar cada um dos elementos de uma matriz, utilizamos uma letra minúscula acompanhada por um índice que indica a linha e a coluna ocupada por esse elemento na matriz (localização do elemento). O índice é composto por dois números: o primeiro indica a linha e o segundo, a coluna em que podemos localizar o elemento na matriz.

Exemplo:

Vamos representar uma matriz genérica A de ordem 4×3:

- Temos 12 elementos nessa matriz (4 linhas por 3 colunas).

$$A = \begin{pmatrix} a_{11} & a_{12} & a_{13} \\ a_{21} & a_{22} & a_{23} \\ a_{31} & a_{32} & a_{33} \\ a_{41} & a_{42} & a_{43} \end{pmatrix}$$

- Assim, por exemplo, a_{11} é o elemento localizado na 1ª linha e na 1ª coluna. Já o elemento a_{42} está localizado na 4ª linha e na 2ª coluna.

Matrizes e Determinantes   Capítulo 7

De modo geral, uma matriz A do tipo $m \cdot n$ (formada por m linhas e n colunas) pode ser indicada da seguinte forma:

$$A = \begin{pmatrix} a_{11} & a_{12} & a_{13} & \cdots & a_{1n} \\ a_{21} & a_{22} & a_{23} & \cdots & a_{2n} \\ a_{31} & a_{32} & a_{33} & \cdots & a_{3n} \\ \cdots & \cdots & \cdots & \cdots & \cdots \\ a_{m1} & a_{m2} & a_{m3} & \cdots & a_{mn} \end{pmatrix}$$

ou

$$A = \begin{bmatrix} a_{11} & a_{12} & a_{13} & \cdots & a_{1n} \\ a_{21} & a_{22} & a_{23} & \cdots & a_{2n} \\ a_{31} & a_{32} & a_{33} & \cdots & a_{3n} \\ \cdots & \cdots & \cdots & \cdots & \cdots \\ a_{m1} & a_{m2} & a_{m3} & \cdots & a_{mn} \end{bmatrix}$$

> Forma abreviada de representação de uma matriz A de ordem $m \times n$:
>
> $A = (a_{ij})_{m \times n}$
>
> sendo i e j números inteiros positivos tais que $1 \leqslant i \leqslant m$ e $1 \leqslant j \leqslant n$, e a_{ij} um elemento qualquer de A.

A representação abreviada permite também construir certas matrizes a partir de uma lei de formação que relaciona seus elementos. Nesse tipo de notação, i e j são números inteiros positivos que indicam a posição do elemento a na matriz A, isto é, indicam a linha e a coluna, respectivamente, em que podemos localizar esse elemento.

Exemplo:

Vamos obter a matriz $A = (a_{ij})_{3 \times 3}$ cujos elementos satisfazem a relação:

$$a_{ij} = \begin{cases} i + 2j, \text{ para } i \neq j \\ 2i - j, \text{ para } i = j \end{cases}$$

- Escrevemos a matriz quadrada A de ordem 3 da seguinte maneira:

$$A = \begin{pmatrix} a_{11} & a_{12} & a_{13} \\ a_{21} & a_{22} & a_{23} \\ a_{31} & a_{32} & a_{33} \end{pmatrix}$$

- Conforme a lei de formação dada, temos:

$a_{11} = 2 \cdot 1 - 1 = 1 \quad a_{21} = 2 + 2 \cdot 1 = 4 \quad a_{31} = 3 + 2 \cdot 1 = 5$
$a_{12} = 1 + 2 \cdot 2 = 5 \quad a_{22} = 2 \cdot 2 - 2 = 2 \quad a_{32} = 3 + 2 \cdot 2 = 7$
$a_{13} = 1 + 2 \cdot 3 = 7 \quad a_{23} = 2 + 2 \cdot 3 = 8 \quad a_{33} = 2 \cdot 3 - 3 = 3$

Portanto, a matriz procurada é:

$$A = \begin{pmatrix} 1 & 5 & 7 \\ 4 & 2 & 8 \\ 5 & 7 & 3 \end{pmatrix}$$

Igualdade de matrizes

Quando duas matrizes são iguais?

Como uma matriz é uma tabela formada por elementos (números reais) dispostos em linhas e colunas, duas condições devem ser verificadas para que duas matrizes sejam iguais: devem ter a mesma ordem e, além disso, os elementos correspondentes (situados na mesma posição) também devem ser iguais.

Assim, por exemplo, vamos considerar as matrizes A e B:

$$A = \begin{pmatrix} x & y & z \\ r & s & t \end{pmatrix} \text{ e } B = \begin{pmatrix} 10 & 0 & 12 \\ 1 & 5 & 7 \end{pmatrix}$$

Note que essas duas matrizes são de mesma ordem. Assim, para que a igualdade entre elas seja verificada, basta que os elementos correspondentes sejam iguais, ou seja:

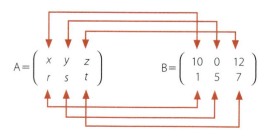

> **Igualdade de duas matrizes**
>
> Em símbolos, sendo as matrizes $A = (a_{ij})_{m \times n}$ e $B = (b_{ij})_{m \times n}$, temos:
>
> $$A = B \Leftrightarrow a_{ij} = b_{ij}$$
>
> Para todo i e j, tal que $1 \leq i \leq m$ e $1 \leq j \leq n$.

Exemplo:

Vamos verificar a igualdade entre as matrizes A e B, considerando que $A = (a_{ij})_{2 \times 3}$, tal que $a_{ij} = i - j$ e

$$B = \begin{pmatrix} 0 & -1 & -2 \\ 1 & 0 & -1 \end{pmatrix}.$$

- Inicialmente, precisamos determinar os elementos da matriz da forma:

$$A = \begin{pmatrix} a_{11} & a_{12} & a_{13} \\ a_{21} & a_{22} & a_{23} \end{pmatrix}$$

Conforme a lei de formação dada:

$a_{11} = 1 - 1 = 0 \qquad a_{21} = 2 - 1 = 1$
$a_{12} = 1 - 2 = -1 \qquad a_{22} = 2 - 2 = 0$
$a_{13} = 1 - 3 = -2 \qquad a_{23} = 2 - 3 = -1$

Assim, temos que:

$$A = \begin{pmatrix} 0 & -1 & -2 \\ 1 & 0 & -1 \end{pmatrix}$$

- Comparando os elementos correspondentes dessas duas matrizes, concluímos que elas são iguais.

Observação:

Quando todos os elementos de uma matriz são iguais a zero, dizemos que ela é nula.

Exemplo:

A matriz nula $O_{3 \times 2}$ é tal que:

$$O_{3 \times 2} = \begin{pmatrix} 0 & 0 \\ 0 & 0 \\ 0 & 0 \end{pmatrix}$$

Matrizes especiais

Matriz linha é aquela que possui apenas uma linha e matriz coluna é aquela que possui apenas uma coluna. Vimos que existem matrizes quadradas, isto é, matrizes em que o número de linhas é igual ao número de colunas. Existem outras matrizes que, devido às suas características, recebem denominações especiais:

Matriz transposta

Considere as matrizes A e B:

$$A = \begin{pmatrix} 0 & 3 \\ -8 & 1 \\ 9 & -2 \end{pmatrix} \text{ e } B = \begin{pmatrix} 0 & -8 & 9 \\ 3 & 1 & -2 \end{pmatrix}$$

Enquanto a matriz A é do tipo $3 \cdot 2$, a matriz B é do tipo $2 \cdot 3$. Observe que os elementos da 1ª linha da matriz A são os elementos da 1ª coluna da matriz B, os elementos da 2ª linha da matriz A são os elementos da 2ª coluna da matriz B e, finalmente, os elementos da 3ª linha da matriz A são os mesmos elementos da 3ª coluna da matriz B. Nesse caso, dizemos que uma matriz é a transposta da outra.

> Dada uma matriz A do tipo $m \times n$, denomina-se **transposta de A** (representamos por A^t) a matriz do tipo $n \times m$, que é obtida trocando-se ordenadamente as linhas pelas colunas da matriz A.

- **Matriz triangular e matriz diagonal**

Quando temos uma matriz quadrada A de ordem n, os elementos a_{11}, a_{22}, a_{33}, ..., a_{nn} formam a diagonal principal dessa matriz. Além disso, temos elementos que formam a diagonal secundária de uma matriz quadrada. Observe a seguir:

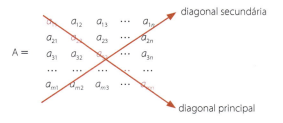

Exemplo:

Vamos destacar os elementos da diagonal principal e os elementos da diagonal secundária da matriz A dada por:

$$A = \begin{pmatrix} 2 & 5 & 9 \\ 0 & 7 & 0 \\ 1 & 4 & 8 \end{pmatrix}$$

- Elementos da diagonal principal: 2, 7 e 8.
- Elementos da diagonal secundária: 1, 7 e 9.

Observações:

1. Os elementos a_{ij} que formam a diagonal principal da matriz são tais que os dois números que indicam suas posições são iguais, isto é, $i = j$.

2. Já os elementos que compõem a diagonal secundária satisfazem a seguinte condição em relação aos seus índices: $i + j = n + 1$.

Considere agora as duas matrizes quadradas A e B dadas por:

$$A = \begin{pmatrix} 7 & 1 & 5 \\ 0 & 4 & 0{,}1 \\ 0 & 0 & 5 \end{pmatrix} \text{ e } B = \begin{pmatrix} 2 & 0 & 0 & 0 \\ 1 & -3 & 0 & 0 \\ 9 & 1 & 4 & 0 \\ -2 & 7 & 2 & 2 \end{pmatrix}$$

Conforme destacado, todos os elementos de A que estão abaixo da diagonal principal são nulos. Já na matriz B os elementos que estão acima da diagonal principal são todos nulos.

> Quando todos os elementos situados acima ou abaixo da diagonal principal de uma matriz quadrada são nulos, ela é chamada **matriz triangular**.

Observações:

1. Utilizando símbolos, dizemos que uma matriz quadrada $A = (a_{ij})_{n \times n}$ é triangular quando $a_{ij} = 0$ para $i > j$ ou $i < j$.

2. Quando todos os elementos acima e abaixo da diagonal principal de uma matriz quadrada são nulos, ela é chamada **matriz diagonal**.

São exemplos de matriz diagonal:

$$A = \begin{pmatrix} 7 & 0 & 0 \\ 0 & 4 & 0 \\ 0 & 0 & 5 \end{pmatrix} \text{ e } B = \begin{pmatrix} 2 & 0 & 0 & 0 \\ 0 & -3 & 0 & 0 \\ 0 & 0 & 4 & 0 \\ 0 & 0 & 0 & 2 \end{pmatrix}$$

Questões e reflexões

1. Toda matriz que é diagonal é também triangular?

2. Utilizando símbolos, qual é a relação entre os índices dos elementos da matriz $A = (a_{ij})_{n \times n}$ para que ela represente uma **matriz diagonal**?

- **Matriz identidade**

Considere as matrizes quadradas A e B:

$$A = \begin{pmatrix} 1 & 0 \\ 0 & 1 \end{pmatrix} \text{ e } B = \begin{pmatrix} 1 & 0 & 0 \\ 0 & 1 & 0 \\ 0 & 0 & 1 \end{pmatrix}$$

Como todos os elementos situados acima e também abaixo da diagonal principal são nulos, essas duas matrizes são diagonais. Observe que todos os elementos dessas duas matrizes que estão na diagonal principal são iguais a 1. Matrizes diagonais com essas características recebem a denominação de **matrizes identidades**.

> Quando todos os elementos acima e abaixo da diagonal principal de uma matriz quadrada são nulos e os elementos da diagonal principal são iguais a 1, ela é chamada **matriz identidade**.

Representamos uma matriz identidade de ordem n por I_n. Assim, temos as seguintes matrizes identidades:

$I_1 = (1) \rightarrow$ matriz identidade de ordem 1

$I_2 = \begin{pmatrix} 1 & 0 \\ 0 & 1 \end{pmatrix} \rightarrow$ matriz identidade de ordem 2

$I_3 = \begin{pmatrix} 1 & 0 & 0 \\ 0 & 1 & 0 \\ 0 & 0 & 1 \end{pmatrix} \rightarrow$ matriz identidade de ordem 3

$I_4 = \begin{pmatrix} 1 & 0 & 0 & 0 \\ 0 & 1 & 0 & 0 \\ 0 & 0 & 1 & 0 \\ 0 & 0 & 0 & 1 \end{pmatrix} \rightarrow$ matriz identidade de ordem 4

$I_n = \begin{pmatrix} 1 & 0 & 0 & \cdots & 0 \\ 0 & 1 & 0 & \cdots & 0 \\ 0 & 0 & 1 & \cdots & 0 \\ \vdots & \vdots & \vdots & \ddots & 0 \\ 0 & 0 & 0 & \cdots & 1 \end{pmatrix} \rightarrow$ matriz identidade de ordem n

Observação:

Uma matriz identidade de ordem n qualquer pode ter seus elementos representados pela seguinte lei de formação:

$$a_{ij} = \begin{cases} 1, \text{ se } i = j \\ 0, \text{ se } i \neq j \end{cases}$$

Exercícios resolvidos

1. Os elementos de uma matriz $A = (a_{ij})_{4 \times 3}$ são tais que $a_{ij} = 2i + j$.

a) Qual é o número de elementos da matriz A?

b) Escreva a matriz A.

a) O número de elementos da matriz A é $4 \cdot 3 = 12$.

b) $A = \begin{pmatrix} a_{11} & a_{12} & a_{13} \\ a_{21} & a_{22} & a_{23} \\ a_{31} & a_{32} & a_{33} \\ a_{41} & a_{42} & a_{43} \end{pmatrix} = \begin{pmatrix} 2 \times 1 + 1 & 2 \times 1 + 2 & 2 \times 1 + 3 \\ 2 \times 2 + 1 & 2 \times 2 + 2 & 2 \times 2 + 3 \\ 2 \times 3 + 1 & 2 \times 3 + 2 & 2 \times 3 + 3 \\ 2 \times 4 + 1 & 2 \times 4 + 2 & 2 \times 4 + 3 \end{pmatrix} =$

$= \begin{pmatrix} 3 & 4 & 5 \\ 5 & 6 & 7 \\ 7 & 8 & 9 \\ 9 & 10 & 11 \end{pmatrix}$

2. Determine os valores de x, y e z sabendo que a matriz

$\begin{pmatrix} x-2 & 0 \\ 2x+y-z & y+3 \end{pmatrix}$ é nula.

$\begin{pmatrix} x-2 & 0 \\ 2x+y-z & y+3 \end{pmatrix} = \begin{pmatrix} 0 & 0 \\ 0 & 0 \end{pmatrix}$

$x - 2 = 0 \therefore x = 2$

$y + 3 = 0 \therefore y = -3$

$2x + y - z = 0 \Rightarrow 2 \times 2 + (-3) - z = 0 \therefore z = 1$

3. Uma matriz $A = (a_{ij})_{3 \times 4}$ é definida por

$a_{ij} = \begin{cases} i+j, \text{ se } i = j \\ i-j, \text{ se } i \neq j \end{cases}$.

a) Escreva a matriz A.

b) Escreva a matriz transposta da matriz A.

a) $A = \begin{pmatrix} a_{11} & a_{12} & a_{13} & a_{14} \\ a_{21} & a_{22} & a_{23} & a_{24} \\ a_{31} & a_{32} & a_{33} & a_{34} \end{pmatrix} = \begin{pmatrix} 2 & -1 & -2 & -3 \\ 1 & 4 & -1 & -2 \\ 2 & 1 & 6 & -1 \end{pmatrix}$

b) $A^t = \begin{pmatrix} 2 & 1 & 2 \\ -1 & 4 & 1 \\ -2 & -1 & 6 \\ -3 & -2 & -1 \end{pmatrix}$

4. Considere a matriz quadrada $M = \begin{pmatrix} 1 & 2 & 5 & 3 \\ 0 & 7 & -1 & 2 \\ 10 & -17 & 4 & 23 \\ 0 & 6 & -8 & 9 \end{pmatrix}$.

a) Calcule a soma de todos os elementos da terceira coluna da matriz M.

b) Qual é a soma de todos os elementos da terceira linha da matriz M^t?

a) A soma dos elementos da terceira coluna da matriz M é $5 + (-1) + 4 + (-8) = 0$.

b) Basta somar os elementos da terceira coluna da matriz M, ou seja, $5 + (-1) + 4 + (-8) = 0$.

Exercícios propostos

1. Considere a matriz A, conforme abaixo:

$A = \begin{pmatrix} 1 & -4 & \sqrt{2} & 0 & \frac{3}{5} \\ 7 & 3 & \frac{-2}{3} & \frac{1}{2} & -1 \\ 5 & 8 & -\sqrt{3} & 6 & 0 \end{pmatrix}$

a) Qual é o número de linhas da matriz A?

b) Qual é o número de colunas da matriz A?

c) O elemento da terceira linha e da terceira coluna é racional ou irracional?

d) O elemento da segunda linha e da quarta coluna é racional ou irracional?

2. Na matriz $B = \begin{pmatrix} 7 & -1 \\ 3 & -5 \end{pmatrix}$, calcule o valor de $a_{12} - a_{22}$.

3. Os elementos de uma matriz $M = (m_{ij})_{3 \times 3}$ são tais que:

$$M_{ij} = \begin{cases} i^j, & \text{se } i < j \\ 2, & \text{se } i = j \\ i + j, & \text{se } i > j \end{cases}$$

   a) Qual é o número de elementos da matriz M?
   b) Escreva a matriz M.
   c) Calcule a soma dos elementos da segunda coluna da matriz M.

4. Obtenha os valores de x e y sabendo que as matrizes $\begin{pmatrix} x+y & 5 \\ -1 & x-y \end{pmatrix}$ e $\begin{pmatrix} 7 & 5 \\ -1 & 1 \end{pmatrix}$ são iguais.

5. Determine os valores de x, y e z que satisfazem a equação $\begin{pmatrix} 1 \\ x^2 + y^2 + z^2 \\ -3 \end{pmatrix} = \begin{pmatrix} 1 \\ 0 \\ -3 \end{pmatrix}$.

6. O croqui abaixo mostra as rodovias que ligam cinco cidades quaisquer de uma região.

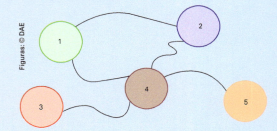

Construa uma matriz $D = (d_{ij})_{5 \times 5}$ satisfazendo as seguintes condições:
   - $d_{ij} = 0$, se não existir uma rodovia que ligue as cidades i e j.
   - $d_{ij} = 1$, se existir uma rodovia que ligue as cidades i e j ou se $i = j$.

7. Dados n pontos em um plano, numerados de 1 a n, podemos associar uma matriz $A = (a_{ij})_{n \times n}$ tais que seus elementos satisfazem as regras a seguir:
   - $a_{ij} = 1$, se existir um segmento que une os pontos i e j ou se $i = j$.
   - $a_{ij} = 0$, se não existir um segmento que une os pontos i e j.

Assim, construa a matriz correspondente a cada uma das figuras a seguir:

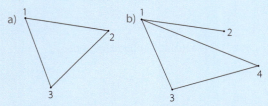

8. Com relação ao exercício anterior, represente uma figura que esteja associada à matriz:

$$\begin{pmatrix} 1 & 1 & 1 & 0 \\ 1 & 1 & 0 & 1 \\ 1 & 0 & 1 & 1 \\ 0 & 1 & 1 & 1 \end{pmatrix}$$

9. Elabore um croqui parecido com o da atividade que mostra a ligação entre as cidades, porém relacionando seis cidades. Construa então uma matriz $D = (d_{ij})_{6 \times 6}$ conforme as mesmas condições estabelecidas naquela atividade.

10. Denomina-se traço de uma matriz quadrada a soma dos elementos da diagonal principal. Calcule o traço da matriz $A = (a_{ij})_{3 \times 3}$, em que seus elementos são tais que $a_{ij} = 2i + 3j$.

11. Considere a matriz $A = \begin{pmatrix} -1 & 2 & -5 \\ 2 & 7 & 6 \\ -5 & 6 & 3 \end{pmatrix}$.

   a) Escreva a matriz transposta da matriz A.
   b) O que é possível observar com relação à matriz A e sua transposta?

12. Observe a seguinte definição: "Uma matriz M é denominada simétrica se $M = M^t$".

   a) Verifique se a matriz $A = \begin{pmatrix} 0 & -3 & -5 \\ -3 & 2 & 4 \\ 5 & 4 & -1 \end{pmatrix}$ é simétrica.

   b) Calcule os valores de x e y sabendo que a matriz $B = \begin{pmatrix} 1 & -2 & y \\ x & 3 & 0 \\ 7 & 0 & 5 \end{pmatrix}$ é simétrica.

13. Elabore em seu caderno uma matriz quadrada de 3ª ordem que seja simétrica. Depois, apresente-a aos colegas.

Adição de matrizes

Após caracterizar e observar tipos diferentes de matrizes, vamos agora ver como podemos efetuar a adição de duas matrizes de mesma ordem. Ao iniciar esta unidade abordamos um exemplo de matriz a partir de uma tabela contendo os resultados das avaliações da participação de Leandro em uma gincana escolar de Ciências Exatas:

Leandro

	1ª etapa	2ª etapa	3ª etapa	4ª etapa
Matemática	9,5	8,0	5,0	7,5
Física	7,5	8,0	8,5	10,0
Química	6,5	10,0	9,5	8,5

↓ matriz A correspondente aos valores dessa tabela

$$A = \begin{pmatrix} 9,5 & 8,0 & 5,0 & 7,5 \\ 7,5 & 8,0 & 8,5 & 10,0 \\ 6,5 & 10,0 & 9,5 & 8,5 \end{pmatrix}$$

Vamos considerar que Júlia também participou dessa gincana, representando a mesma escola, e que as notas obtidas por ela estão representadas na tabela e na matriz B:

Júlia

	1ª etapa	2ª etapa	3ª etapa	4ª etapa
Matemática	6,5	7,0	8,0	9,5
Física	7,5	8,5	8,5	9,0
Química	10,0	10,0	8,5	9,5

↓ matriz B correspondente aos valores dessa tabela

$$B = \begin{pmatrix} 6,5 & 7,0 & 8,0 & 9,5 \\ 7,5 & 8,5 & 8,5 & 9,0 \\ 10,0 & 10,0 & 8,5 & 9,5 \end{pmatrix}$$

Se o regulamento da gincana diz que o resultado por escola é fornecido pela soma das notas de seus dois participantes, podemos elaborar a seguinte tabela:

Leandro + Júlia

	1ª etapa	2ª etapa	3ª etapa	4ª etapa
Matemática	16,0	15,0	13,0	17,0
Física	15,0	16,5	17,0	19,0
Química	16,5	20,0	18,0	18,0

Procedemos da mesma forma com as matrizes a seguir, que apresentam os dados das tabelas. Observe.

$$A+B = \begin{pmatrix} 9,5+6,5 & 8,0+7,0 & 5,0+8,0 & 7,5+9,5 \\ 7,5+7,5 & 8,0+8,5 & 8,5+8,5 & 10,0+9,0 \\ 6,5+10,0 & 10,0+10,0 & 9,5+8,5 & 8,5+9,5 \end{pmatrix}$$

$$A+B = \begin{pmatrix} 16,0 & 15,0 & 13,0 & 17,0 \\ 15,0 & 16,5 & 17,0 & 19,0 \\ 16,5 & 20,0 & 18,0 & 18,0 \end{pmatrix}$$

O que acabamos de fazer foi a adição entre duas matrizes de mesma ordem.

> Dadas duas matrizes A e B de mesma ordem $m \times n$, denomina-se soma da matriz A com a matriz B que resulta na matriz C, também do tipo $m \times n$, na qual cada elemento é obtido adicionando-se os elementos correspondentes de A e de B.

Utilizando símbolos, podemos escrever:

Se $A = (a_{ij})$ e $B = (b_{ij})$ são matrizes de mesma ordem $m \times n$, a soma $A + B$ é a matriz $C = (c_{ij})$, de ordem $m \times n$, tal que $c_{ij} = a_{ij} + b_{ij}$, com $1 \leq i \leq m$ e $1 \leq j \leq n$.

Exemplo:

Dadas as matrizes

$$A = \begin{bmatrix} 2 \\ 0 \\ 1 \end{bmatrix}, B = \begin{bmatrix} -7 \\ 5 \\ 4 \end{bmatrix} \text{ e } C = \begin{bmatrix} 8 \\ 3 \\ 7 \end{bmatrix},$$

vamos obter a matriz X correspondente à soma das três matrizes dadas.

- Adicionamos os elementos correspondentes dessas três matrizes.

$$X = A + B + C$$

$$X = \begin{bmatrix} 2 \\ 0 \\ 1 \end{bmatrix} + \begin{bmatrix} -7 \\ 5 \\ 4 \end{bmatrix} + \begin{bmatrix} 8 \\ 3 \\ 7 \end{bmatrix}$$

$$X = \begin{bmatrix} 2+(-7)+8 \\ 0+5+3 \\ 1+4+7 \end{bmatrix} \Rightarrow X = \begin{bmatrix} 3 \\ 8 \\ 12 \end{bmatrix}$$

Subtração de matrizes

Quando a soma de duas matrizes de mesma ordem é a matriz nula, dizemos que elas são opostas. Nesse caso, os elementos correspondentes também são opostos. Temos, assim, o conceito de matriz oposta:

Matrizes e Determinantes Capítulo 7

Denomina-se **matriz oposta** de uma matriz dada A (representamos por −A) a matriz cujos elementos são opostos dos correspondentes da matriz A.

A adição de uma matriz com o oposto de outra matriz nos sugere como podemos efetuar a subtração entre matrizes de mesma ordem, ou seja:

Sendo A e B duas matrizes de mesma ordem $m \times n$, a diferença entre A e B, representada por A − B, é a soma da matriz A com o oposto da matriz B, isto é: A − B = A + (−B).

Em símbolos:

Se A = (a_{ij}) e B = (b_{ij}) são matrizes de mesma ordem $m \times n$, a diferença A − B é a matriz C = (c_{ij}) de ordem $m \times n$, tal que: $c_{ij} = a_{ij} - b_{ij}$, com $1 \leq i \leq m$ e $1 \leq j \leq n$.

Exemplo:

Vamos determinar os valores de x, y e z para que a igualdade a seguir seja verificada:

$$\begin{bmatrix} 2 & 5 \\ y & 8 \\ 1 & z \end{bmatrix} - \begin{bmatrix} x & 6 \\ -3 & 1 \\ 7 & -9 \end{bmatrix} = \begin{bmatrix} 1 & -1 \\ 10 & 7 \\ -6 & 1 \end{bmatrix}$$

- Note que no primeiro membro da igualdade temos a diferença entre matrizes. Como a diferença entre elas é a soma da primeira com a oposta da segunda, podemos escrever essa mesma igualdade da seguinte forma:

$$\begin{bmatrix} 2 & 5 \\ y & 8 \\ 1 & z \end{bmatrix} + \begin{bmatrix} -x & -6 \\ 3 & -1 \\ -7 & 9 \end{bmatrix} = \begin{bmatrix} 1 & -1 \\ 10 & 7 \\ -6 & 1 \end{bmatrix}$$

- Adicionando as duas matrizes, obtemos a seguinte igualdade:

$$\begin{bmatrix} 2-x & 5-6 \\ y+3 & 8-1 \\ 1-7 & z+9 \end{bmatrix} = \begin{bmatrix} 1 & -1 \\ 10 & 7 \\ -6 & 1 \end{bmatrix}$$

$$\begin{bmatrix} 2-x & -1 \\ y+3 & 7 \\ -6 & z+9 \end{bmatrix} = \begin{bmatrix} 1 & -1 \\ 10 & 7 \\ -6 & 1 \end{bmatrix}$$

- Como os elementos correspondentes devem ser iguais, conforme igualdade de matrizes, temos:

$$\begin{cases} 2-x=1 \Rightarrow x=1 \\ y+3=10 \Rightarrow y=7 \\ z+9=1 \Rightarrow z=-8 \end{cases}$$

Observação:

Existem outros resultados da adição de matrizes que são conhecidos como propriedades. Você pode constatar a validade de tais propriedades por meio de exemplos. Assim, dadas as matrizes A, B e C de mesma ordem, valem as propriedades:

- comutativa: A + B = B + A
- associativa: (A + B) + C = A + (B + C)
- elemento neutro (a matriz O é a matriz nula de mesma ordem que a matriz A): A + O = = O + A = A
- elemento oposto (a matriz −A é a matriz oposta de A e O a matriz nula de mesma ordem): A + (−A) = (−A) + A = O

Como as propriedades básicas da adição e da subtração de matrizes são análogas às propriedades da adição e subtração de números reais, ao efetuar uma dessas operações com matrizes de mesma ordem, observamos o mesmo procedimento adotado para os números reais. Assim, por exemplo, observe as duas equações a seguir (uma relacionada à matriz e outra com números reais):

1ª equação: $x - 7 = 9$

Para resolver essa equação, isolamos x no primeiro membro da igualdade:

$x - 7 = 9$

$x - 7 + 7 = 9 + 7$

$x + 0 = 16 \Rightarrow x = 16$

2ª equação: X − A = B, sendo X, A e B matrizes quadradas de ordem 2.

Para resolver essa equação, isolamos a matriz X no primeiro membro da igualdade:

X − A = B

X − A + A = B + A

X + O = B + A $\Rightarrow$ X = B + A

A equação envolvendo matrizes acima é chamada **equação matricial**.

Multiplicação por um número real

Para compreender como podemos multiplicar uma matriz A por um número real k, vamos considerar o caso particular de que esse número seja natural, isto é, a partir da adição de uma matriz A com ela mesma k vezes.

Assim, vamos considerar a matriz $A = \begin{bmatrix} 4 & 2 & 1 \\ -3 & 5 & 6 \end{bmatrix}$ e obter a matriz resultante da adição A + A + A adicionando os elementos correspondentes, isto é:

$$A + A + A = \begin{bmatrix} 4+4+4 & 2+2+2 & 1+1+1 \\ -3-3-3 & 5+5+5 & 6+6+6 \end{bmatrix}$$

$$A + A + A = \begin{bmatrix} 3 \cdot 4 & 3 \cdot 2 & 3 \cdot 1 \\ 3 \cdot (-3) & 3 \cdot 5 & 3 \cdot 6 \end{bmatrix}$$

Note que obter o resultado da adição A + A + A é o mesmo que calcular 3 · A, isto é, multiplicar todos os elementos da matriz dada por 3:

$$3 \cdot A = \begin{bmatrix} 3 \cdot 4 & 3 \cdot 2 & 3 \cdot 1 \\ 3 \cdot (-3) & 3 \cdot 5 & 3 \cdot 6 \end{bmatrix} = 3 \cdot \begin{bmatrix} 4 & 2 & 1 \\ -3 & 5 & 6 \end{bmatrix}$$

Nesse exemplo, multiplicamos uma matriz por um número natural. Se o número for real, a ideia é a mesma, isto é, multiplicamos todos os elementos da matriz pelo correspondente número real.

> Dado um número real k e uma matriz A, de ordem $m \times n$, a matriz que se obtém multiplicando por k todos os elementos de A é a matriz $k \cdot A$, de mesma ordem.

Usando a notação de matrizes, podemos escrever:

Se $A = (a_{ij})$ é uma matriz de ordem $m \times n$ e $k \in \mathbb{R}$, então $k \cdot A$ é a matriz $B = (b_{ij})$ de ordem $m \times n$, tal que $b_{ij} = k \cdot a_{ij}$, com $1 \leq i \leq m$ e $1 \leq j \leq n$.

Exemplo:

Sendo as matrizes $A = \begin{pmatrix} 1 & 0 & 3 \\ 2 & 2 & 1 \\ -2 & 1 & 4 \end{pmatrix}$ e $B = \begin{pmatrix} 3 & 1 & 0 \\ 4 & 1 & -1 \\ 0 & 5 & 6 \end{pmatrix}$, vamos determinar uma matriz X, de mesma ordem dessas duas matrizes, que satisfaz a equação matricial 2X + A + 3B = O, considerando que O é a matriz nula de ordem 3.

• Substituímos as matrizes na igualdade:

2X + A + 3B = O

$$2X + \begin{bmatrix} 1 & 0 & 3 \\ 2 & 2 & 1 \\ -2 & 1 & 4 \end{bmatrix} + 3 \cdot \begin{bmatrix} 3 & 1 & 0 \\ 4 & 1 & -1 \\ 0 & 5 & 6 \end{bmatrix} = \begin{bmatrix} 0 & 0 & 0 \\ 0 & 0 & 0 \\ 0 & 0 & 0 \end{bmatrix}$$

$$2X + \begin{bmatrix} 1 & 0 & 3 \\ 2 & 2 & 1 \\ -2 & 1 & 4 \end{bmatrix} + \begin{bmatrix} 9 & 3 & 0 \\ 12 & 3 & -3 \\ 0 & 15 & 18 \end{bmatrix} = \begin{bmatrix} 0 & 0 & 0 \\ 0 & 0 & 0 \\ 0 & 0 & 0 \end{bmatrix}$$

$$2X + \begin{bmatrix} 10 & 3 & 3 \\ 14 & 5 & -2 \\ -2 & 16 & 22 \end{bmatrix} = \begin{bmatrix} 0 & 0 & 0 \\ 0 & 0 & 0 \\ 0 & 0 & 0 \end{bmatrix}$$

• Como o resultado da adição é a matriz nula, então a matriz 2X deve ser a matriz oposta da matriz, ou seja:

$$2X = -\begin{bmatrix} 10 & 3 & 3 \\ 14 & 5 & -2 \\ -2 & 16 & 22 \end{bmatrix}$$

$$2X = \begin{bmatrix} -10 & -3 & -3 \\ -14 & -5 & 2 \\ 2 & -16 & -22 \end{bmatrix}$$

• A matriz que aparece no segundo membro da igualdade é o dobro da matriz X. Dessa forma, devemos dividir seus elementos por 2 (que é o mesmo que multiplicar por $\frac{1}{2}$) para obter a matriz X:

$$X = \frac{1}{2} \cdot \begin{bmatrix} -10 & -3 & -3 \\ -14 & -5 & 2 \\ 2 & -16 & -22 \end{bmatrix}$$

$$X = \begin{bmatrix} -5 & -\frac{3}{2} & -\frac{3}{2} \\ -7 & -\frac{5}{2} & 1 \\ 1 & -8 & -11 \end{bmatrix}$$

Sendo r e s dois números reais e A e B duas matrizes de mesma ordem, verifique, por meio de exemplos (você deverá elaborar), a veracidade das seguintes igualdades:

(I) $(r + s) \cdot A = r \cdot A + s \cdot A$

(II) $r \cdot (A + B) = r \cdot A + r \cdot B$

(III) $(r \cdot s) \cdot A = r \cdot (s \cdot A)$

Apresente os exemplos elaborados acima para os demais colegas.

Exercícios resolvidos

1. Dadas as matrizes

$$A = \begin{pmatrix} 1 & -2 & 2 \\ -3 & 6 & 3 \\ 2 & 4 & 0 \end{pmatrix} \text{ e}$$

$$B = \begin{pmatrix} -2 & 1 & -2 \\ 0 & -4 & 2 \\ 1 & -3 & -4 \end{pmatrix}, \text{ obtenha a matriz } A + B.$$

$$A + B = \begin{pmatrix} 1+(-2) & -2+1 & 2+(-2) \\ -3+0 & 6+(-4) & 3+2 \\ 2+1 & 4+(-3) & 0+(-4) \end{pmatrix} = \begin{pmatrix} -1 & -1 & 0 \\ -3 & 2 & 5 \\ 3 & 1 & -4 \end{pmatrix}$$

2. Com relação às matrizes anteriores, obtenha o elemento c_{23} da matriz $C = 3A - 4B$.

Temos que: $c_{23} = 3 \cdot a_{23} - 4 \cdot b_{23} \Rightarrow c_{23} = 3 \cdot 3 - 4 \cdot 2 = 1$.

3. Dadas as matrizes $A = \begin{pmatrix} -2 & -4 \\ 1 & 3 \end{pmatrix}$ e $B = \begin{pmatrix} 0 & 2 \\ -3 & 1 \end{pmatrix}$, obtenha a matriz $C = A^t - 2A - 3B^t$.

$$C = \begin{pmatrix} -2 & 1 \\ -4 & 3 \end{pmatrix} - 2 \times \begin{pmatrix} -2 & -4 \\ 1 & 3 \end{pmatrix} - 3 \times \begin{pmatrix} 0 & -3 \\ 2 & 1 \end{pmatrix} \Rightarrow$$

$$\Rightarrow C = \begin{pmatrix} -2 & 1 \\ -4 & 3 \end{pmatrix} - \begin{pmatrix} -4 & -8 \\ 2 & 6 \end{pmatrix} - \begin{pmatrix} 0 & -9 \\ 6 & 3 \end{pmatrix} = \begin{pmatrix} 2 & 18 \\ -12 & -6 \end{pmatrix}$$

Exercícios propostos

1. Dadas as matrizes $A = \begin{pmatrix} -1 & 4 \\ 2 & 7 \end{pmatrix}$ e $B = \begin{pmatrix} 5 & -2 \\ 3 & 0 \end{pmatrix}$, obtenha:

a) a matriz $A + B$;

b) a matriz $A - B$.

2. Ainda com relação às matrizes A e B do exercício anterior, obtenha a matriz $2A + 3B$.

3. Escreva, em seu caderno, se cada uma das afirmações a seguir é verdadeira ou falsa.

a) Sendo A e B matrizes de mesma ordem, $A + B = B + A$.

b) Sendo A, B e C matrizes de mesma ordem, $A + (B + C) = (A + B) + C$.

c) Sendo A e B matrizes de mesma ordem, $A - B = B - A$.

d) Se $A + B = O$, em que O é a matriz nula da mesma ordem que as matrizes A e B, então B é a matriz transposta da matriz A.

e) Se $A + B = O$, em que O é a matriz nula da mesma ordem que as matrizes A e B, então B é a matriz oposta da matriz A.

4. Com relação às matrizes $A = \begin{pmatrix} 1 & -1 \\ 5 & 4 \end{pmatrix}$ e $B = \begin{pmatrix} 3 & 7 \\ -2 & 4 \end{pmatrix}$, responda:

a) Qual é a matriz A^t?

b) Qual é a matriz B^t?

c) Qual é a matriz $A^t + B^t$?

d) Qual é a matriz $A + B$?

e) Qual é a matriz $(A + B)^t$?

f) Qual é relação entre $(A + B)^t$ e $A^t + B^t$?

5. Uma matriz $A = (a_{ij})_{3 \times 3}$ é definida por $a_{ij} = \begin{cases} 1, \text{ se } i < j \\ 2, \text{ se } i = j \\ 3, \text{ se } i > j \end{cases}$

a) Escreva a matriz A.

b) Escreva a matriz $A + 2 \cdot A^t - 3 \cdot I_3$, em que I_3 é a matriz identidade de ordem 3.

6. Determine os valores de m e de n de modo que:

$$\begin{pmatrix} n+1 & -1 \\ -3 & 2m-3 \end{pmatrix} + \begin{pmatrix} 6 & 9 \\ -2 & 4 \end{pmatrix} = \begin{pmatrix} 4m & 8 \\ -5 & n-2 \end{pmatrix}.$$

7. Os alunos de uma escola foram classificados, por sexo, pelo nível de ensino e se tinham ou não hábito de leitura. Os resultados estão apresentados nas tabelas a seguir:

Unidade 3 — Matrizes, Determinantes e Sistemas Lineares

Ensino Fundamental

	Masculino	Feminino
Mantêm hábito de leitura	238	256
Não mantêm hábito de leitura	42	22

Ensino Médio

	Masculino	Feminino
Mantêm hábito de leitura	295	325
Não mantêm hábito de leitura	235	195

a) Qual é o número total de alunos do sexo masculino dessa escola?
b) Qual é o número total de alunos dessa escola que mantém o hábito de leitura?
c) Escreva uma matriz de ordem 2 que mostre os alunos da escola divididos por sexo e pelo hábito ou não de leitura, independentemente do nível de ensino.

8. Dadas as matrizes

$$A = \begin{pmatrix} 1 & 5 & -3 \\ 4 & 7 & 2 \end{pmatrix} \text{ e } B = \begin{pmatrix} -2 & 3 \\ 8 & 1 \\ 0 & -1 \end{pmatrix}$$

determine a matriz X, de modo que $(X + B)^t = A$.
Observação: Se $A = B^t$, então $A^t = B$.

9. Obtenha a matriz X na equação $2X + A - B = 3C$, em que:

$$A = \begin{bmatrix} 1 & -2 & 5 \\ 3 & 4 & 0 \end{bmatrix}, B = \begin{bmatrix} 3 & 5 & -3 \\ 4 & 1 & 7 \end{bmatrix}$$

$$\text{e } C = \begin{bmatrix} 10 & -3 & 6 \\ 9 & 7 & 1 \end{bmatrix}.$$

10. Resolva o sistema de equações a seguir, no qual X e Y são matrizes.

$$\begin{cases} 2X + 3Y = \begin{bmatrix} 11 & 16 \\ 13 & 21 \end{bmatrix} \\ X - Y = \begin{bmatrix} -2 & -2 \\ -6 & -7 \end{bmatrix} \end{cases}$$

11. Se os elementos da matriz X são números naturais, determine as soluções da equação matricial

$$x + x^t = \begin{pmatrix} 10 & 4 \\ 4 & 6 \end{pmatrix}.$$

Multiplicação de matrizes

Entre as operações relacionadas às matrizes, é a multiplicação que desperta mais interesse em Matemática Superior, quando do estudo da Álgebra Linear. Neste momento, o estudo de matrizes é restrito às conceituações e aos procedimentos. Em outras palavras, podemos dizer que estamos fornecendo uma ferramenta de aplicação posterior.

Partindo de uma situação, vamos multiplicar duas matrizes.

Nas duas tabelas a seguir temos as médias de um aluno em determinado curso de Ciências Exatas e os pesos dessas médias conforme o bimestre:

Médias bimestrais

	1º bimestre	2º bimestre	3º bimestre	4º bimestre
Matemática	6	7	4	8
Física	5	6	9	7
Química	8	8	7	6

	Pesos por bimestre
1º bimestre	1
2º bimestre	2
3º bimestre	3
4º bimestre	4

Vamos calcular o total de pontos obtidos em cada uma das disciplinas ao longo dos quatro bimestres, conforme pesos estabelecidos:

- Matemática → $6 \cdot 1 + 7 \cdot 2 + 4 \cdot 3 + 8 \cdot 4 = 64$
- Física → $5 \cdot 1 + 6 \cdot 2 + 9 \cdot 3 + 7 \cdot 4 = 72$
- Química → $8 \cdot 1 + 8 \cdot 2 + 7 \cdot 3 + 6 \cdot 4 = 69$

As duas tabelas acima podem ser associadas a duas matrizes, que representaremos por A e B. A matriz A(3 × 4) é formada pelas médias bimestrais, já a matriz B(4 × 1) é formada pelos pesos dos bimestres.

$$A = \begin{bmatrix} 6 & 7 & 4 & 8 \\ 5 & 6 & 9 & 7 \\ 8 & 8 & 7 & 6 \end{bmatrix} \qquad B = \begin{bmatrix} 1 \\ 2 \\ 3 \\ 4 \end{bmatrix}$$

Como na matriz A cada linha apresenta as médias de uma disciplina em cada bimestre, e a matriz B contém uma coluna formada pelos pesos, para saber quantos pontos foram obtidos em cada disciplina no final dos quatro bimestres multiplicamos as notas pelos correspondentes pesos e adicionamos os resultados. Essa ideia sugere o seguinte esquema:

$$\underbrace{\begin{bmatrix} 6 & 7 & 4 & 8 \\ 5 & 6 & 9 & 7 \\ 8 & 8 & 7 & 6 \end{bmatrix}}_{A} \times \underbrace{\begin{bmatrix} 1 \\ 2 \\ 3 \\ 4 \end{bmatrix}}_{B} = \underbrace{\begin{bmatrix} 6 \cdot 1 + 7 \cdot 2 + 4 \cdot 3 + 8 \cdot 4 \\ 5 \cdot 1 + 6 \cdot 2 + 9 \cdot 3 + 7 \cdot 4 \\ 8 \cdot 1 + 8 \cdot 2 + 7 \cdot 3 + 6 \cdot 4 \end{bmatrix}}_{AB}$$

Note que, ao proceder desse modo, obtivemos uma matriz formada pelos totais de pontos. Essa matriz é chamada **matriz produto de A por B**, e é representada por AB:

$$AB = \begin{bmatrix} 64 \\ 72 \\ 69 \end{bmatrix}$$

Na situação apresentada, os elementos da matriz AB foram calculados da seguinte maneira: cada elemento de uma linha da matriz A foi multiplicado pelo correspondente elemento da coluna da matriz B, e os produtos obtidos, para cada linha e coluna, foram adicionados. A ordem da matriz AB é 3 × 1, ou seja, 3 linhas da matriz A e 1 coluna da matriz B.

> Dadas as matrizes $A = (a_{ij})_{m \times n}$ e $B = (b_{jk})_{n \times p}$, o produto AB é a matriz $C = (c_{ik})_{m \times p}$, tal que cada elemento c_{ik} é calculado multiplicando-se ordenadamente os elementos da linha i, da matriz A, pelos elementos da coluna k da matriz B, e adicionando-se os produtos obtidos. Em símbolos, temos:
>
> $c_{ik} = a_{i1} \cdot b_{1k} + a_{i2} \cdot b_{2k} + a_{i3} \cdot b_{3k} + ... + a_{in} \cdot b_{nk}$
>
> para todo $i \in \{1, 2, 3, ..., m\}$ e todo $k \in \{1, 2, 3, ..., p\}$.

Observações:

1. Para obter o produto é necessário observar que o número de colunas da primeira matriz deve ser igual ao número de linhas da segunda matriz.

$$A_{m \times \underline{n}} \cdot B_{\underline{n} \times p} = C_{m \times p}$$

2. Note também que a matriz correspondente ao produto possui o número de linhas da primeira matriz e o número de colunas da segunda matriz.

Exemplo:

Vamos multiplicar as matrizes

$$A = \begin{bmatrix} 3 & -1 & -2 \\ 0 & 5 & 2 \end{bmatrix} \text{ pela matriz } B = \begin{bmatrix} -1 & 0 \\ 4 & -1 \\ 0 & 3 \end{bmatrix}$$

- Dispomos lado a lado as matrizes e multiplicamos ordenadamente os elementos de uma linha da matriz A pelos correspondentes nas colunas da matriz B, isto é:

$$AB = \begin{bmatrix} 3 & -1 & -2 \\ 0 & 5 & 2 \end{bmatrix} \cdot \begin{bmatrix} -1 & 0 \\ 4 & -1 \\ 0 & 3 \end{bmatrix}$$

$$AB = \begin{bmatrix} 3 \cdot (-1) + (-1) \cdot 4 + (-2) \cdot 0 & 3 \cdot 0 + (-1) \cdot (-1) + (-2) \cdot 3 \\ 0 \cdot (-1) + 5 \cdot 4 + 2 \cdot 0 & 0 \cdot 0 + 5 \cdot (-1) + 2 \cdot 3 \end{bmatrix}$$

$$AB = \begin{bmatrix} -7 & -5 \\ 20 & 1 \end{bmatrix}$$

- Observe o que ocorre quando invertemos a ordem das matrizes na multiplicação:

$$BA = \begin{bmatrix} -1 & 0 \\ 4 & -1 \\ 0 & 3 \end{bmatrix} \cdot \begin{bmatrix} 3 & -1 & -2 \\ 0 & 5 & 2 \end{bmatrix}$$

$$BA = \begin{bmatrix} -1 \cdot 3 + 0 \cdot 0 & -1 \cdot (-1) + 0 \cdot 5 & (-1) \cdot (-2) + 0 \cdot 2 \\ 4 \cdot 3 + (-1) \cdot 0 & 4 \cdot (-1) + (-1) \cdot 5 & 4 \cdot (-2) + (-1) \cdot 2 \\ 0 \cdot 3 + 3 \cdot 0 & 0 \cdot (-1) + 3 \cdot 5 & 0 \cdot (-2) + 3 \cdot 2 \end{bmatrix}$$

$$BA = \begin{bmatrix} -3 & 1 & 2 \\ 12 & -9 & -10 \\ 0 & 15 & 6 \end{bmatrix}$$

Assim, comparando as matrizes AB e BA, nesse exemplo, observamos que elas são diferentes.

> **Questões e reflexões**
>
> 1. Elabore uma matriz quadrada A de 2ª ordem. Depois, obtenha os produtos $A \cdot I$ e $I \cdot A$. Eles são iguais?
> 2. Dadas as matrizes $A_{5 \cdot 3}$ e $B_{3 \cdot 4}$, o produto $A \cdot B$ existe? Qual é a ordem da matriz $A \cdot B$?
> 3. Dadas as matrizes $A_{5 \cdot 3}$ e $B_{4 \cdot 4}$, o produto $A \cdot B$ existe?

Propriedades do produto de duas matrizes

Na multiplicação entre matrizes podem ser observadas algumas propriedades que não serão demonstradas aqui e estão condicionadas à existência das operações indicadas.

> Supondo A, B e C matrizes para as quais estão definidas as operações indicadas, valem as seguintes propriedades:
> - associativa: $(A \cdot B) \cdot C = A \cdot (B \cdot C)$
> - distributiva à direita em relação à adição: $(A + B) \cdot C = A \cdot C + B \cdot C$
> - distributiva à esquerda em relação à adição: $C \cdot (A + B) = C \cdot A + C \cdot B$

Você pode constatar essas propriedades por meio de exemplos. Sugerimos que você elabore matrizes A, B e C, para as quais as operações acima sejam válidas, e observe a veracidade dessas propriedades.

Além dessas propriedades, devemos considerar um importante resultado restrito à multiplicação de matrizes quadradas de mesma ordem

> Se $A = (a_{ij})$ e $B = (b_{ij})$ são matrizes quadradas de ordem n, tal que $A \cdot B = B \cdot A = I_n$, em que I_n é a matriz identidade de ordem n, então as matrizes A e B são denominadas **matrizes inversas**.

Observação:

Sendo B a matriz inversa da matriz A, escrevemos: $B = A^{-1}$.

Exemplo:

Vamos verificar se as matrizes $A = \begin{bmatrix} 3 & -2 \\ -4 & 3 \end{bmatrix}$ e $B = \begin{bmatrix} 3 & 2 \\ 4 & 3 \end{bmatrix}$ são matrizes inversas.

- Calculamos o produto $A \cdot B$.

$$A \cdot B = \begin{bmatrix} 3 & -2 \\ -4 & 3 \end{bmatrix} \cdot \begin{bmatrix} 3 & 2 \\ 4 & 3 \end{bmatrix}$$

$$A \cdot B = \begin{bmatrix} 3 \cdot 3 + (-2) \cdot 4 & 3 \cdot 2 + (-2) \cdot 3 \\ (-4) \cdot 3 + 3 \cdot 4 & (-4) \cdot 2 + 3 \cdot 3 \end{bmatrix} \Rightarrow$$

$$\Rightarrow A \cdot B = \begin{bmatrix} 1 & 0 \\ 0 & 1 \end{bmatrix} = I_2$$

- Calculamos o produto $B \cdot A$.

$$B \cdot A = \begin{bmatrix} 3 & 2 \\ 4 & 3 \end{bmatrix} \cdot \begin{bmatrix} 3 & -2 \\ -4 & 3 \end{bmatrix}$$

$$B \cdot A = \begin{bmatrix} 3 \cdot 3 + 2 \cdot (-4) & 3 \cdot (-2) + 2 \cdot 3 \\ 4 \cdot 3 + 3 \cdot (-4) & 4 \cdot (-2) + 3 \cdot 3 \end{bmatrix} \Rightarrow$$

$$\Rightarrow B \cdot A = \begin{bmatrix} 1 & 0 \\ 0 & 1 \end{bmatrix} = I_2$$

Comparando os dois resultados concluímos que $A \cdot B = B \cdot A = I_2$. Sendo assim, as matrizes A e B são inversas entre si.

Exemplo:

O cálculo envolvendo matriz inversa permite resolver certas equações matriciais. Assim, por exemplo, vamos considerar que as matrizes quadradas A e B de mesma ordem n, na equação $A \cdot X = B$, sejam duas matrizes quadradas invertíveis (admitem inversas). Para obter a matriz X, multiplicamos à esquerda os dois membros pela matriz inversa A^{-1}.

$A \cdot X = B$

$A^{-1} \cdot (A \cdot X) = A^{-1} \cdot B$

- Propriedade associativa

$(A^{-1} \cdot A) \cdot X = A^{-1} \cdot B$

$I_n \cdot X = A^{-1} \cdot B$

$X = A^{-1} \cdot B$

Nessa equação matricial, a matriz X, também quadrada de ordem n, é dada por $A^{-1} \cdot B$.

EXPLORANDO

Se você tem acesso a alguma planilha eletrônica, pode efetuar a multiplicação de matrizes com esse importante recurso. Como exemplo, vamos mostrar como pode obter o produto das matrizes A e B dadas por:

Acompanhe as etapas:

1ª etapa – Depois de abrir a planilha eletrônica, represente as matrizes A e B, deixando espaço de pelo menos uma coluna entre elas.

2ª etapa – Escolha, com o cursor, uma célula vazia (observe que escolhemos na ilustração anterior a célula E4). Pressione "*fx*" e digite "MATRIZ.MULT." em "Procure por uma função". A seguir, clique "OK".

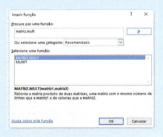

3ª etapa – Na nova tela, você deverá especificar as células correspondentes aos elementos das duas matrizes. No nosso exemplo, deverá digitar "A1:C3" para a primeira matriz (observe que imediatamente ao lado do espaço que você digitou aparece {1.0.–2;–1.4.–1;5.2.0}, correspondente aos elementos da 1ª, da 2ª e da 3ª linha da matriz A) e "F1:H3" para a segunda matriz (no quadro ao lado aparecerá {4.1.0;1.2.2;4.1.3}, correspondente aos elementos da 1ª, da 2ª e da 3ª linha da matriz B. Observe a ilustração a seguir:

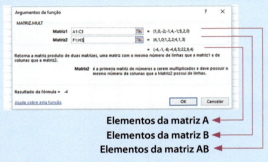

Elementos da matriz A
Elementos da matriz B
Elementos da matriz AB

Note que nessa tela, imediatamente após digitar o último elemento da matriz B, aparecerá abaixo desses elementos a linha contendo "={−4.−1.−6;−4.6.5;22.9.4}. Esses são os elementos da matriz produto. Se você clicar em "OK" na planilha, aparecerá "−4" na célula em branco que você selecionou antes de pressionar "*fx*".

1. Utilize a planilha eletrônica e faça multiplicações entre matrizes.

2. Verifique, com a planilha eletrônica, se as multiplicações que você já efetuou em seu caderno ou propostas no livro estão corretas.

Exercícios resolvidos

1. Dadas as matrizes

$$A = \begin{pmatrix} 1 & 2 \\ 3 & 4 \\ 5 & 6 \end{pmatrix} \text{ e } B = \begin{pmatrix} 2 & 4 & 6 \\ 1 & 3 & 5 \end{pmatrix}, \text{ obtenha}$$

a) a matriz $A \cdot B$; b) a matriz $B \cdot A$.

a) $A \times B = \begin{pmatrix} 1 & 2 \\ 3 & 4 \\ 5 & 6 \end{pmatrix} \times \begin{pmatrix} 2 & 4 & 6 \\ 1 & 3 & 5 \end{pmatrix} = \begin{pmatrix} 4 & 10 & 16 \\ 10 & 24 & 38 \\ 16 & 38 & 60 \end{pmatrix}$

b) $B \times A = \begin{pmatrix} 2 & 4 & 6 \\ 1 & 3 & 5 \end{pmatrix} \times \begin{pmatrix} 1 & 2 \\ 3 & 4 \\ 5 & 6 \end{pmatrix} = \begin{pmatrix} 44 & 56 \\ 35 & 44 \end{pmatrix}$

2. Indique se cada uma das afirmações a seguir é verdadeira ou falsa, sendo A e B duas matrizes quadradas de mesma ordem.
a) $A \cdot B = B \cdot A$
b) $(A + B)^2 = A^2 + 2 \cdot A \cdot B + B^2$
c) $(A − B)^2 = A^2 − 2 \cdot A \cdot B + B^2$
d) $(A + B) \cdot (A − B) = A^2 − B^2$
e) $(A + B) \cdot (A − B) = A^2 − A \cdot B + B \cdot A − B^2$

a) Falsa.
b) Falsa. $(A + B)^2 = (A + B) \cdot (A + B) = A^2 + AB + BA + B^2$
c) Falsa. $(A − B)^2 = (A − B) \cdot (A − B) = A^2 − AB − BA + B^2$
d) Falsa. $(A + B) \cdot (A − B) = A^2 − AB + BA − B^2$
e) Verdadeira.

Exercícios propostos

1. Marque V se a afirmação for verdadeira e F se for falsa.
   a) É possível efetuar o produto de uma matriz do tipo 3 · 4 por outra matriz do tipo 4 · 5.
   b) O produto de uma matriz do tipo 2 · 3 por outra matriz do tipo 3 · 2 é uma matriz quadrada de ordem 2.
   c) Só é possível efetuar o produto de matrizes que sejam do mesmo tipo.

2. Marque V se a afirmação for verdadeira e F se for falsa.
   a) Sendo as matrizes $A = (a_{ij})_{a \cdot b}$, $B = (b_{ij})_{b \cdot c}$ e $C = (c_{ij})_{c \cdot d}$, temos que $(A \cdot B) \cdot C = A \cdot (B \cdot C)$.
   b) Sendo as matrizes $A = (a_{ij})_{a \cdot b}$, $B = (b_{ij})_{a \cdot b}$ e $C = (c_{ij})_{b \cdot c}$, temos que $(A + B) \cdot C = A \cdot C + B \cdot C$.

3. Considere as matrizes $A = \begin{pmatrix} 1 & 2 \\ 2 & 4 \end{pmatrix}$, $B = \begin{pmatrix} 1 & 1 \\ -3 & 3 \end{pmatrix}$ e $C = \begin{pmatrix} -5 & 3 \\ 0 & 2 \end{pmatrix}$.
   a) Obtenha a matriz $A \cdot B$.
   b) Obtenha a matriz $A \cdot C$.
   c) Dadas três matrizes não nulas A, B e C, diga se a afirmação a seguir é verdadeira ou falsa.
   "Se $A \cdot B = A \cdot C$, então $B = C$."

4. Considere as matrizes $A = \begin{bmatrix} 2 & 3 \\ 4 & 6 \end{bmatrix}$ e $B = \begin{bmatrix} 6 & 12 \\ -4 & -8 \end{bmatrix}$.
   a) Obtenha a matriz $A \cdot B$.
   b) Dadas duas matrizes não nulas A e B, diga se a afirmação a seguir é verdadeira ou falsa.
   "Se $A \cdot B = O$, onde O é a matriz nula, então $A = O$ ou $B = O$."

5. Considere as matrizes $A = (a_{ij})_{3 \times 3}$ e $B = (b_{ij})_{3 \times 3}$, definidas por $a_{ij} = 2i + 3j$ e $b_{ij} = \begin{cases} i^j, \text{ se } i + j = 4 \\ j^i, \text{ se } i + j \neq 4 \end{cases}$.

   Se a matriz $C = A \times B$, calcule o elemento da segunda linha e da terceira coluna da matriz C.

6. Lucas resolveu fazer as compras dos ingredientes que necessitava para preparar lasanhas para sua família. Pesquisou os preços desses ingredientes em três supermercados, montando a tabela a seguir:

Super-mercado	Massa (kg)	Carne moída (kg)	Creme de leite (caixa)	Presunto (kg)	Queijo (kg)
A	R$ 8,00	R$ 12,00	R$ 3,50	R$ 25,00	R$ 24,00
B	R$ 8,50	R$ 13,00	R$ 4,00	R$ 24,00	R$ 22,00
C	R$ 7,50	R$ 14,00	R$ 3,50	R$ 22,00	R$ 23,00

Ele previu que seriam necessários 2 quilogramas de massa, 1 quilograma de carne moída, 4 caixas de creme de leite, 1 quilograma de presunto e 1 quilograma de queijo. Os preços dos ingredientes, em reais, nos três supermercados e as quantidades necessárias de cada um dos ingredientes podem ser organizados em duas matrizes, P e Q.

$$P = \begin{bmatrix} 8,00 & 12,00 & 3,50 & 25,00 & 24,00 \\ 8,50 & 13,00 & 4,00 & 24,00 & 22,00 \\ 7,50 & 14,00 & 3,50 & 22,00 & 23,00 \end{bmatrix} \text{ e } Q = \begin{bmatrix} 2 \\ 1 \\ 4 \\ 1 \\ 1 \end{bmatrix}$$

   a) Obtenha a matriz C, que indica o custo total dos ingredientes necessários em cada um dos supermercados.
   b) Qual é o preço médio dos ingredientes que Lucas precisa comprar para preparar as lasanhas, considerando os três supermercados?

7. Dada a matriz $A = \begin{pmatrix} 1 & 0 \\ 3 & 1 \end{pmatrix}$ calcule:
   a) A^2;
   b) A^3;
   c) A^4;
   d) A^n, em que n é um número natural diferente de zero.

8. Qual das matrizes a seguir é a matriz inversa da matriz $A = \begin{pmatrix} 1 & 2 \\ 3 & 5 \end{pmatrix}$?
   a) $\begin{pmatrix} 1 & 3 \\ 2 & 5 \end{pmatrix}$
   b) $\begin{pmatrix} -1 & -2 \\ -3 & -5 \end{pmatrix}$
   c) $\begin{pmatrix} -5 & 2 \\ 3 & -1 \end{pmatrix}$
   d) $\begin{pmatrix} 5 & -2 \\ -3 & 1 \end{pmatrix}$

9. Sendo A a matriz do exercício anterior, considere a equação $A \cdot X = B$. Uma das maneiras para determinar a matriz X, que é solução da equação, é multiplicar os dois membros da igualdade $A \cdot X = B$ pela matriz inversa de A, como vimos anteriormente. A partir desse procedimento, determine a matriz X, tal que $B = \begin{pmatrix} -1 \\ 2 \end{pmatrix}$.

10. Se A e B são matrizes invertíveis de mesma ordem, obtenha a matriz X em cada uma das equações a seguir:
    a) $A \cdot X = B$;
    b) $X \cdot A = B$;
    c) $A \cdot X \cdot B = I$;
    d) $B \cdot X \cdot A = B$;
    e) $A^{-1} \cdot X = B$.

11. Elabore três matrizes A, B e C quadradas de ordem 2. A seguir, obtenha as seguintes matrizes:
    a) $(A \cdot B) \cdot C$ e $A \cdot (B \cdot C)$;
    b) $A \cdot (B + C)$ e $A \cdot B + A \cdot C$;
    c) $(A + B) \cdot C$ e $A \cdot C + B \cdot C$.

Determinantes de matrizes

A cada matriz quadrada podemos associar um número real denominado **determinante da matriz**. Assim, sendo A uma matriz quadrada, representaremos por $|A|$ ou $\det(A)$ o determinante dessa matriz.

$$\underset{\text{matriz quadrada}}{A} \longrightarrow \underset{\text{número real}}{|A|}$$

Antes de mostrar como obter o determinante de uma matriz quadrada, vamos, por meio de um sistema de duas equações com duas incógnitas, observar as matrizes correspondentes. Assim, considere as matrizes A, B e X, tais que:

$$A = \begin{pmatrix} a & b \\ c & d \end{pmatrix}, B = \begin{pmatrix} e \\ f \end{pmatrix} \text{ e } X = \begin{pmatrix} x \\ y \end{pmatrix}$$

Nessas matrizes, considere ainda que a, b, c, d, e e f representam números reais conhecidos, ao passo que as letras x e y são incógnitas que precisamos determinar, de tal maneira que:

$$A \cdot X = B$$

$$\begin{pmatrix} a & b \\ c & d \end{pmatrix} \cdot \begin{pmatrix} x \\ y \end{pmatrix} = \begin{pmatrix} e \\ f \end{pmatrix}$$

Os valores de x e y indicados acima são obtidos a partir da resolução de um sistema de equações, conforme estudado no Ensino Fundamental.

Tais valores são:

$$x = \frac{ed - bf}{ad - bc} \text{ e } y = \frac{af - ec}{ad - bc}$$

Observação:

O denominador dessas duas frações, como veremos mais adiante, é o número real correspondente ao determinante da matriz $A = \begin{pmatrix} a & b \\ c & d \end{pmatrix}$.

Já os numeradores dessas duas frações correspondem aos determinantes de duas matrizes associadas ao sistema.

- **Determinante de uma matriz de ordem 1**

O determinante da matriz $A = (a_{11})$ de ordem 1 é o próprio elemento a_{11}, isto é:

$$\det(A) = a_{11}.$$

Exemplo:

Na matriz $B = (-10)$, temos que:

$\det(B) = -10$

Observação:

O determinante de uma matriz é representado por duas barras verticais no lugar dos parênteses ou colchetes que normalmente utilizamos para representar uma matriz. Embora seja o mesmo símbolo de módulo de um número, é empregado de forma diferente.

- **Determinante de uma matriz de ordem 2**

O determinante da matriz $A = \begin{pmatrix} a_{11} & a_{12} \\ a_{21} & a_{22} \end{pmatrix}$

de ordem 2 é o número real resultante de $a_{11} \cdot a_{22} - a_{21} \cdot a_{12}$, isto é:

$$\det(A) = \begin{vmatrix} a_{11} & a_{12} \\ a_{21} & a_{22} \end{vmatrix} = a_{11} \cdot a_{22} - a_{21} \cdot a_{12}$$

Normalmente utilizamos um esquema para obter esse determinante:

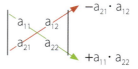

Assim, como sugere o esquema, para calcular o determinante de uma matriz de ordem 2, adicionamos o produto dos elementos da diagonal principal com o oposto do produto dos elementos da diagonal secundária da matriz.

Exemplo:

Vamos calcular o determinante da matriz $T = \begin{pmatrix} 2 & -3 \\ 9 & -5 \end{pmatrix}$.

- Conforme definição, temos que:

$$\det(T) = \begin{vmatrix} 2 & -3 \\ 9 & -5 \end{vmatrix}$$
$$\det(T) = 2\cdot(-5) - 9\cdot(-3)$$
$$\det(T) = -10 + 27 \Rightarrow \det(T) = 17$$

- **Determinante de uma matriz de ordem 3**

> O determinante de uma matriz
> $A = \begin{pmatrix} a_{11} & a_{12} & a_{13} \\ a_{21} & a_{22} & a_{23} \\ a_{31} & a_{32} & a_{33} \end{pmatrix}$ de ordem 3 é o número
> real resultante de $a_{11} \cdot a_{22} \cdot a_{33} + a_{12} \cdot a_{23} \cdot a_{31} + a_{13} \cdot a_{21} \cdot a_{32} - a_{13} \cdot a_{22} \cdot a_{31} - a_{12} \cdot a_{21} \cdot a_{33} - a_{11} \cdot a_{23} \cdot a_{32}$, isto é:
>
> $\det(A) = \begin{vmatrix} a_{11} & a_{12} & a_{13} \\ a_{21} & a_{22} & a_{23} \\ a_{31} & a_{32} & a_{33} \end{vmatrix} = a_{11} \cdot a_{22} \cdot a_{33} + a_{12} \cdot a_{23} \cdot a_{31} + a_{13} \cdot a_{21} \cdot a_{32} - a_{13} \cdot a_{22} \cdot a_{31} - a_{12} \cdot a_{21} \cdot a_{33} - a_{11} \cdot a_{23} \cdot a_{32}$

Normalmente, para o cálculo do determinante de ordem 3, utilizamos um esquema prático conhecido como **regra de Sarrus**. Nesse procedimento, devemos repetir a 1ª e a 2ª coluna à direita da matriz; depois, como sugere o esquema a seguir, devemos manter o sinal do produto da diagonal principal e de todas as diagonais paralelas a ela, e trocar o sinal do produto da diagonal secundária e de todas as diagonais paralelas a ela:

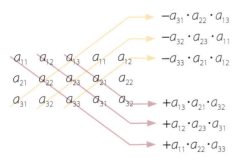

Exemplo:

Vamos calcular o determinante e da matriz. $V = \begin{bmatrix} -2 & 2 & 1 \\ 4 & 0 & 3 \\ 1 & 0 & 5 \end{bmatrix}$

- De acordo com a regra de Sarrus, repetimos a 1ª e a 2ª coluna à direita da 3ª coluna e multiplicamos os elementos correspondentes:

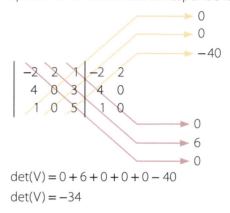

$\det(V) = 0 + 6 + 0 + 0 + 0 - 40$
$\det(V) = -34$

Determinante de uma matriz de ordem superior a 3

Até aqui, vimos como calcular o determinante de uma matriz quadrada até ordem 3. Para calcular o determinante de uma matriz quadrada de ordem maior que 3, vamos conceituar o cofator de um elemento de uma matriz.

> Dada uma matriz $A = (a_{ij})$, quadrada de ordem n, sendo $n \geq 2$, denominamos cofator c_{ij} do elemento a_{ij} o produto de $(-1)^{i+j}$ pelo determinante D_{ij} da matriz obtida quando se retira de A a i-ésima linha e a j-ésima coluna.
>
> Em símbolos:
> $c_{ij} = (-1)^{i+j} \cdot D_{ij}$

Exemplo:

Vamos, a partir da matriz $A = \begin{pmatrix} a_{11} & a_{12} & a_{13} \\ a_{21} & a_{22} & a_{23} \\ a_{31} & a_{32} & a_{33} \end{pmatrix}$, genérica de ordem 3, indicar os cofatores de alguns de seus elementos.

- Cofator do elemento a_{11}:

$$c_{11} = (-1)^{1+1} \cdot D_{11} = 1 \cdot \begin{vmatrix} a_{22} & a_{23} \\ a_{32} & a_{33} \end{vmatrix}$$

Matrizes e Determinantes **Capítulo 7**

- Cofator do elemento a_{31}:

$$c_{31} = (-1)^{3+1} \cdot D_{31} = 1 \cdot \begin{vmatrix} a_{12} & a_{13} \\ a_{22} & a_{23} \end{vmatrix}$$

- Cofator do elemento a_{23}:

$$c_{23} = (-1)^{2+3} \cdot D_{23} = -1 \cdot \begin{vmatrix} a_{11} & a_{12} \\ a_{31} & a_{32} \end{vmatrix}$$

Exemplo:

Dada a matriz $M = \begin{pmatrix} 2 & -2 & 0 \\ -3 & 1 & 5 \\ 1 & 6 & 3 \end{pmatrix}$, vamos obter os cofatores c_{22}, c_{13} e c_{32}.

- $c_{22} = (-1)^{2+2} \cdot \begin{vmatrix} 2 & 0 \\ 1 & 3 \end{vmatrix} = 1 \cdot (2 \cdot 3 - 1 \cdot 0) \Rightarrow c_{22} = 6$

- $c_{13} = (-1)^{1+3} \cdot \begin{vmatrix} -3 & 1 \\ 1 & 6 \end{vmatrix} = 1 \cdot (-3 \cdot 6 - 1 \cdot 1) \Rightarrow c_{13} = -19$

- $c_{32} = (-1)^{3+2} \cdot \begin{vmatrix} 2 & 0 \\ -3 & 5 \end{vmatrix} = -1 \cdot (2 \cdot 5 + 3 \cdot 0) \Rightarrow c_{32} = -10$

Um procedimento para o cálculo do determinante de uma matriz quadrada de ordem igual ou maior que dois envolve o conceito de cofator. É o teorema de Laplace (1749-1827), que apresentaremos sem demonstração.

> **Teorema de Laplace**
>
> Considere a matriz $A = (a_{ij})$ quadrada de ordem n, $n \geq 2$. O determinante dessa matriz é igual à soma dos produtos dos elementos de uma linha ou de uma coluna qualquer da matriz A pelos respectivos cofatores.

Exemplo:

Vamos considerar a matriz

$A = \begin{pmatrix} a_{11} & a_{12} & a_{13} \\ a_{21} & a_{22} & a_{23} \\ a_{31} & a_{32} & a_{33} \end{pmatrix}$, genérica de ordem 3 e,

utilizando o teorema de Laplace, mostrar como calcular o determinante dessa matriz.

- Escolhemos, por exemplo, a 1ª linha dessa matriz. De acordo com o teorema de Laplace, o determinante de A pode ser calculado por:

$$\det(A) = a_{11} \cdot c_{11} + a_{12} \cdot c_{12} + a_{13} \cdot c_{13}$$

$$\det(A) = a_{11} \cdot (-1)^{1+1} \cdot \begin{vmatrix} a_{22} & a_{23} \\ a_{32} & a_{33} \end{vmatrix} +$$

$$+ a_{12} \cdot (-1)^{1+2} \cdot \begin{vmatrix} a_{21} & a_{23} \\ a_{31} & a_{33} \end{vmatrix} + a_{13} \cdot (-1)^{1+3} \cdot \begin{vmatrix} a_{21} & a_{22} \\ a_{31} & a_{32} \end{vmatrix}$$

- Se escolhermos a 3ª coluna dessa matriz, o determinante de A pode ser calculado, segundo o teorema de Laplace, por:

$$\det(A) = a_{13} \cdot c_{13} + a_{23} \cdot c_{23} + a_{33} \cdot c_{33}$$

$$\det(A) = a_{13} \cdot (-1)^{1+3} \cdot \begin{vmatrix} a_{21} & a_{22} \\ a_{31} & a_{32} \end{vmatrix} +$$

$$+ a_{23} \cdot (-1)^{2+3} \cdot \begin{vmatrix} a_{11} & a_{12} \\ a_{31} & a_{32} \end{vmatrix} + a_{33} \cdot (-1)^{3+3} \cdot \begin{vmatrix} a_{11} & a_{12} \\ a_{21} & a_{22} \end{vmatrix}$$

Observação:

Pelo exemplo, seguindo o teorema de Laplace, para o cálculo do determinante de ordem 3, precisamos calcular 3 determinantes de ordem 2.

Exemplo:

Vamos calcular o determinante da matriz $M = \begin{pmatrix} 7 & -1 & 0 \\ 3 & 2 & 4 \\ 0 & 0 & 2 \end{pmatrix}$, utilizando o teorema de Laplace.

- Como na 3ª linha da matriz existem 2 elementos nulos, o cálculo do determinante de M será facilitado se escolhermos essa linha (bastará calcular um determinante de ordem 2):

$$\det(M) = 0 \cdot c_{31} + 0 \cdot c_{32} + 2 \cdot c_{33}$$

$$\det(M) = 2 \cdot c_{33}$$

$$\det(M) = 2 \cdot (-1)^{3+3} \cdot \begin{vmatrix} 7 & -1 \\ 3 & 2 \end{vmatrix}$$

$$\det(M) = 2 \cdot 1 \cdot (14 + 3) \Rightarrow \det(M) = 34$$

Observações:

1. O cálculo do determinante da matriz

$$A = \begin{pmatrix} a_{11} & a_{12} & a_{13} & a_{14} \\ a_{21} & a_{22} & a_{23} & a_{24} \\ a_{31} & a_{32} & a_{33} & a_{34} \\ a_{41} & a_{42} & a_{43} & a_{44} \end{pmatrix}, \text{ de ordem 4,}$$

pode ser feito a partir de 4 determinantes de ordem 3. Basta escolher 1 linha ou 1 coluna e aplicar o teorema de Laplace.

2. Não abordaremos aqui determinantes de matrizes de ordem maior que 4.

Questões e reflexões

1. Em relação ao exemplo, explique como seria calcular o determinante da matriz A utilizando o teorema de Laplace para a 2ª linha.

2. E para a 2ª coluna, como seria o cálculo do determinante utilizando o teorema de Laplace?

EXPLORANDO

Assim como você conseguiu obter o produto de matrizes, você também pode utilizar a planilha eletrônica para calcular os determinantes. Ao entrar na planilha eletrônica, escolha a função "MATRIZ.DETERM" e, em seguida, informe os elementos da matriz quadrada cujo determinante deseja calcular. Vamos exemplificar destacando alguns passos no cálculo do determinante da matriz:

$$A = \begin{pmatrix} 2 & 4 \\ 3 & 6 \end{pmatrix}$$

1ª etapa – Digite os elementos da matriz A e coloque o cursor numa célula em branco.

2ª etapa – Clique em "fx" e digite "MATRIZ.DETERM" no campo "Procure por uma função".

Aperte o botão "Ir", seguido de "OK".

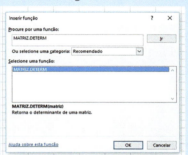

3ª etapa – No campo "Matriz", digite "A1:B2", correspondente às células da planilha em que aparecem os elementos da matriz. Nessa mesma tela, aparece o determinante.

Determinantes da matriz AB

1. Explore essa ferramenta calculando os determinantes de matrizes quadradas que você elaborar.

2. Retome os determinantes que você já calculou ao longo deste capítulo e confira alguns resultados utilizando a ferramenta eletrônica mencionada.

Propriedades dos determinantes

O cálculo de determinantes pode ser simplificado por meio do conhecimento de algumas propriedades que apresentamos a seguir. As demonstrações dessas propriedades foram omitidas. Entretanto, com base no teorema de Laplace ou na regra de Sarrus, procuramos justificá-los por meio de determinantes de matrizes genéricas de ordem 3.

> Se todos os elementos de uma linha ou de uma coluna de uma matriz quadrada são nulos, seu determinante é igual a zero.

Para justificar essa propriedade, considere, por exemplo, a matriz $A = \begin{pmatrix} a_{11} & 0 & a_{13} \\ a_{21} & 0 & a_{23} \\ a_{31} & 0 & a_{33} \end{pmatrix}$, em que a segunda coluna tem todos os elementos iguais a zero. Assim, pelo teorema de Laplace, considerando a segunda coluna, temos:

$\det(A) = 0 \cdot c_{12} + 0 \cdot c_{22} + 0 \cdot c_{32}$
$\det(A) = 0$

Exemplo:

Considerando a matriz $M = \begin{pmatrix} -2 & 4 & 1 & 0 \\ 2 & 3 & 5 & 1 \\ 0 & 0 & 0 & 0 \\ 4 & 1 & 1 & 2 \end{pmatrix}$, conforme o teorema de Laplace, seu determinante é igual a zero.

- Observando que todos os elementos da 3ª linha são iguais a zero, vem:

$\det(M) = 0 \cdot c_{31} + 0 \cdot c_{32} + 0 \cdot c_{33} + 0 \cdot c_{34}$
$\det(M) = 0$

> Se duas linhas (ou duas colunas) de uma matriz quadrada forem iguais, seu determinante será igual a zero.

Vamos considerar a matriz

$A = \begin{pmatrix} a_{11} & a_{12} & a_{13} \\ a_{21} & a_{22} & a_{23} \\ a_{11} & a_{12} & a_{13} \end{pmatrix}$, em que a 1ª e a 3ª linhas têm os elementos correspondentes iguais. Assim, de acordo com a regra de Sarrus, temos:

$\det(A) = a_{11} \cdot a_{22} \cdot a_{13} + a_{12} \cdot a_{23} \cdot a_{11} + a_{21} \cdot a_{12} \cdot a_{13} - a_{11} \cdot a_{22} \cdot a_{13} - a_{21} \cdot a_{12} \cdot a_{13} - a_{12} \cdot a_{23} \cdot a_{11}$
$\det(A) = 0$

Observação:

Fizemos a verificação para a matriz quadrada de ordem 3, porém essa propriedade é válida para matriz quadrada de qualquer ordem. Essa mesma observação é válida para as outras propriedades a seguir.

> Se duas linhas (ou duas colunas) de uma matriz quadrada tiverem seus elementos correspondentes proporcionais, seu determinante será igual a zero.

Vamos considerar a matriz

$A = \begin{pmatrix} a_{11} & a_{12} & a_{13} \\ a_{21} & a_{22} & a_{23} \\ ka_{11} & ka_{12} & ka_{13} \end{pmatrix}$, em que a 1ª e a 3ª linhas têm os elementos correspondentes proporcionais. Assim, segundo a regra de Sarrus, temos:

$\det(A) = a_{11} \cdot a_{22} \cdot ka_{13} + a_{12} \cdot a_{23} \cdot ka_{11} + a_{21} \cdot ka_{12} \cdot a_{13} - ka_{11} \cdot a_{22} \cdot a_{13} - a_{21} \cdot a_{12} \cdot ka_{13} - ka_{12} \cdot a_{23} \cdot a_{11}$
$\det(A) = 0$

> Se todos os elementos de uma linha (ou de uma coluna) de uma matriz quadrada são multiplicados por um mesmo número real k, seu determinante fica multiplicado por k.

Vamos considerar as matrizes A e B a seguir:

$A = \begin{pmatrix} a_{11} & a_{12} & a_{13} \\ a_{21} & a_{22} & a_{23} \\ a_{31} & a_{32} & a_{33} \end{pmatrix}$ e $B = \begin{pmatrix} a_{11} & ka_{12} & a_{13} \\ a_{21} & ka_{22} & a_{23} \\ a_{31} & ka_{32} & a_{33} \end{pmatrix}$

Observe que a 2ª coluna da matriz B tem os elementos da 2ª coluna da matriz A multiplicados por k. Calculando os determinantes dessas duas matrizes pela regra de Sarrus, temos:

$\det(A) = a_{11} \cdot a_{22} \cdot a_{33} + a_{12} \cdot a_{23} \cdot a_{31} + a_{21} \cdot a_{32} \cdot a_{13}$
$- a_{31} \cdot a_{22} \cdot a_{13} - a_{21} \cdot a_{12} \cdot a_{33} - a_{32} \cdot a_{23} \cdot a_{11}$

$\det(B) = a_{11} \cdot ka_{22} \cdot a_{33} + ka_{12} \cdot a_{23} \cdot a_{31} + a_{21} \cdot ka_{32} \cdot a_{13}$
$- a_{31} \cdot ka_{22} \cdot a_{13} - a_{21} \cdot ka_{12} \cdot a_{33} - ka_{32} \cdot a_{23} \cdot a_{11}$
$\det(B) = k \cdot \det(A)$

Exemplo:

Considere as matrizes quadradas

$$M = \begin{pmatrix} 3 & 5 & 2 \\ 1 & 7 & 6 \\ 4 & -2 & 1 \end{pmatrix} \text{ e } P = \begin{pmatrix} 3 & 5 & 2 \\ 1 & 7 & 6 \\ 12 & -6 & 3 \end{pmatrix}$$

As duas primeiras linhas das matrizes são iguais. A 3ª linha da matriz P tem os elementos correspondentes iguais aos elementos da 3ª linha de M multiplicados por 3, então:

$$\det(P) = 3 \cdot \det(M)$$

> Se todos os elementos de uma matriz quadrada de ordem n são multiplicados por um mesmo número real k, seu determinante fica multiplicado por k^n.

Consideremos as matrizes A e B, tais que os elementos da matriz B foram obtidos da matriz A multiplicando-os por k:

$$A = \begin{pmatrix} a_{11} & a_{12} & a_{13} \\ a_{21} & a_{22} & a_{23} \\ a_{31} & a_{32} & a_{33} \end{pmatrix} \text{ e } B = \begin{pmatrix} ka_{11} & ka_{12} & ka_{13} \\ ka_{21} & ka_{22} & ka_{23} \\ ka_{31} & ka_{32} & ka_{33} \end{pmatrix}$$

- Vamos calcular o determinante da matriz A pela regra de Sarrus:

$\det(A) = a_{11} \cdot a_{22} \cdot a_{33} + a_{12} \cdot a_{23} \cdot a_{31} + a_{21} \cdot a_{32} \cdot a_{13}$
$- a_{31} \cdot a_{22} \cdot a_{13} - a_{21} \cdot a_{12} \cdot a_{33} - a_{32} \cdot a_{23} \cdot a_{11}$

- Agora, também pela regra de Sarrus, calculamos o determinante da matriz B:

$\det(B) = ka_{11} \cdot ka_{22} \cdot ka_{33} + ka_{12} \cdot ka_{23} \cdot ka_{31} +$
$+ ka_{21} \cdot ka_{32} \cdot ka_{13} - ka_{31} \cdot ka_{22} \cdot ka_{13}$
$- ka_{21} \cdot ka_{12} \cdot ka_{33} - ka_{32} \cdot ka_{23} \cdot ka_{11}$

$\det(B) = k^3 \cdot (a_{11} \cdot a_{22} \cdot a_{33}) + k^3 \cdot (a_{12} \cdot a_{23} \cdot a_{31}) +$
$k^3 \cdot (a_{21} \cdot a_{32} \cdot a_{13}) - k^3 \cdot (a_{31} \cdot a_{22} \cdot a_{13})$
$- k^3 \cdot (a_{21} \cdot a_{12} \cdot a_{33}) - k^3 \cdot (a_{32} \cdot a_{23} \cdot a_{11})$

$\det(B) = k^3 \cdot \det(A)$

Exemplo:

Considerando que A é uma matriz quadrada de ordem 2, tal que seu determinante é igual a 10, vamos calcular o determinante da matriz B = 5 · A.

- Como a matriz B é obtida a partir da matriz A, multiplicando-se todos os seus elementos por 5, conforme propriedade apresentada, temos:

$\det(B) = \det(5 \cdot A)$

$\det(B) = 5^2 \cdot \det(A)$

$\det(B) = 25 \cdot 10 \Rightarrow \det(B) = 250$

Questões e reflexões

Verifique, por meio de exemplos, as seguintes propriedades dos determinantes:

1. Sendo A uma matriz quadrada e A^t a matriz transposta, descubra a relação que existe entre $\det(A^t)$ e $\det(A)$. A que conclusão você conseguiu chegar?

2. Sendo I_n uma matriz identidade de ordem n, mostre que $\det(I_n) = 1$.

Teorema de Binet

Sendo A e B duas matrizes quadradas de mesma ordem e A · B a matriz correspondente ao produto das duas matrizes, então $\det(A \cdot B) = \det(A) \cdot \det(B)$.

Exemplo:

Vamos considerar as matrizes $A = \begin{bmatrix} 1 & 3 \\ 2 & 4 \end{bmatrix}$ e $B = \begin{bmatrix} -1 & 1 \\ 4 & 8 \end{bmatrix}$ para verificar a validade do teorema de Binet.

- Calculamos os determinantes das matrizes A e B. Depois, multiplicamos esses resultados:

$\det(A) = 1 \cdot 4 - 2 \cdot 3 \Rightarrow \det(A) = -2$
$\det(B) = -1 \cdot 8 - 4 \cdot 1 \Rightarrow \det(B) = -12$
$\det(A) \cdot \det(B) = -2 \cdot (-12) \Rightarrow \det(A) \cdot \det(B) = 24$ (I)

- Obtemos a matriz $A \cdot B$ e calculamos seu determinante:

$A \cdot B = \begin{bmatrix} 1 & 3 \\ 2 & 4 \end{bmatrix} \cdot \begin{bmatrix} -1 & 1 \\ 4 & 8 \end{bmatrix} =$

$= \begin{bmatrix} 1 \cdot (-1) + 3 \cdot 4 & 1 \cdot 1 + 3 \cdot 8 \\ 2 \cdot (-1) + 4 \cdot 4 & 2 \cdot 1 + 4 \cdot 8 \end{bmatrix} \Rightarrow$

$\Rightarrow A \cdot B = \begin{bmatrix} 11 & 25 \\ 14 & 34 \end{bmatrix}$

$\det(A \cdot B) = 11 \cdot 34 - 14 \cdot 25 \Rightarrow \det(A \cdot B) = 24$ (II)

Comparando (I) e (II), concluímos que $\det(A \cdot B) = \det(A) \cdot \det(B)$.

> Seja A uma matriz quadrada invertível e A^{-1} sua matriz inversa, tem-se que:
> $$\det(A^{-1}) = \frac{1}{\det(A)}$$

- Vimos que, se A é uma matriz quadrada de ordem n, A^{-1} é sua matriz inversa e I_n é a matriz identidade de ordem n, então:

$$A^{-1} \cdot A = I_n$$

- Pelo teorema de Binet, temos:

$A^{-1} \cdot A = I_n$
$\det(A^{-1} \cdot A) = \det(I_n)$
$\det(A^{-1}) \cdot \det(A) = 1 \Rightarrow \det(A^{-1}) = \frac{1}{\det(A)}$

Observações:

1. Para uma matriz quadrada A, tem-se que, se $\det(A) \neq 0$, a matriz A admite uma única inversa A^{-1}. Neste caso, dizemos que a matriz A é invertível.

2. Para uma matriz quadrada A, tem-se que, se $\det(A) = 0$, a matriz A não admite inversa. Neste caso, dizemos que a matriz A não é invertível.

Exercícios resolvidos

1. Obtenha o determinante da matriz

$M = \begin{pmatrix} 1 & 0 & -1 \\ 2 & 3 & 4 \\ -1 & 0 & 5 \end{pmatrix}$.

$\det(M) = \begin{vmatrix} 1 & 0 & -1 \\ 2 & 3 & 4 \\ -1 & 0 & 5 \end{vmatrix} = 15 - 3 = 12$

2. Determine os valores de x que satisfazem a equação $\begin{vmatrix} x & 3 \\ x+1 & x \end{vmatrix} = \begin{vmatrix} 5 & 1 \\ 3 & x \end{vmatrix}$.

$\begin{vmatrix} x & 3 \\ x+1 & x \end{vmatrix} = \begin{vmatrix} 5 & 1 \\ 3 & x \end{vmatrix}$

$x^2 - 3x - 3 = 5x - 3$
$x^2 - 8x = 0 \therefore x = 0$ ou $x = 8$
$S = \{0; 8\}$

3. Uma matriz $A = (a_{ij})_{3 \cdot 3}$ é definida por

$a_{ij} = \begin{cases} i + j, \text{ se } i < j \\ 2i, \text{ se } i = j \\ 2j, \text{ se } i > j \end{cases}$

a) Escreva a matriz A.

b) Obtenha o determinante da matriz A utilizando a regra de Sarrus.

c) Obtenha o mesmo determinante da matriz A utilizando o teorema de Laplace.

a) $A = \begin{bmatrix} a_{11} & a_{12} & a_{13} \\ a_{21} & a_{22} & a_{23} \\ a_{31} & a_{32} & a_{33} \end{bmatrix} = \begin{bmatrix} 2 & 3 & 4 \\ 2 & 4 & 5 \\ 2 & 4 & 6 \end{bmatrix}$

b) $\det(A) = 48 + 30 + 32 - 32 - 36 - 40 = 2$

c) Utilizando a regra de Laplace na primeira linha da matriz, temos:

$\det(A) = a_{11} \cdot c_{11} + a_{12} \cdot c_{12} + a_{13} \cdot c_{13}$

$\det(A) = 2 \cdot (-1)^2 \cdot \begin{vmatrix} 4 & 5 \\ 4 & 6 \end{vmatrix} + 3 \cdot (-1)^3 \cdot \begin{vmatrix} 2 & 5 \\ 2 & 6 \end{vmatrix} + 4 \cdot (-1)^4 \cdot \begin{vmatrix} 2 & 4 \\ 2 & 4 \end{vmatrix}$

$\det(A) = 2 \cdot 1 \cdot (24 - 20) + 3 \cdot (-1) \cdot (12 - 10) + 4 \cdot 1 \cdot 0$

$\det(A) = 8 - 6$

$\det(A) = 2$

4. O determinante de uma matriz A de ordem 3 é igual a 8.

Calcule o valor de:

a) $\det(2A)$;

b) $\det(-A)$;

c) $\det\left(\dfrac{1}{2} \cdot A\right)$.

$a) \det(2A) = 2^3 \cdot \det(A) = 8 \cdot 8 = 64$

$b) \det(-A) = (-1)^3 \cdot \det(A) = -1 \cdot 8 = -8$

$c) \det\left(\dfrac{1}{2} \cdot A\right) = \left(\dfrac{1}{2}\right)^3 \cdot \det(A) = \dfrac{1}{8} \cdot 8 = 1$

Exercícios propostos

1. Calcule os determinantes indicados a seguir.

a) $|7|$

b) $|-10|$

c) $\begin{vmatrix} 2 & 1 \\ -3 & 5 \end{vmatrix}$

d) $\begin{vmatrix} -1 & -2 \\ -7 & -5 \end{vmatrix}$

2. Uma matriz $A = (a_{ij})_{2 \times 2}$ é definida por $a_{ij} = \begin{cases} i^2 + j, \text{ se } i \leq j \\ 2^i - j, \text{ se } i > j \end{cases}$

Calcule o determinante da matriz A.

3. Calcule os determinantes a seguir.

a) $\begin{vmatrix} \text{sen}(x) & -\cos(x) \\ \cos(x) & \text{sen}(x) \end{vmatrix}$

b) $\begin{vmatrix} \cos(x) & \text{sen}(x) \\ \text{sen}(y) & \cos(y) \end{vmatrix}$

c) $\begin{vmatrix} \text{sen}(x) & 2 & \cos(x) \\ 0 & 1 & 0 \\ \text{sen}(y) & -2 & \cos(y) \end{vmatrix}$

4. Resolva a equação:

$\begin{vmatrix} 4^x & 8^x & 2^x \\ 1 & 1 & 1 \\ 0 & 2 & -1 \end{vmatrix} = 0$

5. Dadas as matrizes $A = \begin{bmatrix} -2 & -8 \\ -4 & -6 \end{bmatrix}$ e $B = \begin{bmatrix} 1 & 0 \\ 0 & 1 \end{bmatrix}$, determine os valores reais de k, tais que $\det(A + kB) = 0$.

6. Com relação à matriz $A = \begin{pmatrix} x & 1 & 2 \\ x & x+3 & -1 \\ -1 & -4 & 1 \end{pmatrix}$, calcule:

a) o determinante da matriz A;

b) o valor de x para o qual o determinante da matriz A assume o valor mínimo;

c) o valor mínimo que o determinante da matriz A pode assumir.

7. Obtenha o cofator de cada um dos elementos a_{12}, a_{23} e a_{31} da matriz $A = \begin{pmatrix} 1 & -2 & 0 \\ -1 & 5 & 3 \\ 0 & 4 & 7 \end{pmatrix}$.

8. Calcule cada um dos determinantes a seguir:

a) $\begin{vmatrix} 3 & 4 & 6 & 0 \\ -1 & 2 & 3 & 0 \\ 5 & -3 & 1 & 0 \\ 2 & 0 & -5 & 1 \end{vmatrix}$

b) $\begin{vmatrix} 0 & -1 & 0 & 0 \\ 8 & 5 & 0 & 0 \\ -3 & -1 & 7 & 0 \\ 2 & 4 & 4 & 2 \end{vmatrix}$

c) $\begin{vmatrix} 2 & 5 & -3 & 1 \\ -2 & 1 & 4 & -1 \\ 0 & -4 & 3 & 0 \\ 1 & 5 & -1 & 6 \end{vmatrix}$

9. Considere a matriz $M = \begin{pmatrix} 1 & 1 & 1 & 1 \\ -1 & 2 & 3 & -4 \\ a & b & c & d \\ 4 & -3 & -2 & 1 \end{pmatrix}$. Calcule o determinante dessa matriz em função de a, b, c e d.

Sugestão: desenvolva o determinante a partir da terceira linha e utilize o teorema de Laplace.

10. Explique, com base nas propriedades de determinantes, por que cada um dos determinantes a seguir é igual a zero.

a) $\begin{vmatrix} 1 & -1 & 5 \\ 2 & 7 & -3 \\ 1 & -1 & 5 \end{vmatrix}$

b) $\begin{vmatrix} 1 & 0 & 2 \\ 3 & 0 & 4 \\ 5 & 0 & 6 \end{vmatrix}$

c) $\begin{vmatrix} -4 & 1 & 2 \\ 5 & 0 & 7 \\ 8 & -2 & -4 \end{vmatrix}$

11. Considerando que $\begin{vmatrix} a & b & c \\ d & e & f \\ g & h & i \end{vmatrix} = 10$, calcule:

a) $\begin{vmatrix} a & b & c \\ 2d & 2e & 2f \\ g & h & i \end{vmatrix}$

b) $\begin{vmatrix} a & 2b & c \\ 2d & 4e & 2f \\ g & 2h & i \end{vmatrix}$

c) $\begin{vmatrix} 2a & 2b & 2c \\ 2d & 2e & 2f \\ 2g & 2h & 2i \end{vmatrix}$

12. Dadas as matrizes $A = \begin{pmatrix} 1 & 3 \\ 2 & 4 \end{pmatrix}$ e $B = \begin{pmatrix} \dfrac{\sqrt{3}}{2} & \dfrac{1}{2} \\ -\dfrac{1}{2} & \dfrac{\sqrt{3}}{2} \end{pmatrix}$, calcule o valor de det(A · B).

13. Responda às seguintes questões com relação às matrizes $A = \begin{pmatrix} 1 & 2 \\ -2 & 3 \\ -3 & 4 \end{pmatrix}$ e $B = \begin{pmatrix} 1 & -2 & 3 \\ 5 & -1 & 6 \end{pmatrix}$.

   a) Existe o determinante da matriz A?
   b) Existe o determinante da matriz B?
   c) Existe o determinante da matriz A · B?
   d) Existe o determinante da matriz B · A?
   e) É possível que exista o determinante do produto de duas matrizes sem que existam os determinantes de cada uma das matrizes que compõem o produto?

14. Duas matrizes quadradas A e B de ordem 3 são tais que det(A) = 5 e det(B) = 15. Então, calcule o valor dos seguintes determinantes:

   a) det(2A);
   b) det(B^t);
   c) det(2 · A^{-1} · B^t).

15. O cálculo do determinante de algumas matrizes não precisa ser necessariamente feito utilizando as regras estudadas, pois apresenta resultados imediatos. Um exemplo é quando estamos diante de matrizes triangulares.

   a) Calcule o determinante das matrizes

   $A = \begin{pmatrix} 2 & 1 & -1 \\ 0 & 3 & 4 \\ 0 & 0 & 5 \end{pmatrix}$,

   $B = \begin{pmatrix} 1 & 0 & 0 \\ 3 & 2 & 0 \\ 5 & 7 & 5 \end{pmatrix}$ e

   $C = \begin{pmatrix} 2 & 0 & 0 \\ 0 & -1 & 0 \\ 0 & 0 & -3 \end{pmatrix}$

   utilizando a regra de Sarrus.

   b) O que você observou no cálculo dos determinantes das matrizes A, B e C? Escreva uma propriedade que permita calcular o determinante de uma matriz triangular qualquer.

HISTÓRIA DA MATEMÁTICA

Pelos meados do século XIX os matemáticos alemães estavam de cabeça e ombros acima dos de outras nacionalidades no que se referia à análise e à geometria, com as universidades de Berlim e Gottingen na liderança e com a publicação centrada no Journal de Crelle. A álgebra, por outro lado, foi durante algum tempo quase um monopólio britânico, com Trinity College, Cambridge, à frente e o Cambridge Mathematical Journal como principal veículo de publicação. Peacock e De Morgan eram ambos de Trinity, como também Cayley, que contribuiu fortemente tanto para a álgebra quanto para a geometria, especialmente quanto ao uso de determinantes; mas Cayley foi também um dos primeiros a estudar matrizes, outro exemplo da preocupação britânica com forma e estrutura em álgebra.

Essa obra proveio de uma memória de 1858 sobre a teoria das transformações. Se, por exemplo, aplicamos após a transformação

$T1 \begin{cases} x' = ax + by \\ y' = cx + dy \end{cases}$

uma outra transformação

$T2 \begin{cases} x'' = Ax' + By' \\ y'' = Cx' + Dy' \end{cases}$

o resultado (que aparecerá já antes, por exemplo nas *Disquisitiones arithmeticae* de Gauss em 1801) é equivalente à transformação composta

T1T2 $\begin{cases} x'' = (Aa+Bc)x + (Ab+Bd)y, \\ y'' = (Ca+Dc)x + (Cb+Dd)y \end{cases}$

Se, de outro lado, invertermos a ordem de T1 e T2, de modo que T2 é a transformação

$\begin{cases} x' = Ax + By \\ y' = Cx + Dy \end{cases}$

e T1 é a transformação,

$$n^2 - \left[\dfrac{n(n+3)}{2} - 1\right] = \dfrac{(n-1)(n-2)}{2}$$

então, essas duas aplicações sucessivamente equivalem à transformação única

T1T2 $\begin{cases} x'' = (aA+bC)x + (aB+bD)y, \\ y'' = (cA+dC)x + (cB+dD)y \end{cases}$.

A troca da ordem das transformações em geral produz um resultado diferente. Expresso na linguagem das matrizes,

$$\begin{pmatrix} a & b \\ c & d \end{pmatrix} \cdot \begin{pmatrix} A & B \\ C & D \end{pmatrix} = \begin{pmatrix} aA+bC & aB+bD \\ cA+dC & cB+dD \end{pmatrix}$$

mas,

$$\begin{pmatrix} A & B \\ C & D \end{pmatrix} \cdot \begin{pmatrix} a & b \\ c & d \end{pmatrix} = \begin{pmatrix} Aa+Bc & Ab+Bd \\ Ca+Dc & Cb+Dd \end{pmatrix}$$

Como as matrizes são iguais se, e somente se, todos os elementos correspondentes são iguais, é claro que mais uma vez estamos diante de um exemplo de multiplicação não comutativa.

A definição da multiplicação de matriz é a indicada acima, e a soma de duas matrizes (de iguais dimensões) é definida como a matriz obtida somando os elementos correspondentes das matrizes.

Assim,

$$\begin{pmatrix} a & b \\ c & d \end{pmatrix} + \begin{pmatrix} A & B \\ C & D \end{pmatrix} = \begin{pmatrix} a+A & b+B \\ c+C & d+D \end{pmatrix}.$$

A multiplicação de uma matriz por um escalar K é definida pela equação

$$K \cdot \begin{pmatrix} a & b \\ c & d \end{pmatrix} = \begin{pmatrix} Ka & Kb \\ Kc & Kd \end{pmatrix}$$

A matriz $\begin{pmatrix} 1 & 0 \\ 0 & 1 \end{pmatrix}$

que é usualmente denotada por I, deixa toda matriz quadrada de segunda ordem invariavelmente por multiplicação; por isso é chamada de matriz identidade para multiplicação. A única que deixa outra matriz invariavelmente por adição é evidentemente a matriz zero (nula)

$$\begin{pmatrix} 0 & 0 \\ 0 & 0 \end{pmatrix}$$

que é portanto a matriz identidade da adição. Com essas definições, podemos pensar nas operações sobre matrizes como nas de uma "álgebra", passo que foi dado por Cayley e pelos matemáticos americanos Benjamin Pierce (1809-1880) e seu filho Charles S. Pierce (1839-1914). Os Pierces desempenharam na América algo do papel que Hamilton, Grassmann e Cayley tinham tido na Europa.

O estudo da álgebra de matrizes e outras não comutativas foram em toda parte um dos principais fatores no desenvolvimento de uma visão cada vez mais abstrata da álgebra, especialmente no século XX.

BOYER, Carl Benjamin. *História da Matemática*. 3. ed. São Paulo: Edgard Blücher, 2010.

QUESTÕES

De acordo com o texto:

1. Quais são as contribuições matemáticas associadas a Arthur Cayley?

2. Quais são os elementos que compõem uma matriz quadrada de segunda ordem, que deixa todas as outras matrizes de segunda ordem invariavelmente por multiplicação?

3. Quais os elementos que compõem uma matriz quadrada de segunda ordem que deixa todas as outras matrizes de segunda ordem invariavelmente por adição?

CAPÍTULO 8

SISTEMAS DE EQUAÇÕES LINEARES

Modelo de uma cadeia de átomos.

Você já trabalhou com equações em Química?

Ao escrever uma equação química, é fundamental observar se a quantidade de átomos presentes em cada elemento químico é a mesma em ambos os lados da equação. Para efetuar o balanceamento, colocamos o "coeficiente estequiométrico" (número inteiro) antes dos símbolos que representam os compostos. Apenas para exemplificar, vamos considerar a seguinte equação química:

$$C_6H_6 + O_2 \rightarrow CO_2 + H_2O$$

Como desejamos "balancear", temos de obter quatro coeficientes estequiométricos na equação. Representando esses coeficientes por x, y, z e w, temos:

$$xC_6H_6 + yO_2 \rightarrow zCO_2 + wH_2O$$

Como o número de átomos de cada elemento deverá ser o mesmo nos dois lados da equação química, então:

- elemento C (carbono): $6x = z$
- elemento H (hidrogênio): $6x = 2w$
- elemento O (oxigênio): $2y = 2z + w$

Chegamos a três equações que devem ser verificadas simultaneamente, isto é, chegamos a um sistema formado por três equações de quatro incógnitas:

$$\begin{cases} 6x = z \\ 6x = 2w \\ 2y = 2z + w \end{cases}$$

Neste capítulo vamos estudar a resolução de sistemas de equações lineares. Depois, voltaremos ao sistema apresentado acima, obtendo sua solução. Precisamos compreender inicialmente algumas noções sobre o que é uma equação linear, um sistema de equações lineares e também o que significa solução de uma equação e solução de um sistema de equações lineares.

Equações e sistemas de equações lineares

As três equações obtidas na situação sobre o balanceamento são exemplos de equações lineares, cada uma delas formada por duas ou três incógnitas:

- equação linear nas incógnitas x e z: $6x = z$
- equação linear nas incógnitas x e w: $6x = 2w$
- equação linear nas incógnitas y, z e w:
  $2y = 2z + w \rightarrow$

> Denomina-se equação linear toda equação que pode ser escrita na forma:
> $$a_1x_1 + a_2x_2 + a_3x_3 + \ldots + a_nx_n = b$$
> na qual $x_1, x_2, x_3, \ldots$ e x_n são as incógnitas, $a_1, a_2, a_3, \ldots$ e a_n são os coeficientes reais e b é um número real correspondente ao termo independente das incógnitas.

Exemplo:

Na equação linear $4x - 2y + z - w = 0$, temos:

- incógnitas: x, y, z e w
- coeficientes: $4, -2, 1$ e -1
- termo independente: 0

Observação:

Em uma equação linear, os expoentes de todas as incógnitas são sempre iguais a 1. Além disso, em uma equação linear não temos termo misto, ou seja, aquele que contém o produto de duas incógnitas.

Exemplo:

As equações $2x^2 - 7y + 9z = 1$ e $xy - 3w = 9$ não são equações lineares.

Solução de uma equação linear

O que é solução de uma equação?

Por meio de exemplos, vamos compreender o que significa solução de uma equação linear.

1. Dada a equação $x - 3y = 6$ (equação linear com duas incógnitas), vamos verificar se os pares ordenados $(3, -1)$ e $(4, 5)$ são soluções. Consideraremos que o 1º elemento do par ordenado representa a 1ª incógnita, enquanto o 2º elemento representa a 2ª incógnita. Assim, a ordem dos elementos nos pares ordenados segue a ordem alfabética das incógnitas, e não a ordem em que as incógnitas aparecem na equação.

- Para verificar se $(3, -1)$ é solução da equação, substituímos x por 3 e y por -1:

$x - 3y = 6$

$\downarrow x = 3$ e $y = -1$

$3 - 3 \cdot (-1) = 6$

$6 = 6 \rightarrow$ sentença verdadeira $\Rightarrow (3, -1)$ é solução

- Para verificar se $(4, 5)$ é solução da equação, substituímos x por 4 e y por 5:

$x - 3y = 6$

$\downarrow x = 4$ e $y = 5$

$4 - 3 \cdot 5 = 6$

$-11 \neq 6 \Rightarrow (4, 5)$ não é solução

2. Dada a equação $4x - 2y + z = 10$ (equação linear com três incógnitas), vamos verificar se as ternas ordenadas $(1, 2, 10)$ e $(5, -1, -4)$ são soluções. Consideraremos que o 1º elemento da terna ordenada representa a 1ª incógnita, o 2º elemento representa a 2ª incógnita e o 3º elemento, a 3ª incógnita.

- Para verificar se $(1, 2, 10)$ é solução da equação, substituímos x por 1, y por 2 e z por 10:

$4x - 2y + z = 10$

$\downarrow x = 1, y = 2$ e $z = 10$

$4 \cdot 1 - 2 \cdot 2 + 10 = 10$

$10 = 10 \rightarrow$ sentença verdadeira $\Rightarrow$
$\Rightarrow (1, 2, 10)$ é solução

- Para verificar se $(5, -1, -4)$ é solução da equação, substituímos x por 5, y por -1 e z por -4:

$4x - 2y + z = 10$

$\downarrow x = 5, y = -1$ e $z = -4$

$4 \cdot 5 - 2 \cdot (-1) - 4 = 10$

$18 \neq 10 \Rightarrow (5, -1, -4)$ não é solução

> Dada a equação linear de n incógnitas $a_1x_1 + a_2x_2 + a_3x_3 + ... + a_nx_n = b$, dizemos que a sequência ordenada de números reais $(\alpha_1, \alpha_2, \alpha_3, ..., \alpha_n)$ é solução da equação se a sentença $a_1\alpha_1 + a_2\alpha_2 + a_3\alpha_3 + ... + a_n\alpha_n = b$ for verdadeira.

Sistemas de equações lineares

Retomando a situação apresentada no início do capítulo sobre o balanceamento estequiométrico, deparamos com três equações lineares, que devem ser verificadas simultaneamente:

$$\begin{cases} 6x = z \\ 6x = 2w \\ 2y = 2z + w \end{cases}$$

Dizemos que essas três equações formam um sistema de equações lineares. Nessa situação, o sistema é formado por três equações lineares com quatro incógnitas.

$$S: \begin{cases} a_{11}x_1 + a_{12}x_2 + a_{13}x_3 + \ldots + a_{1n}x_n = b_1 \\ a_{21}x_1 + a_{22}x_2 + a_{23}x_3 + \ldots + a_{2n}x_n = b_2 \\ a_{31}x_1 + a_{32}x_2 + a_{33}x_3 + \ldots + a_{3n}x_n = b_3 \\ \ldots\ldots\ldots\ldots\ldots\ldots\ldots\ldots\ldots\ldots\ldots\ldots\ldots\ldots \\ a_{m1}x_1 + a_{m2}x_2 + a_{m3}x_3 + \ldots + a_{mn}x_n = b_m \end{cases}$$

Denomina-se sistema linear $m \times n$ o conjunto S de m equações lineares em n incógnitas, que pode ser representado por: $x_1, x_2, x_3, \ldots, x_n$ as incógnitas; $a_{11}, a_{12}, a_{13}, \ldots, a_{mn}$ os coeficientes reais; e $b_1, b_2, b_3, \ldots, b_n$ os números reais que representam os termos independentes das incógnitas.

Observação:

Quando todos os termos independentes das incógnitas são nulos, o sistema é chamado **sistema linear homogêneo**.

Veja a seguir exemplos de sistemas lineares:

a) $\begin{cases} 4x + 3y = 9 \\ 9x + 2y = 0 \end{cases}$

- O sistema é linear 2×2, isto é, formado por 2 equações com 2 incógnitas (x e y).

b) $\begin{cases} x - y + 4z = 1 \\ 2x + 9y - 3z = 10 \\ 3x + y + 9z = -2 \end{cases}$

- O sistema é linear 3×3, isto é, formado por 3 equações com 3 incógnitas (x, y e z).

c) $\begin{cases} x - 2y + z = 0 \\ 3x + y - z = 0 \end{cases}$

- O sistema é linear 2×3 e homogêneo, isto é, formado por 2 equações com 3 incógnitas (x, y e z).

Assim como falamos em solução de uma equação linear, também temos de abordar a solução de um sistema de equações lineares. Observe o exemplo a seguir.

Observação:

Considerando o sistema de equações lineares $\begin{cases} 2x - 3y = 7 \\ 3x - 2y = 8 \end{cases}$, vamos verificar se o par ordenado (2, −1) é solução desse sistema.

- Checamos se (2, −1) é solução da 1ª equação substituindo x por 2 e y por −1:

$2x - 3y = 7$

$\downarrow x = 2$ e $y = -1$

$2 \cdot 2 - 3 \cdot (-1) = 7$

$7 = 7 \rightarrow$ sentença verdadeira $\Rightarrow$ (2, −1) é solução.

- Verificamos se (2, −1) é solução da 2ª equação substituindo x por 2 e y por −1:

$3x - 2y = 8$

$\downarrow x = 2$ e $y = -1$

$3 \cdot 2 - 2 \cdot (-1) = 8$

$8 = 8 \rightarrow$ sentença verdadeira $\Rightarrow$ (2, −1) é solução.

Como o par ordenado é solução das duas equações, dizemos que é solução do correspondente sistema de equações lineares.

Dado um sistema de equações lineares $m \times n$, formado por m equações com n incógnitas, denomina-se solução desse sistema a sequência ordenada de números reais $(\alpha_1, \alpha_2, \alpha_3, ..., \alpha_n)$, que é solução de cada uma das m equações desse sistema.

Assim, pelo que vimos até aqui, resolver um sistema de equações lineares formado por m equações com n incógnitas consiste em obter a sequência $(\alpha_1, \alpha_2, \alpha_3, ..., \alpha_n)$ que é solução de cada uma das equações que formam o sistema.

Ao longo do Ensino Fundamental estudamos a resolução de sistemas formados por duas equações com duas incógnitas, que retomaremos nestes exemplos, observando os procedimentos que normalmente são utilizados:

1. Vamos resolver o sistema linear $\begin{cases} x - y = 10 \\ x + y = 2 \end{cases}$

- Utilizando o método da adição, temos:

$$\begin{cases} x - y = 10 \\ x + y = 2 \end{cases} + $$
$$\overline{ 2x = 12}$$
$$x = 6$$

- Substituindo na primeira equação (poderia ser na segunda), vem:

$$6 - y = 10$$
$$y = -4$$

Portanto, o sistema admite uma solução representada pelo par ordenado $(6, -4)$. Podemos dizer que o conjunto solução desse sistema é $S = \{(6, -4)\}$.

Observação:

Como esse sistema admite apenas uma solução, dizemos que o sistema é possível e determinado.

2. Vamos resolver o sistema linear $\begin{cases} x - y = 10 \\ x - y = 2 \end{cases}$

- Para utilizar o método da adição, multiplicamos a segunda equação, membro a membro, por -1 e depois adicionamos as duas equações:

$$\begin{cases} x - y = 10 \\ -x + y = -2 \end{cases} +$$
$$\overline{ 0 = 8}$$

Como a "igualdade" obtida é absurda, dizemos que o sistema dado não apresenta solução. Assim, não existe um par ordenado que verifica simultaneamente essas duas equações.

Observação:

Como esse sistema não admite solução, dizemos que ele é impossível. Nesse caso, o conjunto solução é o conjunto vazio.

3. Vamos resolver o sistema linear

$$\begin{cases} x - y = 2 \\ -3x + 3y = -6 \end{cases}$$

- Para utilizar o método da adição, multiplicamos a primeira equação, membro a membro, por 3 e depois adicionamos as equações obtidas:

$$\begin{cases} 3x - 3y = 6 \\ -3x + 3y = -6 \end{cases} +$$
$$\overline{ 0 = 0}$$

Como a igualdade representa numericamente uma identidade, dizemos que o sistema dado apresenta infinitas soluções. Note que, para obter soluções desse sistema, podemos atribuir valores a uma das incógnitas e obter o valor correspondente para a outra:

- Para $x = 0$, temos, substituindo na 1ª equação dada:

$x - y = 2$

$\downarrow x = 0$

$0 - y = 2$

$y = -2 \Rightarrow (0, -2)$ é solução.

- Para $x = 2$, temos, substituindo na 1ª equação dada:

$x - y = 2$

$\downarrow x = 2$

$2 - y = 2$

$y = 0 \Rightarrow (2, 0)$ é solução.

- Para $x = -2$, temos, substituindo na 1ª equação dada:

    $x - y = 2$

    $\downarrow x = -2$

    $-2 - y = 2$

    $y = -4 \Rightarrow (-2, -4)$ é solução.

- Para $x = \alpha$ (α representa um número real qualquer), temos, substituindo na 1ª equação dada:

    $x - y = 2$

    $\downarrow x = \alpha$

    $\alpha - y = 2$

    $y = -2 + \alpha \Rightarrow (\alpha, -2 + \alpha)$ é solução.

Observações:

1. Como esse sistema admite infinitas soluções, ele é possível e indeterminado.
2. As soluções desse sistema podem ser representadas por $(\alpha, -2 + \alpha)$, sendo α um número real qualquer.

> **Questões e reflexões**
>
> Nos exemplos apresentados utilizamos o método da adição para resolver um sistema linear. Que outro método poderia ser utilizado?

Embora tenhamos apresentado apenas três exemplos envolvendo a resolução de sistemas formados por duas equações lineares com duas incógnitas, podemos dizer que os sistemas de equações lineares, quanto às suas soluções, podem ser classificados em:

Escalonamento

Para resolver um sistema formado por duas equações lineares com duas incógnitas, em geral utilizamos o método da adição, podendo até usar outros métodos (comparação, substituição). Vamos observar agora um procedimento simples para a resolução de equações lineares: o método do escalonamento.

Inicialmente precisamos compreender, por meio de exemplos, o que significa um sistema linear escalonado, para então entender como o chamado escalonamento é feito para a resolução de sistemas.

- Considere o sistema S_1:

$$S_1 \to \begin{cases} x - 2y = 9 \\ 3y = 1 \end{cases}$$

Note que nesse sistema a primeira equação tem as incógnitas x e y, enquanto a segunda tem apenas a incógnita y. Para resolver esse sistema, bastaria determinar o valor de y na segunda equação e, a partir dele, retornar à primeira para obter o valor de x.

- Considere o sistema S_2:

$$S_2 \to \begin{cases} x - 2y + 4z = 0 \\ 2y - 3z = 8 \\ 5z = 10 \end{cases}$$

Temos nesse sistema as três incógnitas (x, y e z) na 1ª equação, duas incógnitas (y e z) na 2ª equação e apenas a incógnita z na 3ª equação. Podemos dizer que "de cima para baixo" nesse sistema, o número de coeficientes nulos, antes do 1º coeficiente não nulo, aumenta de equação para equação. Na 2ª equação, o coeficiente de x é nulo e na 3ª equação, os coeficientes de x e y são nulos.

> **Questões e reflexões**
>
> Observando o sistema S_2, explique como você poderia resolvê-lo da forma como ele está.

Considere o sistema S_3:

$$S_3 \to \begin{cases} 5x - y + 2z = 0 \\ 3y - 9z = 1 \\ 0z = 0 \end{cases}$$

Note que, também nesse sistema, o número de coeficientes nulos, antes do 1º coeficiente não nulo, aumenta de equação para equação, considerando "de cima para baixo".

> Um sistema de equações lineares é dito escalonado quando:
> - todas as equações apresentam as incógnitas em uma mesma ordem;
> - o número de coeficientes nulos que precedem o primeiro não nulo de cada equação aumenta de uma equação para outra.

Existem ainda alguns cuidados sobre esse procedimento, que serão citados quando mostrarmos efetivamente como resolver um sistema de equações lineares pelo método do escalonamento.

A importância de considerar um sistema de equações lineares na forma escalonada está no fato de facilitar a sua resolução, pois a cada equação que compõe o correspondente sistema o número de incógnitas envolvidas diminui. A palavra "escalonado" nos remete à interpretação relacionada à "forma de escada". Observe, por exemplo, as equações do sistema S_2 mencionado anteriormente:

$$2x - y + 4z = 0$$
$$2y - 3z = 8$$
$$5z = 10$$

Para saber como escalonar um sistema de equações lineares, devemos compreender o conceito de equivalência de sistemas. É por meio desse conceito que podemos transformar um sistema dado não escalonado em outro sistema escalonado que tenha a mesma solução.

> Dois sistemas de equações lineares são ditos equivalentes quando possuem a mesma solução.

Exemplo:

Os sistemas lineares abaixo são equivalentes, pois ambos admitem apenas o par ordenado (13, 7) como solução:

$$\begin{cases} x + y = 20 \\ x - y = 6 \end{cases} \quad \text{e} \quad \begin{cases} 2x - y = 19 \\ x - 2y = -1 \end{cases}$$

Assim, precisamos transformar sistemas lineares em sistemas lineares escalonados equivalentes, já que sua resolução fica simplificada. Devemos conhecer procedimentos que nos auxiliem nessa transformação. Apresentamos agora, sem demonstrar, os seguintes procedimentos:

> Para obter um sistema equivalente a um sistema de equações lineares, podem ser efetuadas quaisquer das seguintes transformações:
>
> I. Trocar a posição de duas equações no sistema.
>
> II. Multiplicar uma equação qualquer do sistema por um número real diferente de zero.
>
> III. Multiplicar uma equação qualquer do sistema por um número real diferente de zero e adicionar o resultado a outra equação do sistema.

Exemplo:

Em cada caso a seguir, os sistemas lineares S_1 e S_2 são equivalentes:

a) $S_1 \to \begin{cases} 2x + 3y + 4z = 7 \\ x - y - z = 15 \end{cases}$ e

$S_2 \to \begin{cases} x - y - z = 15 \\ 2x + 3y + 4z = 7 \end{cases}$

- Podemos obter S_2 a partir de S_1 trocando a posição das duas equações:

b) $S_1 \to \begin{cases} 2x - 3y + 4z = 7 \\ x + y - z = 15 \end{cases}$ e

$S_2 \to \begin{cases} 2x - 3y + 4z = 7 \\ 3x - 2y + 3z = 22 \end{cases}$

- Para obter S_2 a partir de S_1 mantemos a 1ª equação e substituímos a 2ª equação pela soma da 1ª com a 2ª equação.

c) $S_1 \rightarrow \begin{cases} 2x - 3y + 4z = 7 \\ x + y - z = 15 \end{cases}$ e

$S_2 \rightarrow \begin{cases} 2x - 3y + 4z = 7 \\ 7x + 2y - z = 82 \end{cases}$

- Para obter S_2 a partir de S_1 mantemos a 1ª equação e substituímos a 2ª equação pela soma da 1ª com a 2ª equação multiplicada, membro a membro, por 5.

Essas três operações, observadas nos exemplos anteriores, permitem obter sistemas lineares não escalonados em sistemas lineares escalonados, para então resolvê-los.

Observação:

É possível que, ao escalonarmos um sistema linear, a última equação apresente todos os coeficientes das incógnitas nulos. Assim, temos duas possibilidades:

- **Termo independente das incógnitas nulo** – o sistema apresenta infinitas soluções (sistema possível e indeterminado).

- **Termo independente das incógnitas não nulo** – o sistema não apresenta solução (sistema impossível).

Cada uma dessas duas possibilidades deverá ser devidamente interpretada para que possamos tirar conclusões a respeito das soluções do sistema. Analise cada um dos seguintes exemplos:

1. Vamos escalonar e resolver o sistema

$\begin{cases} x + y + z = 2 \\ 3x - 2y - z = 4 \\ 2x - 2y + z = 1 \end{cases}$

- Mantemos a 1ª equação. Substituímos a 2ª equação pela soma dela com a 1ª equação multiplicada por –3. Substituímos a 3ª equação pela soma dela com a 1ª equação multiplicada por –2. Eliminamos assim o termo em x nas duas últimas equações:

$\begin{cases} x + y + z = 2 \quad \cdot (-3) \quad \cdot (-2) \\ 3x - 2y - z = 4 \\ 2x - 2y + z = 1 \end{cases}$

$\begin{cases} x + y + z = 2 \\ -5y - 4z = -2 \\ -4y - z = -3 \end{cases}$

- Nesse novo sistema equivalente, mantemos as duas primeiras equações. Para anular o coeficiente de y na 3ª equação, multiplicamos a 2ª equação por –4, a terceira por 5 e adicionamos essas duas equações obtidas. O resultado é a nova 3ª equação. Observe:

$\begin{cases} x + y + z = 2 \\ -5y - 4z = -2 \quad \cdot (-4) \\ -4y - z = -3 \quad \cdot (5) \end{cases}$

$\begin{cases} x + y + z = 2 \\ -5y - 4z = -2 \\ 11z = -7 \end{cases}$

- Como o sistema obtido é equivalente ao dado e está escalonado, para resolvê-lo obtemos na ordem os valores de z, de y e, finalmente, de x:

$11z = -7 \Rightarrow z = -\dfrac{7}{11}$

Substituímos esse resultado na 2ª equação:

$-5y - 4 \cdot \left(-\dfrac{7}{11}\right) = -2$

$-5y = -2 - \dfrac{28}{11} \Rightarrow y = \dfrac{10}{11}$

Finalmente, substituímos y e z na 1ª equação:

$x + \dfrac{10}{11} + \left(-\dfrac{7}{11}\right) = 2$

$x = 2 - \dfrac{3}{11} \Rightarrow x = \dfrac{19}{11}$

Portanto, o sistema apresentado é possível e determinado. O conjunto solução é

$$\left\{\left(\frac{19}{11}, \frac{10}{11}, -\frac{7}{11}\right)\right\}$$

2. Vamos escalonar e resolver o sistema

$$\begin{cases} x + 2y - 2z = 5 \\ x - y + z = 2 \\ 2x + y - z = 7 \end{cases}$$

- Mantemos a 1ª equação. Substituímos a 2ª equação pela soma dela com a 1ª equação multiplicada por −1. Substituímos a 3ª equação pela soma dela com a 1ª equação multiplicada por −2. Eliminamos assim o termo em x nas duas últimas equações:

$$\begin{cases} x + 2y - 2z = 5 \quad \cdot(-1) \quad \cdot(-2) \\ x - y + z = 2 \\ 2x + y - z = 7 \end{cases}$$

$$\begin{cases} x + 2y - 2z = 5 \\ -3y + 3z = -3 \\ -3y + 3z = -3 \end{cases}$$

- Nesse novo sistema equivalente, mantemos as duas primeiras equações. Para anular o coeficiente de y na 3ª equação, substituímos a 3ª equação pela soma dela com a 2ª equação multiplicada por −1:

$$\begin{cases} x + 2y - 2z = 5 \\ -3y + 3z = -3 \quad \cdot(-1) \\ -3y + 3z = -3 \end{cases}$$

$$\begin{cases} x + 2y - 2z = 5 \\ -3y + 3z = -3 \\ 0z = 0 \end{cases}$$

$$\begin{cases} x + 2y - 2z = 5 \\ -3y + 3z = -3 \end{cases}$$

- Abandonamos a 3ª equação, já que todos os coeficientes e o termo independente são nulos. Assim, o sistema equivalente escalonado é formado por duas equações e três incógnitas. Para resolvê-lo, podemos substituir z por α, que estaria representando um número real qualquer.

$$\begin{cases} x + 2y - 2\alpha = 5 \\ -3y + 3\alpha = -3 \end{cases} \text{ou} \begin{cases} x + 2y = 5 + 2\alpha \\ -3y = -3 - 3\alpha \end{cases}$$

- Podemos obter y em função de α:

$$-3y = -3 - 3\alpha$$

$$3y = 3 + 3\alpha \Rightarrow y = 1 + \alpha$$

- Substituindo na 1ª equação, temos:

$$x + 2y = 5 + 2\alpha$$

$$x + 2 \cdot (1 + \alpha) = 5 + 2\alpha$$

$$x + 2 + 2\alpha = 5 + 2\alpha \Rightarrow x = 3$$

Portanto, o sistema apresentado é possível e indeterminado, isto é, apresenta infinitas soluções da forma {(3, 1 + α, α)}, sendo α um número real. Atribuindo valores a α, obtemos soluções para o sistema.

Questões e reflexões

1. Atribua valores para α e obtenha soluções para o sistema do exemplo.
2. Qual é o valor de α para que o sistema apresente como solução uma terna ordenada cuja soma é igual a 10?

3. Vamos escalonar e resolver o sistema:

$$\begin{cases} x - 2y + 3z = 2 \\ 4x - y + 4z = 1 \\ 2x + 3y - 2z = 5 \end{cases}$$

- Mantemos a 1ª equação. Substituímos a 2ª equação pela soma dela com a 1ª equação multiplicada por −4. Substituímos a 3ª equação pela soma dela com a 1ª equação multiplicada por −2. Eliminamos assim o termo em x nas duas últimas equações:

$$\begin{cases} x - 2y + 3z = 2 \quad \cdot(-4) \quad \cdot(-2) \\ 4x - y + 4z = 1 \\ 2x + 3y - 2z = 5 \end{cases}$$

$$\begin{cases} x - 2y + 3z = 2 \\ 7y - 8z = -7 \\ 7y - 8z = 1 \end{cases}$$

- Nesse novo sistema equivalente, mantemos as duas primeiras equações. Para anular o coeficiente de y na 3ª equação, substituímos a 3ª equação pela soma dela com a 2ª equação multiplicada por −1:

$$\begin{cases} x - 2y + 3z = 2 \\ 7y - 8z = -7 \quad \cdot (-1) \\ 7y - 8z = 1 \end{cases}$$

$$\begin{cases} x - 2y + 3z = 2 \\ 7y - 8z = -7 \\ 0z = 8 \end{cases}$$

Note que a última equação não admite qualquer número real que multiplicado por zero resulte 8 (a última equação apresenta todos os coeficientes das incógnitas nulos e o termo independente diferente de zero). Como essa equação não admite solução, dizemos que o sistema é impossível, ou seja, o sistema não tem solução. Portanto, $S = \emptyset$.

Nesses três exemplos, vamos observar os sistemas apresentados e os sistemas equivalentes após escalonamento:

após escalonamento

$$\begin{cases} x + y + z = 2 \\ 3x - 2y - z = 4 \\ 2x - 2y + z = 1 \end{cases} \rightarrow \begin{cases} x + y + z = 2 \\ -5y - 4z = -2 \\ 11z = -7 \end{cases}$$

sistema possível e determinado: obtivemos z na última equação e voltamos às outras para obter x e y

$$\begin{cases} x + 2y - 2z = 5 \\ x - y + z = 2 \\ 2x + y - z = 7 \end{cases} \rightarrow \begin{cases} x + 2y - 2z = 5 \\ -3y + 3z = -3 \\ 0z = 0 \end{cases}$$

sistema possível e indeterminado: obtivemos uma identidade numérica na última equação

$$\begin{cases} x - 2y + 3z = 2 \\ 4x - y + 4z = 1 \\ 2x + 3y - 2z = 5 \end{cases} \rightarrow \begin{cases} x - 2y + 3z = 2 \\ 7y - 8z = -7 \\ 0z = 8 \end{cases}$$

sistema impossível: obtivemos uma impossibilidade numérica na última equação

Observação:

Nesses exemplos, utilizamos sistemas lineares 3 × 3 (3 equações com 3 incógnitas). O processo do escalonamento de um sistema linear pode ser empregado para sistemas em que o número de equações é diferente do número de incógnitas.

Exemplo:

Vamos resolver o sistema linear formado por 3 equações com 4 incógnitas.

$$\begin{cases} x - y + z + 2w = 0 \\ -2x + 2y - 2z - 4w = 0 \\ 2x - y + z - w = 1 \end{cases}$$

- Conforme as operações que transformam um sistema linear em outro equivalente, temos:

$$\begin{cases} x - y + z + 2w = 0 \quad \cdot (2) \quad \cdot (-2) \\ -2x + 2y - 2z - 4w = 0 \\ 2x - y + z - w = 1 \end{cases}$$

$$\begin{cases} x - y + z + 2w = 0 \\ 0w = 0 \quad \longrightarrow \text{Equação pode ser eliminada} \\ y - z - 5w = 1 \end{cases}$$

$$\begin{cases} x - y + z + 2w = 0 \\ y - z - 5w = 1 \end{cases}$$

- Como, após o escalonamento, o sistema equivalente é formado por 2 equações com 4 incógnitas, substituímos z e w por α e β, respectivamente, representando números reais. Obtemos então as outras duas incógnitas em função de α e β:

$$\begin{cases} x - y + \alpha + 2\beta = 0 \\ y - \alpha - 5\beta = 1 \end{cases}$$

Isolamos y na 2ª equação e substituímos na 1ª para obter x:

$y - \alpha - 5\beta = 1 \Rightarrow y = 1 + \alpha + 5\beta$

$x - (1 + \alpha + 5\beta) + \alpha + 2\beta = 0 \Rightarrow$

$x - 1 - \alpha - 5\beta + \alpha + 2\beta = 0 \Rightarrow x = 1 + 3\beta$

Assim, o sistema apresenta infinitas soluções da forma $\{(1 + 3\beta, 1 + \alpha + 5\beta, \alpha, \beta)\}$, com α e β reais.

Exercícios resolvidos

1. Calcule o valor de m sabendo que a terna ordenada (1; 2; 3) é solução da equação linear $2x + m \cdot y - z = 9$.

$2 \cdot 1 + m \cdot 2 - 3 = 9 \rightarrow 2m = 10 \therefore m = 5$

2. Em uma lanchonete, dois sucos e dois sanduíches custam R$ 6,40 e três sucos e quatro sanduíches custam R$ 11,60. Se uma família pedir cinco sucos e cinco sanduíches, quanto irá pagar?

Sendo x e y, respectivamente, os preços do suco e do sanduíche, temos:

$$\begin{cases} 2x + 2y = 6,40 \\ 3x + 4y = 11,60 \end{cases} \rightarrow \begin{cases} -4x - 4y = -12,80 \text{ (I)} \\ 3x + 4y = 11,60 \text{ (II)} \end{cases}$$

(I) + (II)

$-x = -1,20 \therefore x = 1,20$

$3x + 4y = 11,60 \rightarrow 3 \cdot 1,20 + 4y = 11,60 \therefore y = 2,00$

Assim, se uma família pedir cinco sucos e cinco sanduíches irá gastar $5 \cdot 1,20 + 5 \cdot 2,00 = R\$ 16,00$.

3. Classifique e resolva cada um dos sistemas lineares a seguir:

a) $\begin{cases} x + y = 5 \\ x - y = 1 \end{cases}$ c) $\begin{cases} x + 2y = 1 \\ -2x - 4y = 2 \end{cases}$

b) $\begin{cases} x + 2y = 3 \\ 3x + 6y = 9 \end{cases}$

a) $\begin{cases} x + y = 5 \\ x - y = 1 \end{cases} \therefore x = 3 \text{ e } y = 2$

(sistema possível e determinado)

$S = \{(3, 2)\}$

b) $\begin{cases} x + 2y = 3 \\ 3x + 6y = 9 \end{cases} \rightarrow \begin{cases} -3x - 6y = -9 \text{ (I)} \\ 3x + 6y = 9 \text{ (II)} \end{cases}$

(I) + (II)

$0 = 0$ (sistema possível e indeterminado)

$x + 2y = 3 \therefore x = 3 - 2y$

$S = \{(3 - 2\alpha, \alpha)\}, \alpha \in \mathbb{R}$

c) $\begin{cases} x + 2y = 1 \\ -2x - 4y = 2 \end{cases} \rightarrow \begin{cases} 2x + 4y = 2 \text{ (I)} \\ -2x - 4y = 2 \text{ (II)} \end{cases}$

(I) + (II)

$0 = 4$ (sistema impossível)

$S = \emptyset$

4. Na vitrine de uma loja foi fixado o seguinte cartaz:

> Calça + camisa por R$ 130,00
> Calça + bermuda por R$ 160,00
> Bermuda + camisa por R$ 110,00

Considerando que os valores unitários de cada mercadoria não foram alterados quando vendidos de dois em dois, quanto uma pessoa terá de desembolsar se comprar uma calça, uma camisa e uma bermuda?

Sendo x, y e z, respectivamente, os preços unitários de uma calça, de uma camisa e de uma bermuda, temos:

$$\begin{cases} x + y = 130,00 \text{ (I)} \\ x + z = 160,00 \text{ (II)} \\ z + y = 110,00 \text{ (III)} \end{cases}$$

(I) + (II) + (III)

$2x + 2y + 2z = 400,00$

$x + y + z = 200,00$

Assim, a pessoa precisará desembolsar R$ 200,00.

5. Resolva e classifique o seguinte sistema de equações:

$$\begin{cases} x - y + 3z = -7 \\ y + z = 3 \\ -2z = 4 \end{cases}$$

$\begin{cases} x - y + 3z = -7 \\ y + z = 3 \\ -2z = 4 \end{cases}$

$-2z = 4 \therefore z = -2$

$y + z = 3 \rightarrow y + (-2) = 3 \therefore y = 5$

$x - y + 3z = -7 \rightarrow x - 5 + 3 \cdot (-2) = -7 \therefore x = 4$

O sistema é possível e determindado

$S = \{(4; 5; -2)\}$

6. Com relação ao sistema linear $\begin{cases} x + y + z = 9 \\ 2x + y + 3z = 20 \\ 3x - 2y + z = 2 \end{cases}$, responda:

a) Qual é a forma escalonada desse sistema?

b) Qual é o conjunto solução desse sistema?

a) $\begin{cases} x + y + z = 9 \\ 2x + y + 3z = 20 \\ 3x - 2y + z = 2 \end{cases} \rightarrow \begin{cases} x + y + z = 9 \\ -y + z = 2 \\ -5y - 2z = -25 \end{cases}$

$\rightarrow \begin{cases} x + y + z = 9 \\ -y + z = 2 \\ -7z = -35 \end{cases}$

$-7z = -35 \therefore z = 5$

$-y + z = 2 \rightarrow -y + 5 = 2 \therefore y = 3$

$x + y + z = 9 \rightarrow x + 3 + 5 = 9 \therefore x = 1$

b) $S = \{(1, 3, 5)\}$

Exercícios propostos

1. Com relação à equação $3x - 2y + 5z = 13$, responda:
   a) A equação é linear?
   b) A terna ordenada $(1; -2; 1)$ é solução da equação?
   c) A terna ordenada $(2; -1; 1)$ é solução da equação?

2. Verifique se a terna ordenada $(1; -2; 3)$ é solução do sistema de equações lineares a seguir:
$$\begin{cases} x + 2y - z = 0 \\ 2x + y + z = 3 \\ 5x + 3y - 4z = 1 \end{cases}$$

3. Classifique cada uma das equações a seguir da seguinte maneira:
   • A equação possui uma única solução.
   • A equação possui infinitas soluções.
   • A equação não possui solução.
   a) $5 \cdot x = 15$
   b) $0 \cdot x = 0$
   c) $0 \cdot x = 2$
   d) $2 \cdot x = 0$

4. Uma pessoa dirigiu-se ao caixa eletrônico de um banco para efetuar um saque de R$ 60,00. O caixa opera apenas com cédulas de R$ 5,00, R$ 10,00 e R$ 20,00.
   a) Sendo x, y e z, respectivamente, as quantidades de cédulas de R$ 5,00, R$ 10,00 e R$ 20,00, escreva uma equação que represente uma relação entre x, y e z.
   b) Sabendo que a pessoa recebeu duas cédulas de R$ 20,00, escreva as possibilidades para os valores de x e y.
   c) Escreva todas as soluções da equação que representa a relação entre x, y e z.

5. Observe a equação química a seguir:
$$x\text{CaO} + y\text{P}_2\text{O}_5 \rightarrow z\text{Ca}_3(\text{PO}_4)_2$$
   a) Escreva um sistema de equações que relacione os coeficientes x, y e z.
   b) Resolva o sistema obtido anteriormente em função de z.
   c) Determine os menores coeficientes inteiros positivos que formam a solução do sistema e escreva a equação balanceada.

6. Faça o balanceamento das equações químicas a seguir:
   a) $\text{H}_2\text{S} + \text{SO}_2 \ \alpha \rightarrow \text{H}_2\text{O} + \text{S}$
   b) $\text{FeS}_2 + \text{O}_2 \rightarrow \text{Fe}_3\text{O}_4 + \text{SO}_2$

7. No sistema escalonado a seguir, escreva se cada uma das afirmações é verdadeira ou falsa:
$$\begin{cases} x - 2y + 3z = 4 \\ y + z = 5 \\ 2z = 6 \end{cases}$$
   a) O valor de z é um número primo.
   b) O valor de y é um número ímpar.
   c) O valor de x é um número negativo.
   d) A soma de x, y e z é igual a 4.
   e) $x + z = y$.

8. Que sistemas a seguir estão na forma escalonada?
   a) $\begin{cases} x + y + z = 6 \\ 2y - 3z = -5 \\ 3z = 9 \end{cases}$
   b) $\begin{cases} x + 2y - 3z = 1 \\ y + z = 2 \end{cases}$
   c) $\begin{cases} x + y + z = 5 \\ y + 2z = 6 \\ x + 3z = 7 \end{cases}$
   d) $\begin{cases} x + y + z + w + t = 10 \\ 2z - w + 2t = -1 \\ w - 3t = 2 \end{cases}$
   e) $\begin{cases} x - 2y + z = 7 \\ 3z = -6 \end{cases}$

9. Resolva e classifique o seguinte sistema de equações:
$$\begin{cases} x - y + 2z = 5 \\ y - z = 1 \end{cases}$$

10. Uma pessoa foi até uma agência bancária trocar um cheque no valor de R$ 200,00. No momento em que ela foi atendida, só existiam cédulas de R$ 10,00, R$ 20,00 e R$ 50,00 disponíveis. Sabendo que a pessoa recebeu exatamente oito cédulas, as equações que representam as relações entre x, y e z formam o sistema
$$\begin{cases} x + y + z = 8 \\ 10x + 20y + 50z = 200 \end{cases}$$
   a) Escreva o sistema anterior após dividir a segunda equação por 10.
   b) Multiplique a primeira equação por -1, adicione à segunda equação e escreva a equação obtida no lugar da segunda equação.
   c) Escreva o conjunto solução do sistema em função da variável z.
   d) Encontre todas as soluções do sistema.

11. Classifique e resolva os seguintes sistemas lineares.

a) $\begin{cases} x - y + z = 8 \\ 2x + y + z = 9 \\ -3x + y + 2z = -2 \end{cases}$

b) $\begin{cases} x - 2y + z = 1 \\ 2x + y - z = 2 \\ x + 3y - 2z = 1 \end{cases}$

c) $\begin{cases} x + y + 3z = -5 \\ 2x - 3y + z = 4 \\ 3x - 2y + 4z = 0 \end{cases}$

12. Vamos considerar o seguinte sistema de equações lineares escalonado nas incógnitas x, y e z, em que a e b são números reais:

$$\begin{cases} x - 2y + 3z = 4 \\ 4y - 5z = 11 \\ az = b \end{cases}$$

Observando o que foi estudado sobre a resolução de um sistema linear por escalonamento, responda:

a) Qual é a condição para que esse sistema seja possível e determinado, isto é, admita apenas uma solução?

b) Quais são os valores de a e b para que esse sistema admita infinitas soluções, isto é, seja possível e indeterminado?

c) Qual é a condição para que esse sistema seja impossível, isto é, não admita solução?

13. Junte-se a um colega para elaborar:

a) um sistema linear formado por três equações e três incógnitas que não admita solução;

b) um sistema linear escalonado formado por três equações e três incógnitas que admita apenas uma solução;

c) um sistema linear homogêneo formado por três equações e três incógnitas que admita infinitas soluções.

Depois, apresentem os sistemas elaborados à classe, explicando-os.

Matrizes e sistemas lineares

Um sistema de equações lineares pode, como já foi dito nesta unidade, ser representado por meio de um produto de matrizes. Assim, por exemplo, vamos considerar o sistema:

$$\begin{cases} 2x - 3y + 4z = 1 \\ -x - y + 2z = 0 \\ x - 9y + 3z = 5 \end{cases}$$

Com esse sistema, formamos as matrizes A, X e B:

$A = \begin{pmatrix} 2 & -3 & 4 \\ -1 & -1 & 2 \\ 1 & -9 & 3 \end{pmatrix}$ → matriz dos coeficientes das incógnitas das equações

$X = \begin{pmatrix} x \\ y \\ z \end{pmatrix}$ → matriz das incógnitas das equações

$B = \begin{pmatrix} 1 \\ 0 \\ 5 \end{pmatrix}$ → matriz dos termos independentes das equações

Assim, o sistema linear poderá ser representado por meio do produto de matrizes:

$A \cdot X = B$

ou

$$\begin{pmatrix} 2 & -3 & 4 \\ -1 & -1 & 2 \\ 1 & -9 & 3 \end{pmatrix} \cdot \begin{pmatrix} x \\ y \\ z \end{pmatrix} = \begin{pmatrix} 1 \\ 0 \\ 5 \end{pmatrix}$$

Exemplo:

Vamos representar o sistema linear correspondente à igualdade:

$$\begin{pmatrix} 2 & 1 & -1 & 3 \\ 1 & 1 & 2 & -2 \\ 3 & 2 & 1 & 4 \end{pmatrix} \cdot \begin{pmatrix} x \\ y \\ z \\ w \end{pmatrix} = \begin{pmatrix} 0 \\ 0 \\ 0 \end{pmatrix}$$

- Efetuamos inicialmente o produto das matrizes no primeiro membro da igualdade:

$$\begin{pmatrix} 2x + 1y - 1z + 3w \\ 1x + 1y + 2z - 2w \\ 3x + 2y + 1z + 4w \end{pmatrix} = \begin{pmatrix} 0 \\ 0 \\ 0 \end{pmatrix}$$

- Pela igualdade de matrizes, escrevemos o seguinte sistema linear homogêneo (os termos independentes são todos nulos):

$$\begin{cases} 2x + y - z + 3w = 0 \\ x + y + 2z - 2w = 0 \\ 3x + 2y + z + 4w = 0 \end{cases}$$

Regra de Cramer

Para sistemas lineares em que o número de equações é igual ao número de incógnitas, existe outro procedimento, além do escalonamento, que podemos utilizar em determinadas situações para obter os valores de cada uma das incógnitas: é a **regra de Cramer**. Essa regra foi publicada em 1750 por Gabriel Cramer (1704-1752). Retomando a situação apresentada no início do capítulo anterior, sua resolução recai no seguinte sistema linear 2 x 2:

$$\begin{cases} ax + by = e \\ cx + dy = f \end{cases}$$

Comentamos também que, ao resolver esse sistema, chegaríamos aos valores de x e y em função dos coeficientes das incógnitas e dos termos independentes nas equações:

$$x = \frac{ed - bf}{ad - bc} \text{ e } y = \frac{af - ce}{ad - bc}$$

Esses valores poderiam ser obtidos pelo escalonamento do sistema linear. Entretanto, note que o denominador das duas frações acima representa o determinante da matriz quadrada A formada pelos coeficientes das incógnitas:

$$A = \begin{pmatrix} a & b \\ c & d \end{pmatrix} \Rightarrow \det(A) = ad - bc$$

Além disso, os numeradores das duas frações podem ser obtidos a partir de determinantes das matrizes A_x e A_y. Essas duas matrizes, por sua vez, são formadas substituindo os coeficientes de x pelos termos independentes (matriz A_x) e os coeficientes de y pelos termos independentes (matriz A_y):

$$A_x = \begin{pmatrix} e & b \\ f & d \end{pmatrix} \Rightarrow \det(A_x) = ed - bf$$

$$A_y = \begin{pmatrix} a & e \\ c & f \end{pmatrix} \Rightarrow \det(A_y) = af - ce$$

Dessa forma, caso o sistema linear apresentado seja possível e determinado, o valor de cada uma das incógnitas poderá ser obtido por

$$x = \frac{\det(A_x)}{\det(A)} = \frac{|A_x|}{|A|} \text{ e } y = \frac{\det(A_y)}{\det(A)} = \frac{|A_y|}{|A|}$$

Observação:

Nessas igualdades deveremos ter $\det(A) \neq 0$.

De um modo geral, temos:

> Se a equação matricial $A \cdot X = B$ representa um sistema linear $n \times n$ (número de equações igual ao número de incógnitas), então cada uma das incógnitas $x_1, x_2, x_3, ..., x_n$ poderá ser obtida por:
>
> $$x_1 = \frac{|A_1|}{|A|}, x_2 = \frac{|A_2|}{|A|}, x_3 = \frac{|A_3|}{|A|}, ..., x_n = \frac{|A_n|}{|A|}$$
>
> em que $|A|$ é o determinante da matriz dos coeficientes e $|A_i|$ é o determinante da matriz dos coeficientes, substituindo-se a i-ésima coluna pelos termos independentes das n equações do sistema.

Exemplo:

Utilizando a regra de Cramer, vamos obter os valores das incógnitas x, y e z no sistema de equações

$$\begin{cases} x - 3y + z = -4 \\ -x + 2y - 5z = 15 \\ 2x + y - 2z = 11 \end{cases}$$

- Iniciamos com o cálculo do determinante formado pelos coeficientes das incógnitas:

$$|A| = \begin{vmatrix} 1 & -3 & 1 \\ -1 & 2 & -5 \\ 2 & 1 & -2 \end{vmatrix} = -4 + 30 - 1 - 4 + 6 + 5 = 32$$

- Calculamos então os determinantes $|A_x|$, $|A_y|$ e $|A_z|$:

$$|A_x| = \begin{vmatrix} -4 & -3 & 1 \\ 15 & 2 & -5 \\ 11 & 1 & -2 \end{vmatrix} = 16 + 165 + 15 - 22 - 90 - 20 \Rightarrow |A_x| = 64$$

$$|A_y| = \begin{vmatrix} 1 & -4 & 1 \\ -1 & 15 & -5 \\ 2 & 11 & -2 \end{vmatrix} = -30 + 40 - 11 - 30 + 8 + 55 \Rightarrow |A_y| = 32$$

$$|A_z| = \begin{vmatrix} 1 & -3 & -4 \\ -1 & 2 & 15 \\ 2 & 1 & 11 \end{vmatrix} = 22 - 90 + 4 + 16 - 15 - 33 \Rightarrow$$

$$\Rightarrow |A_z| = -96$$

- Pela regra de Cramer, obtemos os valores de x, y e z:

$$x = \frac{|A_x|}{|A|} = \frac{64}{32} \Rightarrow x = 2$$

$$y = \frac{|A_y|}{|A|} = \frac{32}{32} \Rightarrow y = 1$$

$$z = \frac{|A_z|}{|A|} = \frac{-96}{32} \Rightarrow z = -3$$

Portanto, a solução do sistema é $\{(2, 1, -3)\}$.

EXPLORANDO

Com o aplicativo Winplot, podemos explorar um pouco mais a interpretação geométrica da solução de um sistema formado por equações lineares. Com o auxílio de um colega e dispondo de um computador, vamos observar as três possibilidades quanto à solução de um sistema de equações lineares: uma solução apenas, infinitas soluções e nenhuma solução.

- 1º exemplo: $\begin{cases} x - y = 3 \\ x + y = -1 \end{cases}$

1ª etapa – Depois de selecionar "2-dim", em "Janela", escolha a opção "implícita" e digite a primeira equação. Aparecerá o gráfico correspondente. Em seguida, repita a operação digitando a segunda equação.

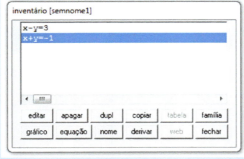

Figura: © DAE

Sistemas de equações lineares Capítulo 8

O gráfico resultante está representado a seguir. Note que, neste caso, as duas retas se interceptam no ponto de coordenadas (1, −2). O par ordenado representa a solução do sistema e, como ele é único, o sistema é possível e determinado.

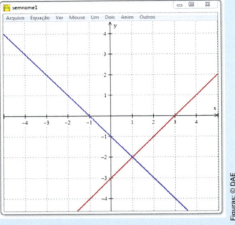

2ª etapa – Para marcar o ponto, clique na barra de ferramentas em "Dois" e escolha a opção "Interseções". Nela, clique em "marcar ponto". No gráfico, o ponto de intersecção aparecerá indicado.

- 2º exemplo: $\begin{cases} x - y = 3 \\ x - y = -3 \end{cases}$

Procedendo de forma análoga ao 1º exemplo, obterá o gráfico a seguir. Como as retas são paralelas, elas não se interceptam. Assim, o sistema não terá solução, ou seja, o sistema é impossível.

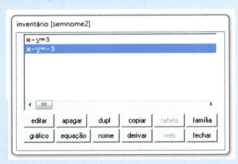

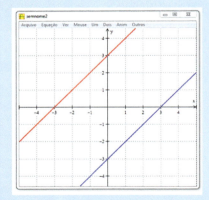

- 3º exemplo: $\begin{cases} x - y = 3 \\ -2x + 2y = -6 \end{cases}$

Procedendo de forma análoga aos dois exemplos anteriores, você obterá o gráfico a seguir. Como as retas são coincidentes, isto é, têm infinitos pontos em comum, o sistema apresenta infinitas soluções. Dizemos que é possível e indeterminado.

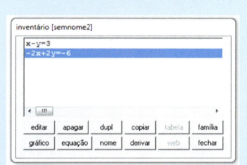
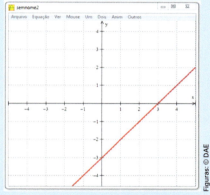

Figuras: © DAE

ATIVIDADES

1. Procure inicialmente construir os três gráficos exemplificados utilizando um aplicativo para construir gráficos.
2. Elabore uma explicação sobre os três resultados gráficos, relacionando-os com a resolução dos sistemas apresentados.
3. Elabore outros sistemas de equações lineares formados por duas equações e duas incógnitas e, utilizando o aplicativo, obtenha a interpretação geométrica das soluções desses sistemas.

Exercícios resolvidos

1. Considere o seguinte sistema de equações lineares:

$$\begin{cases} 2x + y = 2 \\ x - y = 4 \end{cases}$$

Sendo A a matriz dos coeficientes, X a matriz das incógnitas e B a matriz dos termos independentes, escreva esse sistema na forma matricial.

$A \cdot X = B \rightarrow \begin{pmatrix} 2 & 1 \\ 1 & -1 \end{pmatrix} \cdot \begin{pmatrix} x \\ y \end{pmatrix} = \begin{pmatrix} 2 \\ 4 \end{pmatrix}$

2. Resolva pela regra de Cramer o sistema apresentado anteriormente.

$|A| = \begin{vmatrix} 2 & 1 \\ 1 & -1 \end{vmatrix} = -3$

$|A_x| = \begin{vmatrix} 2 & 1 \\ 4 & -1 \end{vmatrix} = -6$ e $|A_y| = \begin{vmatrix} 2 & 2 \\ 1 & 4 \end{vmatrix} = 6$

$x = \dfrac{-6}{-3} = 2$ e $y = \dfrac{6}{-3} = -2 \rightarrow S = \{(2; -2)\}$

Exercícios propostos

1. Considere o seguinte sistema de equações lineares:
$$\begin{cases} 2x+y-z=-3 \\ x-y+2z=2 \\ -x+3y-4z=-4 \end{cases}$$
   Escreva o sistema na forma de equação matricial.

2. Resolva o sistema do exercício anterior pela regra de Cramer.

3. Elabore um sistema linear formado por duas equações com duas incógnitas e resolva pela regra de Cramer.

4. Dado o sistema $\begin{cases} x+2y-4z=1 \\ 3x+7y-9z=3 \\ 2x+5y-7z=-2 \end{cases}$, determine os valores de x, y e z pela regra de Cramer.

5. Resolva cada sistema linear abaixo, representado na forma matricial, utilizando a regra de Cramer:

   a) $\begin{pmatrix} 3 & 2 \\ 2 & -5 \end{pmatrix} \cdot \begin{pmatrix} x \\ y \end{pmatrix} = \begin{pmatrix} 16 \\ -2 \end{pmatrix}$

   b) $\begin{pmatrix} 3 & -1 \\ 5 & 2 \end{pmatrix} \cdot \begin{pmatrix} x \\ y \end{pmatrix} = \begin{pmatrix} 1 \\ 4 \end{pmatrix}$

   c) $\begin{pmatrix} 1 & -3 \\ 2 & 5 \end{pmatrix} \cdot \begin{pmatrix} x \\ y \end{pmatrix} = \begin{pmatrix} 0 \\ 0 \end{pmatrix}$

   d) $\begin{pmatrix} 1 & -1 \\ 1 & 1 \end{pmatrix} \cdot \begin{pmatrix} x \\ y \end{pmatrix} = \begin{pmatrix} 10 \\ 2 \end{pmatrix}$

6. Para saber se um sistema $n \times n$ é possível e determinado, basta calcular o determinante dos coeficientes e verificar se ele é diferente de zero.

   Verifique se os sistemas a seguir têm solução única.

   a) $\begin{cases} x-3y=7 \\ -2x+y=1 \end{cases}$

   b) $\begin{cases} -2x+4y=7 \\ 4x-8y=5 \end{cases}$

   c) $\begin{cases} x+y-z=1 \\ 2x-y+z=2 \\ x+z=2 \end{cases}$

   d) $\begin{cases} x-y+z-w=2 \\ x-2z+3w \\ 4x+3z-2w=-1 \\ -3x+5z+7w=2 \end{cases}$

Algumas conclusões

Procure responder ou mesmo pensar a respeito de possíveis respostas para algumas questões envolvendo o estudo de matrizes, determinantes e sistemas lineares desta unidade. Caso sinta alguma dificuldade, sugerimos que retome os conceitos principais:

1. O que significa uma matriz 2×3?
2. Qual é a condição necessária para que possamos adicionar duas matrizes?
3. É possível multiplicar uma matriz de ordem 4×3 por uma matriz 3×2?
4. O que é matriz identidade?
5. Toda matriz quadrada admite determinante?
6. Se duas linhas de uma matriz quadrada de ordem 3 forem iguais, qual será o valor do determinante?
7. Se uma matriz quadrada A de ordem 3 tem determinante igual a 5, qual é o valor do determinante da matriz 2A?
8. O que significa sistema linear possível e determinado?
9. Quantas soluções admite um sistema linear possível e indeterminado?
10. Ao escalonar um sistema formado por três equações com as incógnitas x, y e z, a última equação resultou em $k \cdot z = 10$, sendo k um número real. Qual é o valor de k para que o sistema seja impossível?

Troque ideias com os colegas a respeito das respostas para as questões acima. Depois, registre as dificuldades que encontrou e os assuntos que devem ser retomados.

Vestibulares e Enem

1. (UEL-PR) Uma reserva florestal foi dividida em quadrantes de 1 m² de área cada um. Com o objetivo de saber quantas samambaias havia na reserva, o número delas foi contado por quadrante da seguinte forma:

Número de samambaias por quadrante

$$A_{7\times 1} = \begin{bmatrix} 0 \\ 1 \\ 2 \\ 3 \\ 4 \\ 5 \\ 6 \end{bmatrix}$$

Número de quadrantes

$$B_{7\times 1} = \begin{bmatrix} 8 \\ 12 \\ 7 \\ 16 \\ 14 \\ 6 \\ 3 \end{bmatrix}$$

O elemento a_{ij} da matriz A corresponde ao elemento b_{ij} da matriz B, por exemplo, 8 quadrantes contêm 0 (zero) samambaia, 12 quadrantes contêm 1 samambaia.

Assinale a alternativa que apresenta, corretamente, a operação efetuada entre as matrizes A e B, que resulta no número total de samambaias existentes na reserva florestal.

a) $A^t \times B$
b) $B^t \times A^t$
c) $A \times B$
d) $A^t + B^t$
e) $A + B$

2. (Uema) Uma matriz A ($m \times n$) é uma tabela retangular formada por $m \times n$ números reais (a_{ij}), dispostos em m linhas e n colunas. O produto de duas matrizes $A_{m \times n} = (a_{ij})$ e $B_{n \times p} = (b_{ij})$ é uma matriz $C_{m \times p} = (c_{ij})$, em que o elemento c_{ij} é obtido da multiplicação ordenada dos elementos da linha i, da matriz A, pelos elementos da coluna j, da matriz B, e somando os elementos resultantes das multiplicações. A soma de matrizes é comutativa, ou seja, $A + B = B + A$.

Faça a multiplicação das matrizes A e B e verifique se esse produto é comutativo, ou seja: $A \times B = B \times A$.

$$A = \begin{bmatrix} 1 & 2 & 3 \\ 0 & 1 & 2 \\ 0 & 0 & 1 \end{bmatrix} \text{ e } B = \begin{bmatrix} 0 & 1 & -2 \\ 1 & -2 & 3 \\ 0 & 1 & 0 \end{bmatrix}$$

3. (Enem) Um aluno registrou as notas bimestrais de algumas de suas disciplinas numa tabela. Ele observou que as entradas numéricas da tabela formavam uma matriz 4 × 4, e que poderia calcular as médias anuais dessas disciplinas usando produto de matrizes. Todas as provas possuíam o mesmo peso, e a tabela que ele conseguiu é mostrada a seguir.

	1º bimestre	2º bimestre	3º bimestre	4º bimestre
Matemática	5,9	6,2	4,5	5,5
Português	6,6	7,1	6,5	8,4
Geografia	8,6	6,8	7,8	9,0
História	6,2	5,6	5,9	7,7

Para obter essas médias, ele multiplicou a matriz obtida a partir da tabela por:

a) $\begin{bmatrix} \frac{1}{2} & \frac{1}{2} & \frac{1}{2} & \frac{1}{2} \end{bmatrix}$

b) $\begin{bmatrix} \frac{1}{4} & \frac{1}{4} & \frac{1}{4} & \frac{1}{4} \end{bmatrix}$

c) $\begin{bmatrix} 1 \\ 1 \\ 1 \\ 1 \end{bmatrix}$

d) $\begin{bmatrix} \frac{1}{2} \\ \frac{1}{2} \\ \frac{1}{2} \\ \frac{1}{2} \end{bmatrix}$

e) $\begin{bmatrix} \frac{1}{4} \\ \frac{1}{4} \\ \frac{1}{4} \\ \frac{1}{4} \end{bmatrix}$

4. (UFSC) Se a terna (a, b, c) é solução do sistema

$$\begin{cases} x + 2y + z = 9 \\ 2x + y - z = 3 \\ 3x - y - 2z = -4 \end{cases}$$, então calcule o valor numérico de $(a + b + c)$.

5. (Unicamp-SP) Considere o sistema linear nas variáveis x, y e z:

$$\begin{cases} x + 2y + 3z = 20 \\ 7x + 8y - mz = 26, \end{cases}$$

Onde m é um número real. Sejam $a < b < c$ números inteiros consecutivos tais que $(x, y, z) = (a, b, c)$ é uma solução desse sistema. O valor de m é igual a:

a) 3   b) 2   c) 1   d) 0

6. (Uern) Pedro e André possuem, juntos, 20 cartões colecionáveis. Em uma disputa entre ambos, em que fizeram apostas com seus cartões, Pedro quadruplicou seu número de cartões, enquanto André ficou com apenas $\frac{2}{3}$ do número de cartões que possuía inicialmente. Dessa forma, o número de cartões que Pedro ganhou na disputa foi:

a) 6   b) 10   c) 12   d) 14

Sistemas de equações lineares Capítulo 8 129

Vestibulares e Enem

7. (Enem) Na aferição de um novo semáforo, os tempos são ajustados de modo que, em cada ciclo completo (verde-amarelo-vermelho), a luz amarela permaneça acesa por 5 segundos, e o tempo em que a luz verde permaneça acesa seja igual a $\frac{2}{3}$ do tempo em que a luz vermelha fique acesa. A luz verde fica acesa, em cada ciclo, durante X segundos e cada ciclo dura Y segundos.

   Qual a expressão que representa a relação entre X e Y?
   a) $5X - 3Y + 15 = 0$
   b) $5X - 2Y + 10 = 0$
   c) $3X - 3Y + 15 = 0$
   d) $3X - 2Y + 15 = 0$
   e) $3X - 2Y + 10 = 0$

8. (Fuvest-SP) Em uma transformação química, há conservação de massa e dos elementos químicos envolvidos, o que pode ser expresso em termos dos coeficientes e índices nas equações químicas.
   a) Escreva um sistema linear que represente as relações entre os coeficientes x, y, z e w na equação química $xC_8H_{18} + yO_2 \rightarrow zCO_2 + wH_2O$.
   b) Encontre todas as soluções do sistema em que x, y, z e w são inteiros positivos.

9. (Unicamp-SP) Considere a matriz $A = \begin{bmatrix} a & 0 \\ b & 1 \end{bmatrix}$, onde a e b são números reais. Se $A^2 = A$ e A é invertível, então:
   a) $a = 1$ e $b = 1$
   b) $a = 1$ e $b = 0$
   c) $a = 0$ e $b = 0$
   d) $a = 0$ e $b = 1$

10. (Udesc) Considerando que A é uma matriz quadrada de ordem 3 e invertível, se $\det(3A) = \det(A^2)$, então $\det(A)$ é igual a:
    a) 9
    b) 0
    c) 3
    d) 6
    e) 27

11. (Unesp) Em uma floricultura, os preços dos buquês de flores se diferenciam pelo tipo e pela quantidade de flores usadas em sua montagem. Quatro desses buquês estão representados na figura a seguir, sendo que três deles estão com os respectivos preços.

    1 2 3 4

    R$ 12,90   R$ 12,10   R$ 14,60

    De acordo com a representação, nessa floricultura o buquê 4, sem preço indicado, custa:
    a) R$ 15,30
    b) R$ 16,20
    c) R$ 14,80
    d) R$ 17,00
    e) R$ 15,50

12. (Uepa) A produção na atividade agrícola exige escolhas racionais e utilização eficiente dos fatores produtivos. Para administrar com eficiência e eficácia uma unidade produtiva agrícola é imprescindível o domínio da tecnologia e do conhecimento dos resultados dos gastos com os insumos e serviços em cada fase produtiva da lavoura. Um agricultor decidiu diversificar a plantação nas três fazendas que possui plantando feijão, milho e soja. A quantidade de sacos de 60 kg produzidos com as colheitas de feijão, milho e soja por fazenda e a receita total obtida em cada uma das fazendas estão registradas no quadro abaixo.

Fazendas	Feijão	Milho	Soja	Receita total por fazenda (em R$)
A	1.200	800	1.500	206.000,00
B	800	600	1.200	151.000,00
C	1.500	1.000	2.000	265.000,00

    Tomando por base as informações contidas no quadro, esse agricultor vendeu o saco de milho por:
    a) R$ 25,00
    b) R$ 40,00
    c) R$ 60,00
    d) R$ 65,00
    e) R$ 80,00

13. (Uece) Para cada inteiro positivo n, defina a matriz $M_n = \begin{pmatrix} 1 & n \\ 0 & 1 \end{pmatrix}$. A soma dos elementos da matriz produto $P = M_1 \cdot M_2 \cdot M_3 \ldots M_{21}$ é:
    a) 229
    b) 231
    c) 233
    d) 235

DESAFIO

(Unesp) Considere a equação matricial $A + BX = X + 2C$, cuja incógnita é a matriz X e todas as matrizes são quadradas de ordem n. A condição necessária e suficiente para que esta equação tenha solução única é que:
a) $B - I \neq O$, onde I é a matriz identidade de ordem n e O é a matriz nula de ordem n.
b) B seja invertível.
c) $B \neq O$, onde O é a matriz nula de ordem n.
d) $B - I$ seja invertível, onde I é a matriz identidade de ordem n.
e) A e C sejam invertíveis.

EXPLORANDO HABILIDADES E COMPETÊNCIAS

Transformações no plano

Ampliar ou reduzir figuras no plano, girar, mover em alguma direção. Esses são os movimentos mais simples que se pode fazer com uma imagem na tela do computador. Por trás da tela, no entanto, há uma operação matricial ocorrendo na programação de acordo com cada um desses movimentos.

Considere por exemplo o triângulo abaixo:

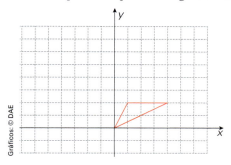

Ele é formado pelas coordenadas (0,0); (1,2); (4,2). Na forma de matriz, podemos dizer que esse triângulo é representado por $T = \begin{bmatrix} 0 & 0 \\ 1 & 2 \\ 4 & 2 \end{bmatrix}$.

Para fazê-lo girar x graus em torno da origem, basta multiplicar sua representação matricial pela matriz $M = \begin{bmatrix} \cos x & \operatorname{sen} x \\ -\operatorname{sen} x & \cos x \end{bmatrix}$. Assim, se quisermos rotacionar esse triângulo em 90°, bastará realizar o seguinte produto:

$$\begin{bmatrix} 0 & 0 \\ 1 & 2 \\ 4 & 2 \end{bmatrix} \cdot \begin{bmatrix} 0 & 1 \\ -1 & 0 \end{bmatrix} = \begin{bmatrix} 0 & 0 \\ -2 & 1 \\ -2 & 4 \end{bmatrix}$$

Questões e investigações

1. Desenhe em um plano cartesiano o triângulo original que aparece no livro e o triângulo rotacionado obtido pelo produto acima.

2. Calcule as coordenadas dos vértices de um triângulo que seja produzido pela rotação de 60° do triângulo original.

3. Para ampliar ou reduzir o triângulo em questão, basta multiplicar sua forma matricial por um número real positivo. Sabendo disso, determine as coordenadas de um triângulo cujas arestas sejam o triplo das arestas dadas e de outro cujas arestas representem 30% das arestas dadas.

4. Para deslocar o triângulo em alguma direção, basta somar o mesmo par ordenado a cada um dos pares que determinam seu vértice. Veja o deslocamento ao lado:

   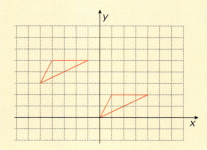

   Que matriz foi somada à matriz do triângulo original para gerar o novo triângulo?

5. Encontre o seno e o cosseno do ângulo que transforma por rotação ao redor da origem o segmento AB de extremidades A = (2;1,5) e B = (4;3) no segmento CD de extremidades C = (0;2,5) e D = (0,5).

6. Considere o trio ordenado (x, y, z) como a representação de um ponto no espaço. Determine os valores de x, y e z de modo que esse ponto seja transformado no ponto (1,1,1) pela matriz M definida abaixo:

$$\begin{bmatrix} x & y & z \end{bmatrix} \cdot \begin{bmatrix} 1 & 3 & 0 \\ 0 & 1 & -1 \\ 5 & 0 & 3 \end{bmatrix} = \begin{bmatrix} 1 & 1 & 1 \end{bmatrix}$$

UNIDADE 4

GEOMETRIA ESPACIAL

As formas geométricas podem ser observadas em construções. Algumas vezes, o antigo e o moderno estão, lado a lado representando nossa evolução.

Na presente unidade, ampliamos o conhecimento a respeito de Geometria, seu modelo axiomático e também seus aspectos métricos.

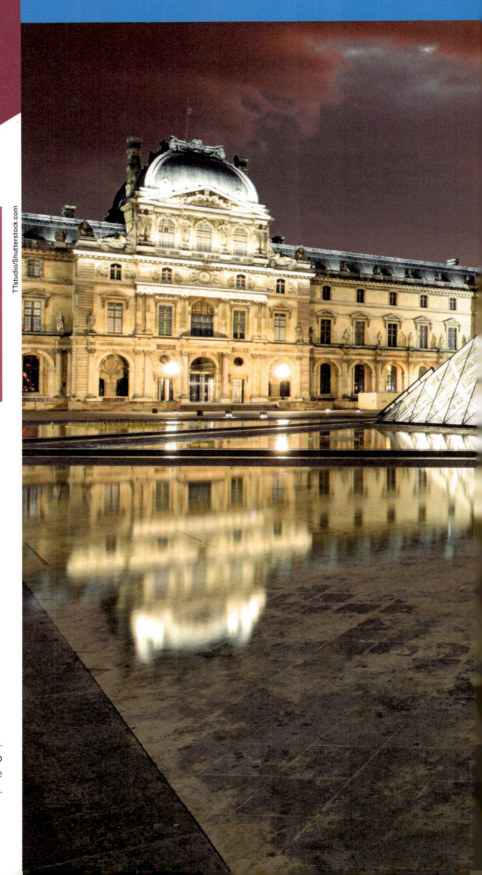

Museu do Louvre, Paris, França. Um dois maiores museus do mundo, com mais de 8 milhões de visitantes por ano. Foto de 2015.

CAPÍTULO 9

GEOMETRIA ESPACIAL DE POSIÇÃO

Textos de história da Matemática costumam associar o início da Geometria à necessidade de demarcações de terras após as enchentes no Rio Nilo. Difícil é indicar quem teria sido o primeiro a pensar matematicamente, ou seja, qual personagem pode ser considerado o grande marco para o surgimento da Matemática. Gregos, como Tales e Pitágoras, são citados como responsáveis por importantes teorias. Ambos, por volta do ano 600 a.C., apresentaram conhecimentos geométricos de forma mais organizada e sistematizada. Cerca de 300 anos depois, outro nome surge nesse cenário: Euclides de Alexandria. O legado de Euclides está fortemente relacionado à forma como organizou não apenas seu próprio conhecimento como também o de seus antepassados. Ao longo dessa unidade, conheceremos um pouco mais sobre Euclides.

Neste capítulo, estudaremos a Geometria de Posição. Assim, vamos conhecer um pouco mais as ideias que acabaram dando sustentação à geometria de Euclides.

Leia atentamente o texto a seguir, elaborado com o objetivo de situar-lhe em relação a algumas ideias importantes.

Primeiras noções

Antes de apresentar alguns postulados e teoremas dessa teoria axiomática, vamos retomar algumas ideias já vistas no Ensino Fundamental a respeito de Geometria. São ideias sobre a posição entre um ponto e uma reta e também entre retas de um plano.

Posições relativas de pontos e retas no plano

As posições entre pontos, entre ponto e reta ou entre retas, quando estudadas no plano, fazem parte da Geometria de Posição no Plano.

Relação entre um ponto e uma reta

Temos duas possibilidades: o ponto pertence ou o ponto não pertence à reta. Na representação acima, temos:

- O ponto A pertence à reta: $A \in r$.
- O ponto B não pertence à reta: $B \notin r$.

Relação entre três pontos

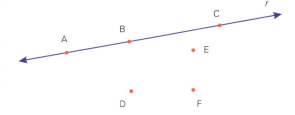

Temos duas possibilidades: três pontos são ou não colineares. Na representação acima, temos:

- Os pontos A, B e C são colineares (existe uma reta que passa pelos três pontos).
- Os pontos D, E e F não são colineares (não existe uma reta que passa pelos três pontos).

Observação:

Dois pontos distintos são sempre colineares, isto é, sempre existe uma reta que passa por eles.

Relação entre duas retas de um plano

Temos três possibilidades: duas retas podem ter apenas um ponto em comum; duas retas podem ter infinitos pontos em comum, ou duas retas não têm ponto em comum.

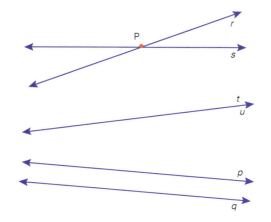

- As retas *r* e *s* têm apenas um ponto em comum. São ditas **concorrentes**:

    $r \cap s = \{P\}$

- As retas *t* e *u* têm infinitos pontos em comum. São ditas **coincidentes**:

    $t \cap u = t = u$

- As retas *p* e *q* não têm pontos em comum. São ditas **paralelas**:

    $p \cap q = \varnothing$

Observações:

1. Quando duas retas distintas são concorrentes e formam um ângulo reto, são ditas perpendiculares.

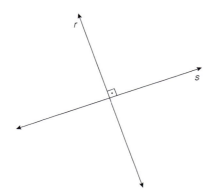

As retas *r* e *s* são perpendiculares.

Representamos por: $r \perp s$

2. No estudo da Geometria Euclidiana, vamos, sempre que possível, utilizar modelos para representar elementos geométricos, a fim de facilitar a compreensão das definições, dos postulados e também dos teoremas. Além disso, utilizaremos, quando necessário, as notações da teoria dos conjuntos.

3. Os postulados, teoremas e definições abordados a seguir serão enumerados para que possamos melhor identificá-los.

4. As relações vistas anteriormente serão consideradas conhecidas na teoria a seguir. Assim, por exemplo, quando consideramos o ângulo entre duas retas concorrentes, queremos dizer o menor dos ângulos formados.

Noções primitivas

Inicialmente, consideramos os seguintes elementos básicos:

- ponto.
- reta.
- plano.

Esses elementos são considerados **primitivos**, isto é, não são definidos. Mesmo que não sejam dadas quaisquer definições deles, temos a noção do que significam. Indicaremos pontos por letras maiúsculas (A, B, C, ...), retas por letras minúsculas (*r*, *s*, *t*, ...), e planos por letras gregas minúsculas (α, β, γ).

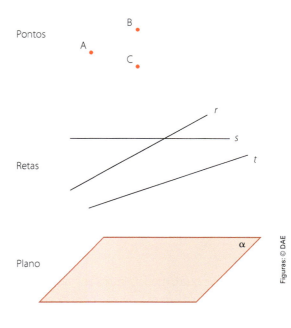

Geometria espacial de posição Capítulo 9

A seguir, apresentamos as primeiras definições:

- **Definição 1:**
  Espaço é o conjunto formado por todos os pontos.

- **Definição 2:**
  Figura geométrica é qualquer conjunto não vazio de pontos.

- **Definição 3:**
  Duas ou mais figuras são ditas **coplanares** se todos os seus pontos pertencem ao mesmo plano.

Agora apresentamos algumas propriedades relacionadas aos elementos primitivos. São as chamadas proposições primitivas ou **postulados**.

Postulado 1:

Numa reta e fora dela existem tantos pontos quantos quisermos.

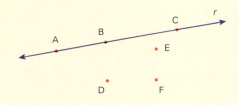

Observe que o modelo indica apenas alguns pontos que pertencem e outros que não pertencem à reta.

Postulado 2:

Num plano e fora dele existem tantos pontos quantos quisermos.

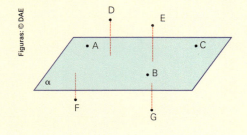

Observe que o modelo indica apenas alguns pontos que pertencem e outros que não pertencem ao plano.

> **Questões e reflexões**
>
> Os postulados 1 e 2 são ditos postulados da existência. Em sua opinião, qual o motivo dessa denominação?

Postulado 3:

Dois pontos distintos do espaço determinam uma única reta.

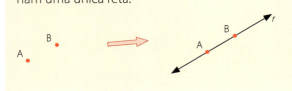

Esse postulado pode ser reformulado da seguinte maneira: por dois pontos distintos do espaço, passa uma única reta. Note que, quando dizemos que a reta r, conforme modelo a seguir, fica determinada por dois pontos distintos A e B, isso significa que existe uma única reta que passa pelos pontos A e B.

A reta r, representada acima, também pode ser representada por $\overleftrightarrow{AB}$ ou $\overleftrightarrow{BA}$ (lemos: reta AB ou reta BA).

Postulado 4:

Dados três pontos distintos não colineares do espaço, existe um único plano que os contém.

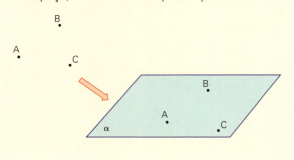

Esse postulado também pode ser assim enunciado: três pontos não colineares determinam um único plano. Também poderíamos dizer que "por três pontos distintos não colineares passa um único plano". Veja a representação de um tripé a seguir:

Observação:

Os postulados 3 e 4 são conhecidos como **postulados da determinação**.

136 Unidade 4 Geometria espacial

Exemplo:

O tripé, como ilustrado ao lado, é um exemplo da necessidade de utilização de uma superfície plana. Como três pontos distintos não colineares determinam um único plano, temos que a estrutura formada pelo tripé fornece uma estabilidade necessária para o apoio de câmeras fotográficas ou filmadoras.

Questões e reflexões

Em sua opinião, qual é o motivo de uma mesa com quatro pés geralmente balançar e uma com três pés não balançar?

Postulado 5:

Se uma reta possui dois pontos distintos num plano, ela está contida nesse plano.

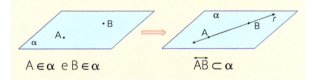

$A \in \alpha$ e $B \in \alpha$ $\overleftrightarrow{AB} \subset \alpha$

Esse postulado é conhecido como **postulado da inclusão** e também pode ser assim enunciado: se uma reta tem dois pontos distintos num plano, então todos os seus pontos pertencem ao plano.

Postulado 6:

Por um ponto passa uma única reta paralela a uma reta dada.

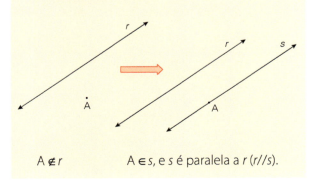

$A \notin r$ $A \in s$, e s é paralela a r ($r//s$).

Em outras palavras, esse postulado pode ser enunciado como: por um ponto fora de uma reta dada passa uma única reta paralela à reta dada.

Antes de enunciar o postulado sobre a interseção de planos, devemos considerar a seguinte definição:

- **Definição 4:**

    Dois planos distintos que têm um ponto em comum são chamados **planos secantes**.

Postulado 7:

Se dois planos distintos têm em comum um ponto, então eles têm pelo menos outro ponto em comum.

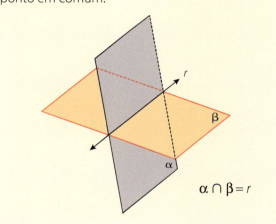

$\alpha \cap \beta = r$

Veremos adiante, por meio de um teorema, que, se dois planos têm um ponto em comum, sua interseção será uma reta, como sugere a figura acima.

Observação:

Apresentamos algumas definições e também alguns postulados. Apresentaremos a seguir outras definições e alguns teoremas para que possamos compreender um pouco mais sobre a determinação de planos, as posições relativas de dois planos, as posições relativas de uma reta e um plano e outras propriedades importantes.

Planos: determinação e posições relativas

No postulado 4, vimos que por três pontos distintos não colineares passa um único plano. Observe na ilustração a seguir que, a partir dos pontos A, B e C, não alinhados, podemos obter o plano α:

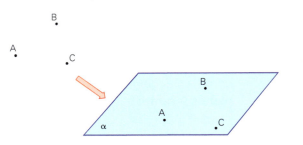

Existem outras três maneiras de determinar um plano, conforme os seguintes teoremas:

Teorema 1:
Uma reta e um ponto não pertencente a ela, determinam um único plano.

- Demonstração:
    I. Vamos considerar a reta r e o ponto A não pertencente a r.

    II. Pelo postulado 1, podemos considerar os pontos distintos B e C pertencentes à reta r.

    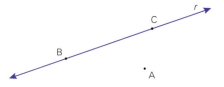

    III. Como os pontos A, B e C são distintos e não colineares, pelo postulado 4 existe um único plano α determinado por A, B e C. Pelo postulado 5, podemos concluir que a reta r está contida em α, já que os pontos B e C pertencem à reta r e ao plano α.

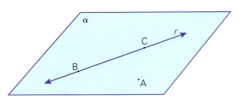

Portanto, α é o único plano que contém a reta r e o ponto A.

> **Questões e reflexões**
>
> 1. Discuta com seus colegas a demonstração do teorema 1, examinando as passagens I, II e III.
> 2. Em sua opinião, os desenhos ilustrativos nessa demonstração podem ser eliminados?

Teorema 2:
Duas retas concorrentes determinam um único plano.

Omitiremos a demonstração. Observe, entretanto, o que sugerem as ilustrações a seguir:

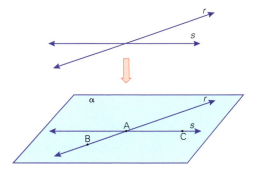

Teorema 3:
Duas retas paralelas determinam um único plano.

Omitiremos a demonstração desse teorema, entretanto, observe o que ilustração a seguir sugere.

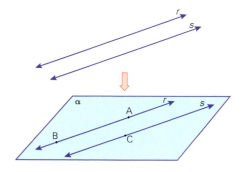

Veremos agora as posições relativas entre dois planos. Uma das posições já foi mencionada na definição de planos secantes (ver definição 4). Porém, dois planos também podem ser paralelos.

> • Definição 5:
> Dois planos distintos são **paralelos** quando não têm ponto em comum.

Na ilustração a seguir, os planos distintos α e β são paralelos: α ∩ β = ∅. Não existe ponto em comum.

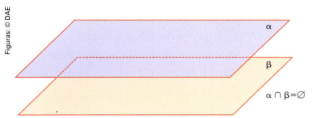

Observação:

Se dois planos no espaço têm todos os pontos em comum, são denominados planos coincidentes. Assim, se α e β são planos coincidentes, tem-se: α ∩ β = α = β.

> **Teorema 4**:
> Se dois planos distintos têm um ponto em comum, então a interseção desses planos é uma única reta que passa por aquele ponto.

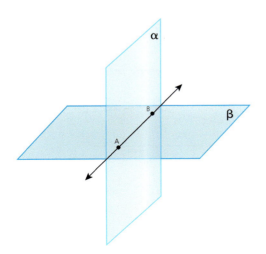

Não faremos a demonstração desse teorema. Entretanto, como sugere a figura anterior, a reta que passa por A e B é a que representa a intersecção desses dois planos secantes. Observe-a.

Planos e retas: posições relativas

Veremos as posições relativas entre uma reta e um plano. Conforme o postulado 5 (postulado da inclusão), uma possibilidade é a reta estar contida no plano:

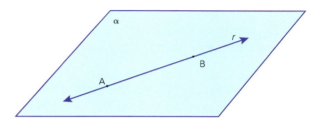

Se a reta r e o plano α têm em comum dois pontos distintos, a reta está **contida** no plano: $r \subset α$ ou $r \cap α = r$.

Existem ainda duas outras possibilidades que são apresentadas por definição:

> • Definição 6:
> Se uma reta e um plano têm em comum um único ponto, dizemos que a reta e o plano são **secantes**.

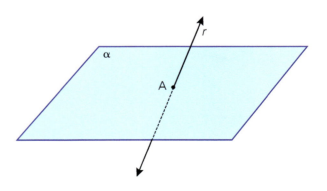

O ponto A (onde a reta "fura" o plano) é dito traço da reta r no plano α. Assim, temos: $r \cap α = \{A\}$.

Geometria espacial de posição Capítulo 9

- **Definição 7:**

  Se uma reta e um plano não têm nenhum ponto em comum, dizemos que eles são paralelos.

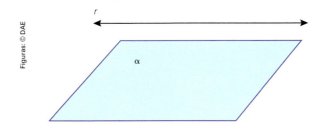

De acordo com a ilustração, a reta r e o plano α não possuem pontos em comum, ou seja: $r \cap \alpha = \emptyset$.

Essas são as posições relativas entre reta e plano: reta contida no plano; reta e plano secantes; e reta e plano paralelos. Existem duas propriedades dessas posições relativas que podem ser resumidas nos teoremas 5 e 6.

Teorema 5:

Se uma reta não está contida em um plano e é paralela a uma reta do plano, então ela é paralela ao plano.

- **Demonstração:**
  I. Conforme enunciado do teorema, vamos considerar que a reta r não está contida no plano α, que a reta r é paralela a uma reta s e que a reta s está contida no plano α.

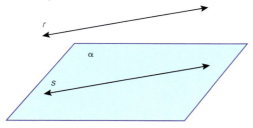

  II. Como as retas r e s são paralelas, elas determinam, conforme o teorema 3, um plano β. Além disso, tem-se que $\alpha \cap \beta = s$.

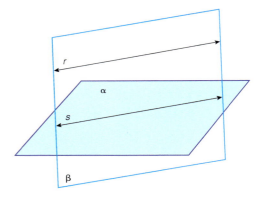

  III. Vamos supor que a reta r e o plano α tenham em comum o ponto A. Como r está contida em β, temos que o ponto A também pertence ao plano β. Assim, o ponto A pertence aos planos α e β, ou seja, pertence à intersecção desses dois planos: pertence à reta s.

  IV. Essa última conclusão é absurda, pois entra em contradição com o fato de r e s serem paralelas (item I). Essa contradição ocorreu ao supor que a reta r e o plano α tinham em comum o ponto A (item III). Isso significa que r e α não podem ter ponto em comum, ou seja, r é paralela a α.

Teorema 6:

Se um plano contém duas retas concorrentes, ambas paralelas a um outro plano, então esses planos são paralelos.

Não faremos a demonstração desse teorema. Observe, conforme ilustração abaixo, que esse teorema permite verificar o paralelismo entre dois planos.

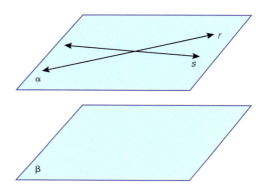

Retas: posições relativas

Ao iniciar este capítulo, retomamos as posições relativas entre duas retas de um plano: **concorrentes** (quando apresentam um ponto em comum), **coincidentes** (quando têm infinitos pontos em comum) ou **paralelas** (quando não apresentam pontos em comum). Nessas três possibilidades, as retas analisadas são coplanares. Entretanto, existe outra possibilidade:

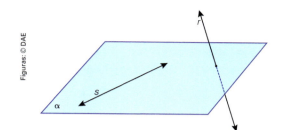

- Definição 8:

  Se duas retas não têm nenhum ponto em comum e não existe plano que as contenha, elas são ditas retas **reversas**.

Questões e reflexões

1. Se duas retas não têm nenhum ponto em comum, então elas são paralelas?
2. Se duas retas são reversas, então elas não têm nenhum ponto em comum?

EXPLORANDO

Existem diversas propriedades envolvendo retas e planos e suas posições relativas que não foram mencionadas anteriormente. Em algumas delas, que apresentaremos a seguir como propriedades (teoremas), você pode construir modelos (desenhos, representações) para verificar a validade. Pode, por exemplo, utilizar um lápis para representar uma reta e a superfície da carteira para representar um plano.

Junto com mais alguns colegas, procure elaborar representações para explicar à turma cada uma das seguintes propriedades:

1. Se uma reta é paralela a um plano, então ela é paralela a infinitas retas contidas no plano.
2. Se uma reta é paralela a um plano, então ela é reversa com infinitas retas desse plano.
3. Se uma reta é secante com um plano, então ela é concorrente com infinitas retas desse plano.
4. Se uma reta é secante com um plano, então ela é reversa com infinitas retas desse plano.
5. Se uma reta está contida num plano, então ela é paralela ou concorrente com infinitas retas desse plano.
6. Se dois planos distintos são paralelos, então toda reta contida em um deles é paralela ao outro plano.
7. Se um plano intercepta dois planos paralelos, então as intersecções serão retas paralelas.

Perpendicularismo

Ao considerar duas retas concorrentes, sabemos que elas formam quatro ângulos (dois a dois congruentes, pois são opostos pelo vértice), como ilustra a figura ao lado.

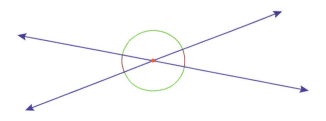

Sobre esses ângulos, existem as seguintes definições (já vistas no Ensino Fundamental):

- Quando esses quatro ângulos são congruentes, cada um deles é denominado **ângulo reto**, e as retas são chamadas **retas perpendiculares**.
- Se as retas concorrentes não são perpendiculares, dizemos que elas são **retas oblíquas**.

Anteriormente, abordamos retas reversas (definição 8). Agora precisamos definir o ângulo entre duas retas reversas.

- Definição 9:

O **ângulo entre duas retas reversas** é o ângulo formado por duas retas concorrentes, paralelas às retas dadas.

Para compreender melhor essa definição, considere um ponto A qualquer e as retas r' paralela à reta r e s' paralela à reta s, ambas passando pelo ponto A.

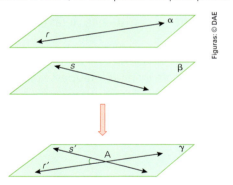

No plano γ, paralelo aos planos α e β, o ângulo r'As' corresponde ao ângulo entre as retas reversas r e s. É importante observar que podemos considerar o ângulo entre duas retas reversas como o ângulo formado por uma delas e uma reta concorrente que seja paralela à outra reta.

Observe, na figura a seguir, que o ângulo formado pelas retas reversas r e s, que contém duas arestas de um cubo, é reto. Dizemos que tais retas são ortogonais.

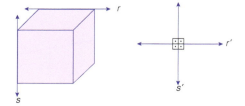

- Definição 10:

Quando duas retas são reversas e formam um ângulo reto, são denominadas **retas ortogonais**.

Perpendicularismo: reta e plano

Vimos quando uma reta e um plano são secantes. Agora vamos definir quando uma reta é perpendicular a um plano.

- Definição 11:

Quando uma reta é secante a um plano num ponto e perpendicular a todas as retas do plano que passam por esse ponto, dizemos que a **reta é perpendicular ao plano**.

Utilizamos a representação a seguir a fim de compreender melhor essa definição:

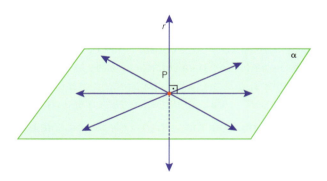

Na representação acima, a reta r é perpendicular ao plano α, pois é perpendicular a todas as retas do plano que passam pelo ponto P (ponto de interseção da reta r com o plano). O teorema a seguir, que não demonstraremos, estabelece de forma mais simples quando uma reta é perpendicular a um plano.

Teorema 7:

Se uma reta é perpendicular a duas retas concorrentes de um plano, então ela é perpendicular ao plano.

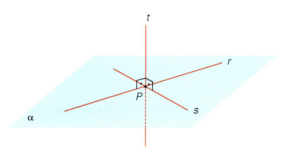

Conforme o teorema, a reta *t* é perpendicular às retas concorrentes *r* e *s* contidas no plano α. Dessa forma, podemos dizer que a reta *t* é perpendicular ao plano α.

Observação:

Outra definição pode ser considerada: Se uma reta e um plano são secantes e a reta não é perpendicular ao plano, dizemos que a **reta é oblíqua ao plano**.

Perpendicularismo: planos

E quando dois planos são perpendiculares?

Quando dois planos são secantes e um deles contém uma reta perpendicular ao outro, dizemos que os **planos são perpendiculares**.

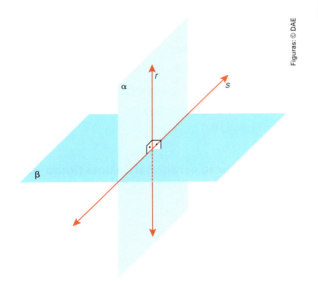

Note, na ilustração, que a reta *r*, contida no plano α, é perpendicular ao plano β. Conforme definição, dizemos que os dois planos são perpendiculares.

Observações:

A reta *s*, correspondente à intersecção dos dois planos, é perpendicular à reta *r*.

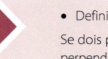

- Definição 12:
Se dois planos são secantes e não perpendiculares, são ditos **oblíquos**.

Optamos por não enunciar alguns teoremas decorrentes desse estudo por julgarmos suficiente, para o nosso objetivo, o que foi apresentado até aqui. Existem diversas propriedades que relacionam planos e retas que foram omitidos e que podem ser compreendidos por meio de modelos (ilustrações).

Exemplos:

1. Quando uma reta é perpendicular a um plano, todos os planos que a contêm são perpendiculares ao plano inicial.

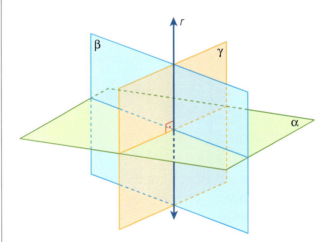

Na representação acima, a reta *r* é perpendicular ao plano α. Além dos planos β e γ, que são perpendiculares ao plano α, poderíamos construir tantos planos quantos desejássemos contendo a reta *r* e sendo perpendiculares ao plano α.

2. Se dois planos α e β se intersectam segundo uma reta *r* e se γ é outro plano perpendicular a cada um dos planos α e β, então γ é perpendicular à reta *r*.

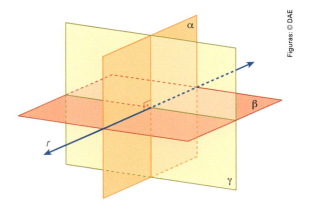

Observação:

Considerando, no exemplo anterior, que os planos α e β são perpendiculares; que o plano γ é outro plano perpendicular a cada um dos planos α e β; e que, além disso, três eixos orientados nas interseções, dois a dois, desses planos, teremos a ideia do sistema de coordenadas tridimensionais:

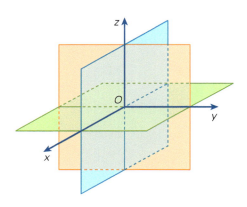

Note que o espaço fica dividido em 8 partes (octantes). Cada ponto do espaço será localizado por três coordenadas (x, y, z).

Projeções ortogonais e distâncias

No Volume 1 desta coleção, vimos aspectos da Geometria Plana e também apresentamos algumas ideias da Geometria Analítica. Ainda nesta unidade, vamos abordar problemas métricos da Geometria Espacial. Antes, precisamos compreender como calcular a distância entre dois pontos quaisquer, a distância de um ponto a uma reta, de um ponto a um plano, a distância entre duas retas paralelas, entre duas retas reversas, a distância entre um plano e uma reta paralela ao plano e a distância entre dois planos. Iniciamos com o conceito de projeção ortogonal.

- **Projeção ortogonal de um ponto sobre um plano**

Quando uma reta é perpendicular a um plano, a interseção da reta com o plano é um ponto. Esse ponto é conhecido como **pé** da reta perpendicular ao plano.

> - Definição 13:
>
> Projeção ortogonal de um ponto sobre um plano é o pé da perpendicular ao plano conduzida pelo ponto.

Na representação a seguir, temos que:

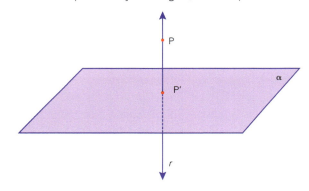

- P' é a projeção ortogonal do ponto P sobre o plano de projeção α indicado.
- A reta r, que contém os pontos P e P', é perpendicular ao plano α e "fura" o plano no ponto P'.

- **Projeção ortogonal de uma figura sobre um plano**

> - Definição 14:
>
> Projeção ortogonal de uma figura sobre um plano é o conjunto das projeções ortogonais dos pontos da figura sobre esse plano.

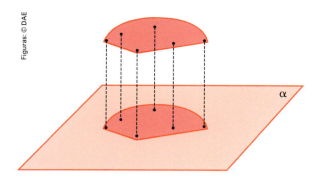

Na representação acima, consideramos apenas alguns pontos e suas projeções.

- **Projeção ortogonal de uma reta sobre um plano**

Existem dois casos a considerar na projeção ortogonal de uma reta sobre um plano, conforme definição a seguir.

> - Definição 15:
>
> **I.** Se a reta *r* é perpendicular ao plano α, sua projeção ortogonal sobre o plano é o ponto em que *r* "fura" o plano.
>
> **II.** Se a reta *r* não é perpendicular ao plano α, sua projeção ortogonal sobre o plano é a intersecção de α com o plano β, perpendicular a α, conduzido por *r*.

Representamos a seguir os dois casos dessa definição.

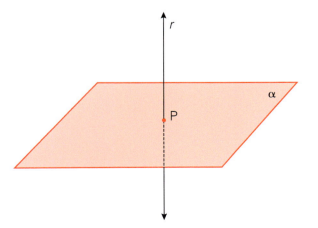

O ponto P é a projeção ortogonal da reta *r* sobre o plano α.

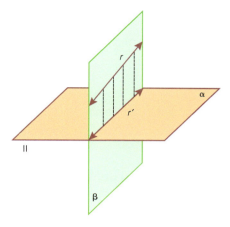

A reta *r'* é a projeção ortogonal da reta *r* sobre o plano α. Observe que o plano β é perpendicular ao plano α.

> **Questões e reflexões**
>
> Observando a definição de projeção ortogonal de uma reta sobre um plano, nos dois casos, responda:
>
> 1. Como você define a projeção ortogonal de um segmento de reta AB, perpendicular ao plano α, sobre o plano α?
>
> 2. E se o segmento AB não for perpendicular ao plano α, como você define a projeção ortogonal desse segmento sobre o plano α?

Distâncias

As definições a seguir relacionam o conceito de distância com os elementos ponto, reta e plano. Embora sejam sete definições, elas são importantes para o estudo de Geometria Espacial Métrica.

- **Distância entre dois pontos**

> - Definição 16:
>
> A distância entre dois pontos distintos A e B é a medida do segmento AB em uma dada unidade de comprimento.

Geometria espacial de posição   Capítulo 9   145

Representamos a medida de $\overline{AB}$ por $d_{A,B}$ ou AB.

Observação:

Caso os dois pontos sejam coincidentes, a distância entre eles é igual a zero.

- **Distância de um ponto a uma reta**

- Definição 17:

Dados um ponto P e uma reta *r*, podemos traçar uma reta que passa por P e é perpendicular a *r* no ponto P'. A distância do ponto P à reta *r* é a distância entre os pontos P e P'.

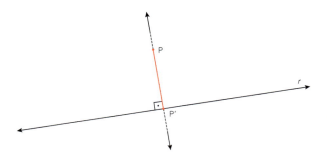

Podemos dizer que a distância de um ponto a uma reta é a menor das distâncias do ponto aos pontos da reta. Conforme ilustração acima, a distância do ponto P à reta *r* é igual ao comprimento do segmento PP', em que P' é a projeção ortogonal de P sobre a reta *r*.

Questões e reflexões

É possível que a distância entre um ponto e uma reta seja igual a zero? Justifique sua resposta.

- **Distância de um ponto a um plano**

- Definição 18:

Dados um ponto P e um plano α, podemos determinar P', que é a projeção ortogonal de P sobre o plano α. A distância do ponto P ao plano α é a distância entre os pontos P e P'.

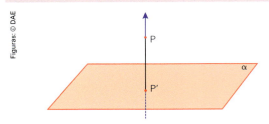

Aqui podemos dizer que a distância de um ponto a um plano é a menor das distâncias do ponto aos pontos do plano, ou seja, a distância do ponto P ao ponto P' que corresponde à sua projeção ortogonal sobre o plano.

Observação:

Caso o ponto P pertença ao plano, a distância dele ao plano será igual a zero.

- **Distância entre retas paralelas**

- Definição 19:

Dadas duas retas *r* e *s*, paralelas entre si, a distância entre essas retas é a distância de um ponto P qualquer de uma delas até a outra.

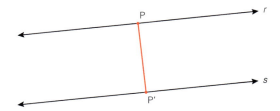

Assim, para determinar a distância entre duas retas que são paralelas, consideramos um ponto de uma das retas e, a seguir, calculamos a distância desse ponto à outra reta.

- **Distância entre reta e plano**

• Definição 20:

A distância entre um plano α e uma reta r, paralela a α, é a distância entre um ponto qualquer P da reta r ao plano α.

Dessa forma, para obter a distância entre um plano e uma reta paralela ao plano, devemos considerar um ponto P da reta e, a seguir, determinar a distância dele ao ponto P' correspondente à projeção ortogonal do ponto P ao plano.

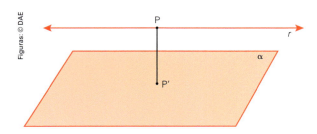

• Definição 21:

A distância entre dois planos α e β paralelos é a distância de um ponto P qualquer de um deles ao outro plano.

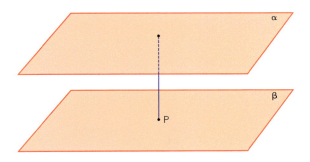

- **Distância entre dois planos paralelos**

Note, conforme ilustração, que podemos considerar um ponto P pertencente ao plano β e, em seguida, calcular a distância desse ponto ao plano α.

Observação:

1. Quando temos dois planos coincidentes, a distância entre eles é igual a zero.

2. Na Geometria Plana, vimos o teorema de Tales sobre retas paralelas. Se considerarmos um feixe de planos paralelos, como sugerido na figura a seguir, podemos enunciar o seguinte teorema:

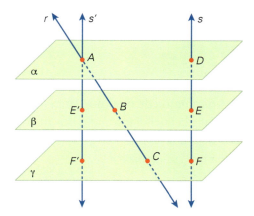

Um feixe de planos paralelos determina segmentos de medidas proporcionais sobre duas retas secantes quaisquer aos planos.

• Observe, na representação acima, que as retas secantes são r e s. Traçando a reta s' paralela a s, pelo teorema de Tales, temos:

$$\frac{AB}{AE'} = \frac{BC}{E'F'} = \frac{AC}{AF'}$$

• Como AE' = DE, E'F' = EF e AF' = DF, na proporção anterior, temos:

$$\frac{AB}{DE} = \frac{BC}{EF} = \frac{AC}{DF}$$

- **Distância entre retas reversas**

• Definição 22:

A distância entre duas retas reversas é a distância de um ponto qualquer de uma delas ao plano que passa pela outra e é paralelo à primeira.

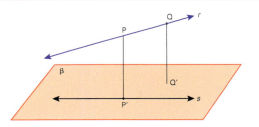

Na figura anterior, a distância entre as retas reversas *r* e *s* representadas pode ser a distância do ponto P à sua projeção ortogonal sobre o plano β indicado, ou pode ser a distância do ponto Q à sua projeção ortogonal Q' sobre o plano β.

> **Questões e reflexões**
>
> É possível definir a distância entre duas retas reversas como distância de ponto a reta? Justifique sua resposta.

HISTÓRIA DA MATEMÁTICA

A **geometria de posição**, também chamada de **geometria Euclidiana**, é um dos mais antigos legados culturais da humanidade e representa a primeira ideia de geometria.

De caráter sensitivo e essencialmente perceptivo, a geometria, palavra cujo significado etimológico é dado por *geo* = *terra* e *metria* = *medir*, vai além da intenção de "medir as coisas da terra", sugerida pelo próprio significado da palavra. Ela traz em si uma conexão bastante ampla com beleza, estética, harmonia, arte, contemplação e um invejável aspecto prático na resolução de problemas do cotidiano.

Esse conjunto de aspectos fascinou a humanidade desde os seus primórdios. As grandes culturas da antiguidade, sem exceção, deram à geometria uma conotação quase divina.

"O céu deve ser necessariamente esférico, pois a esfera, sendo gerada pela rotação do círculo é, de todos os corpos, o mais perfeito."
(Aristóteles, 384-322 a.C.)

A geometria espacial chega ao ápice na antiguidade com os denominados Geômetras Alexandrinos. Arquimedes, com seus estudos sobre as esferas e o cilindro, e Euclides, com seu livro denominado de *Os Elementos*, onde sistematizava todos os conhecimentos acumulados até então pelo seu povo, fornecendo desta forma ordenação por meio de uma linguagem científica.

A preciosa obra *Os Elementos*, que estabelece os princípios da geometria até os dias atuais, é reverenciada por todos os grandes sábios. Bertrand Russel, o último dos considerados grandes sábios, escreveu a seguinte frase:

Os Elementos, de Euclides, é certamente um dos maiores livros já escritos.

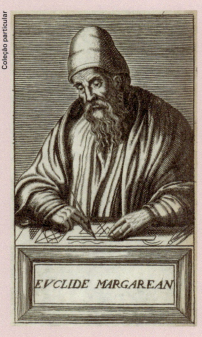

Euclides de Alexandria (360 a.C-295 a.C.)

O que impressiona é a época em que a obra foi escrita, e as imensas dificuldades de toda a ordem para escrevê-la. Euclides foi quem organizou e sistematizou as descobertas geométricas, aritméticas e algébricas de seus predecessores. A obra conta com um conjunto impressionante de 13 livros e 465 proposições. A sua consistência é tão forte que já justificou mais de mil edições desde a invenção da imprensa e tem sido frequentemente considerada responsável por uma influência sobre a mente humana, maior que qualquer outro livro, em todos os tempos, exceção da Bíblia.

No primeiro livro de *Os Elementos*, consta uma das primeiras proposições:

Ponto é aquilo que não tem partes.

Esta proposição se conclui no livro XIII, com a construção dos poliedros regulares. A geometria de posição está fundamentada nos primeiros livros desta obra.

Pitágoras de Samos, discípulo de Thales de Mileto, foi responsável pelo estudo da geometria (forma) com a aritmética (número). Na Geometria Espacial, trabalhou em especial com o tetraedro, o cubo, o dodecaedro e a esfera. A "harmonia das esferas" era para os pitagóricos a origem de tudo.

Para Platão, a explicação de tudo, como tudo existia, estava nos cinco sólidos perfeitos: o cubo (terra), o tetraedro (fogo), o octaedro (ar), o icosaedro (água) e o dodecaedro (elemento que permearia todo o Universo).

Busto de Platão (c. 427 a.C.-c.347 a.C.).

Os interesses pelos poliedros e o estudo da Geometria Espacial, que era o assunto preferido entre matemáticos e filósofos gregos, parecem ter ficado adormecidos por mais de mil anos (Idade das Trevas) até despertar novamente o interesse dos pensadores durante os séculos que se seguiram ao "Renascimento Italiano".

Durante o período denominado historicamente de "Renascimento" ocorreu o resgate ao estudo de toda ciência adormecida até aquele momento. Diversos matemáticos, como Leonardo Fibonacci (1170-1240), retomam os estudos sobre Geometria Espacial e, em 1220, escreve a "Practica Geometriae", uma coleção sobre Trigonometria e Geometria (abordagem nas teorias de Euclides e um análogo tridimensional do teorema de Pitágoras).

Em 1615, Joannes Kepler (1571-1630) rotula o "Steometria" (stereo – volume/metria – medida), o cálculo de volume. A palavra volume vem de *volumen*, que é a propriedade de um barril (vinho, azeite etc.) de rolar com facilidade.

Para o filósofo e matemático Gottfriend Wilheim Leibniz (1646-1716), por exemplo:

"Deus é o geômetra onipotente para quem o mundo é um imenso problema matemático".

Reunindo ideias de diversos pensadores, podemos descrever a geometria como sendo a linguagem pela qual o homem tenta traduzir e sistematizar o mundo físico em que vive.

Historicamente, a matemática tem dois berços importantes: A Índia, de onde vem a álgebra, e a Grécia Antiga, de onde vem a geometria. É importante salientar que essas "duas áreas da matemática" surgiram separadas até o século XVI, quando o filósofo e matemático francês René Descartes (1596-1650), considerado o "pai da filosofia moderna", reuniu as duas áreas correntes, naquilo que mais tarde denotou-se **Geometria Analítica**.

Fonte de pesquisa: <http://profclaytonpalma.netspa.com.br/MATEMATICA1SERIE/geometriaeuclidiana.pdf> e <http://fasciniomatematico.blogspot.com.br/2010/08/historia-da-geometria-espacial.html>. Acesso em: 6 fev. 2016.

QUESTÕES

De acordo com o texto, responda:

1. Quais geômetras levaram o estudo da geometria espacial ao ápice na Antiguidade?
2. Qual era a explicação de tudo, de como tudo existia, para Platão?
3. Qual foi o matemático responsável por unir as áreas da álgebra a da geometria?

Exercícios resolvidos

1. Observe o cubo da figura.

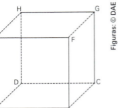

a) Represente o cubo e a interseção do plano que contém os pontos B, C e H com o cubo.

b) O ponto E pertence ao plano que contém os pontos B, C e H?

c) O centro do cubo pertence ao plano que contém os pontos B, C e H?

a)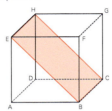

b) Sim, pois os pontos B, C, E e H são coplanares.

c) Sim. Basta observar que o centro do cubo é a intersecção dos segmentos BH e CE, e ambos estão no plano que passa por B, C e H.

2. Quantos planos distintos passam por:

a) Um ponto?
b) Dois pontos distintos?
c) Três pontos distintos não alinhados?
d) Quatro pontos distintos, dos quais três quaisquer nunca estão alinhados?

a) Infinitos.

b) Infinitos.

c) Um único plano.

d) Um único plano se os pontos forem coplanares ou nenhum se os pontos não forem coplanares.

3. Considere o cubo representado na figura a seguir:

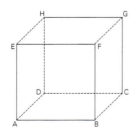

Verifique se as afirmações são **verdadeiras** ou **falsas**.

a) A reta que passa pelos pontos A e B é paralela ao plano determinado pelos pontos C, D e H.

b) A reta que passa pelos pontos B e F é perpendicular ao plano determinado pelos pontos A, B e C.

c) A reta que passa pelos pontos F e G é reversa à reta que passa pelos pontos A e D.

d) A reta que passa pelos pontos A e B é ortogonal à reta que passa pelos pontos C e G.

e) A reta que passa pelos pontos F e H é ortogonal à reta que passa pelos pontos A e C.

a) Verdadeira.

b) Verdadeira.

c) Falsa, pois as retas são paralelas.

d) Verdadeira.

e) Verdadeira.

4. Responda:

a) Duas retas r e s, que são distintas e ortogonais a uma terceira reta t, são sempre paralelas entre si?

b) Se um plano α contém uma reta perpendicular a um plano β, então o plano β contém uma reta perpendicular ao plano α?

a) Não. As retas podem ser paralelas, reversas ou concorrentes entre si.

b) Sim, pois os dois planos são perpendiculares entre si.

5. Duas retas reversas, r e s, são projetadas ortogonalmente sobre um mesmo plano de projeção. Quais as possíveis posições relativas das projeções de r e s sobre esse plano?

As projeções ortogonais de duas retas reversas sobre um plano podem ser duas retas paralelas, duas retas concorrentes ou uma reta e um ponto não pertencentes a ela.

6. O desenho a seguir representa um sólido geométrico denominado tronco de pirâmide. Os planos α e β são paralelos. Conforme indicações no desenho, calcule a distância entre esses dois planos.

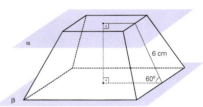

Considere a figura a seguir.

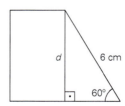

Temos que:

$$\text{sen}\,60° = \frac{d}{6}$$

$$\frac{\sqrt{3}}{2} = \frac{d}{6}$$

$$d = 3\sqrt{3}\ \text{cm}$$

Assim, a distância entre os planos é de $3\sqrt{3}$ cm.

Exercícios propostos

1. Indique, em seu caderno, as afirmações que são verdadeiras e aquelas que são falsas.
   a) Os três vértices de um triângulo são coplanares.
   b) A intersecção de dois planos pode ser formada apenas por um ponto.
   c) A intersecção de dois planos pode ser formada por infinitos pontos.

2. Responda:
   a) Podem três pontos distintos pertencer a uma mesma reta? Justifique sua resposta utilizando um dos postulados ou um dos teoremas.
   b) Três pontos distintos quaisquer são sempre colineares?
   c) Quantas retas ficam determinadas por três pontos distintos não alinhados?
   d) Quantos planos ficam determinados por quatro pontos distintos não coplanares?
   e) Por uma reta passam quantos planos?

3. Indique, em seu caderno, quais das afirmações a seguir são verdadeiras e quais são falsas:
   a) Três pontos distintos colineares são coplanares.
   b) Por três pontos distintos não alinhados passa um único plano.
   c) Dois pontos distintos determinam um único plano.
   d) Por um ponto passa uma única reta.
   e) Dois pontos são sempre coplanares.
   f) Três pontos distintos não podem ser colineares.
   g) Uma reta que tem um ponto sobre um plano está contida nesse plano.
   h) Uma reta contida num plano tem um único ponto que pertence a esse plano.

4. Indique, em seu caderno, quais afirmações a seguir podem garantir a determinação de um plano:
   I. Três pontos distintos não alinhados.
   II. Uma reta e um ponto não pertencente a ela.
   III. Duas retas concorrentes entre si.
   IV. Duas retas distintas e paralelas entre si.

5. Na representação a seguir, a reta r "fura" o plano α no ponto P. Como podem ser as intersecções do plano α com os planos que contêm a reta r?

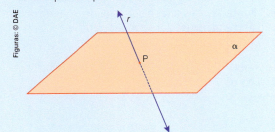

6. Considere que os planos α e β têm em comum três pontos distintos e não colineares. Qual a posição relativa desses dois planos?

7. Quantos planos ficam determinados por quatro pontos do espaço? Em seu caderno, justifique sua resposta por meio de ilustrações ou utilizando postulados e teoremas já estudados.

8. Indique, em seu caderno, se as afirmações a seguir são verdadeiras ou falsas. Caso necessário, consulte os enunciados dos teoremas, dos postulados e das definições dadas.
   I. Uma reta é paralela a um plano se, e somente se, ela é paralela a uma reta do plano.

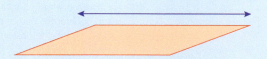

   II. Dados dois planos secantes, uma reta de um deles é paralela ao outro se, e somente se, ela é paralela à reta de intersecção dos dois planos.
   III. Se um plano α corta (intersecta) o plano β segundo a reta s, então ele corta qualquer plano paralelo a β segundo uma reta paralela a s.
   IV. Uma reta que não é paralela a um plano está contida nesse plano.
   V. Se α e β são planos secantes, existe reta contida em α que é paralela a β.
   VI. Dadas duas retas reversas r e s, existe um plano que contém r e é paralelo a s.

9. A figura a seguir representa um paralelepípedo. Identifique se as retas indicadas são paralelas, perpendiculares ou reversas:

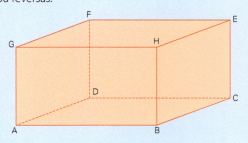

   a) AB e GH.
   b) BH e EH.
   c) FG e CD.
   d) EH e AB.
   e) GH e DC.
   f) DF e AD.

10. A figura representa um prisma reto de base triangular.

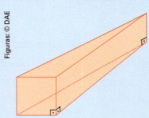

Os segmentos AB, BD, DC, AC, AF, BF, CE, DE e EF são as arestas desse sólido. Elabore em seu caderno afirmações sobre retas que contêm essas arestas, de tal forma que:

a) sejam retas paralelas.
b) sejam retas coplanares.
c) sejam retas ortogonais.
d) sejam retas concorrentes.

11. Na figura a seguir, a reta r é paralela ao plano α. Quantos planos perpendiculares ao primeiro e que passam pela reta r podem ser construídos?

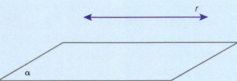

12. Na figura a seguir, a reta r é oblíqua ao plano α. Quantos planos perpendiculares ao primeiro e que passam pela reta r podem ser construídos?

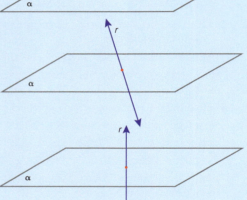

13. Na figura a seguir, a reta r é perpendicular ao plano α. Quantos planos perpendiculares ao primeiro e que passam pela reta r podem ser construídos?

14. Observe, na figura a seguir, um paralelepípedo retângulo e um sistema de coordenadas tridimensionais, cuja origem é um dos vértices do paralelepípedo.

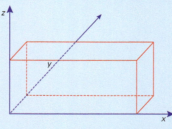

Considerando como positivo o sentido indicado pelas setas e que as dimensões do paralelepípedo são iguais a 5, 1 e 2, quais são as coordenadas dos seus oito vértices?

15. Represente em seu caderno a projeção ortogonal do segmento PQ (paralelo ao plano α) sobre o plano α e calcule o comprimento do segmento P'Q'.

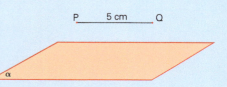

Unidade 4 Geometria espacial

CAPÍTULO 10
POLIEDROS

Arranjo feito por computador mostrando uma estrutura formada com átomos de carbono.

É comum falarmos de formas geométricas associadas a objetos e a construções. Entretanto, estruturas moleculares são exemplos interessantes empregados para descrever ligações químicas.

Observe, por exemplo, a ilustração acima, que representa um arranjo espacial de substância simples de carbono — um arranjo geodésico de átomos de carbono. A estrutura ilustrada é formada por hexágonos e pentágonos.

Converse com seu professor de Química sobre outras estruturas espaciais e pesquise um pouco mais a respeito. Essa pesquisa poderá ser apresentada para a turma toda.

Ao longo do Ensino Fundamental são estudadas formas geométricas não planas, denominadas sólidos geométricos. Entre essas formas, normalmente encontramos:

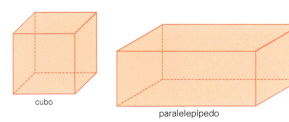

cubo

paralelepípedo

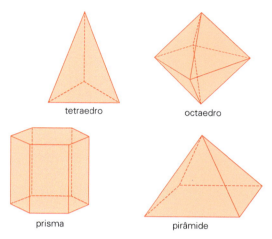

tetraedro

octaedro

prisma

pirâmide

Esses são alguns exemplos de sólidos que, devido às suas características, são definidos como poliedros.

> **Poliedros** são sólidos geométricos cujas superfícies são formadas apenas por polígonos planos.

Observação:

Em cada um desses poliedros é possível encontrar e indicar vértices, arestas e faces. São os elementos de um poliedro.

Exemplo:

Considere o seguinte poliedro.

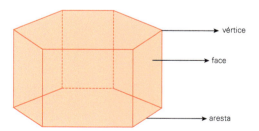

vértice

face

aresta

Questões e reflexões

1. Pesquise o significado da palavra poliedro.
2. No poliedro representado acima, quantos são os vértices? E as faces? E as arestas?

Além dos poliedros, você já conhece alguns corpos redondos. Como exemplos, observe as ilustrações:

cilindro

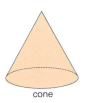
cone

esfera

Nesta unidade, não abordaremos os corpos redondos. Nosso estudo será restrito aos principais poliedros, deixando para o próximo volume o estudo de cilindros, cones e esferas.

Noção de poliedro

Em cada poliedro, como vimos, as faces são superfícies planas poligonais que limitam o poliedro. Duas faces quaisquer não estão no mesmo plano. As arestas limitam as faces e são formadas na intersecção de dois, e somente dois, polígonos. Os pontos de interseção de três ou mais arestas de um poliedro são os vértices.

Quando você estudou polígonos, viu que suas denominações são dadas a partir do número de ângulos (ou de lados). Os poliedros têm as denominações dadas a partir do número de faces. Observe alguns exemplos:

Número de faces	Nome do poliedro
4 (tetra)	Tetraedro
5 (penta)	Pentaedro
6 (hexa)	Hexaedro
8 (octa)	Octaedro
10 (deca)	Decaedro
12 (dodeca)	Dodecaedro
20 (icosa)	Icosaedro

Na Geometria Plana, existem duas denominações para polígonos: convexos e não convexos. Uma forma de caracterizar um polígono convexo é observando se o segmento formado a partir de dois pontos internos quaisquer sempre é interno ao polígono. Isso não ocorre quando o polígono é não convexo:

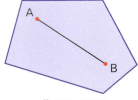
polígono convexo

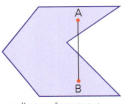
polígono não convexo

Em relação aos poliedros, também há duas denominações: **convexo** e **não convexo**. Um poliedro é convexo quando o segmento que liga dois de seus pontos está sempre contido nele. Já no poliedro não convexo, isso não ocorre:

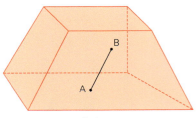
poliedro convexo

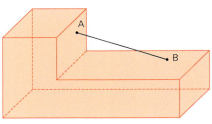
poliedro não convexo

Embora em alguns exemplos e exercícios possamos trabalhar com poliedros não convexos, nosso estudo estará direcionado para os poliedros convexos.

O matemático suíço Leonhard Euler (1707--1783), ao estudar os chamados poliedros convexos, descobriu uma relação matemática envolvendo o número de vértices, faces e arestas. Antes de apresentarmos formalmente essa descoberta feita por Euler, observe os poliedros a seguir:

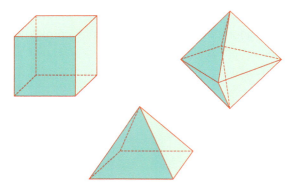

154 Unidade 4 Geometria espacial

Questões e reflexões

1. Conte o número de faces, arestas e vértices em cada um desses poliedros e organize as informações em uma tabela.
2. Para cada poliedro, compare a soma do número de faces e de vértices com o número de arestas. A que conclusão você chegou?

Relação de Euler:

Num poliedro convexo, sendo **F** o número de faces, **V** o número de vértices e **A** o número de arestas, vale a relação:

$$V + F = A + 2$$

Não faremos a demonstração dessa relação matemática obtida por Euler. A seguir, apresentamos alguns exemplos que permitem conhecer um pouco mais sobre essa relação.

Vamos verificar se a relação de Euler, apresentada anteriormente, vale para o poliedro não convexo, representado a seguir (o poliedro tem uma parte "oca"):

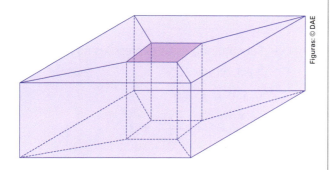

- Observando o poliedro representado, temos por contagem que:

  $F = 16, V = 16$ e $A = 32$

- A relação de Euler, para esse poliedro, não é verificada:

  $V + F \neq A + 2$

  $16 + 16 \neq 32 + 2$

No exemplo anterior, o poliedro era não convexo. Vamos agora observar a relação de Euler para outro poliedro também não convexo, conforme representado a seguir:

- Embora o poliedro seja não convexo, a relação de Euler é verificada, pois:

  $V + F = A + 2$

  $7 + 7 = 12 + 2$

Observação:

Todo poliedro convexo satisfaz a relação de Euler. Porém, nem todo poliedro que satisfaz a relação de Euler é convexo.

Poliedros regulares

Abaixo estão representados cinco poliedros:

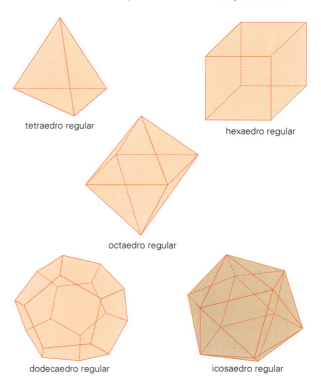

tetraedro regular

hexaedro regular

octaedro regular

dodecaedro regular

icosaedro regular

Podemos organizar em uma tabela algumas características quantitativas desses poliedros:

	Nº de lados por face	Nº de arestas que concorrem por vértice
Tetraedro	3	3
Hexaedro	4	3
Octaedro	3	4
Dodecaedro	5	3
Icosaedro	3	5

Se construíssemos modelos utilizando cartolina e depois fizéssemos uma planificação de cada um desses poliedros, teríamos:

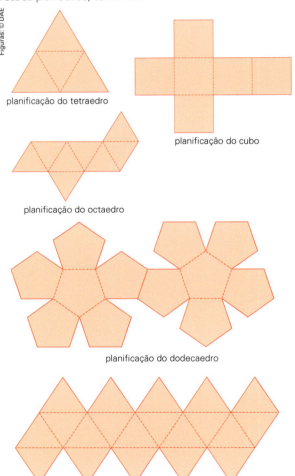

planificação do tetraedro

planificação do cubo

planificação do octaedro

planificação do dodecaedro

planificação do icosaedro

Note que cada face de um mesmo poliedro está representada por um mesmo polígono regular (superfície poligonal regular). Esses poliedros são ditos regulares.

Um poliedro convexo é regular quando:
- Suas faces são polígonos regulares e congruentes.
- Em cada vértice concorre o mesmo número de arestas.

Há uma propriedade (teorema) sobre poliedros convexos regulares (também conhecidos como poliedros de Platão), cujo enunciado pode ser assim escrito:

Existem apenas cinco classes de poliedros regulares convexos.

Vamos fazer a demonstração dessa propriedade.

- Vamos considerar um poliedro regular com F faces, V vértices e A arestas. Sendo n o número de lados de cada face e p o número de arestas que concorrem em cada vértice, temos:

$$2 \cdot A = n \cdot F = p \cdot V$$

- Podemos, a partir dessas relações, expressar o número de arestas e o número de vértices em função do número de faces, isto é:

$$A = \frac{n \cdot F}{2} \text{ e } V = \frac{n \cdot F}{p}$$

- Substituindo essas expressões na relação de Euler, temos:

$$V + F = A + 2$$
$$\frac{n \cdot F}{p} + F = \frac{n \cdot F}{2} + 2$$
$$\frac{2 \cdot n \cdot F + 2 \cdot p \cdot F}{2p} = \frac{n \cdot p \cdot F + 4 \cdot p}{2p}$$
$$2nF + 2pF = npF + 4p$$
$$2nF + 2pF - npF = 4p$$
$$F(2n + 2p - np) = 4p$$

- Nessa última igualdade, como F, p e n são números naturais, precisamos garantir que também será natural não nulo o número correspondente ao denominador da fração.

$$F = \frac{4p}{2n + 2p - np} \text{ (I)}$$

Assim, temos:

$$2n + 2p - np > 0$$
$$2n > np - 2p$$
$$2n > p(n-2)$$
$$\frac{2n}{n-2} > p$$

- Lembrando que p é o número de arestas que concorrem em cada vértice, então $p \geq 3$ (não existe poliedro em que concorrem por vértice menos que 3 arestas). Assim, retornando à desigualdade anterior, temos:

$$\frac{2n}{n-2} > p \geq 3$$

- O que acarreta em:

$$\frac{2n}{n-2} > 3$$

- Observando o denominador da fração, teremos que $n - 2 \geq 1$, ou seja, $n \geq 3$. Resolvendo a inequação, vem:

$$\frac{2n}{n-2} > 3$$
$$2n > 3n - 6$$
$$-n > -6 \Rightarrow n < 6$$

- Como $n \geq 3$ e $n < 6$, então $3 \leq n < 6$. Assim, teremos três valores naturais para n: $n = 3$; $n = 4$ e $n = 5$. Vamos analisar essas possibilidades substituindo esses valores em (I) e observando que p é um número natural que representa a quantidade de arestas que concorrem em cada vértice:

$n = 3 \to F = \dfrac{4p}{6-p} \to \begin{array}{l} p = 3 \to F = 4 \text{ (tetraedro)} \\ p = 4 \to F = 8 \text{ (octaedro)} \\ p = 5 \to F = 20 \text{ (icosaedro)} \end{array}$

$n = 4 \to F = \dfrac{4p}{8-2p} \to p = 3 \to F = 6 \text{ (hexaedro)}$

$n = 5 \to F = \dfrac{4p}{10-3p} \to p = 3 \to F = 12 \text{ (dodecaedro)}$

Portanto, teremos apenas 5 poliedros que são regulares.

Classes de poliedros

Vamos considerar agora classes de poliedros que possuem 4 faces (tetraedros), 6 faces (hexaedros), 8 faces (octaedros), 12 faces (dodecaedros) ou 20 faces (icosaedros), mas que não sejam necessariamente regulares, tendo cada face o mesmo número de arestas. Poderíamos construir a seguinte tabela:

Poliedros	Nº de faces	Nº de arestas que concorrem por vértice
Tetraedros	4	3
Hexaedros	6	3
Octaedros	8	4
Dodecaedros	12	3
Icosaedros	20	5

Exemplo:

Vamos considerar a classe dos hexaedros, isto é, aqueles poliedros que têm exatamente 6 faces, conforme quatro modelos representados a seguir:

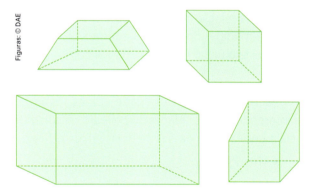

Observando que esses poliedros têm, cada um, 6 faces (F = 6) e 4 arestas por face ($n = 4$), não precisamos fazer contagem direto na figura para determinar os elementos que estão faltando. Assim, podemos determinar A (número de arestas):

$$2A = nF$$
$$2A = 4 \cdot 6 \Rightarrow A = 12$$

Na relação de Euler, podemos agora obter V (número de vértices):

$$V + F = A + 2$$
$$V + 6 = 12 + 2 \Rightarrow V = 8$$

Além disso, se quisermos determinar o número total de arestas que concorrem em cada vértice, basta determinar p na igualdade:

$$pV = nF$$
$$p \cdot 8 = 4 \cdot 6 \Rightarrow p = 3$$

Soma das medidas dos ângulos

Já que as faces dos poliedros são polígonos, também podemos determinar a soma das medidas dos ângulos das faces desses polígonos. Vamos considerar como exemplo o seguinte poliedro:

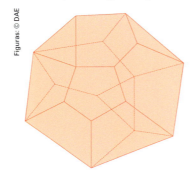

Observando esse poliedro, é possível dizer que ele tem 16 faces: 5 triangulares, 6 quadrangulares e 5 pentagonais. No Volume 1 desta coleção, empregamos uma relação matemática para determinar a soma das medidas dos ângulos internos de um polígono convexo (n é o número de lados do polígono):

$$S_n = (n - 2) \cdot 180°$$

Para determinar a soma das medidas dos ângulos internos de todas as faces do poliedro, calculamos inicialmente a soma dessas medidas em cada face:

- Triangular:

$$n = 3 \rightarrow S_{F_3} = (3 - 2) \cdot 180° = 180°$$

- Quadrangular:

$$n = 4 \rightarrow S_{F_4} = (4 - 2) \cdot 180° = 360°$$

- Pentagonal:

$$n = 5 \rightarrow S_{F_5} = (5 - 2) \cdot 180° = 540°$$

Portanto, a soma das medidas dos ângulos de todas as faces do poliedro convexo é:

$$S_F = 5 \cdot S_{F_3} + 6 \cdot S_{F_4} + 5 \cdot S_{F_5}$$
$$S_F = 5 \cdot 180° + 6 \cdot 360° + 5 \cdot 540°$$
$$S_F = 5\,760°$$

Há uma maneira diferente de chegar a essa medida. Retornando ao poliedro representado, podemos, por contagem, verificar que são 18 vértices. Essa informação pode ser utilizada para estabelecer a soma das medidas dos ângulos de todas as faces do poliedro. Basta conhecer a seguinte propriedade:

> A soma das medidas de todos os ângulos internos das faces de um poliedro convexo (S_F) é dada pela expressão:
>
> $$S_F = (V - 2) \cdot 360°$$
>
> em que V é o número total de vértices desse poliedro.

- Demonstração:

Consideremos $n_1, n_2, n_3, ..., n_F$ os números de lados dos polígonos das faces 1, 2, 3, ..., F de um poliedro convexo (numeramos as faces do poliedro). Adicionando os números de lados dos polígonos que compõem as faces do poliedro, obtemos como soma 2A (cada lado é uma aresta que está ao mesmo tempo em duas faces):

$$n_1 + n_2 + n_3 + ... + n_F = 2A \quad \text{(I)}$$

- Vamos calcular a soma das medidas de todos os ângulos internos dos polígonos que representam as faces dos poliedros utilizando a relação $S = (n - 2) \cdot 180°$:

$$S_F = (n_1 - 2) \cdot 180° + (n_2 - 2) \cdot 180° + (n_3 - 2) \cdot 180 + ... + (n_F - 2) \cdot 180°$$
$$S_F = (n_1 + n_2 + n_3 + ... n_F - 2 - 2 - 2 ... -2) \cdot 180°$$
$$S_F = (n_1 + n_2 + n_3 + ... n_F - 2 \cdot F) \cdot 180° \text{ (II)}$$

- Substituindo (I) em (II):

$$S_F = (2A - 2 \cdot F) \cdot 180°$$
$$S_F = (A - F) \cdot 360°$$

- Utilizando da relação de Euler que $A - F = V - 2$, essa igualdade fica:

$$S_F = (A - F) \cdot 360°$$
$$S_F = (V - 2) \cdot 360°$$

Retornando ao exemplo, podemos agora calcular mais rapidamente a soma das medidas dos ângulos das faces do poliedro correspondente substituindo apenas o número de vértices na relação que acabamos de demonstrar, isto é:

$$S_F = (V - 2) \cdot 360°$$
$$S_F = (18 - 2) \cdot 360° \Rightarrow S_F = 5\,760°$$

Exercícios resolvidos

1. Em um poliedro convexo, o número de vértices é igual a $\frac{2}{3}$ do número de arestas, e o número de faces é igual a $\frac{3}{4}$ do número de vértices. Determine a quantidade de arestas, de vértices e de faces do poliedro.

Sendo V a quantidade de vértices, A a de arestas e F a de faces, temos que:

$V = \frac{2}{3} \cdot A$

$F = \frac{3}{4} \cdot V = \frac{3}{4} \cdot \frac{2}{3} \cdot A = \frac{A}{2}$

$V + F = A + 2 \rightarrow \frac{2}{3} \cdot A + \frac{A}{2} = A + 2 \rightarrow$

$\rightarrow 4A + 3A = 6A + 12 \therefore A = 12 \rightarrow F = 6$ e

$V = 8$

2. A soma das medidas dos ângulos internos das faces de um poliedro convexo regular é igual a 1 440°. Sabendo que suas faces são triangulares, determine o número de arestas e o de faces desse poliedro e faça um desenho dele.

Sendo V a quantidade de vértices, A a de arestas e F a de faces, temos que:

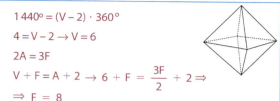

$1\,440° = (V - 2) \cdot 360°$

$4 = V - 2 \rightarrow V = 6$

$2A = 3F$

$V + F = A + 2 \rightarrow 6 + F = \frac{3F}{2} + 2 \Rightarrow$

$\Rightarrow F = 8$

Logo, A = 12.

O poliedro regular é o octaedro.

3. Em um poliedro convexo, formado apenas por faces triangulares e quadrangulares, o número de faces quadrangulares, de faces triangulares e o total de faces formam, nessa ordem, uma progressão aritmética. Sabe-se ainda que o número de vértices do poliedro é 8. Calcule o número de arestas desse poliedro.

Sendo x, y e $x + y$, respectivamente, os números de faces quadrangulares, triangulares e o total de faces, V a quantidade de vértices, A a de arestas e F a de faces, temos que:

$(x; y; x + y)$ PA $\rightarrow y - x = x + y - y \therefore y = 2x$

$2A = 4 \cdot x + 3 \cdot y \rightarrow 2A = 4 \cdot x + 3 \cdot 2x \therefore A = 5x$

$V + F = A + 2 \rightarrow 8 + x + 2x = 5x + 2 \therefore x = 3$

$A = 5x = 5 \cdot 3 = 15$

Exercícios propostos

1. Diga se cada um dos poliedros a seguir é convexo ou não convexo.

a)   b)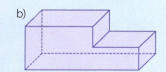

2. Um poliedro convexo possui 8 faces e 18 arestas. Qual é o número de vértices desse poliedro?

3. O tetraedro truncado é um poliedro convexo formado por 4 faces triangulares e 4 faces hexagonais, conforme sugere a figura.

Calcule o número de vértices do tetraedro truncado.

4. Um poliedro convexo possui uma face pentagonal, 5 faces quadrangulares e 5 faces triangulares.

a) Calcule o número de vértices desse poliedro.

b) Faça uma figura de um poliedro que satisfaça as condições do enunciado.

5. Após fazer algumas observações a respeito das quantidades de arestas, vértices e faces de um poliedro convexo, um aluno escreveu em seu caderno a conclusão: "Em um poliedro convexo, quando o número de vértices é igual ao número de faces, o número de arestas é par". Utilizando a relação de Euler, diga se a conclusão obtida pelo aluno é verdadeira ou se foi mera coincidência dos casos observados.

6. Uma pirâmide quadrangular regular é formada por uma base quadrangular e quatro faces laterais triangulares. Assim, calcule os números de faces, arestas e vértices de uma pirâmide regular que possui 12 faces laterais triangulares.

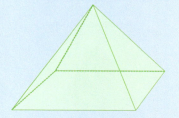

Poliedros Capítulo 10 159

7. Um poliedro convexo apresenta apenas faces triangulares e quadrangulares. Sabe-se que o poliedro tem 8 vértices e que o número de faces triangulares é igual ao dobro do número de faces quadrangulares. Calcule:

   a) a soma das medidas dos ângulos internos das faces desse poliedro.

   b) o número de arestas desse poliedro.

8. Um poliedro convexo possui 32 vértices e é formado apenas por faces triangulares, quadrangulares e octogonais. Os números de faces octogonais, quadrangulares e triangulares são diretamente proporcionais aos números 2, 5 e 8, respectivamente. Calcule o número de arestas desse poliedro.

9. Um poliedro convexo possui 20 arestas e é formado apenas por faces triangulares e uma face quadrangular. Seccionando-o por um plano, destaca-se dele um novo poliedro convexo que possui uma face quadrangular a mais e quatro faces triangulares a menos que o poliedro original. Calcule o número de vértices e de arestas do novo poliedro.

10. Monte em seu caderno uma tabela que contenha as seguintes informações sobre os poliedros regulares: nome, formato das faces, número de faces, número de arestas e número de vértices.

11. Quando os vértices de um poliedro são os centros das faces de outro poliedro, estes são chamados **duais** ou **conjugados**. Assim, o hexaedro regular e o octaedro regular são duais.

    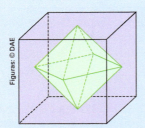
    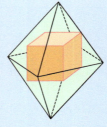

    a) Qual relação você observa entre o número de vértices de um e o número de faces do outro, se dois poliedros são duais?

    b) Existe um poliedro regular que é dual dele mesmo. Qual é esse poliedro?

12. Calcule a soma das medidas dos ângulos internos das faces de cada um dos poliedros regulares representados nas figuras a seguir:

    a) Tetraedro regular.   b) Hexaedro regular.

    c) Octaedro regular.   e) Icosaedro regular.

    d) Dodecaedro regular.

13. Diagonal de um poliedro é um segmento de reta que une dois vértices não pertencentes à mesma face. Por exemplo, no poliedro da figura a seguir, o segmento AB é uma de suas diagonais.

    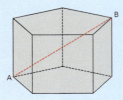

    Desse modo, obtenha o número total de diagonais do:

    a) tetraedro regular.

    b) hexaedro regular.

    c) octaedro regular.

14. Um poliedro convexo é formado por 224 faces triangulares.

    a) Calcule o número de arestas desse poliedro.

    b) Calcule o número de vértices desse poliedro.

15. A figura a seguir representa um poliedro estrelado.

    Junto com um colega, pesquise sobre os poliedros estrelados. Invente um problema e apresente-o para os demais colegas da turma resolverem.

PRISMAS

CAPÍTULO 11

Ao observar a fotografia de um edifício, como a indicada a seguir, constatamos que sua forma geométrica lembra um poliedro. Assim, enquanto o edifício é uma forma real, o poliedro ao lado representa uma forma idealizada.

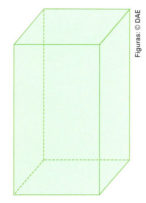

Um prédio pode se assemelhar a estrutura de um poliedro. Edifício do BNDES, Rio de Janeiro, RJ. Foto de 2012.

O poliedro representado é formado por 6 faces, 8 vértices e 12 arestas. Veremos, a seguir, que tal poliedro é denominado prisma. Nosso interesse em estudar o prisma está relacionado com medidas tais como área e volume.

Prismas e seus elementos

Nas duas figuras a seguir, os planos paralelos α e β são interceptados por uma reta r. No plano α, temos representado um polígono.

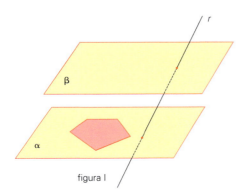

figura I

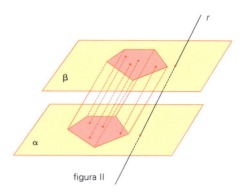

figura II

A figura geométrica formada pela reunião de todos os segmentos de reta paralelos à reta dada r, com uma extremidade num ponto pertencente ao polígono do plano α e a outra extremidade no plano β, denomina-se **prisma**, conforme a figura II.

Um prisma é um poliedro que possui duas faces congruentes e paralelas (os dois polígonos que estão nos planos α e β) e, além disso, as outras faces são paralelogramos cujos lados são obtidos ligando-se os vértices correspondentes das duas faces paralelas.

No prisma obtido, temos os seguintes elementos:

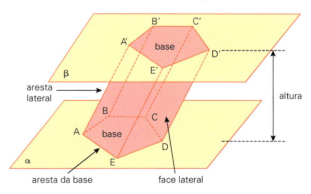

- **Bases**: são os polígonos convexos congruentes situados nos planos paralelos.
- **Arestas da base**: são os lados dos polígonos que formam as bases.
- **Arestas laterais**: são os segmentos AA', BB', CC', DD' e EE', todos paralelos entre si.

Prismas Capítulo 11 161

- **Faces laterais**: são os paralelogramos AA'B'B, BB'C'C, CC'D'D, DD'E'E e EE'A'A.
- **Altura**: é a distância entre dois planos paralelos (distância entre as bases do prisma).

Podemos classificar um prisma conforme certas características, por exemplo:

- **Quanto ao número de arestas da base**: como as bases de um prisma são polígonos congruentes, podemos conceber quantos prismas quisermos conforme imaginemos suas bases. Como exemplo, temos:

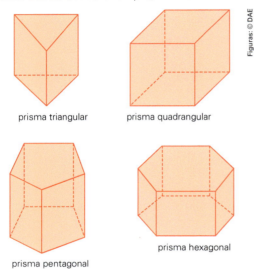

prisma triangular   prisma quadrangular

prisma pentagonal   prisma hexagonal

- **Quanto à inclinação das arestas laterais**: se as arestas laterais são perpendiculares aos planos das bases, temos um **prisma reto**. Se, porém, as arestas laterais são não perpendiculares (oblíquas) aos planos das bases, temos um **prisma oblíquo**. Exemplificando:

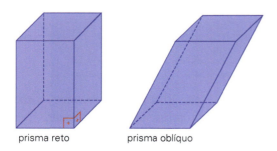

prisma reto   prisma oblíquo

São dadas denominações diferentes para os prismas quadrangulares, conforme suas características. Assim, de interesse para o nosso estudo, temos:

- **Paralelepípedo**: é um prisma cujas bases são paralelogramos.

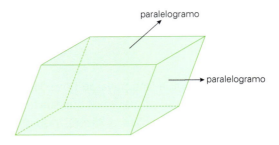

- **Paralelepípedo reto**: quando as bases são paralelogramos e as faces laterais são retângulos, dizemos que o paralelepípedo é reto.

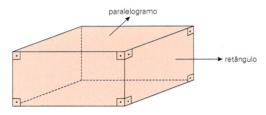

- **Paralelepípedo retângulo** ou **bloco retangular** ou **retorretângulo**: quando as bases e as faces laterais são retângulos.

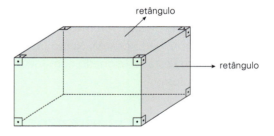

- **Cubo**: quando as bases e as faces laterais são quadrados.

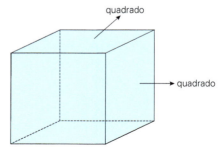

Observação:

Podemos dizer que um cubo é um caso particular de um paralelepípedo retorretângulo.

Prisma regular

Há um caso particular de prisma reto que devemos considerar. Quando, num prisma reto, os polígonos das bases são regulares, temos o **prisma regular**. Pelo fato de o prisma ser reto, as faces laterais serão formadas por retângulos congruentes.

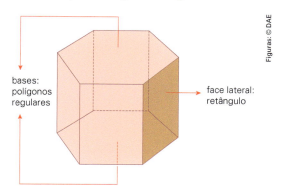

bases: polígonos regulares

face lateral: retângulo

No prisma acima (denominado prisma reto hexagonal regular), as seis faces laterais são retângulos congruentes, e as duas bases são hexágonos regulares. São exemplos de prismas regulares:

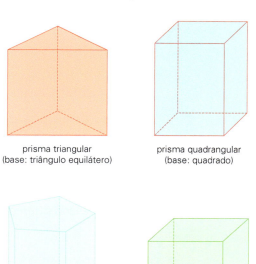

prisma triangular (base: triângulo equilátero)

prisma quadrangular (base: quadrado)

prisma pentagonal (base: pentágono regular)

cubo: (hexaedro) (base: quadrado)

> Quando as bases de um prisma reto são polígonos regulares ele é denominado **prisma regular**.

Área da superfície de um prisma

Imagine que um fabricante de embalagens lance no mercado, por ocasião de uma data comemorativa, uma embalagem como a sugerida na imagem acima. Há um custo de material que deve ser obtido para o cálculo do valor de venda. Para saber qual é esse custo, é necessário, entre outros, calcular a área total dessa embalagem, ou seja, quanto de material será utilizado para sua confecção.

A embalagem mostrada tem a forma de um prisma. Logo, precisaremos saber calcular a área de um prisma.

Considerando como exemplo um prisma regular hexagonal, a figura a seguir representa o prisma de altura h e medida da aresta da base a, e sua planificação:

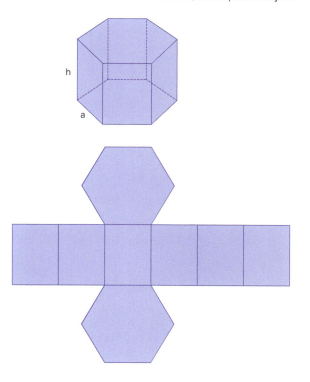

Prismas Capítulo 11 163

Nesse prisma, como em qualquer outro, quando pensamos no cálculo das áreas, devemos pensar nos polígonos das bases, na superfície lateral (reunião das faces laterais) e também na superfície total (reunião das bases com a superfície lateral):

- Área da base (A_b): área de um dos polígonos das bases;
- Área lateral (A_L): soma das áreas das faces laterais;
- Área total (A_t): soma da área lateral e das áreas das bases.

> A área total de um prisma, simbolizada por A_t, pode ser calculada pela relação:
>
> $$A_t = A_L + 2 \cdot A_b$$
>
> em que A_b é a área de cada base e A_L é área lateral.

Exemplos:

1. Vamos calcular a área total do prisma regular conforme representado na figura a seguir, em que a aresta da base mede 3 cm e a altura é igual a 6 cm.

- Área de cada base (área de um quadrado):

  $A_b = 3^2 = 9 \rightarrow A_b = 9$ cm²

- Área lateral (área de 4 retângulos 6 cm por 3 cm):

  $A_L = 4 \cdot (6 \cdot 3) = 72 \rightarrow A_L = 72$ cm²

- Área total:

  $A_t = A_L + 2 \cdot A_b$

  $A_t = 72 + 2 \cdot 9 \rightarrow A_t = 90$ cm²

Portanto, a área total desse prisma é igual a 90 cm².

2. Considere um prisma hexagonal regular em que a altura é igual a 8 cm e a medida da aresta da base é igual a 2 cm. Vamos calcular a área total desse prisma.

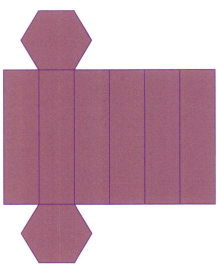

- Utilizando a relação que estabelece a área de um hexágono regular de lado a, temos:

  $A_b = 6 \cdot \dfrac{a^2 \sqrt{3}}{4}$

  $A_b = 6 \cdot \dfrac{2^2 \sqrt{3}}{4} \Rightarrow A_b = 6\sqrt{3}$ cm²

- Área lateral:

  $A_L = 6 \cdot a \cdot h$

  $A_L = 6 \cdot 2 \cdot 8 \Rightarrow A_L = 96$ cm²

- Cálculo da área total (considerando $\sqrt{3} \cong 1{,}73$):

  $A_t = A_L + 2 \cdot A_b$

  $A_t = 96 + 2 \cdot 6\sqrt{3}$

  $A_t \cong 96 + 20{,}76 \Rightarrow A_t \cong 116{,}76$ cm²

Exercícios resolvidos

1. A base de um prisma reto é um losango cujos lados medem 10 cm e um dos ângulos internos mede 60°, como mostra a figura.

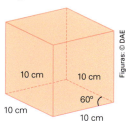

Se a medida da altura do prisma é igual à medida da maior diagonal de cada uma das bases, calcule:

a) a área de cada uma das bases.
b) a área lateral.
c) a área total.

a) Podemos dividir esse losango em dois triângulos equiláteros cujos lados medem 10 cm. Assim, a área procurada é igual a:

$A = 2 \cdot \dfrac{10^2 \sqrt{3}}{4} \Rightarrow A = 50\sqrt{3}$ cm²

b) A medida da maior diagonal do losango é igual a duas vezes a medida da altura de um triângulo equilátero cujos lados medem 10 cm, ou seja,

$2 \cdot \dfrac{10\sqrt{3}}{2}$ cm = $10\sqrt{3}$ cm. Assim, a área lateral é igual a $4 \cdot 10$ cm $\cdot 10\sqrt{3}$ cm = $400\sqrt{3}$ cm²

c) $A_t = 2 \cdot 50\sqrt{3}$ cm² + $400\sqrt{3}$ cm² = $500\sqrt{3}$ cm²

2. Calcule a área total de um prisma triangular regular cujas arestas são todas iguais a x.

Esse prisma é formado por 2 triângulos equiláteros e 3 quadrados, todos com medida do lado igual a x cm. Assim:

$A_{total} = 2 \cdot \dfrac{x^2 \sqrt{3}}{4} + 3 \cdot x^2 = \dfrac{x^2 \sqrt{3}}{2} + \dfrac{6 \cdot x^2}{2}$

$A_{total} = \dfrac{x^2 (\sqrt{3} + 6)}{2}$ cm²

3. Uma caixa de bombons tem o formato de prisma hexagonal regular, cuja aresta da base mede 3 cm e a aresta lateral mede 4 cm. Calcule a área total desse prisma.

A área do hexágono regular da base é igual a 6 vezes a área de um triângulo equilátero com aresta medindo 3 cm. A área lateral é igual a 6 retângulos com lados de medidas 3 cm e 4 cm. Logo:

$A_{total} = 2 \cdot 6 \dfrac{3^2 \sqrt{3}}{4} + 6 \cdot 3 \cdot 4 = 27\sqrt{3} + 72$

$A_{total} = 9(3\sqrt{3} + 8)$ cm²

Exercícios propostos

1. Em um prisma hexagonal regular, as arestas da base medem $2\sqrt{3}$ cm, e a área total é igual 156$\sqrt{3}$ cm². Determine a medida da altura desse prisma.

2. As bases de um prisma reto são triângulos retângulos cujos catetos medem 5 cm e 12 cm. A medida da altura é igual à medida das hipotenusas dos triângulos das bases. Calcule a área total desse prisma.

3. Em um prisma pentagonal regular, a medida das arestas das bases é 10 cm, e a altura mede 8 cm. Calcule a área lateral desse prisma.

4. A área de um triângulo qualquer pode ser calculada pela fórmula:

$S = \sqrt{p \cdot (p-a) \cdot (p-b) \cdot (p-c)}$

em que p é o semiperímetro do triângulo cujos lados medem a, b e c. Considere o triângulo ABC da figura:

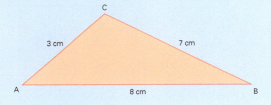

a) Calcule a área do triângulo ABC.
b) Calcule a área total de um prisma cuja altura mede 10 cm e cuja base seja o triângulo ABC.

5. A área de um triângulo também pode ser calculada pela seguinte fórmula: $S = \dfrac{1}{2} \cdot a \cdot b \cdot \text{sen}(\alpha)$, sendo α a medida do ângulo formado pelos lados cujas medidas são a e b. Considere o triângulo EFG da figura.

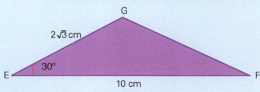

a) Calcule a área do triângulo EFG.
b) Calcule a área lateral de um prisma cuja base é o triângulo EFG e cuja altura mede 12 cm.

6. Para construir uma caixa sem tampa, uma pessoa dispõe de uma folha de papelão com formato retangular, cujas dimensões são 100 cm de comprimento e 80 cm de largura. Em cada um dos cantos dessa folha serão recortados quadrados cujos lados medem x cm, como mostra a figura. Em seguida, dobra-se na área tracejada e colam-se as arestas comuns com uma fita.

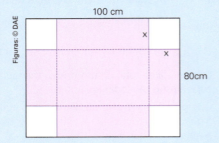

a) Qual será a área da superfície externa da caixa se x = 20 cm?

b) Qual deverá ser o valor de x para que a área da superfície externa da caixa seja igual a 7 100 cm²?

7. Em um prisma hexagonal regular, cuja altura mede 15 cm, a área lateral é igual ao dobro da área de cada uma das bases. Calcule a área total desse prisma.

8. Um chocolate é comercializado no formato de prismas retos trapezoidais, conforme mostra a figura.

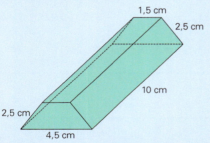

Supondo que esses chocolates sejam envolvidos com papel alumínio de modo que não haja sobra de material, qual é a área de papel utilizada em cada chocolate?

9. A figura mostra um prisma reto cujas bases são hexágonos convexos.

a) Qual é a soma das medidas dos ângulos internos das faces do prisma hexagonal representado na figura?

b) Qual é o número de diagonais desse prisma?

10. Para confeccionar uma caixa para presentes, uma pessoa utilizou o seguinte material.

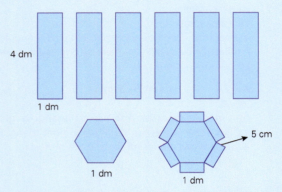

Utilizando cola para unir convenientemente as faces laterais e as bases, constrói-se uma caixa com o formato de um prisma hexagonal regular. Para confeccionar a tampa, serão utilizadas abas com 5 cm de largura.

a) Faça um desenho para representar a caixa após ser montada.

b) Calcule a área da quantidade de material utilizada para confeccionar a caixa. (Utilize a aproximação $\sqrt{3} \cong 1{,}730$.

Paralelepípedo e cubo

Tanto o paralelepípedo quanto o cubo são exemplos de prismas cujas formas são parecidas com objetos diversos. Assim, vamos detalhar as relações que permitem calcular não apenas a área de suas superfícies, como também as relações métricas envolvendo as medidas das arestas e diagonais.

Cálculo da área total do paralelepípedo retângulo e do cubo

A área total do paralelepípedo reto-retângulo pode ser determinada pela soma das áreas dos seis retângulos (suas faces), conforme planificação a seguir.

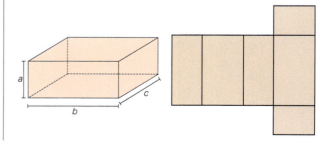

Unidade 4 Geometria espacial

$A_t = ab + ab + ac + ac + bc + bc$

$A_t = 2ab + 2ac + 2bc$

$A_t = 2(ab + ac + bc)$

A área total A_t de um paralelepípedo retângulo de dimensões a, b, e c é dada por:

$$A_t = 2(ab + ac + bc)$$

Observando que o cubo é um paralelepípedo reto com as três dimensões iguais, podemos determinar a área total considerando a soma das áreas de seis quadrados:

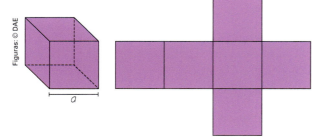

$A_t = a^2 + a^2 + a^2 + a^2 + a^2 + a^2$

$A_t = 6a^2$

A área total A_t de um cubo de aresta medindo a é dada por $A_t = 6a^2$.

Cálculo da diagonal do paralelepípedo retângulo e do cubo

Na figura a seguir, o paralelepípedo retângulo representado tem dimensões a, b e c. Nesse paralelepípedo, vamos considerar como d a medida da diagonal do paralelepípedo e x a medida da diagonal de uma das faces do paralelepípedo:

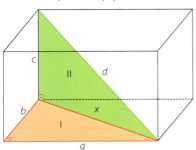

Observando o triângulo retângulo (I) na face do paralelepípedo e aplicando o teorema de Pitágoras, temos:

$$x^2 = a^2 + b^2 \quad \text{(I)}$$

Já no triângulo retângulo (II), também pelo teorema de Pitágoras, podemos escrever:

$$d^2 = x^2 + c^2 \quad \text{(II)}$$

Substituindo (I) em (II):

$d^2 = a^2 + b^2 + c^2 \Rightarrow d = \sqrt{a^2 + b^2 + c^2}$

A medida da diagonal d de um paralelepípedo retângulo de arestas medindo a, b e c é dada por:

$$d = \sqrt{a^2 + b^2 + c^2}$$

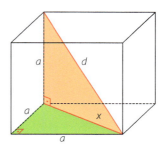

Como o cubo é um caso particular do paralelepípedo retângulo, na figura a seguir poderíamos inicialmente obter a medida da diagonal x da face e depois obter a medida da diagonal do cubo. Porém, basta considerar a fórmula da diagonal do paralelepípedo, em que as três arestas têm a mesma medida a, ou seja:

$d = \sqrt{a^2 + b^2 + c^2}$

$d = \sqrt{a^2 + a^2 + a^2}$

$d = \sqrt{3a^2} \Rightarrow d = a\sqrt{3}$

A medida da diagonal d de um cubo de arestas medindo a é dada por:

$$d = a\sqrt{3}$$

Exemplos:

1. Dado um paralelepípedo reto de arestas medindo 10 cm, 8 cm e 6 cm, vamos calcular a medida da diagonal e a área total desse sólido.

- Cálculo da medida da diagonal:

  $d = \sqrt{a^2 + b^2 + c^2}$

  $d = \sqrt{10^2 + 8^2 + 6^2}$

  $d = \sqrt{200} \Rightarrow d = 10\sqrt{2}$ cm

- Cálculo da área total:

  $A_t = 2(ab + ac + bc)$

  $A_t = 2 \cdot (10 \cdot 8 + 10 \cdot 6 + 8 \cdot 6)$

  $A_t = 376$ cm²

2. Considerando o cubo de aresta medindo $2\sqrt{3}$ cm, conforme indicado na figura, vamos determinar as medidas da diagonal do cubo e também da área total desse cubo.

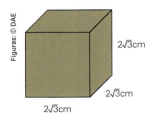

- Cálculo da medida da diagonal do cubo:

  $d = a\sqrt{3}$

  $d = 2\sqrt{3} \sqrt{3} \Rightarrow d = 6$ cm

Cálculo da área total:

  $A_t = 6a^2$

  $A_t = 6 \cdot (2\sqrt{3})^2 \Rightarrow A_t = 72$ cm²

Exercícios resolvidos

1. A área total de um cubo aumenta 96 cm² ao aumentar em 2 cm suas arestas. Qual é a medida da aresta do cubo antes do aumento?

   Sendo x a medida da aresta antes do aumento, temos:

   $6 \cdot (x + 2)^2 = 6 \cdot x^2 + 96 \Rightarrow x^2 + 4x + 4 = x^2 + 16 \therefore$
   $\therefore x = 3$ cm

   Assim, a medida da aresta do cubo antes do aumento é de 3 cm.

2. No cubo da figura, as arestas medem 10 cm. Calcule:

   a) a medida das diagonais das faces.

   b) a medida das diagonais do cubo.

   a) A diagonal d da face de um cubo de lado x é dada por $d = x\sqrt{2}$. Assim, $d = 10\sqrt{2}$ cm.

   b) A diagonal D de um cubo de lado x é dada por $D = x\sqrt{3}$. Assim, $D = 10\sqrt{3}$ cm.

3. As dimensões de um paralelepípedo retângulo são, em metros, expressas por três números pares consecutivos. Se a área total desse paralelepípedo é igual a 376 m², calcule a medida de suas diagonais.

   Sendo $x - 2$, x e $x + 2$ as dimensões do paralelepípedo, temos:

   $376 = 2 \cdot [(x - 2) \cdot x + (x - 2)(x + 2) + x(x + 2)] \rightarrow$
   $\rightarrow 188 = 3x^2 - 4 \rightarrow x^2 = 64 \therefore x = 8$ m

   Se $x = 8$, então as arestas medirão $(8 - 2)$ m, 8 m e $(8 + 2)$ m, isto é, 6 m, 8 m e 10 m.

   Assim, temos:

   $d = \sqrt{6^2 + 8^2 + 10^2}$

   $d = \sqrt{200}$

   $d = 10\sqrt{2} \therefore$ A diagonal mede $10\sqrt{2}$ m

4. Considere que a medida da diagonal do cubo, conforme representada na figura a seguir, seja D unidades de comprimento. Obtenha uma expressão que forneça a área total A_t desse cubo em função da diagonal D.

   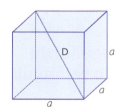

   - Inicialmente vamos obter a medida da aresta a de um cubo em função de sua diagonal D:

     $D = a\sqrt{3}$

     $\dfrac{D}{\sqrt{3}} = a$

   - Agora expressamos a área em função da diagonal:

     $A_t = 6 \cdot a^2$

     $A_t = 6 \cdot \left(\dfrac{D}{\sqrt{3}}\right)^2$

     $A_t = 6 \cdot \dfrac{D^2}{3} \Rightarrow A_t = 2 \cdot D^2$

Exercícios propostos

1. Se a soma das medidas das arestas de um cubo é igual a 96 cm, quais as medidas das diagonais das faces desse cubo?

2. Em um cubo, as diagonais das faces medem 4 dm. Calcule:
   a) a medida das diagonais desse cubo.
   b) a área total desse cubo.

3. Em um paralelepípedo retângulo, as dimensões são 10 cm, 6 cm e 4 cm. Calcule:

   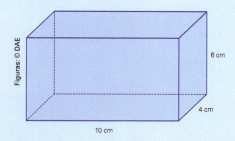

   a) a medida das diagonais do paralelepípedo.
   b) a área total do paralelepípedo.

4. As dimensões de um paralelepípedo retângulo são $2\sqrt{3}$ cm $3\sqrt{2}$ cm e x. Determine o valor de x sabendo que as diagonais desse paralelepípedo medem 6 cm.

   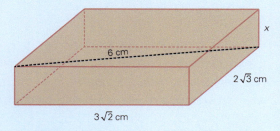

5. Em um paralelepípedo retângulo, as dimensões são a, b e c.
   a) Sendo D a medida das diagonais do paralelepípedo, expresse D^2 em função de a, b e c.
   b) Sendo S a área total do paralelepípedo, expresse S em função de a, b e c.
   c) Desenvolva a expressão $(a + b + c)^2$.
   d) Escreva $(a + b + c)^2$ em função de D^2 e S.

   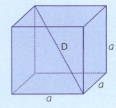

6. Se aumentarmos a medida das arestas de um cubo em 20%, qual será o aumento percentual:
   a) da medida das diagonais desse cubo?
   b) da área total desse cubo?

7. Um cubo cujas arestas medem $2\sqrt{13}$ cm e um paralelepípedo retângulo cujas dimensões são dadas, em cm, por três números diretamente proporcionais a 2, 3 e 4, têm a mesma área total. Calcule:
   a) a área total do cubo.
   b) as dimensões do paralelepípedo.
   c) a medida das diagonais do paralelepípedo.

8. Um cubo, cujas arestas medem 30 cm, foi pintado de vermelho e, em seguida, cortado em cubos menores, cujas arestas medem 10 cm, como mostra a figura.

   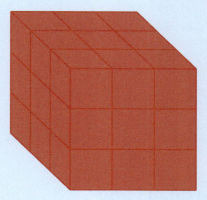

   a) Qual é o número total de cubos menores que foram obtidos?
   b) Quantos cubos menores têm apenas uma face pintada de vermelho?
   c) Quantos cubos menores têm exatamente duas faces pintadas de vermelho?
   d) Quantos cubos menores têm exatamente três faces pintadas de vermelho?

9. Com base na figura a seguir, invente e resolva um problema relacionando um prisma regular de base quadrada e um cubo.

EXPLORANDO

Junto com alguns colegas, explore o que foi estudado a respeito do paralelepípedo retângulo, conforme os seguintes itens:

Exemplo de uma sala de aula.

1. As salas de aula geralmente têm a forma de um grande paralelepípedo retângulo. Com o auxílio de uma trena, obtenha, em sua sala de aula, as medidas:
   a) do comprimento.
   b) da largura.
   c) da altura.

2. Calcule a área total de sua sala de aula.

3. Considere que as paredes e o teto de sua sala de aula deverão ser pintados. Quantos metros quadrados serão pintados? Não esqueça de excluir janelas e portas.

4. A turma decidiu construir um aquário na sala de aula. Ele terá o formato de um paralelepípedo reto-retângulo. Decida as medidas do aquário e calcule a área do vidro que será utilizado.

Obs.: pesquise sobre os cuidados que devem ser tomados em relação à construção de um aquário e apresente-os à classe.

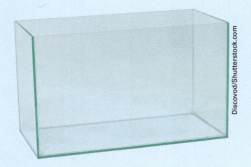

Modelo de aquário para a atividade proposta.

Volume do prisma

Uma piscina será construída em um terreno plano. Para ter uma boa ideia de como será a piscina, na ilustração abaixo evidenciamos a vista superior e o "corte" feito no terreno.

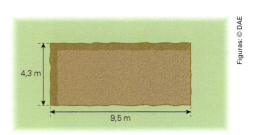

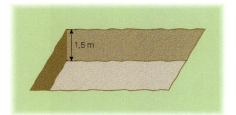

Com as medidas indicadas, teremos de calcular aproximadamente o volume de terra que será retirado e também a capacidade dessa piscina. Para tanto, precisamos saber como calcular o volume de um prisma, isto é, medir o "espaço" que um prisma ocupa.

Assim como ocorreu com medidas lineares (comprimentos) e medidas de superfícies (áreas), também para medir o espaço (volume) ocupado por um objeto estabelecemos uma unidade de comparação. A unidade utilizada é um cubo unitário.

Se utilizarmos o cubo como unidade de medida de volume, podemos obter o volume do sólido (paralelepípedo retângulo) representado a seguir:

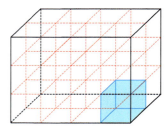

Comparando o cubo com o paralelepípedo, podemos dizer que se a unidade de volume do cubo é U, então o volume V do paralelepípedo representado será V = 24 U.

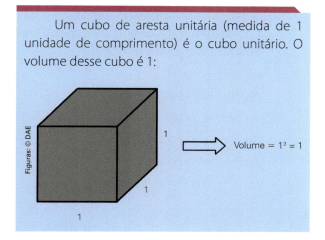

Um cubo de aresta unitária (medida de 1 unidade de comprimento) é o cubo unitário. O volume desse cubo é 1:

Assim, teremos, para cada unidade de comprimento, uma unidade correspondente de volume, ou seja:

- Um cubo de 1 cm de aresta tem 1 cm³ de volume.
- Um cubo de 1 dm de aresta tem 1 dm³ de volume.
- Um cubo de 1 m de aresta tem 1 m³ de volume.

Podemos dizer que o volume de um sólido qualquer será o número que expressa a quantidade de vezes que o sólido considerado contém o cubo unitário. Como nem sempre deparamos com sólidos que tenham formas "regulares", determinar o número de vezes que eles contêm o cubo unitário não é evidente. Necessitamos, então, estabelecer fórmulas para o cálculo do volume de determinados sólidos geométricos.

Considerando que um cubo unitário tem volume 1 e representando esse fato por V(1, 1, 1) = 1, vamos obter o volume de paralelepípedos retângulos. Note que qualquer paralelepípedo retângulo tem três medidas: comprimento (a), largura (b) e altura (c). Representaremos esse volume por V(a, b, c).

Observe que o volume de um paralelepípedo reto é proporcional a cada uma de suas dimensões. Isso significa que, mantendo fixas duas de suas dimensões e multiplicando a outra dimensão por um número natural não nulo n, o volume também será multiplicado por n.

Vamos analisar alguns exemplos.

1. Na ilustração a seguir, vamos considerar, por exemplo, um bloco retangular de medidas a, b e c. Fixando as medidas a e b, enquanto multiplicamos c por 4, teremos outro bloco retangular à direita.

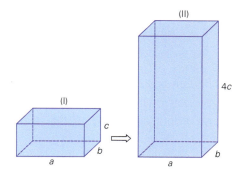

Pela figura, podemos dizer que o volume do sólido I é proporcional ao volume do sólido II. A razão de proporção é 4:

$$\frac{V(a, b, 4c)}{V(a, b, c)} = 4$$

$$V(a, b, c) = 4 \cdot V(a, b, c)$$

Assim, o sólido II tem volume 4 vezes o volume do sólido I.

2. Agora, vamos considerar um bloco retangular I de medidas a, b e c em que fixamos as medidas a e c e multiplicamos a medida b por 2. Obtemos, assim, o bloco retangular III.

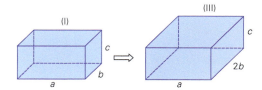

- Conforme a ilustração, podemos dizer que o volume do sólido III é proporcional ao volume do sólido I. A razão de proporção é 2:

$$\frac{V(a, 2b, c)}{V(a, b, c)} = 2$$

$$V(a, 2b, c) = 2 \cdot V(a, b, c)$$

Assim, o sólido III tem volume 2 vezes o volume do sólido I.

3. Conforme ilustração a seguir, vamos considerar o bloco retangular I de medidas a, b e c e o bloco IV, cujas medidas são $3a$, b e c. Fixamos b e c, e multiplicamos a por 3:

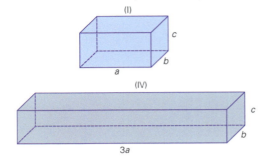

- Podemos dizer que o volume do sólido IV é proporcional ao volume do sólido I. A razão de proporção é 3:

$$\frac{V(3a, b, c)}{V(a, b, c)} = 3$$

$$V(3a, b, c) = 3 \cdot V(a, b, c)$$

4. A partir do bloco retangular I de medidas a, b e c, construímos um bloco retangular V cujas arestas têm medidas multiplicadas respectivamente por 3, 2 e 4, conforme figura:

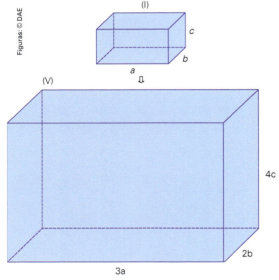

O volume do sólido V é o volume do sólido I multiplicado por 24, ou seja:

$V(3a, 2b, 4c) = 3 \cdot V(a, 2b, 4c)$

$V(3a, 2b, 4c) = 3 \cdot 2 \cdot V(a, b, 4c)$

$V(3a, 2b, 4c) = 3 \cdot 2 \cdot 4 \cdot V(a, b, c)$

$V(3a, 2b, 4c) = 24 \cdot V(a, b, c)$

O que observamos nesses exemplos, de forma intuitiva, para números naturais também vale quando as medidas das arestas são representadas por números reais. Podemos utilizar o raciocínio exemplificado para calcular o volume de um paralelepípedo retangular em função de um cubo unitário. Assim, sendo a, b e c as medidas das arestas de um paralelepípedo retangular, temos que seu volume é:

$V(a, b, c) = V(a \cdot 1, b, c)$

$V(a, b, c) = a \cdot V(1, b, c)$

$V(a, b, c) = a \cdot V(1, b \cdot 1, c)$

$V(a, b, c) = a \cdot b \cdot V(1, 1, c)$

$V(a, b, c) = a \cdot b \cdot V(1, 1, c \cdot 1)$

$V(a, b, c) = a \cdot b \cdot c \cdot V(1, 1, 1)$

> O volume de um paralelepípedo retangular é o produto das medidas reais positivas de suas arestas. Em símbolos, sendo V o volume e a, b e c as medidas das arestas, temos:
>
> $V = a \cdot b \cdot c$

Como o volume do cubo unitário é 1, temos que:

$V(a, b, c) = a \cdot b \cdot c \cdot V(1, 1, 1)$

$V(a, b, c) = a \cdot b \cdot c \cdot 1 \Rightarrow V(a, b, c) = a \cdot b \cdot c$

Observações:

1. Considerando como base, por exemplo, a face do paralelepípedo retangular que tem medidas a e b, sendo $A_b = a \cdot b$ a área dessa base, a medida c representará a altura h do sólido. Assim, podemos escrever:

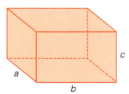

$V = a \cdot b \cdot c$

$V = (a \cdot b) \cdot c \rightarrow V = A_b \cdot h$

Dessa forma, podemos dizer que o volume de um paralelepípedo retangular é o produto da área da base pela medida da altura. Esse resultado será utilizado para determinar o volume de um prisma.

Unidade 4 Geometria espacial

2. Como um cubo é um paralelepípedo retangular em que as arestas têm medidas iguais, temos que:

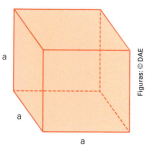

$V = a \cdot b \cdot c$

$V = a \cdot a \cdot a \rightarrow V = a^3$

O volume de um cubo cuja aresta mede a é o cubo da medida dessa aresta. Daí utilizarmos a expressão "ao cubo" para a potência de expoente três.

Vamos calcular agora o volume de terra que deve ser retirado do solo para fazer a piscina, conforme situação apresentada anteriormente.

- Como o "buraco" tem a forma de um paralelepípedo retangular, vamos calcular seu volume a partir das medidas das arestas:

$V = a \cdot b \cdot c$

$V = (4,3 \text{ m}) \cdot (9,5 \text{ m}) \cdot (1,5 \text{ m})$

$V = 61,275 \text{ m}^3$

Observação:

Considerando que um recipiente oco que ocupa um espaço de 1 m³ tem capacidade de 1 000 litros, podemos dizer que a capacidade máxima do "buraco" (piscina a ser construída) no exemplo anterior é de 61 275 litros.

Volume do prisma e princípio de Cavalieri

Embora o **princípio de Cavalieri** envolva conceitos mais avançados sobre medidas, ele será útil aqui para compreender como obter o volume de um prisma a partir do volume de um paralelepípedo retângulo visto anteriormente. Antes de formalizar esse princípio, vamos considerar duas pilhas de cartas de baralho, como sugerem as ilustrações a seguir.

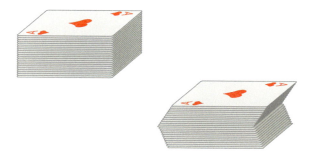

As duas pilhas são formadas por cartas de mesmo tamanho, e cada pilha tem a mesma quantidade de cartas. O que muda de uma pilha para outra é a forma de empilhar as cartas. Intuitivamente acreditamos que as duas pilhas de cartas ocupam o mesmo espaço, isto é, têm o mesmo volume. Além disso, se imaginarmos um plano horizontal seccionando as duas pilhas, as interseções desse plano com as pilhas serão formadas por retângulos de mesma área (área de uma carta). Esse tipo de raciocínio leva ao princípio de Cavalieri. Adotaremos esse princípio sem demonstração.

Vamos imaginar outra situação que permitirá, mais uma vez de forma intuitiva, compreender o que diz esse importante princípio que enunciaremos a seguir.

Consideremos que os dois sólidos geométricos A e B, representados a seguir, estejam apoiados em um mesmo plano horizontal α. Vamos supor agora que esses dois sólidos sejam cortados por um plano paralelo ao plano α. A esse plano paralelo chamaremos plano β.

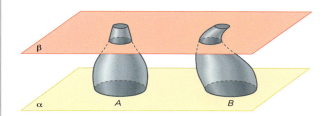

Se **qualquer** plano β paralelo ao plano α "cortar" os dois sólidos em seções de mesma área, os dois sólidos terão o mesmo volume. Chegamos ao princípio enunciado pelo italiano Bonaventura Cavalieri (1598-1647), conhecido por princípio de Cavalieri:

> São dados dois sólidos e um plano. Se qualquer plano paralelo ao plano dado secciona os dois sólidos segundo superfícies de mesma área (superfícies equivalentes), então esses sólidos têm o mesmo volume (sólidos equivalentes).

Note que esse princípio exige que as áreas sejam iguais qualquer que seja o plano paralelo ao plano dado seccionando os sólidos. Decorre disso que as bases desses dois sólidos devem ter a mesma área e também que esses dois sólidos precisam ter a mesma altura.

Utilizando o princípio de Cavalieri e o volume de um paralelepípedo retângulo, podemos agora obter o volume de um prisma. Assim, consideremos a seguir um prisma e um paralelepípedo retângulo de mesma altura h e bases com a mesma área A_b (as bases contidas no plano α).

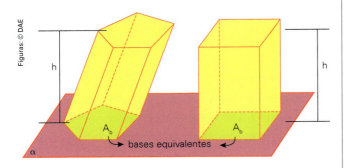

Todo plano horizontal β, paralelo ao plano α, que secciona esses dois sólidos, determina no prisma uma seção de área S_1, que é igual à área de sua base, e no paralelepípedo uma seção de área S_2, que é igual à área de sua base.

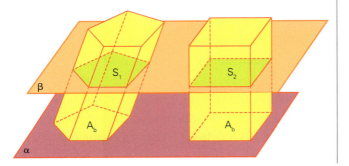

Como as áreas das bases do prisma e do paralelepípedo são iguais, temos também que:

$$S_1 = S_2 = A_b$$

Assim, pelo princípio de Cavalieri, os dois sólidos têm o mesmo volume:

volume do prisma = volume do paralelepípedo

Neste capítulo, fizemos a observação de que o volume de um paralelepípedo retângulo é a área da base multiplicada pela altura. Logo:

volume do prisma = (área da base) · (altura)

> O volume **V** de um prisma de altura h e área da base A_b é dado por:
> $$V = A_b \cdot h$$

Exemplos:

1. Vamos calcular o volume de um prisma regular hexagonal, sabendo que sua altura é 8 cm e que a aresta de sua base mede 4 cm.

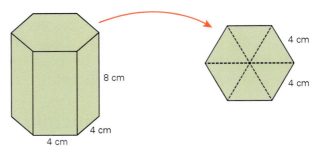

- Cálculo da área da base (área de um hexágono regular):

$$A_b = 6 \cdot \frac{a^2 \sqrt{3}}{4}$$

$$A_b = 6 \cdot \frac{4^2 \sqrt{3}}{4} \Rightarrow A_b = 24\sqrt{3} \text{ cm}^2$$

- Cálculo do volume:

$V = A_b \cdot h$

$V = 24\sqrt{3} \cdot 8 \Rightarrow V = 192\sqrt{3}$ cm³

2. Na figura a seguir, temos representado um prisma quadrangular oblíquo. Vamos calcular o volume desse prisma, considerando que a base é um retângulo.

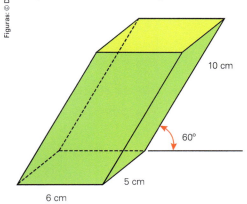

- Como o ângulo que o prisma forma com o plano da base tem medida 60° e a aresta lateral mede 10 cm, podemos determinar a altura h desse prisma por meio da razão trigonométrica seno de um ângulo agudo num triângulo retângulo:

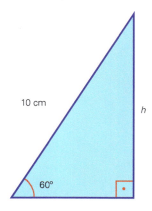

$\operatorname{sen} 60° = \dfrac{\text{cateto oposto}}{\text{hipotenusa}}$

$\dfrac{\sqrt{3}}{2} = \dfrac{h}{10} \Rightarrow h = 5\sqrt{3}$ cm

- Cálculo do volume, observando que a área da base é a área de um retângulo:

$V = A_b \cdot h$

$V = (6 \cdot 5) \cdot 5\sqrt{3} \Rightarrow V = 150\sqrt{3}$ cm³

Exercícios resolvidos

1. Calcule o volume de um cubo cuja área total é igual a 150 dm².

Sendo x a medida das arestas do cubo, temos:

$6 \cdot x^2 = 150 \Rightarrow x^2 = 25 \therefore x = 5$ dm

$V_{CUBO} = 5^3 \Rightarrow V_{CUBO} = 125$ dm³

2. Em um prisma hexagonal regular, a área de cada face lateral é igual à metade da área de cada uma das bases. Se a altura do prisma mede 9 cm, calcule seu volume.

Sendo x a medida das arestas da base, temos:

$x \cdot 9 = \dfrac{1}{2} \cdot \dfrac{6 \cdot x^2 \cdot \sqrt{3}}{4} \to x\sqrt{3} = 12 \therefore$

$\therefore x = 4\sqrt{3}$ cm

$V_{PRISMA} = \dfrac{6 \cdot (4\sqrt{3})^2 \cdot \sqrt{3}}{4} \cdot 9 \to V = 648\sqrt{3}$ cm³

4. Em um prisma hexagonal regular, as maiores diagonais medem 25 cm, e as maiores diagonais das bases medem 20 cm, como mostra a figura.

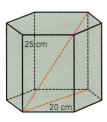

Obtenha o volume desse prisma. (Utilize a aproximação $\sqrt{3} \cong 1{,}73$.)

Sendo h a medida da altura do prisma, temos:

$25^2 = 20^2 + H^2 \therefore H = 15$ cm

O hexágono da base pode ser dividido em 6 triângulos equiláteros de lado 10 cm. Assim:

$V_{PRISMA} = 6 \cdot \dfrac{10^2 \sqrt{3}}{4} \cdot 15 = 2\,250\sqrt{3} \cong 3\,892{,}5$

$V_{PRISMA} \cong 3\,892{,}5$ cm³

Exercícios propostos

1. Calcule o volume de um paralelepípedo retângulo cujas dimensões são 4 cm, 10 cm e 15 cm.

2. A figura a seguir mostra um cubo planificado.

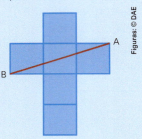

Se a distância entre os pontos A e B é igual a $10\sqrt{5}$, calcule a área total e o volume desse cubo.

3. Um cubo, cujas arestas medem 20 cm, e um paralelepípedo, cujas dimensões são em cm, expressas por 10, 50 e x, são equivalentes.
   a) O que significa dizer que dois sólidos são equivalentes?
   b) Qual é o valor de x?
   c) Qual é a área total do paralelepípedo?

4. Um cubo, cujas arestas medem 30 cm, está parcialmente preenchido com água, como mostra a figura.

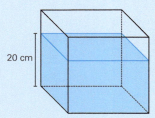

Se a água contida no cubo for transferida para um paralelepípedo retângulo cujas dimensões da base são 20 cm e 10 cm e cuja altura mede 100 cm, decida se cada uma das afirmações a seguir é verdadeira ou falsa.
   a) A água não atingirá a metade da altura do paralelepípedo.
   b) A água transbordará, pois a capacidade do paralelepípedo é menor que a capacidade do cubo.
   c) A água atingirá mais de três quartos da altura do paralelepípedo.

5. Sabe-se que duas das dimensões de um paralelepípedo retângulo são iguais entre si, que a área total é igual a 210 dm² e que a soma das dimensões é igual a 18 dm.
   a) Quais são as dimensões do paralelepípedo?
   b) Calcule o volume do paralelepípedo.

6. Responda:
   a) Qual sólido tem volume maior: um cubo de arestas medindo 5 cm ou um paralelepípedo reto em que as arestas medem 2 cm, 4 cm e 6 cm?

b) Qual é a medida da aresta de um cubo que tem o mesmo volume de um paralelepípedo reto em que as arestas medem 2 cm, 4 cm e 8 cm?

7. Em um paralelepípedo retângulo, as dimensões, em metros, formam uma progressão aritmética. Se a soma das dimensões é igual a 27 metros e a área total do paralelepípedo é igual a 454 metros quadrados, calcule seu volume.

8. As dimensões de um paralelepípedo retângulo são 2 m, 1 m e 1 m, como mostra a figura a seguir.

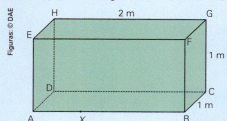

O ponto X pertence ao segmento AB e AX = x. Calcule o valor de x de modo que XC = XH.

9. A interseção entre um plano e um cubo é o retângulo ABCD, como mostra a figura.

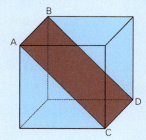

Se o perímetro do retângulo ABCD é igual a $(4 + 4\sqrt{2}\,m)$, calcule o volume do cubo.

10. Elabore um problema sobre a equivalência de volumes de um cubo e de um paralelepípedo. Resolva-o e apresente-o para a turma.

11. Em um prisma quadrangular regular, as diagonais das bases medem $10\sqrt{2}$ e a altura mede 20 cm, conforme a figura. Calcule o volume desse prisma.

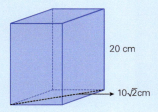

12. Em um prisma hexagonal regular, as arestas da base medem 20 cm e a medida da altura é igual à medida do apótema da base. Calcule:

    a) a área de cada uma das bases.
    b) a medida da altura do prisma.
    c) o volume do prisma.

13. Em uma piscina, cujas dimensões são 10 metros de comprimento, 6 metros de largura e 1,5 metro de profundidade, a água foi tratada com cloro. Se para cada 1000 litros de água colocam-se 10 gramas de cloro, calcule a massa de cloro necessária para tratar toda a água da piscina.

14. A área lateral de um prisma quadrangular regular é igual a 1600 cm², e o volume é igual a 10 000 cm³. Calcule:

    a) a área de cada uma das bases.
    b) a área total.

CAPÍTULO 12 ▶ PIRÂMIDES

Nas duas ilustrações a seguir, temos pirâmides construídas em épocas e em locais diferentes: é o contraste entre o antigo e o novo. Foram erguidas também com objetivos completamente diferentes.

Necrópole de Gizé (Gizé, Egito), onde estão localizadas as pirâmides de Quéops, Quéfren e Miquerinos, construídas por volta de 2700 a.C. Foto de 2015.

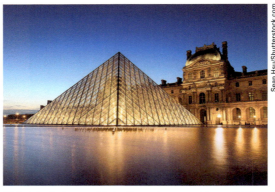

Pirâmide do Louvre (Paris, França), construída em 1989. Foto de 2015.

Considerando, por exemplo, a pirâmide de Quéops, quais são suas dimensões? Qual é o volume ocupado por essa pirâmide? Qual é a área total da pirâmide francesa?

Para responder a essas e outras possíveis questões relacionadas às construções dessas pirâmides, vamos estudar os poliedros denominados pirâmides.

Observe, a seguir, a representação de algumas pirâmides:

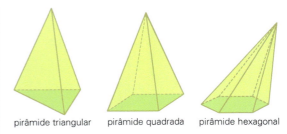

pirâmide triangular   pirâmide quadrada   pirâmide hexagonal

Veremos em seguida como obter uma pirâmide, quais são suas características e seus elementos. Assim como ocorreu com o prisma, o nosso interesse maior está na determinação das áreas e do volume de uma pirâmide.

Pirâmide e seus elementos

Na figura a seguir, temos um polígono convexo ABCDEF de seis lados num plano α e um ponto V fora desse plano.

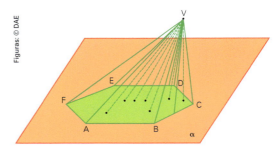

Para obter uma pirâmide, precisamos tomar segmentos de reta, todos com uma extremidade no ponto V e outra extremidade nos pontos do polígono (região poligonal). A reunião de todos os possíveis segmentos assim construídos é um sólido geométrico denominado **pirâmide**.

Note que a pirâmide, como citado anteriormente, é um poliedro. Esse poliedro possui uma face contida no plano α (base da pirâmide) e outras faces, que são triângulos cujos lados são obtidos ligando-se o ponto V com vértices pertencentes ao polígono (linha poligonal) contido em α.

Vamos identificar numa pirâmide alguns de seus elementos:

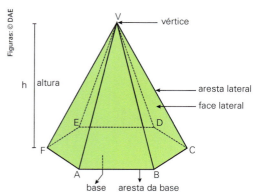

- **Base**: é o polígono convexo situado no plano α.
- **Vértice**: é o ponto V não pertencente ao plano α.
- **Arestas da base**: são os lados do polígono que forma a base.
- **Arestas laterais**: são os segmentos AV, BV, CV, DV, EV e FV.
- **Faces laterais**: são os triângulos VAB, VBC, VCD, VDE, VEF e VFA.
- **Altura**: é a distância do vértice da pirâmide ao plano da base.

Assim como os prismas, as pirâmides também podem ser designadas de acordo com certas características, tais como o polígono que forma a base. Observe os exemplos:

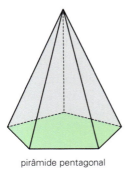
pirâmide pentagonal

pirâmide octogonal

Observação:

Como a base de uma pirâmide é um polígono, podemos conceber quantos polígonos quisermos conforme imaginemos sua base.

Pirâmides regulares

Se o polígono da base de uma pirâmide é um polígono convexo regular (medidas das arestas iguais) e as arestas laterais são congruentes entre si, a pirâmide é denominada **pirâmide regular**.

São exemplos de pirâmides regulares:

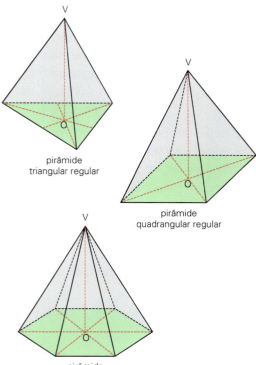

pirâmide triangular regular

pirâmide quadrangular regular

pirâmide hexagonal regular

São características de uma pirâmide regular:

- As faces laterais são triângulos isósceles congruentes.
- A projeção ortogonal do vértice sobre o plano da base é o centro do polígono da base.

O nosso estudo concentra-se em pirâmides regulares. Por isso destacamos a seguir, em uma pirâmide regular, alguns elementos importantes que auxiliarão no cálculo da área e do volume de pirâmides:

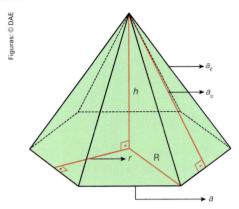

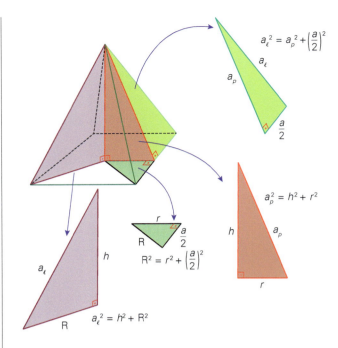

- **h** (altura da pirâmide): segmento que liga o vértice da pirâmide ao centro do polígono da base.
- **r** (apótema da base da pirâmide): segmento que liga o centro do polígono da base com o ponto médio da aresta da base (raio da circunferência inscrita ao polígono da base).
- **a_p** (apótema da pirâmide): segmento que liga o vértice da pirâmide ao ponto médio da aresta da base (altura do triângulo isósceles correspondente à face lateral).
- **a_ℓ** (aresta lateral da pirâmide): segmento que liga o vértice da pirâmide ao vértice do polígono da base.
- **a** (aresta da base da pirâmide): lado do polígono da base da pirâmide.
- **R**: raio da circunferência que circunscreve o polígono da base.

Em qualquer uma das pirâmides regulares destacadas anteriormente, podemos obter relações métricas entre as medidas de alguns desses elementos. Para facilitar a visualização dessas relações, vamos considerar uma pirâmide regular em que destacamos quatro triângulos retângulos. Nesses triângulos retângulos, considerando o teorema de Pitágoras, obtemos relações métricas envolvendo os elementos citados.

Exemplo:

Numa pirâmide quadrangular regular, o lado da base mede 6 cm e a altura 4 cm. Vamos calcular a medida do apótema da pirâmide e também a medida da aresta lateral dessa pirâmide.

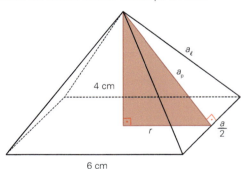

- A altura, o apótema da base e o apótema da pirâmide formam um triângulo retângulo, tal que:

$$a_p^2 = r^2 + h^2$$

$$a_p^2 = \left(\frac{6}{2}\right)^2 + 4^2 \Rightarrow a_p = 5 \text{ cm}$$

- A aresta lateral, o apótema da pirâmide e a metade da medida da aresta da base formam um triângulo retângulo, tal que:

$$a_\ell^2 = \left(\frac{a}{2}\right)^2 + a_p^2$$

$$a_\ell^2 = \left(\frac{6}{2}\right)^2 + 5^2 \rightarrow a_\ell = \sqrt{34} \text{ cm}$$

Área da superfície de uma pirâmide

Como podemos calcular a área da superfície de uma pirâmide?

Se planificarmos um modelo de uma pirâmide, compreenderemos mais facilmente como é formada a superfície total e como calcular sua área:

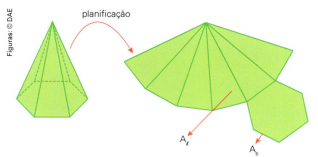

- **Área da base** (A_b): área do polígono da base (região poligonal).
- **Área lateral** (A_ℓ): soma das áreas das faces laterais.
- **Área total** (A_t): soma da área lateral com a área da base.

> A área total da superfície de uma pirâmide, representada por A_t, pode ser calculada pela relação:
> $$A_t = A_\ell + A_b$$
> em que A_b é a área da base e A_ℓ é a área lateral da pirâmide.

Exercícios resolvidos

1. Em uma pirâmide quadrangular regular, a área da base é igual a 64 cm² e a altura mede 3 m.

a) Faça um desenho que represente essa pirâmide.
b) Calcule a medida do apótema da pirâmide.
c) Calcule a área total da pirâmide.

a)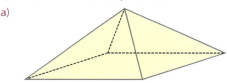

b) Sendo x a medida das arestas da base e a_p o apótema da pirâmide, temos:

$x^2 = 64 \therefore x = 8$ m

$(a_p)^2 = 3^2 + 4^2 \therefore a_p = 5$ m

c) $A_t = 64 + 4 \cdot \dfrac{8 \cdot 5}{2}$

$A_t = 144$ m²

2. Uma pirâmide é construída a partir de um cubo cujas arestas medem $5\sqrt{2}$ m, de modo que sua base coincide com uma das faces do cubo e o vértice é o centro da face oposta à base. Observe a figura.

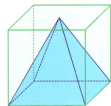

Obtenha a área lateral da pirâmide.

Sendo a_p o apótema da pirâmide, temos:

$(a_p)^2 = (5\sqrt{2})^2 + \left(\dfrac{5\sqrt{2}}{2}\right)^2 \to (a_p)^2 = 50 + \dfrac{50}{4} \to$

$\to (a_p)^2 = \dfrac{250}{4} \therefore a_p = \dfrac{5\sqrt{10}}{2}$ m

$A_\ell = 4 \cdot \dfrac{1}{2} \cdot 5\sqrt{2} \cdot \dfrac{5\sqrt{10}}{2} = 25\sqrt{20}$

$A_\ell = 50\sqrt{5}$ m²

3. Uma das faces de um tetraedro regular está inscrita em uma circunferência de raio 2 m. Calcule a área total desse tetraedro.

Sendo x a medida das arestas do tetraedro, temos:

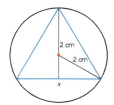

Como as faces do tetraedro são triângulos equiláteros, o raio da circunferência é igual a $\dfrac{2}{3}$ da altura do triângulo equilátero. Assim:

$2 = \dfrac{2}{3} \cdot \dfrac{x\sqrt{3}}{2} \to x = \dfrac{6}{\sqrt{3}}$

$x = 2\sqrt{3}$ m

Logo:

$A_{Total} = 4 \cdot \dfrac{(2\sqrt{3})^2 \cdot \sqrt{3}}{4}$

$A_{Total} = 12\sqrt{3}$ m²

Exercícios propostos

1. Em uma pirâmide quadrangular regular, o apótema mede 13 cm e as arestas da base medem 10 cm, como mostra a figura.

   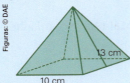

   Obtenha a medida da altura dessa pirâmide.

2. O apótema da base de uma pirâmide triangular regular mede $2\sqrt{3}$ metros. Se a altura da pirâmide mede 12 metros, calcule:
   a) a medida das arestas laterais.
   b) a medida do apótema da pirâmide.

3. Calcule a área lateral e a medida da altura de uma pirâmide hexagonal regular cuja planificação está representada na figura.

4. A pirâmide de Quéops, também conhecida como a Grande Pirâmide, é a maior das três pirâmides de Gizé.

   Uma réplica dessa pirâmide, tal que sua altura mede 74 cm e as arestas da base quadrada medem 114 cm, foi construída em isopor. Deseja-se pintar externamente a base e as faces laterais dessa réplica. Qual a área total a ser pintada? (Utilize a aproximação $\sqrt{349} \cong 18{,}7$.)

5. Na figura, as arestas do tetraedro regular medem 12 cm. Determine:

   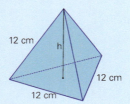

   a) a medida da altura do tetraedro regular.
   b) a área total do tetraedro regular.

6. Na figura, as arestas do octaedro regular medem 5 cm. Calcule:

   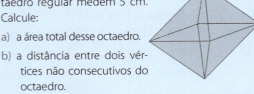

   a) a área total desse octaedro.
   b) a distância entre dois vértices não consecutivos do octaedro.

7. Em uma pirâmide quadrangular, todas as arestas medem 8 metros, como mostra a figura a seguir.

   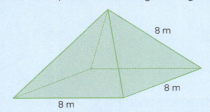

   Calcule a razão entre as medidas do apótema e da altura da pirâmide.

8. Calcule a área total de uma pirâmide quadrangular regular cujas arestas da base medem 12 metros e as faces laterais formam com o plano da base um ângulo de 45°. (Utilize a aproximação $\sqrt{2} \cong 1{,}41$.)

   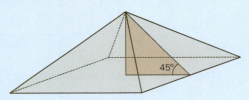

9. Na pirâmide ABCDE da figura a seguir, o segmento CE é perpendicular ao plano que contém a base ABCD.

   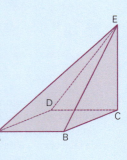

   Se a base ABCD é um quadrado cujos lados medem 2 metros e CE = CA, calcule:
   a) as medidas dos segmentos BE e AE.
   b) a medida do ângulo BAE (utilize a lei dos cossenos).
   c) a área total da pirâmide (utilize as aproximações $\sqrt{2} \cong 1{,}41$ e $\sqrt{3} \cong 1{,}73$).

10. Elabore um problema sobre a área total de uma pirâmide em que a base é um hexágono regular. Em seguida, apresente-o a um colega para que ele possa resolver, e resolva o problema elaborado por ele.

Volume da pirâmide

O cálculo do volume de uma pirâmide pode ser efetuado a partir do volume de um prisma de mesma base, como veremos adiante. Antes, vamos observar um resultado importante que obtemos quando seccionamos uma pirâmide por um plano paralelo ao plano da base. Observe a figura:

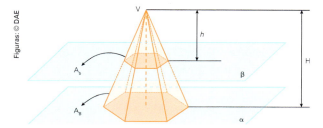

O plano β, paralelo ao plano α que contém a base, determina uma seção, um polígono semelhante ao polígono correspondente à base da pirâmide. Além disso, o plano β divide a pirâmide em dois sólidos geométricos: um **tronco de pirâmide** (formado pelas bases de áreas A_b e A_B) e uma **pirâmide menor** (de base A_b). Se considerarmos as duas pirâmides (a de altura H e a de altura h), podemos dizer que são semelhantes. Se a razão de semelhança entre as medidas lineares é $\frac{h}{H}$, então a razão entre as áreas das bases dessas duas pirâmides é:

$$\frac{A_b}{A_B} = \left(\frac{h}{H}\right)^2$$

Como nosso objetivo é calcular o volume de uma pirâmide, vamos considerar duas etapas. Inicialmente, vamos considerar o princípio de Cavalieri para duas pirâmides de mesma altura H e de bases equivalentes (mesma área), como ilustrado a seguir:

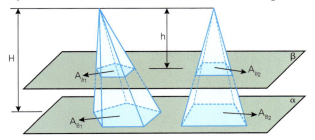

O plano β, paralelo ao plano α, determina nas duas pirâmides seções equivalentes. Como vimos anteriormente, podemos escrever:

$$\frac{A_{b_1}}{A_{B_1}} = \left(\frac{h}{H}\right)^2 \text{ e } \frac{A_{b_2}}{A_{B_2}} = \left(\frac{h}{H}\right)^2$$

Comparando esses dois resultados, é imediato que:

$$\frac{A_{b_1}}{A_{B_1}} = \frac{A_{b_2}}{A_{B_2}}$$

Assim, conforme princípio de Cavalieri, temos que os volumes das duas pirâmides são iguais, isto é:

> Pirâmides de bases equivalentes e alturas iguais possuem volumes iguais.

Com base nesse resultado, precisamos agora estabelecer como calcular o volume de uma pirâmide. Faremos isso com a decomposição de um prisma de base triangular (já sabemos como calcular o volume de um prisma) em três pirâmides, como sugere a ilustração a seguir:

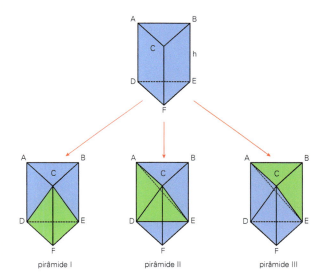

Vamos comparar duas a duas essas pirâmides (destacadas em verde):

- Comparando as pirâmides I e III:

  Na pirâmide I, temos que a base é o triângulo DEF e a altura h é a mesma altura do prisma dado. Já na pirâmide III, consideramos como base o triângulo ABC e a altura h também é a mesma altura do prisma. Como as áreas das bases dessas duas pirâmides são iguais e, além disso, possuem a mesma altura, dizemos que os volumes também são iguais, isto é:

$$V_I = V_{III}$$

- Comparando as pirâmides II e III:

Na pirâmide II, temos que a base é o triângulo ADE, enquanto na pirâmide III tomamos como base o triângulo ABE. Note que cada um desses dois triângulos tem como área a metade da área do retângulo ABED, isto é, os dois triângulos têm mesma base. Além disso, a altura dessas duas pirâmides, conforme bases consideradas, é a distância do ponto C ao plano que contém o retângulo ABED, ou seja, as duas pirâmides também possuem a mesma altura. Portanto, tendo mesma área da base e mesma altura, possuem volumes iguais, isto é:

$$V_{II} = V_{III}$$

- Assim, pelo que vimos até aqui, e considerando que V é o volume do prisma, podemos escrever que:

$$V_I = V_{II} = V_{III} \text{ e } V_I + V_{II} + V_{III} = V$$

Portanto, podemos dizer que o volume de uma pirâmide de base triangular é igual a **um terço do volume de um prisma de mesma base e de mesma altura**. Para uma pirâmide qualquer, o volume pode ser obtido de acordo com o princípio de Cavalieri. Assim, dada uma pirâmide qualquer, devemos considerar uma pirâmide triangular que tenha base equivalente e mesma altura da pirâmide dada.

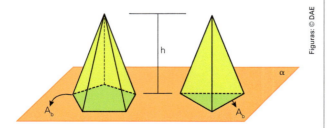

Conforme o princípio de Cavalieri, podemos dizer que a pirâmide dada tem o mesmo volume da pirâmide triangular. Isso sugere o seguinte resultado:

O volume V de uma pirâmide de altura h e de área da base A_b é dado por:

$$V = \frac{1}{3} \cdot A_b \cdot h$$

Exemplos:

1. Vamos calcular o volume aproximado da pirâmide de Quéops, considerando que a base é um quadrado cuja medida da aresta é aproximadamente 230 m, e a altura, aproximadamente 147 m.

- Como a pirâmide tem base quadrada, vamos utilizar a fórmula vista anteriormente para calcular o volume:

$$V = \frac{1}{3} \cdot A_b \cdot h$$

$$V = \frac{1}{3} \cdot a^2 \cdot h$$

$$V = \frac{1}{3} \cdot 230^2 \cdot 147 \Rightarrow V = 2\,592\,100 \text{ m}^3$$

2. Na pirâmide representada a seguir, a área da base é igual a 36 cm², e a área da seção indicada, feita a 3 cm da base (paralela ao plano da base), é 9 cm². Vamos determinar o volume dessa pirâmide.

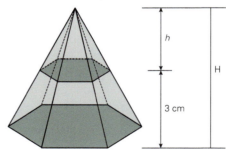

- Como as duas pirâmides são semelhantes, podemos escrever:

$$\frac{A_b}{A_B} = \left(\frac{h}{H}\right)^2$$

$$\frac{9}{36} = \left(\frac{H-3}{H}\right)^2$$

$$\frac{1}{2} = \frac{H-3}{H} \Rightarrow H = 6 \text{ cm}$$

- Calculando o volume V, obtemos:

$$V = \frac{1}{3} \cdot A_b \cdot h$$

$$V = \frac{1}{3} \cdot 36 \cdot 6 \Rightarrow V = 72\,cm^3$$

Quando secionamos uma pirâmide por um plano paralelo à base, não contendo o vértice, ela fica dividida em dois sólidos: uma pirâmide (o sólido que contém o vértice) e outro sólido que contém a base da pirâmide, denominado **tronco de pirâmide**.

As duas pirâmides são semelhantes (a menor é uma "cópia" reduzida da maior). Para calcular, por exemplo, o volume do tronco, basta subtrair do volume da pirâmide maior o volume da pirâmide menor:

$$V_{tronco} = V_{pirâmide\ maior} - V_{pirâmide\ menor}$$

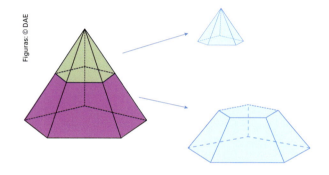

Questões e reflexões

Considerando a figura abaixo, as bases das duas pirâmides paralelas e $\frac{H_2}{H_1} = k$ (constante de proporcionalidade), responda:

1. Em função de k, qual é a razão entre as áreas das bases dessas pirâmides, isto é, $\frac{A_2}{A_1}$?

2. E a razão entre os volumes dessas pirâmides, isto é, $\frac{V_2}{V_1}$?

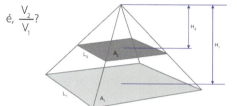

HISTÓRIA DA MATEMÁTICA

Quando estudamos Geometria, normalmente associamos o nome de Euclides de Alexandria. Entretanto, dois outros nomes devem ser destacados também: Arquimedes e Apolônio. O texto abaixo permite a você ter uma ideia da importância desses três personagens gregos.

Os três geômetras gregos mais importantes da antiguidade foram Euclides (c. 300 a.C.), Arquimedes (287 – 212 a.C.) e Apolônio (c. 225 a.C.). Não é exagero dizer que quase tudo o que se fez de significativo em geometria, até os dias de hoje, e ainda hoje, tem sua semente original em algum trabalho desses três grandes eruditos.

Os três foram escritores prolíficos. Assim, embora os *Elementos* sejam de longe seu trabalho mais importante – e na verdade a obra de geometria mais importante de toda a história –, Euclides escreveu vários outros tratados de geometria, sendo que temos algum conhecimento a respeito de cerca de oito deles.

Cerca de dez tratados matemáticos de Arquimedes sobreviveram até nossos dias, e há vestígios de vários trabalhos seus que se perderam. Dos que restaram, três são sobre geometria plana e dois sobre geometria

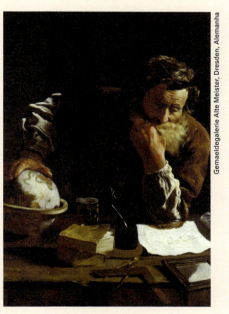

Arquimedes (287 a.C.-212 a.C.)

Anônimo (escola inglesa).
Apolônio de Tiana, século XIX. Litografia.

sólida. Esses trabalhos não são compilações de realizações de predecessores, mas criações altamente originais, marcando Arquimedes como um dos maiores matemáticos de todos os tempos, e certamente o maior da Antiguidade. Num de seus trabalhos dedicado à geometria plana, Arquimedes inaugurou o clássico método dos perímetros para calcular, e achou que π está situado entre 223/71 e 22/7, ou que, com duas casas decimais, π é dado por 3,14. Esse procedimento de Arquimedes foi o ponto de partida da longa história da busca de aproximações cada vez mais acuradas para o valor de π, alcançando-se, em 1967, a fantástica aproximação de 500 000 casas decimais*. Em seus outros trabalhos de geometria plana, Arquimedes antecipou alguns dos métodos do cálculo integral.

Em um de seus trabalhos de geometria sólida encontramos, pela primeira vez, as fórmulas corretas para as áreas da superfície esférica e da calota esférica e para os volumes da esfera e do segmento esférico de uma base.

Há uma suposição geométrica explicitamente enunciada por Arquimedes no seu trabalho *Sobre a esfera e o cilindro* que merece menção especial: é um dos cinco postulados geométricos assumidos no início do trabalho, que se tornou conhecido como "axioma de Arquimedes". Um enunciado simples do postulado é: *Dados dois segmentos de reta não iguais, há sempre algum múltiplo do menor que supera o maior*. Em alguns tratamentos modernos da geometria, este axioma faz parte da base postulacional para introduzir o conceito de continuidade. É interessante notar o fato de que no fim do século XIX e início do século XX foram construídos sistemas geométricos que negam o axioma de Arquimedes, dando origem assim às chamadas geometrias não arquimedianas.

Embora Apolônio tenha sido um astrônomo de méritos, e embora tenha escrito sobre vários temas da matemática, sua fama se deve principalmente a *Secções cônicas*, uma obra extraordinária e monumental graças à qual adquiriu o cognome, entre seus contemporâneos, de "o grande geômetra". *Secções cônicas* é um estudo exaustivo a respeito dessas curvas, que supera completamente todos os trabalhos anteriores sobre o assunto. Foi Apolônio que criou os termos "elipse", "parábola" e "hipérbole". Devido a comentários posteriores, temos conhecimento do conteúdo de seis outros trabalhos sobre geometria de Apolônio. Um deles ocupa-se da construção, com régua e compasso, de um círculo tangente a três círculos dados; esse problema instigante é conhecido hoje como "o problema de Apolônio". Em outro trabalho encontramos o chamado círculo de Apolônio, que hoje faz parte dos cursos superiores de geometria.

Com a morte de Apolônio, a época de ouro da geometria grega chegou ao fim. Os geômetras menores que se seguiram pouco mais fizeram do que preencher detalhes e talvez desenvolver independentemente certas teorias cujos germes já estavam contidos nos trabalhos dos três grandes predecessores.

*Hoje já temos aproximações de mais de 1 000 000 de casa decimais.

EVES, Howard. *Tópicos de História da Matemática para uso em sala de aula*: Geometria. Tradução de Hygino H. Domingues. São Paulo: Atual, 1992. p. 10 e 11.

 QUESTÕES

De acordo com o texto:

1. Pesquise o significado de "escritores prolíficos".
2. Qual das curvas de Apolônio representa também o gráfico de função quadrática estudado no Volume 1 desta coleção?
3. Qual dos números 22/7 ou 223/71 está mais próximo do número irracional π?

186 Unidade 4 Geometria espacial

Exercícios resolvidos

1. Obtenha o volume de uma pirâmide quadrangular regular cujas arestas das bases medem 5 metros e a altura mede 12 metros.

$$V_{pirâmide} = \frac{1}{3} \cdot 5^2 \cdot 12$$

$$V_{pirâmide} = 100 \text{ m}^3$$

2. A tenda de um circo é formada por um prisma hexagonal regular e por uma pirâmide também hexagonal regular, como mostra a figura.

As arestas da base medem 20 metros, a altura do prisma mede 15 metros, e a altura total da tenda mede 25 metros. Qual é o volume interno da tenda? (Utilize a aproximação $\sqrt{3} \cong 1{,}73$).

$$V = \frac{6 \cdot 20^2 \sqrt{3}}{4} \cdot 15 + \frac{1}{3} \cdot \frac{6 \cdot 20^2 \sqrt{3}}{4} \cdot 10 =$$
$$= 9\,000\sqrt{3} + 2\,000\sqrt{3} = 11\,000\sqrt{3} \cong$$
$$\cong 11\,000 \cdot 19\,030 \text{ m}^2$$

Portanto, o volume V é aproximadamente 19 030 metros cúbicos.

3. O volume de um tetraedro regular é igual a $18\sqrt{2}$ cm³. Determine a medida das arestas desse tetraedro.

Sejam x e h a medida das arestas e a medida da altura do tetraedro, respectivamente. Assim:

$$x^2 = h^2 + \left(\frac{2}{3} \cdot \frac{x\sqrt{3}}{2}\right)^2 \rightarrow x^2 = h^2 + \frac{x^2}{3} \therefore$$

$$\therefore h = \frac{x\sqrt{6}}{3} \text{ cm}$$

$$V_{Tetraedro} = \frac{1}{3} \cdot \frac{x^2\sqrt{3}}{4} \cdot \frac{x\sqrt{6}}{3} = \frac{x^3\sqrt{2}}{12}$$

Assim,

$$\frac{x^3\sqrt{2}}{12} = 18\sqrt{2} \rightarrow x^3 = 216 \therefore x = 6 \text{ cm}.$$

A aresta do tetraedro mede 6 cm.

Exercícios propostos

1. Calcule o volume de uma pirâmide triangular regular cujas arestas da base medem 6 decímetros e cujo apótema mede $3\sqrt{3}$ decímetros.

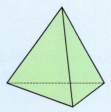

2. A base de uma pirâmide é um hexágono regular ABCDEF. O segmento de reta que une o ponto A ao vértice V da pirâmide é perpendicular ao plano que contém a base.

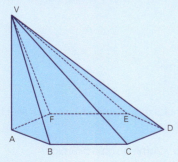

Se AV = AD e AB = 6 cm, qual é o volume da pirâmide?

3. As faces laterais de uma pirâmide quadrangular regular são triângulos equiláteros, cada um com área igual a $9\sqrt{3}$ dm².

Determine:

a) a medida das arestas da base.

b) a medida da altura da pirâmide.

c) o volume da pirâmide.

4. Na figura a seguir está representado um tetraedro trirretangular.

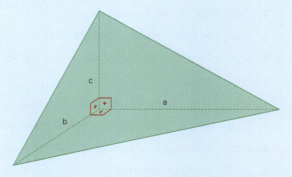

a) Escreva uma expressão que calcule o volume do tetraedro em função de a, b e c.

b) Obtenha o volume de um tetraedro trirretangular em que $a = 3$ m, $b = 5$ m e $c = 6$ m.

Pirâmides **Capítulo 12**

5. A base de uma pirâmide é um triângulo retângulo cujos catetos medem 15 cm e 20 cm. Qual é o volume dessa pirâmide, sabendo que a medida de sua altura é igual ao dobro da medida da altura relativa à hipotenusa do triângulo da base?

6. Qual é o volume de um octaedro regular cujas arestas medem $3\sqrt{3}$ dm?

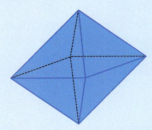

7. Uma pirâmide triangular regular, cujas arestas da base medem 12 cm, e um prisma regular, cuja base é um hexágono regular com lados de medida 8 cm, são equivalentes. Calcule a razão entre as alturas do prisma e da pirâmide, nessa ordem.

8. Para enfeitar uma estante, uma pessoa adquiriu uma réplica da pirâmide de Quéops, feita com ferro maciço. Os lados do quadrado da base têm medida 14 cm, e a altura mede 9 cm. Se a densidade do ferro é igual a 7,9 g/cm³, qual a massa aproximada dessa réplica da pirâmide?

9. Uma pirâmide foi cortada de modo que as bases ficassem paralelas e a uma distância de 5 cm uma da outra. A aresta da base maior mede 6 cm e a aresta da base menor mede 2 cm. Calcule o volume da pirâmide antes de ser cortada.

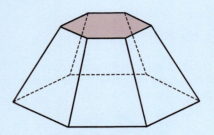

10. Invente um problema envolvendo volumes de uma pirâmide e de um cubo, conforme figura abaixo:

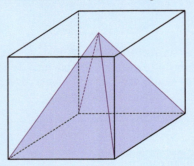

Algumas conclusões

Procure responder ou mesmo pensar a respeito de possíveis respostas para algumas questões envolvendo o estudo de Geometria nesta unidade. Caso sinta alguma dificuldade em obter respostas, sugerimos retomar os conceitos principais:

1. Quais são os chamados entes primitivos da geometria euclidiana?
2. Como você diferencia postulado de teorema?
3. Quais elementos compõem um poliedro?
4. Num poliedro convexo, qual é a chamada relação de Euler?
5. O que caracteriza um prisma regular?
6. Como você calcula a área lateral de um prisma?
7. Qual é a relação matemática que permite obter a área total de um prisma?
8. Como você calcula o volume de um prisma?
9. Considerando um paralelepípedo retangular e um cubo, quais as fórmulas que permitem calcular a área total e o volume desses sólidos?
10. Quais são as relações matemáticas que permitem obter a área total e o volume de uma pirâmide?

Troque ideias com seus colegas a respeito das respostas para essas questões. Em seguida, liste as dificuldades encontradas e os assuntos que devem ser retomados.

Vestibulares e Enem

1. (UERJ) Um fabricante produz embalagens de volume igual a 8 litros no formato de um prisma reto com base quadrada de aresta a e altura h. Visando à redução de custos, a área superficial da embalagem é a menor possível. Nesse caso, o valor de a corresponde, em decímetros, à raiz real da seguinte equação:

$$4a - \frac{32}{a^2} = 0$$

   As medidas da embalagem, em decímetros, são:
   a) $a = 1; h = 2$
   b) $a = 1; h = 4$
   c) $a = 2; h = 4$
   d) $a = 2; h = 2$

2. (Uern) A peça geométrica, desenvolvida através de um *software* de modelagem em três dimensões por um estudante do curso de engenharia e estagiário de uma grande indústria, é formada a partir de dois prismas de base hexagonal regular e assemelha-se ao formato de uma porca de parafuso.

   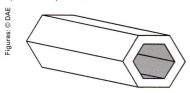

   Considerando que o lado do hexágono maior mede 8 cm; que o comprimento do prisma é igual a 35 cm; e que o lado do hexágono menor mede 6 cm, então o volume da peça, de forma que se possa calcular, posteriormente, a quantidade de matéria-prima necessária à sua produção em massa em determinado período de tempo é, em cm³:
   (Considere $\sqrt{3} \simeq 1{,}7$.)
   a) 1.064
   b) 1.785
   c) 2.127
   d) 2.499

3. (Unesp-SP) Uma chapa retangular de alumínio, de espessura desprezível, possui 12 metros de largura e comprimento desconhecido (figura 1). Para a fabricação de uma canaleta vazada de altura x metros são feitas duas dobras, ao longo do comprimento da chapa (figura 2).

   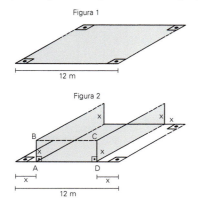

   Se a área da secção transversal (retângulo ABCD) da canaleta fabricada é igual a 18 m², então a altura dessa canaleta, em metros, é igual a
   a) 3,25
   b) 2,75
   c) 3,50
   d) 2,50
   e) 3,00

4. (Enem) Uma fábrica de sorvetes utiliza embalagens plásticas no formato de paralelepípedo retangular reto. Internamente, a embalagem tem 10 cm de altura e base de 20 cm por 10 cm. No processo de confecção do sorvete, uma mistura é colocada na embalagem no estado líquido e, quando levada ao congelador, tem seu volume aumentado em 25% ficando com consistência cremosa. Inicialmente é colocada na embalagem uma mistura sabor chocolate com volume de 1.000 cm³ e, após essa mistura ficar cremosa, será adicionada uma mistura sabor morango, de modo que, ao final do processo de congelamento, a embalagem fique completamente preenchida com sorvete, sem transbordar. O volume máximo, em cm³, da mistura sabor morango que deverá ser colocado na embalagem é
   a) 450
   b) 500
   c) 600
   d) 750
   e) 1.000

5. (PUC-RJ) O que acontece com o volume de um paralelepípedo quando aumentamos a largura e a altura em 10% e diminuímos a profundidade em 20%?
   a) Não se altera.
   b) Aumenta aproximadamente 3%.
   c) Diminui aproximadamente 3%.
   d) Aumenta aproximadamente 8%.
   e) Diminui aproximadamente 8%.

6. (UECE) Um poliedro convexo tem 32 faces, sendo 20 hexágonos e 12 pentágonos. O número de vértices deste polígono é
   a) 90.
   b) 72.
   c) 60.
   d) 56.

7. (UPF-RS) O poliedro representado na figura (octaedro truncado) é construído a partir de um octaedro regular, cortando-se, para tal, em cada vértice, uma pirâmide regular de base quadrangular. A soma dos ângulos internos de todas as faces do octaedro truncado é:

   a) 2160°
   b) 5760°
   c) 7920°
   d) 10080°
   e) 13680°

Pirâmides Capítulo 12 189

Vestibulares e Enem

8. (Enem) Para o modelo de um troféu foi escolhido um poliedro P, obtido a partir de cortes nos vértices de um cubo. Com um corte plano em cada um dos cantos do cubo, retira-se o canto, que é um tetraedro de arestas menores do que metade da aresta do cubo. Cada face do poliedro P, então, é pintada usando uma cor distinta das demais faces. Com base nas informações, qual é a quantidade de cores que serão utilizadas na pintura das faces do troféu?

a) 6
b) 8
c) 14
d) 24
e) 30

9. (Uerj) Dois dados, com doze faces pentagonais cada um, têm a forma de dodecaedros regulares. Se os dodecaedros estão justapostos por uma de suas faces, que coincidem perfeitamente, formam um poliedro côncavo, conforme ilustra a figura.

Considere o número de vértices V, de faces F e de arestas A desse poliedro côncavo. A soma V + F + A é igual a:

a) 102
b) 106
c) 110
d) 112

10. (Fuvest-SP) O sólido da figura é formado pela pirâmide SABCD sobre o paralelepípedo reto ABCDEFG. Sabe-se que S pertence à reta determinada por A e E e que $\overline{AE} = 2$ cm, $\overline{AD} = 4$ cm e $\overline{AB} = 5$ cm.

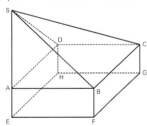

A medida do segmento SA que faz com que o volume do sólido seja igual a $\frac{4}{3}$ do volume da pirâmide SEFGH é

a) 2 cm
b) 4 cm
c) 6 cm
d) 8 cm
e) 10 cm

11. (Enem) O tampo de vidro de uma mesa quebrou-se e deverá ser substituído por outro que tenha a forma de círculo. O suporte de apoio da mesa tem o formato de um prisma reto, de base em forma de triângulo equilátero com lados medindo 30 cm.

Uma loja comercializa cinco tipos de tampos de vidro circulares com cortes já padronizados, cujos raios medem 18 cm, 26 cm, 30 cm, 35 cm e 60 cm. O proprietário da mesa deseja adquirir nessa loja o tampo de menor diâmetro que seja suficiente para cobrir a base superior do suporte da mesa.

Considere 1,7 como aproximação para $\sqrt{3}$. O tampo a ser escolhido será aquele cujo raio, em centímetros, é igual a

a) 18
b) 26
c) 30
d) 35
e) 60

12. (Uerj) Um cubo de aresta EF medindo 8 dm contém água e está apoiado sobre um plano α de modo que apenas a aresta EF esteja contida nesse plano. A figura abaixo representa o cubo com a água.

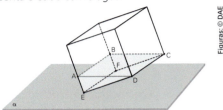

Considere que a superfície livre do líquido no interior do cubo seja um retângulo ABCD com área igual a $32\sqrt{5}$ dm².

Determine o volume total, em dm³, de água contida nesse cubo.

13. (UEM-PR) Sobre as posições relativas entre pontos, retas e planos no espaço, assinale o que for **correto.**

01) Duas retas r e s são ortogonais quando são reversas e existe uma reta t paralela a s e perpendicular a r.
02) Se um plano α é paralelo a uma reta r, então todas as retas do plano α são paralelas a r.
04) É possível ter retas paralelas contidas em planos que não sejam paralelos.
08) Se um plano α intercepta os planos β e γ formando um ângulo de 90°, então os planos β e γ são paralelos.
16) Considere as retas r, s e t. Se r é reversa a s e a reta s é concorrente a t, então r e t são reversas.

DESAFIO

(UFGRS-RS) Considere a planificação do sólido formado por duas faces quadradas e por quatro trapézios congruentes, conforme medidas indicadas na figura representada abaixo.

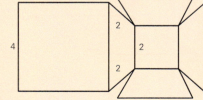

O volume desse sólido é

a) $\frac{16\sqrt{2}}{3}$
b) $\frac{28\sqrt{2}}{3}$
c) $8\sqrt{2}$
d) $16\sqrt{2}$
e) $20\sqrt{2}$

EXPLORANDO HABILIDADES E COMPETÊNCIAS

Mediana de Euler

Leonhard Euler (1707-1783)

Leonhard Paul Euler, nascido em 15 de abril de 1707 na Basileia (Suíça), foi dos mais importantes matemáticos não só de seu tempo como da atualidade. No ensino médio, temos contato com suas descobertas em especial no campo da geometria espacial, mas Euler era matemático e físico e teve grandes contribuições no desenvolvimento das notações matemáticas, no conceito de função, na trigonometria e em outras áreas avançadas da matemática, como cálculo, análise e teoria dos grafos, além da física mecânica, dinâmica e óptica, assim como na astronomia e até na música.

Na geometria espacial, seu resultado mais conhecido é a chamada *Relação de Euler*, vista nesta unidade. Entretanto, há ainda outro resultado geométrico que leva seu nome: é a *Mediana de Euler*, que veremos a seguir.

Mediana de Euler é o segmento que une os pontos médios das duas diagonais de um quadrilátero. Veja, na figura, esse segmento marcado pelos pontos PQ e de medida m_E.

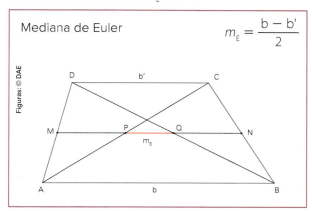

No caso do trapézio (como na figura anterior), esse segmento está sobre a base média do quadrilátero. Note que a base média é o segmento MN que liga os pontos médios dos lados não paralelos do trapézio. Sendo b a medida da base maior e b' a medida da base menor, MN mede $(b + b')/2$ e a mediana de Euler PQ mede $(b - b')/2$.

Para um quadrilátero ABCD qualquer de diagonais AC e BD (que não seja necessariamente um trapézio), a fórmula que fornece o valor da mediana de Euler é:

$$m_E = \frac{1}{2}\sqrt{AB^2 + BC^2 + CD^2 + DA^2 - AC^2 - BD^2}$$

Uma observação interessante sobre as descobertas geométricas de Euler é que elas se aplicam tanto à geometria plana quanto à geometria espacial.

Questões

1. Considere um trapézio isósceles cujas bases medem 25 cm e 7 cm e os lados não paralelos medem ambos 15 cm. As diagonais desse trapézio medem 20 cm cada. Com esses dados, utilize a fórmula $m_E = \frac{1}{2}\sqrt{AB^2 + BC^2 + CD^2 + DA^2 - AC^2 - BD^2}$ para calcular a distância entre os pontos médios das diagonais.

2. Utilize a fórmula $m_E = (b - b')/2$ para calcular a mediana de Euler do trapézio no caso anterior.

3. O que se pode observar com base nos dos dois resultados anteriores?

4. Considere um retângulo de lados medindo 5 cm e 12 cm. Utilize o teorema de Pitágoras para calcular a medida das diagonais desse retângulo e, conhecendo esse valor, calcule a mediana de Euler desse retângulo.

UNIDADE 5

ANÁLISE COMBINATÓRIA

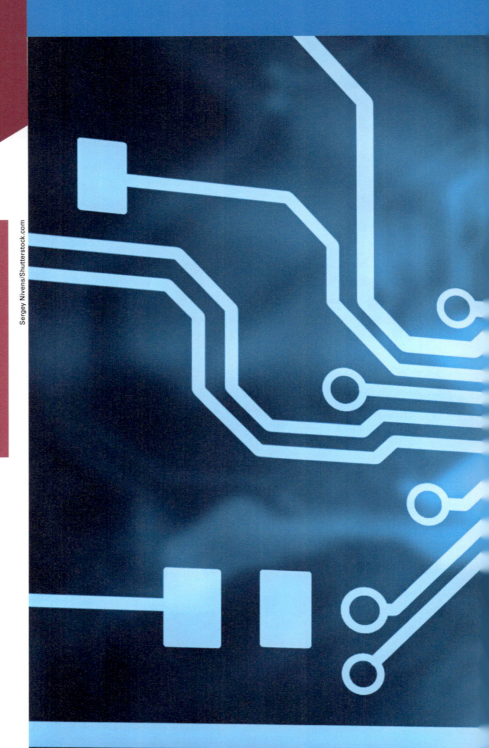

A proteção de informações das pessoas e dados de empresas presentes em arquivos digitais exige a utilização de senhas e outros aplicativos de segurança. Ao elaborar uma senha, formamos uma sequência de dígitos.

Em Análise Combinatória, estudamos o cálculo do número de possibilidades, tanto na formação de sequências quanto na escolha de elementos para formar grupos.

As senhas são cadeados do mundo virtual e as informações estarão a salvo enquanto estiverem protegidas por elas.

Sergey Nivens/Shutterstock.com

CAPÍTULO 13 ▶ PRINCÍPIO FUNDAMENTAL DA CONTAGEM

Quando lançamos um dado, são seis os resultados possíveis. Já quando lançamos dois dados e estamos interessados na sequência formada pelos resultados, encontramos 36 resultados possíveis. Esse é um exemplo de uma situação que envolve contagem.

Na Análise Combinatória, desenvolvemos procedimentos e métodos de contagem para resolver essas e outras situações similares. Por exemplo, quantas são as placas de automóveis que podemos confeccionar no sistema de emplacamento vigente em nosso país?

> **Questões e reflexões**
>
> 1. Na ilustração anterior, identifica-se, por exemplo, que a placa de um dos automóveis, formada por 3 letras e 4 algarismos, tem o número 3826. A última letra é igual a Y. Não sabemos quais são as duas primeiras letras. Quantas são as possibilidades?
> 2. Já na outra placa, conhecemos as três letras e os dois primeiros algarismos. Quantas são as possíveis placas?

Princípio fundamental da contagem

Uma situação simples envolvendo problemas de contagem é o de uma senha bancária ou mesmo um segredo de um cadeado de mala, como o que está indicado acima. Imagine, por exemplo, que você esqueceu a senha formada por três algarismos. Qual é o número máximo de tentativas para que você descubra o segredo e consiga abrir o cadeado?

Voltaremos a essa pergunta ainda neste capítulo. Vamos considerar agora duas situações de contagem.

1ª situação

Lúcia separou 4 camisetas lisas e 2 bermudas em cima da cama para se vestir. Mas não tinha certeza de qual camiseta e bermuda

194 Unidade 5 Análise Combinatória

utilizaria. Qual o número total de trajes diferentes que Lúcia poderá ter, utilizando uma camiseta e uma bermuda entre as que separou?

Uma forma de resolver seria formar todas as possibilidades, isto é, combinando uma a uma, como sugerimos na tabela de duas entradas a seguir:

CAMISETAS / BERMUDAS				

Pela tabela, podemos dizer que, dispondo de 4 camisetas e de 2 bermudas, o total de possibilidades de Lúcia se vestir é igual a 8. Para obter esse resultado sem elaborar a tabela, basta calcular o resultado da multiplicação 4 · 2, isto é, multiplicar o número de possibilidades que Lúcia tem de escolher uma camiseta pelo número de possibilidades que ela tem de escolher uma bermuda. Para cada camiseta que ela escolhe, há duas possibilidades diferentes de escolha de bermuda. Na situação apresentada, dizemos que o acontecimento "escolher uma camiseta e uma bermuda" é composto de duas etapas. Na primeira etapa deve-se escolher uma camiseta, e na segunda, uma bermuda.

2ª situação

Marcos trabalha em um restaurante que serve 2 tipos de entrada, 4 tipos de pratos quentes e 2 tipos de sobremesa. Qual o número total de possibilidades de uma pessoa escolher, nesse restaurante, uma entrada, um prato quente e uma sobremesa?

O esquema ao lado é conhecido como árvore das possibilidades. Dessa forma, podemos "construir" as possibilidades uma por uma. Representando as entradas por E_1 e E_2, os pratos quentes por Q_1, Q_2, Q_3 e Q_4 e as sobremesas por S_1 e S_2, temos:

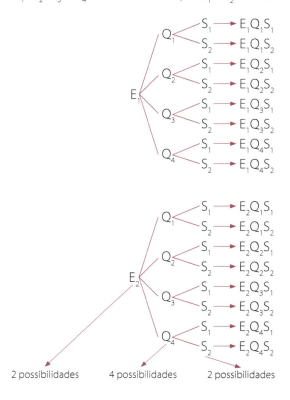

2 possibilidades   4 possibilidades   2 possibilidades

Princípio fundamental da contagem   Capítulo 13   195

Pelo esquema, temos 16 possibilidades. Também aqui não é necessário construir essa "árvore" para saber o total de possibilidades. Se existem 2 possibilidades para escolher a entrada, 4 para a escolha do prato quente e 2 para a sobremesa, o total de possibilidades é o resultado da multiplicação 2 · 4 · 2, isto é, 16. Nessa situação, o acontecimento consiste em escolher uma entrada, um prato quente e uma sobremesa.

É claro que tanto a tabela quanto a árvore das possibilidades representam meios simples de resolver situações de contagem como as apresentadas anteriormente. Entretanto, em determinadas situações, esse procedimento de construção das possibilidades torna-se impraticável. O **princípio fundamental da contagem** permite calcular o total de possibilidades de ocorrência de um acontecimento composto de duas ou mais etapas:

> Se um acontecimento A_1 pode ocorrer de n_1 maneiras distintas e, para cada uma dessas maneiras, um acontecimento A_2 pode ocorrer de n_2 maneiras distintas, então a quantidade de possibilidades de ocorrência dos acontecimentos A_1 e A_2 é dada pelo produto $n_1 \cdot n_2$.

Observações:

1. O princípio fundamental da contagem, embora tenha sido apresentado para um acontecimento formado por duas etapas, pode ser estendido para qualquer número de etapas.

A seguir, apresentamos exemplos de situações em que empregamos o princípio fundamental da contagem, também conhecido como princípio multiplicativo.

Exemplo:

Vamos calcular a quantidade de números naturais de três algarismos distintos que podemos formar.

O acontecimento "escolha de três algarismos distintos para formar um número natural" é composto de 3 etapas: escolha do algarismo das centenas, escolha do algarismo das dezenas e escolha do algarismo das unidades.

1ª etapa: escolha do algarismo da centena

Dispomos de 10 algarismos (0, 1, 2, 3, 4, 5, 6, 7, 8, 9). Lembre-se de que o algarismo das centenas não pode ser igual a zero. Temos 9 possibilidades.

2ª etapa: escolha do algarismo da dezena

Como os algarismos devem ser diferentes, o algarismo da dezena deve ser diferente do algarismo da unidade. Além disso, o algarismo zero pode agora ser escolhido. Assim, temos 9 possibilidades.

3ª etapa: escolha do algarismo da unidade

Analogamente, o algarismo da unidade tem que ser diferente do algarismo da dezena e do algarismo da centena. Dessa forma, temos 8 possibilidades.

Pelo princípio multiplicativo, sendo n o total de números com três algarismos distintos que podemos formar, o resultado é obtido pela multiplicação das quantidades de possibilidades em cada etapa:

$$n = 9 \cdot 9 \cdot 8$$
$$n = 648$$

O esquema a seguir permite analisar rapidamente a situação apresentada nesse exemplo:

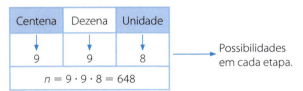

Exemplos:

1. Vamos calcular a quantidade de números naturais formados por três algarismos.

Agora os algarismos não precisam ser distintos em cada número. Mesmo assim, o algarismo da centena não pode ser igual a zero.

Podemos dizer que o acontecimento "formar número natural com três algarismos" é composto de três etapas:

1ª etapa – escolher o algarismo da centena diferente de zero:

9 possibilidades

2ª etapa – escolher o algarismo da dezena:

10 possibilidades

3ª etapa – escolher o algarismo da unidade:

10 possibilidades

Pelo princípio multiplicativo, sendo n a quantidade de números naturais que podemos formar, temos:

$n = 9 \cdot 10 \cdot 10$

$n = 900$

O esquema a seguir permite analisar rapidamente a situação apresentada nesse exemplo:

Centena	Dezena	Unidade
↓	↓	↓
9	10	10
$n = 9 \cdot 10 \cdot 10 = 900$		

→ Possibilidades em cada etapa.

2. Lançamos a mesma moeda para cima quatro vezes consecutivas. Quantas são as sequências de resultados possíveis quanto a cara ou coroa?

Fotos: Banco Central do Brasil

Observe que esse acontecimento (lançamento da moeda quatro vezes consecutivamente) é composto de quatro etapas. Como em cada etapa podem ocorrer apenas dois resultados (cara ou coroa), pelo princípio multiplicativo obtemos o total de sequências possíveis:

$n = 2 \cdot 2 \cdot 2 \cdot 2 \Rightarrow n = 16$

Vejamos quais são as sequências possíveis, representando cara por CA e coroa por CO:

(CA, CA, CA, CA)   (CO, CA, CA, CA)
(CO, CA, CO, CO)   (CO, CA, CA, CO)

(CA, CA, CA, CO)   (CO, CO, CO, CO)
(CA, CO, CO, CO)   (CO, CA, CO, CA)

(CA, CA, CO, CA)   (CO, CO, CO, CA)
(CA, CA, CO, CO)   (CO, CO, CA, CA)

(CA, CO, CA, CA)   (CO, CO, CA, CO)
(CA, CO, CA, CO)   (CA, CO, CO, CA)

3. Vamos escolher uma senha com 4 letras para poder acessar determinado programa de computador. Qual a quantidade total de senhas que podem ser formadas?

O acontecimento "escolher 4 letras" para formar uma senha é composto de quatro etapas. Como são 26 letras disponíveis e não há restrição quanto à repetição, existem 26 possibilidades para a realização de cada etapa. Dessa forma, sendo n o total de possíveis senhas, utilizando o princípio multiplicativo, temos:

$n = 26 \cdot 26 \cdot 26 \cdot 26$

$n = 456\,976$

> **Questões e reflexões**
>
> Retome a situação do cadeado do início do capítulo e calcule o número total de possíveis senhas que podem ser formadas, isto é, o número máximo de tentativas para que você descubra o segredo e consiga abrir o cadeado.

Retomando o exemplo anterior, vamos descobrir em quantas dessas senhas pelo menos uma letra é repetida.

- Primeiro calculamos o total de senhas em que as 4 letras sejam distintas, isto é, vamos analisar as possibilidades em cada uma das quatro etapas:

    1ª etapa – escolher a 1ª letra da senha.

    Número de possibilidades: 26.

    2ª etapa – escolher a 2ª letra da senha, considerando que é diferente da primeira letra.

    Número de possibilidades: 25.

    3ª etapa – escolher a 3ª letra da senha, considerando que é diferente das duas primeiras.

    Número de possibilidades: 24.

    4ª etapa – escolher a 4ª letra da senha, considerando que é diferente das três primeiras.

    Número de possibilidades: 23.

    Pelo princípio multiplicativo, o total de possibilidades de escolher uma senha com 4 letras distintas dentre as 26 letras disponíveis é:

    $26 \cdot 25 \cdot 24 \cdot 23 = 358\,800$

- Agora subtraímos esse número do total de possibilidades de escolher uma senha com 4 letras quaisquer contendo as repetições. Sendo n quantidade a ser calculada, temos:

$n = 26 \cdot 26 \cdot 26 \cdot 26 - 26 \cdot 25 \cdot 24 \cdot 23$

$n = 456\,976 - 358\,800 \Rightarrow n = 98\,176$

Portanto, são 98 176 possibilidades de termos senhas com, pelo menos, uma repetição de letra.

4. Vamos calcular a quantidade de divisores naturais do número 360 a partir de sua decomposição em fatores primos.

- Ao decompor o número 360 em fatores primos, encontramos:

$$360 = 2^3 \cdot 3^2 \cdot 5^1$$

- Os divisores naturais do número 360 são, de acordo com a decomposição em fatores primos, números da forma:

$$2^a \cdot 3^b \cdot 5^c$$

Os valores de a, b e c são tais que: $a \in \{0; 1; 2; 3\}$, $b \in \{0; 1; 2\}$ e $c \in \{0; 1\}$. Podemos dizer que existem 4 possibilidades para a escolha de a, 3 possibilidades para a escolha de b e 2 possibilidades para a escolha de c. Logo, pelo princípio multiplicativo, sendo n a quantidade de divisores naturais de 360, então:

$$n = 4 \cdot 3 \cdot 2 \Rightarrow n = 24$$

O quadro a seguir contém esses 24 divisores:

$2^0 \cdot 3^0 \cdot 5^0 = 1$	$2^1 \cdot 3^0 \cdot 5^0 = 2$	$2^2 \cdot 3^0 \cdot 5^0 = 4$	$2^3 \cdot 3^0 \cdot 5^0 = 8$
$2^0 \cdot 3^0 \cdot 5^1 = 5$	$2^1 \cdot 3^0 \cdot 5^1 = 10$	$2^2 \cdot 3^0 \cdot 5^1 = 20$	$2^3 \cdot 3^0 \cdot 5^1 = 40$
$2^0 \cdot 3^1 \cdot 5^0 = 3$	$2^1 \cdot 3^1 \cdot 5^0 = 6$	$2^2 \cdot 3^1 \cdot 5^0 = 12$	$2^3 \cdot 3^1 \cdot 5^0 = 24$
$2^0 \cdot 3^1 \cdot 5^1 = 15$	$2^1 \cdot 3^1 \cdot 5^1 = 30$	$2^2 \cdot 3^1 \cdot 5^1 = 60$	$2^3 \cdot 3^1 \cdot 5^1 = 120$
$2^0 \cdot 3^2 \cdot 5^0 = 9$	$2^1 \cdot 3^2 \cdot 5^0 = 18$	$2^2 \cdot 3^2 \cdot 5^0 = 36$	$2^3 \cdot 3^2 \cdot 5^0 = 72$
$2^0 \cdot 3^2 \cdot 5^1 = 45$	$2^1 \cdot 3^2 \cdot 5^1 = 90$	$2^2 \cdot 3^2 \cdot 5^1 = 180$	$2^3 \cdot 3^2 \cdot 5^1 = 360$

Observação:

Existem situações de contagem em que o número total de possibilidades é obtido pela adição de possibilidades e não pela multiplicação, denominado princípio aditivo. Vamos exemplificar!

Para ir de sua casa até o trabalho, Márcio pode ir de ônibus ou de carro. Considerando que há 3 linhas diferentes de ônibus e que Márcio tem 2 carros, de quantas maneiras diferentes, utilizando ônibus ou carro, ele poderá ir de sua casa ao trabalho?

- Ele poderá ir de ônibus ou carro (neste caso essas possibilidades se excluem). Assim, se ele escolher ônibus, terá 3 possibilidades. Caso escolha carro, outras 2. Se n é o total de maneiras diferentes de Márcio ir para o trabalho, então:

$$n = 3 + 2 = 5$$

Portanto, são 5 possibilidades.

EXPLORANDO

O princípio multiplicativo, como você teve a oportunidade de verificar em alguns exemplos, é utilizado na resolução de problemas de contagem. Uma forma interessante de perceber as possibilidades, quando diante de um acontecimento envolvendo contagem, é esboçando a árvore das possibilidades.

Assim, por exemplo, se lançamos uma mesma moeda duas vezes consecutivamente, sabemos que no primeiro lançamento existem 2 resultados possíveis, e no segundo lançamento, também 2 resultados possíveis. Ao todo temos, pelo princípio multiplicativo, 4 sequências resultantes, conforme indicado na figura ao lado:

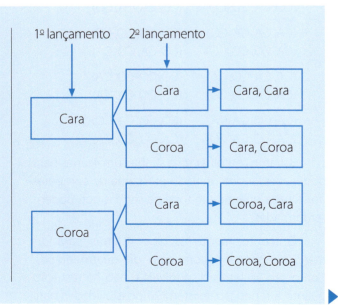

Vamos explorar um pouco mais esse recurso, construindo árvores de possibilidades.

1. Elabore, junto com um colega, um problema de contagem e construa a árvore das possibilidades correspondente. Apresente o problema e a árvore das possibilidades para a sua turma.

2. Pesquise uma situação de cálculo de possibilidades relacionadas à disciplina de Biologia. Uma ideia é observar situações relacionadas à Genética. Em seguida, apresente à sua turma a situação pesquisada e, se possível, construa a árvore de possibilidades correspondente.

Exercícios resolvidos

1. Em uma lanchonete há 7 opções de frutas para o preparo dos sucos: laranja, maracujá, limão, pêssego, manga, morango e uva. Além disso, o suco pode ser preparado com água ou leite, não ambos. Construa primeiro uma árvore de possibilidades que mostre de quantas maneiras uma pessoa pode pedir um suco, escolhendo somente uma fruta. Em seguida, responda: qual o número total de sucos diferentes preparados com apenas uma fruta que a lanchonete oferece?

Para cada fruta temos a opção de ser preparada com água ou leite.

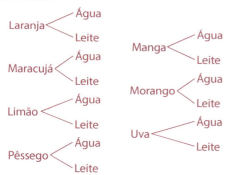

Assim, o número total de maneiras de escolher o suco é $7 \cdot 2 = 14$.

2. Para acessar o programa secreto de um computador, uma pessoa deve digitar uma senha de 7 dígitos, em que os 3 primeiros são letras distintas e os 4 últimos são algarismos distintos. Se podem ser utilizadas quaisquer das 26 letras do alfabeto e qualquer algarismo do sistema decimal, qual é o número máximo de tentativas que uma pessoa deve fazer para acessar o programa?

A pessoa tem 26 opções de letras para o primeiro dígito, 25 opções para o segundo e 24 opções para o terceiro. Já para o quarto dígito a pessoa tem 10 opções de algarismos; para o quinto, 9 opções; para o sexto, 8 opções; e para o sétimo, 7 opções. Assim, o total de senhas diferentes que podem ser formadas é $26 \cdot 25 \cdot 24 \cdot 10 \cdot 9 \cdot 8 \cdot 7 = 78\,624\,000$.

3. Considerando os algarismos 0, 1, 2, 3, 4, 5 e 6:
a) quantos números de três algarismos distintos podemos formar?
b) quantos números ímpares de três algarismos distintos podemos formar?
c) quantos números pares de três algarismos distintos podemos formar?

Um número com 3 algarismos não pode começar com 0.
a) Para a primeira opção devemos retirar o 0, ficando com 6 possibilidades. Para a segunda opção, devemos tirar o algarismo que foi utilizado na primeira opção, ficando com 6 possibilidades. Para a terceira opção, devemos tirar os algarismos que foram utilizados na primeira e segunda opções, ficando com 5 possibilidades. Logo,
$6 \cdot 6 \cdot 5 = 180$ possibilidades.
b) Começando pela restrição para ser ímpar, temos 3 possibilidades para a terceira opção. Para a primeira opção devemos retirar o 0 e o algarismo utilizado na terceira opção, ficando com 5 possibilidades. Para a segunda opção, devemos tirar os algarismos que foram utilizados na primeira e terceira opções, ficando com 5 possibilidades. Logo,
$5 \cdot 5 \cdot 3 = 75$ possibilidades.
c) Temos que dividir em dois casos por conta do zero.
1º caso: o algarismo não termina com 0.
Começando pela restrição para ser par, temos 3 possibilidades para a terceira opção. Para a primeira opção devemos retirar o 0 e o algarismo utilizado na terceira opção, ficando com 5 possibilidades. Para a segunda opção, devemos tirar os algarismos que foram utilizados na primeira e terceira opções, ficando com 5 possibilidades. Logo,
$5 \cdot 5 \cdot 3 = 75$ possibilidades.
2º caso: o algarismo termina com 0.
Começando pela restrição para ser par, temos 1 possibilidade para a terceira opção. Para a primeira opção devemos retirar o 0, ficando com 6 possibilidades. Para a segunda opção, devemos tirar os algarismos que foram utilizados na primeira e terceira opções, ficando com 5 possibilidades. Logo,
$6 \cdot 5 \cdot 1 = 30$ possibilidades.

Assim, o total é $75 + 30 = 105$ possibilidades.

Observe que também poderíamos chegar a esse resultado subtraindo o total de números distintos, ou seja, $180 - 75 = 105$ números pares.

Princípio fundamental da contagem Capítulo 13 199

Exercícios propostos

1. Escreva todos os números com 2 algarismos que podemos formar com os algarismos 1, 3, 5 e 6.

2. Utilizando os algarismos 2, 4, 5 e 7, escreva todos os números com 2 algarismos distintos.

3. Para fazer uma viagem, uma pessoa dispõe de 3 empresas de ônibus e 4 companhias aéreas. De quantas maneiras distintas essa pessoa pode escolher um ônibus ou um avião para viajar?

4. Para a identificação da nossa turma, será escolhida uma entre as 26 letras do alfabeto ou um entre os 10 algarismos. Qual o número de possibilidades para essa escolha?

5. Quando um dado comum é lançado, temos 6 resultados possíveis: 1, 2, 3, 4, 5 e 6. Quantos são os resultados possíveis quando dois dados comuns são lançados? Representando cada resultado por um par ordenado, escreva o conjunto de todos os resultados possíveis.

6. Com os algarismos do sistema decimal, quantos números com quatro algarismos podem ser formados de modo que:
   a) seus algarismos sejam distintos?
   b) seus algarismos possam ser repetidos?
   c) sejam pares e seus algarismos sejam distintos?
   d) sejam ímpares?
   e) sejam múltiplos de 5 e seus algarismos sejam distintos?

7. No Brasil, as placas dos veículos são formadas por 3 letras, dentre as 26 do alfabeto, e 4 algarismos. Desconsiderando as placas em que todos os algarismos são iguais a zero, como AGX-0000 e DCA-0000, responda:
   a) Qual é o número total de placas que podem ser confeccionadas nas quais as letras formam a sequência BIA?
   b) Qual é o número total de placas que podem ser confeccionadas terminando com o número 2014?

8. Ao dirigir-se ao caixa eletrônico de um banco para retirar dinheiro, Marina percebeu que tinha esquecido parcialmente a senha, formada por 6 algarismos. No entanto, lembrava-se de que a senha não tinha algarismos repetidos, o primeiro algarismo era 4 e o último era um algarismo ímpar. Qual é o número máximo de tentativas que Marina deverá fazer para digitar a senha correta?

9. Considere o número 1 500:
   a) Decomponha-o em fatores primos.
   b) Calcule o número de divisores positivos desse número.
   c) Calcule o número de seus divisores positivos que sejam múltiplos de 3.

10. Um automóvel tem lugar para cinco pessoas, sendo 2 na frente e 3 atrás, como mostra a figura a seguir.

Uma família, composta por 2 adultos e 2 crianças deseja acomodar-se no veículo de modo que as crianças devam, obrigatoriamente, ir no banco de trás e qualquer um dos adultos possa dirigir. De quantas maneiras a acomodação pode ser feita?

11. Em um ônibus, duas moças e dois rapazes irão ocupar os dois bancos com dois lugares cada um, como mostra a figura:

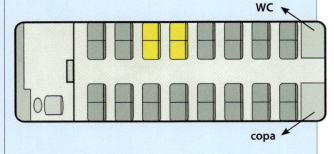

Se cada banco deve ser ocupado por um homem e uma mulher, de quantas maneiras as 4 pessoas podem acomodar-se?

12. Dispondo dos algarismos 1, 2, 4, 7 e 9, quantos números múltiplos de 3 com três algarismos distintos podem ser formados?

13. Um número é denominado palíndromo se tiver a mesma leitura da esquerda para a direita e da direita para a esquerda. Por exemplo, os números 1331 e 547 745. Qual é o total de números palíndromos:
    a) com três algarismos?
    b) com quatro algarismos?
    c) com cinco algarismos, sendo o algarismo central igual a 3?

14. Dispondo dos algarismos 1, 2, 3, 4 e 5, quantos números com algarismos distintos e maiores de 3 000 podem ser formados?

PERMUTAÇÕES

CAPÍTULO 14

O princípio fundamental da contagem representa um procedimento de cálculo que permite resolver situações diversas. Entretanto, pela complexidade no próprio cálculo em algumas situações, precisamos ampliar esse procedimento utilizando até uma função presente numa calculadora científica, conforme destacado a seguir:

Caso, por exemplo, você digite o número 10 e aperte a tecla destacada, no visor da calculadora aparecerá o seguinte resultado:

Veremos neste capítulo que esse resultado está ligado aos chamados problemas de contagem. Antes, veremos o que é permutação simples.

Permutação simples

Vamos considerar 3 situações de contagem!

1ª situação:

Márcia, Laura, Rose, Tânia e Anita, após a participação na feira de ciências promovida pela escola, posaram para uma fotografia, como está ilustrado a seguir:

Márcia   Laura   Rose   Tânia   Anita

Observando a ilustração, imagine que as cinco alunas mudem de lugar umas com as outras. De quantas maneiras diferentes, considerando apenas as mudanças de posição, elas poderiam se colocar lado a lado?

Aqui podemos considerar que o acontecimento consiste de cinco etapas. Como todas as alunas farão parte da fotografia, o que mudará de uma imagem para outra é a ordem delas lado a lado. Assim, no cálculo do total de possibilidades, cada etapa corresponde às possibilidades que temos de escolher a menina que ocupará determinada posição, isto é:

1ª posição	2ª posição	3ª posição	4ª posição	5ª posição
?	?	?	?	?

1ª etapa – escolha da aluna que ocupará a 1ª posição: 5 possibilidades

2ª etapa – escolha da aluna que ocupará a 2ª posição: 4 possibilidades

3ª etapa – escolha da aluna que ocupará a 3ª posição: 3 possibilidades

4ª etapa – escolha da aluna que ocupará a 4ª posição: 2 possibilidades

5ª etapa – escolha da aluna que ocupará a 5ª posição: 1 possibilidade

Assim, pelo princípio fundamental da contagem, sendo n o número total de possibilidades, temos que:

$$n = 5 \cdot 4 \cdot 3 \cdot 2 \cdot 1 \Rightarrow n = 120$$

São 120 maneiras diferentes de posicionar, lado a lado, as 5 alunas para uma fotografia.

2ª situação:

Numa viagem de férias, Paulo passou uma semana em um hotel. No seu quarto havia um cofre, e ele precisou escolher uma senha com 4 dígitos para poder guardar alguns documentos importantes com segurança. Quando estava de saída, foi abrir o cofre para pegar os documentos e percebeu que tinha esquecido a senha. Sabia apenas que os algarismos utilizados eram 2, 5, 7 e 8, mas não lembrava a ordem. Resolveu, então, testar todas as sequências possíveis com esses 4 algarismos. Qual o total de senhas possíveis com esses 4 algarismos?

Cofre digital.

A escolha da senha consiste de quatro etapas, e, em cada uma delas, devemos escolher um algarismo entre os que estão no conjunto {2, 5, 7, 8}:

1º algarismo	2º algarismo	3º algarismo	4º algarismo
?	?	?	?

1ª etapa – escolha do 1º algarismo:
4 possibilidades

2ª etapa – escolha do 2º algarismo:
3 possibilidades

3ª etapa – escolha do 3º algarismo:
2 possibilidades

4ª etapa – escolha do 4º algarismo:
1 possibilidade

Assim, pelo princípio fundamental da contagem, sendo n o número total de possibilidades de formar a senha com os 4 algarismos dados, temos:

$n = 4 \cdot 3 \cdot 2 \cdot 1 \Rightarrow n = 24$

São 24 maneiras diferentes de formar uma senha com os 4 algarismos dados.

3ª situação:

Antônio, Lucas, Elias, Marcos, Pedro e Orlando são amigos e adoram defender o meio ambiente. Sempre que podem, visitam locais diferentes e, quando observam alguma agressão à natureza, denunciam aos órgãos competentes. Recentemente, resolveram criar uma página na internet para informar suas aventuras. Decidiram que o nome da página seria uma sigla formada com a primeira letra do nome de cada um deles. Assim, qual é o número total de possíveis siglas com as iniciais dos nomes dos seis amigos?

Uma sigla possível seria:

| A | L | E | M | P | O |

O que vai mudar de uma sigla para outra é a ordem das letras. Assim, analogamente às duas situações anteriores, temos 6 possibilidades para a letra que deve ocupar a 1ª posição (da esquerda para a direita), 5 possibilidades para a letra que deve ocupar a 2ª posição, 4 possibilidades para a da 3ª posição, 3 possibilidades para a da 4ª posição, 2 possibilidades para a da 5ª posição e 1 possibilidade para a da 6ª posição (esse raciocínio é sempre baseado nas escolhas sucessivas das letras que vão ocupando as posições). Dessa forma, pelo princípio multiplicativo, temos:

$n = 6 \cdot 5 \cdot 4 \cdot 3 \cdot 2 \cdot 1 \Rightarrow n = 720$

São 720 siglas diferentes. Cada sigla se diferencia da outra pela ordem das letras.

No exemplo, formamos sequências com letras; sequências desse tipo são também conhecidas como anagramas. Quando mudamos a ordem das letras que formam uma palavra, cada agrupamento formado é um **anagrama**.

As três situações apresentadas constituem exemplos de contagem que, em Análise Combinatória, são denominados problemas de permutação. Se pesquisarmos o que é permutação, encontraremos o significado ligado ao ato de misturar, de trocar de posição.

De modo geral, podemos dizer:

> Dado um conjunto com n elementos, denomina-se **permutação** desses n elementos qualquer sequência de n elementos na qual apareçam todos os elementos do conjunto.

Se tivermos n elementos distintos e desejarmos calcular o número total de permutações que podemos formar com esses n elementos, basta considerarmos que eles serão posicionados um ao lado do outro, em n posições. A partir dessa ideia, calculamos o número de possibilidades existentes para a ocupação de cada posição (como se o evento tivesse n etapas):

1ª posição	2ª posição	3ª posição	4ª posição	(...)
$(n-2)$ª posição	$(n-1)$ª posição		nª posição	

1ª posição: **n** possibilidades
2ª posição: **n − 1** possibilidades
3ª posição: **n − 2** possibilidades
4ª posição: **n − 3** possibilidades
...
$(n-2)$ª posição: **3** possibilidades
$(n-1)$ª posição: **2** possibilidades
nª posição: **1** possibilidade

Pelo princípio multiplicativo, o número total de maneiras existentes é obtido multiplicando-se esses números de possibilidades nas etapas:

$n \cdot (n-1) \cdot (n-2) \cdot (n-3) \cdot (...) \cdot 3 \cdot 2 \cdot 1$

Note que são agrupamentos ordenados (sequências) de n elementos. Assim, o que diferencia um agrupamento do outro é a ordem de seus elementos no produto. Tais agrupamentos são conhecidos como **permutações simples**.

> O número total de permutações simples de n elementos, representado por P_n, é obtido por:
> $$P_n = n \cdot (n-1) \cdot (n-2) \cdot (n-3) \cdot ... \cdot 3 \cdot 2 \cdot 1$$

Exemplo:

Na sala de aula, Marcos (M), Antônio (A), Pedro (P), João (J), Lucas (L) e Bruno (B) ocupam a mesma fileira de seis lugares. Considerando que em cada aula eles mudam de lugar entre si, quantas aulas são necessárias para esgotar todas as possibilidades de os seis amigos se acomodarem nas seis carteiras?

No esquema a seguir apresentamos algumas possibilidades de os alunos (observe as iniciais dos nomes) ocuparem os seis lugares.

	Possibilidade 1	Possibilidade 2	Possibilidade 3	...
Lugar 1	M	M	M	...
Lugar 2	A	A	A	...
Lugar 3	P	P	P	...
Lugar 4	J	J	L	...
Lugar 5	L	B	J	...
Lugar 6	B	L	B	...

A cada disposição no esquema corresponde uma permutação dos 6 amigos. O número total de possibilidades é obtido pela permutação simples de 6 elementos:

$P_6 = 6 \cdot 5 \cdot 4 \cdot 3 \cdot 2 \cdot 1 \Rightarrow P_6 = 720$

Portanto, são 720 permutações. Como cada permutação corresponde a uma troca das posições que eles ocupam nos 6 lugares, em 720 aulas eles esgotam todas as possibilidades.

Fatorial de um número natural

Ao calcular a permutação de elementos, em situações diversas de contagem, como aquelas que exemplificamos anteriormente, você terá de realizar multiplicações tais como:

$P_3 = 3 \cdot 2 \cdot 1$
$P_4 = 4 \cdot 3 \cdot 2 \cdot 1$
$P_5 = 5 \cdot 4 \cdot 3 \cdot 2 \cdot 1$
$P_6 = 6 \cdot 5 \cdot 4 \cdot 3 \cdot 2 \cdot 1$
$P_7 = 7 \cdot 6 \cdot 5 \cdot 4 \cdot 3 \cdot 2 \cdot 1$

Essas multiplicações podem ser muito extensas. Basta imaginar, por exemplo, o cálculo do número total de permutações de 20 elementos de um conjunto. Teríamos que escrever:

$P_{20} = 20 \cdot 19 \cdot 18 \cdot 17 \cdot 16 \cdot 15 \cdot 14 \cdot 13 \cdot 12 \cdot 11 \cdot 10 \cdot 9 \cdot 8 \cdot 7 \cdot 6 \cdot 5 \cdot 4 \cdot 3 \cdot 2 \cdot 1$

Como tais resultados aparecem em problemas de contagem, criou-se um símbolo para tornar a escrita mais abreviada: é o **fatorial de um número natural**.

> O fatorial do número natural n ($n \geq 2$), indicado por n! (lemos: fatorial de n ou n fatorial) é o produto dos números naturais de 1 a n, ou seja:
>
> $n! = n \cdot (n - 1) \cdot (n - 2) \cdot (n - 3) \cdot \ldots \cdot 3 \cdot 2 \cdot 1$
>
> Para $n = 0$, define-se: $0! = 1$
>
> Para $n = 1$, define-se: $1! = 1$

Observações:

1. Como o fatorial de um número natural $n \geq 2$ é o produto dos números naturais de 1 a n, podemos dizer que o número total de permutações simples de n elementos pode ser calculado por:

$P_n = n!$

2. Uma consequência imediata da definição de fatorial de n é que, para qualquer número natural $n \geq 2$, podemos escrever:

$n! = n \cdot (n - 1)!$

A partir dessa última observação, vamos compreender agora a conveniência de termos definido $0! = 1$ e $1! = 1$. Se estendermos o conceito de fatorial de n para os casos particulares $n = 1$ e $n = 0$, a consequência $n! = n \cdot (n-1)!$ deve ser conservada. Assim, substituindo nessa consequência n, temos:

Para $n = 2$

$n! = n \cdot (n - 1)!$

$2! = 2 \cdot (2 - 1)!$

$2 \cdot 1 = 2 \cdot 1! \Rightarrow 1 = 1!$

Dessa forma, é conveniente considerar que $1! = 1$.

Para n = 1

$n! = n \cdot (n - 1)!$

$1! = 1 \cdot (1 - 1)!$

$1 = 1 \cdot 0! \Rightarrow 1 = 0!$

Assim, é conveniente considerar que $0! = 1$.

No próximo capítulo veremos, por meio de situações envolvendo o cálculo com combinações, um pouco mais a respeito da conveniência de definir fatorial de 1 e fatorial de zero como 1.

O cálculo envolvendo o fatorial de um número natural permite algumas simplificações, conforme apresentamos nos exemplos a seguir.

Exemplos:

1. Vamos calcular o valor de $\dfrac{34! + 35!}{36!}$

Desenvolvemos o fatorial de 36 e o fatorial de 35 até chegar ao fatorial de 34. Em seguida, simplificamos o fatorial de 34:

$$\dfrac{34! + 35!}{36!} = \dfrac{34! + 35 \cdot 34!}{36 \cdot 35 \cdot 34!}$$

$$\dfrac{34! + 35!}{36!} = \dfrac{34!(1 + 35)}{36 \cdot 35 \cdot 34!}$$

$$\dfrac{34! + 35!}{36!} = \dfrac{1 + 35}{36 \cdot 35} \Rightarrow \dfrac{34! + 35!}{36!} = \dfrac{1}{35}$$

2. Vamos resolver a equação $\dfrac{(n - 1)!}{(n + 1)!} = \dfrac{1}{6}$.

Inicialmente desenvolvemos o fatorial de $n + 1$ até chegar ao fatorial de $n - 1$:

$$\dfrac{(n-1)!}{(n+1) \cdot n \cdot (n-1)!} = \dfrac{1}{6}$$

$$\dfrac{1}{(n+1) \cdot n} = \dfrac{1}{6}$$

Resolvemos a equação correspondente:

$(n + 1) \cdot n = 6$

$n^2 + n - 6 = 0 \Rightarrow \begin{cases} n = -3 \\ n = 2 \end{cases}$

Observando que só definimos o fatorial de um número natural, concluímos que apenas $n = 2$ é solução da equação.

Outras situações com permutação

No cálculo envolvendo contagem, a utilização do conceito de fatorial de um número natural será útil.

A seguir, apresentamos exemplos de problemas de contagem envolvendo permutação, porém com certas restrições. São situações de contagem que necessitam de mais cuidado quando de sua resolução. Embora a teoria para a resolução seja a mesma estudada até aqui, sugerimos uma leitura cuidadosa de cada exemplo e uma discussão dos procedimentos adotados, caso necessário, com seus colegas.

Exemplo:

Vamos calcular o total de anagramas formados com as letras da palavra ATOR que:

a) iniciem pela letra A;

b) iniciem por uma consoante.

a) Como todos os anagramas devem iniciar com a letra A, fixamos a letra A na primeira posição; assim, as outras 3 letras deverão ocupar as três posições restantes. Sendo n o total de resultados possíveis, temos:

$n = P_3$
$n = 3! = 3 \cdot 2 \cdot 1 \Rightarrow n = 6$

Portanto, são 6 anagramas que iniciam pela letra A.

b) Como devem iniciar por uma consoante, existem duas possibilidades para a 1ª posição. Uma dessas consoantes ocupará essa posição, e a outra, com as duas vogais, ocupará uma das três posições restantes:

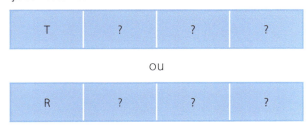

Sendo n o total de anagramas, temos:

$n = 2 \cdot P_3$
$n = 2 \cdot 3!$
$n = 2 \cdot 3 \cdot 2 \cdot 1 \Rightarrow n = 12$

Exemplos:

1. Considerando o conjunto A = {3, 4, 5, 6, 7, 8}, vamos formar números com 6 algarismos distintos, utilizando os elementos desse conjunto. Assim, quantos desses números são pares?

Como os números deverão ser pares, o algarismo da unidade deverá ser 4, 6 ou 8. Escolhendo um deles para ser o algarismo das unidades, os demais deverão ser "permutados", isto é:

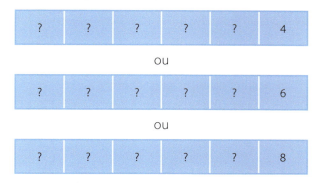

Sendo n o total de números que podemos formar, então:

$n = 3 \cdot P_5$
$n = 3 \cdot 5!$
$n = 3 \cdot 5 \cdot 4 \cdot 3 \cdot 2 \cdot 1 \Rightarrow n = 360$

Portanto, são 360 números que podemos formar de acordo com as condições estabelecidas.

2. Numa festa de final de ano, os amigos Maria, Joana, Carla, Pedro e André posaram lado a lado para uma fotografia. Vamos calcular o número de maneiras possíveis de eles se posicionarem conforme as seguintes condições:

a) os dois meninos devem ficar sempre um ao lado do outro;

b) as três meninas devem ficar sempre uma ao lado da outra.

a) Como os dois meninos devem ficar sempre juntos, vamos considerá-los como se fossem uma pessoa só. Dessa forma, teríamos quatro "pessoas" para permutar (M, J, C, PA):

$P_4 = 4!$

Note que Pedro e André podem permutar suas posições entre si (André e Pedro ou Pedro e André):

$P_2 = 2!$

Sendo n o número total de possibilidades, temos:

$n = P_2 \cdot P_4$
$n = (2!) \cdot (4!)$
$n = 2 \cdot 24 \Rightarrow n = 48$

Portanto, são 48 possibilidades.

b) Como as três meninas devem ficar sempre juntas, vamos considerá-las como se fossem uma pessoa só.

Dessa forma, teríamos três "pessoas" para permutar (MJC, P, A):

$P_3 = 3!$

Note que as três meninas podem permutar suas posições entre si e continuarão juntas:

$P_3 = 3!$

Sendo n o número total de possibilidades, temos:

$n = P_3 \cdot P_3$
$n = (3!) \cdot (3!)$
$n = 6 \cdot 6 \Rightarrow n = 36$

Portanto, são 36 possibilidades.

Exercícios resolvidos

1. Com relação à palavra ALUNOS, calcule:
   a) o número total de anagramas.
   b) o número total de anagramas que começam pela letra A.
   c) o número total de anagramas que têm as vogais juntas.
   d) o número total de anagramas que têm as vogais juntas e em ordem alfabética.
   e) o número total de anagramas que têm as vogais em ordem alfabética.

a) $P_6 = 6! = 720$

b)

 A ___ ___ ___ ___ ___

Fixando a letra A no começo, sobram 5! maneiras de reorganizar as demais letras. Assim,

5! = 120.

c)

 AUO ___ ___ ___ ___

Considerando as vogais como um "bloquinho", são 4! maneiras de reorganizar o bloquinho mais as três consoantes, e 3! maneiras de reorganizar as letras dentro do "bloquinho". Assim,

$4! \cdot 3! = 144$.

d)

 AOU ___ ___ ___ ___

Considerando as vogais como um "bloquinho" são 4! maneiras de reorganizar o bloquinho mais as três consoantes e apenas 1 maneira de organizar as letras dentro do "bloquinho" em ordem alfabética. Assim,

$4! \cdot 1! = 24$.

e)

De todos os anagramas da palavra ALUNOS, podemos fixar as consoantes em determinada posição e permutar entre as vogais, montando assim grupos de 6 (3!) anagramas. Dos 6 anagramas de cada grupo, apenas em um anagrama as vogais aparecem em ordem alfabética. Assim,

$\dfrac{P_6}{3!} = \dfrac{6 \cdot 5 \cdot 4 \cdot 3!}{3!} = 120$

2. Resolva a equação $\dfrac{n! \cdot (n+2)!}{(n-1)! \cdot (n+1)!} = 35$.

$\dfrac{n! \cdot (n+2)!}{(n-1)! \cdot (n+1)!} = 35 \rightarrow$

$\rightarrow \dfrac{n \cdot (n-1)! \cdot (n+2) \cdot (n+1)!}{(n-1)! \cdot (n+1)!} = 35 \rightarrow$

$n \cdot (n+2) = 35 \rightarrow n^2 + 2n - 35 = 0$

$\therefore n = 5$ ou $n = -7$ (não convém)

Logo, n = 5.

3. Considere a expressão $x(n) = \dfrac{n! \cdot (n^2 - 1)}{(n+1)!}$. Determine o valor de x(2017).

Observando o produto notável no numerador dessa fração e considerando que o denominador pode ser escrito em função do fatorial de n, temos:

$x(n) = \dfrac{n! \cdot (n^2 - 1)}{(n+1)!}$

$x(n) = \dfrac{n! \cdot (n+1) \cdot (n-1)}{(n+1) \cdot n!}$

$x(n) = (n-1)$

$x(2017) = 2017 - 1 \rightarrow x(2017) = 2016$

Exercícios propostos

1. Calcule o número de permutações que podem ser feitas com:
   a) 4 elementos.
   b) 5 elementos.
   c) 6 elementos.

2. Com as letras da palavra JURO, forme todas as sequências possíveis, considerando que todas as letras devem aparecer em cada sequência.

3. Considere 10 algarismos distintos para criar senhas.
   a) Qual é o número total de senhas possíveis de serem formadas?
   b) Dessas senhas, quantas iniciam com o algarismo 2?
   c) Do total de senhas possíveis, quantas terminam com o algarismo zero?
   d) Do total de senhas possíveis, quantas começam com um algarismo par?
   e) Quantas senhas começam com um algarismo ímpar?

4. Calcule o valor de:
   a) 5!
   b) 10!
   c) 4! + 6!
   d) 7! − 5!
   e) $\dfrac{9!}{7!}$
   f) $\dfrac{12!}{10!\,3!}$

5. Indique, em seu caderno, se cada uma das afirmações a seguir é verdadeira ou falsa.
   a) 0! = 1
   b) $(m + n)! = m! + n!$, em que m e n são números naturais.
   c) $(m - n)! = m! - n!$, em que m e n são números naturais e $m \geq n$.
   d) $(m \cdot n)! = m! \cdot n!$, em que m e n são números naturais.
   e) $1 \cdot 2 \cdot 3 \cdot (...) \cdot n \cdot (n + 1) \cdot (n + 2) = (n + 2)!$

6. Simplifique as seguintes expressões:
   a) $\dfrac{(n + 1)!}{(n - 1)!}$
   b) $\dfrac{(n - 2)!}{(n - 1)!}$
   c) $\dfrac{100! + 101!}{99!}$

7. Resolva a equação $(n - 5)! = 5\,040$.

8. Calcule o número de anagramas das palavras:
   a) aluno.
   b) escola.

9. Considere a sequência dada pelo termo geral
   $a_n = \dfrac{(n^2 - 4) \cdot (n + 1)!}{(n + 2)!}$
   Calcule o valor de a_{2012}.

10. O número 13! pode ser escrito na forma $2^m \cdot k$, na qual m é um número natural e k é um número natural ímpar. Calcule o valor de m.

11. Utilizando a igualdade $n \cdot n! = (n + 1)! - n!$, calcule o valor da expressão $2 \cdot 2! + 3 \cdot 3! + ... + 9 \cdot 9!$.

12. Mostre que para todo n natural não nulo é válida a igualdade $2 \cdot 4 \cdot 6 \cdot (...) \cdot 2n = 2^n \cdot n!$.

13. Com relação à palavra FELIZ, calcule:
    a) o número total de anagramas que começam por uma vogal.
    b) o número total de anagramas que começam e terminam com uma consoante.

14. Um dos anagramas da palavra ESCOLA é ALECOS. Observe que, nesse anagrama, duas vogais e duas consoantes não ocupam posições adjacentes. Assim, calcule:
    a) o número total de anagramas da palavra ESCOLA.
    b) o número total de anagramas da palavra ESCOLA que não possuem duas vogais nem duas consoantes em posições adjacentes.

15. Uma criança formou uma fila com 10 bolas de cores diferentes, como mostra a figura:

Em seguida, começou a trocar uma ou mais bolas de lugar e pensou: "Vou formar todas as filas possíveis". Qual é o número de filas diferentes que a criança poderá formar?

16. Com relação à palavra IMAGENS, calcule:
    a) o número total de anagramas.
    b) o número total de anagramas que têm as vogais juntas.
    c) o número total de anagramas que têm as vogais juntas e em ordem alfabética.
    d) o número total de anagramas que têm as vogais em ordem alfabética.

Permutação com repetição

Até aqui as situações propostas para resolução envolviam permutações com elementos distintos, chamadas de permutações simples. Mas o que acontece se tivermos elementos repetidos? Um exemplo bem simples seria imaginar o cálculo dos anagramas de uma palavra que apresentasse letras iguais. A seguir, formamos todos os anagramas com as letras da palavra BALA:

BALA	AABL	ALBA
BLAA	ABLA	LABA
BAAL	ABAL	LBAA
AALB	ALAB	LAAB

Pela contagem direta, chegamos à conclusão de que são 12 os anagramas que podem ser formados com as letras da palavra BALA. Mas como podemos chegar a essa quantidade sem construir os anagramas? Como a letra A aparece duas vezes na palavra, vamos inicialmente utilizar um artifício, colocando um asterisco numa dessas letras, e considerar que elas são distintas. Assim, teremos que a quantidade n de anagramas da palavra "BALA*" pode ser calculada pela permutação simples de 4 elementos:

$$n = P_4$$
$$n = 4! = 24$$

BALA*	AA*BL	ALBA*	BA*LA	A*ABL	A*LBA
BLAA*	ABLA*	LABA*	BLA*A	A*BLA	LA*BA
BAA*L	ABA*L	LBAA*	BA*AL	A*BAL	LBA*A
AA*LB	ALA*B	LAA*B	A*ALB	A*LAB	LA*AB

Como a letra A aparece 2 vezes para cada um dos 4! anagramas formados, há outro idêntico com as letras A nas mesmas posições (note que as três primeiras colunas, com exceção do asterisco, são iguais às três últimas colunas). Assim, o número n de anagramas que formamos é:

$$n = \frac{P_4}{P_2}$$
$$n = \frac{4!}{2!}$$
$$n = \frac{4 \cdot 3 \cdot 2!}{2!} \Rightarrow n = 12$$

Vamos considerar a seguir outro exemplo para compreender melhor como é o cálculo de permutação que envolve elementos repetidos.

Exemplo:

Quantos anagramas podemos formar com as letras da palavra TENET presente num curioso e antigo quadrado mágico? Observe esse quadrado representado a seguir.

S	A	T	O	R
A	R	E	P	O
T	E	N	E	T
O	P	E	R	A
R	O	T	A	S

A palavra central é um **palíndromo**, isto é, a palavra que mantém o mesmo sentido quando é lida de frente para trás e de trás para a frente.

Vamos construir todos os anagramas possíveis, conforme a seguir (discuta com seus colegas uma maneira de construir todos os anagramas):

TTEEN	NTEET	EETTN	NTETE	TETEN
TTNEE	NEETT	ETTEN	NETET	TNEET
NTTEE	EENTT	TTENE	EETNT	TNTEE
TNETE	TENET	NETTE	ENTTE	ETENT
TENTE	TEETN	ENTET	ETETN	ETNTE
TETNE	TEENT	ENETT	ETNET	ETTNE

Se considerarmos que as cinco letras são diferentes, temos P_5 anagramas. Entretanto, as permutações entre as letras iguais não produzem novos anagramas (2 letras T e 2 letras E). Dessa forma, dividimos P_5 por $P_2 \cdot P_2$ para calcular n (total de anagramas):

$$n = \frac{P_5}{P_2 \cdot P_2}$$
$$n = \frac{5!}{2! \, 2!}$$
$$n = \frac{5 \cdot 4 \cdot 3 \cdot 2!}{2 \cdot 1 \cdot 2!} \Rightarrow n = 30$$

Dados n elementos, dos quais n_1 são iguais a a_1, n_2 são iguais a a_2, n_3 são iguais a a_3, ..., n_k são iguais a a_k, sendo $n_1 + n_2 + n_3 + ... + n_k = n$, o número de permutações possíveis desses elementos é dado por:

$$P_n^{n_1, n_2, n_3, ..., n_k} = \frac{n!}{(n_1!) \cdot (n_2!) \cdot (n_3!) \cdot (...) \cdot (n_k!)}$$

Exemplos:

1. Quantos são os anagramas das letras da palavra OSSOS?

A palavra contém 5 letras, das quais duas são iguais a O e três são iguais a S. Assim, conforme a relação matemática anterior, temos:

$$P_5^{2,3} = \frac{5!}{(2!) \cdot (3!)}$$

$$P_5^{2,3} = \frac{5 \cdot 4 \cdot 3!}{2 \cdot 1 \cdot 3!} \Rightarrow P_5^{2,3} = 10$$

Observe a seguir os 10 anagramas:

OOSSS	SSSOO	SOOSS	SSOOS	OSOSS
OSSSO	SOSSO	SOSOS	SSOSO	OSSOS

2. Na malha quadriculada abaixo está representado um esquema de parte das ruas de um bairro numa cidade planejada. Cada linha representa uma rua, e cada quadrado, um quarteirão. Considere que você está no ponto A e deseja ir até o ponto B, andando para o norte (N) ou para o leste (L). Note que um caminho já está destacado:

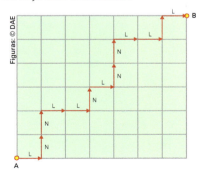

Vamos calcular a quantidade de caminhos diferentes para ir de A até B, caminhando apenas para o norte (N) e para o leste (L).

Observando a figura, concluímos que, conforme as condições impostas, em qualquer caminho que escolhemos para fazer, temos que andar 6 "quarteirões" para o norte e 7 para o leste.

No caminho indicado, temos uma sequência de 13 (6 + 7 = 13) "quarteirões", que podemos representar por:

(L, N, N, L, L, N, L, N, N, L, L, N, L).

Qualquer outro caminho que escolhermos fazer será obtido permutando esses 13 "quarteirões", havendo repetição de 7 para leste e 6 para norte. Assim, sendo **n** o número total de caminhos possíveis, temos:

$$n = P_{13}^{7,6}$$

$$n = \frac{13!}{(7!) \cdot (6!)}$$

$$n = \frac{13 \cdot 12 \cdot 11 \cdot 10 \cdot 9 \cdot 8 \cdot 7!}{(7!) \cdot 6 \cdot 5 \cdot 4 \cdot 3 \cdot 2 \cdot 1}$$

$$n = \frac{13 \cdot 12 \cdot 11 \cdot 10 \cdot 9 \cdot 8}{6 \cdot 5 \cdot 4 \cdot 3 \cdot 2 \cdot 1} \Rightarrow n = 1716$$

Permutação circular

Há uma situação um pouco diferente relacionada à permutação conhecida como permutação circular. Dizemos que uma permutação de n elementos distintos é denominada circular quando eles são dispostos em círculo em n lugares. Nesse caso, dizemos que, nessa "disposição", uma permutação se diferencia da outra quando não coincidem por rotação.

Exemplos:

1. As amigas Lúcia, Maria e Joana irão sentar-se junto a uma mesa circular com 3 lugares. De quantas maneiras diferentes isso poderá ocorrer se considerarmos que uma forma de elas se posicionarem se diferencia da outra apenas pela rotação?

Se pensarmos na permutação simples de 3 elementos, teremos 3! possibilidades, indicadas a seguir:

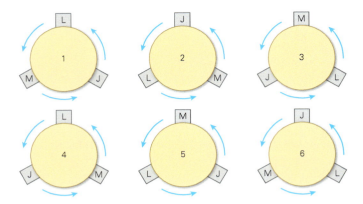

As três primeiras disposições (indicadas por 1, 2 e 3) coincidem entre si, considerando a rotação indicada pelas setas. Também isso ocorre com as três últimas disposições (indicadas por 4, 5 e 6). Dessa forma, se representarmos por **PC₃** o total de permutações circulares de 3 elementos, teremos:

$$PC_3 = 2$$

Observação:

Enquanto nas permutações simples importam os lugares que os elementos ocupam, nas permutações circulares interessa apenas a posição relativa dos elementos entre si.

Voltando ao exemplo, e considerando o sentido anti-horário indicado pela seta, temos, nas três primeiras disposições, que Lúcia precede Maria, que precede Joana, que precede Lúcia. Isso indica que a posição relativa das três amigas é a mesma. Já nas três últimas disposições, Lúcia precede Joana, que precede Maria, que precede Lúcia. Novamente, aqui a posição relativa das três amigas é a mesma.

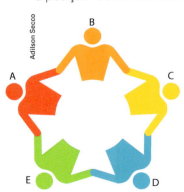

2. Vamos considerar que as cinco crianças estejam brincando de roda. Na figura a seguir, elas estão indicadas pelas letras A, B, C, D e E. Queremos calcular o número total de permutações circulares dessas crianças, isto é,

$$PC_5 = ????$$

Como, na permutação circular, o que vai interessar é a posição relativa entre os elementos, aqui devemos observar quem está ao lado de quem.

Assim, duas rodas serão iguais quando, em ambas, cada criança for ladeada pelas mesmas crianças, tanto à sua esquerda quanto à sua direita. Apenas para exemplificar, as duas rodas esquematizadas a seguir são consideradas iguais:

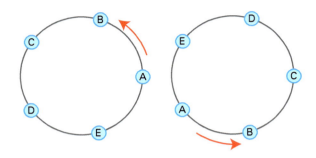

Se observarmos, nas duas figuras, o sentido indicado pela seta a partir da criança A, temos que A precede B, que precede C, que precede D, que precede E, que precede A.

Vamos, agora, descobrir quantas dessas permutações circulares são iguais. Se posicionássemos essas crianças em fila (não circular), o total de maneiras diferentes de organizá-las seria permutação simples de 5, isto é:

$$P_5 = 5! = 120$$

Porém, temos que determinar quantas dessas permutações simples correspondem à mesma permutação circular. Vamos partir de uma disposição circular e descobrir a quantas permutações simples ela corresponde:

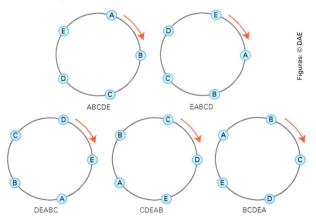

Como as permutações circulares representadas são iguais (percorra a circunferência num mesmo sentido começando, por exemplo, pela criança A), dizemos que cada desenho está representando uma permutação simples. Assim, cada permutação circular corresponde a cinco permutações simples diferentes. Então, para calcular o número total de permutações circulares, dividimos as permutações simples por 5, isto é:

$$PC_5 = \frac{P_5}{5}$$

$$PC_5 = \frac{5!}{5} = \frac{5 \cdot 4!}{5}$$

$$PC_5 = 4! \Rightarrow PC_5 = 24$$

Se considerarmos, analogamente, outras permutações circulares com outros números de elementos, teremos:

Permutação circular de 6 elementos →

→ $PC_6 = \dfrac{6!}{6} = \dfrac{6 \cdot 5!}{6} = 5!$

Permutação circular de 7 elementos →

→ $PC_7 = \dfrac{7!}{7} = \dfrac{7 \cdot 6!}{7} = 6!$

Permutação circular de 8 elementos →

→ $PC_8 = \dfrac{8!}{8} = \dfrac{8 \cdot 7!}{8} = 7!$

De modo geral, tem-se:

> O número total de permutações circulares de n elementos distintos é determinado por:
> $$PC_n = \frac{n!}{n} = (n-1)!$$

Exercícios resolvidos

1. Considerando os anagramas da palavra CALCULADORA:
   a) quantos são?
   b) quantos têm as vogais juntas?

   a)
   São 11 letras das quais temos: duas letras C, três letras A, duas letras L, uma letra U, uma letra D, uma letra O e uma letra R. Assim:

   $P_{11}^{2,2,3} = \dfrac{11!}{2! \, 2! \, 3!} = \dfrac{11 \cdot 10 \cdot 9 \cdot 8 \cdot 7 \cdot 6 \cdot 5 \cdot 4 \cdot 3!}{2 \cdot 1 \cdot 2 \cdot 1 \cdot 3!}$
   $= 1\,663\,200$

   b)

   | AAAUO |

   Juntando as vogais num "bloquinho", temos para permutar: um "bloquinho", duas letras C, duas letras L, uma letra D e uma letra R. Ainda há a permutação dentro do "bloquinho": três letras A, uma letra U e uma letra O. Assim:

   $P_6^{2,2} \cdot P_5^3 = \dfrac{6! \, 5!}{2! \, 2! \, 3!} =$

   $\dfrac{6 \cdot 5 \cdot 4 \cdot 3 \cdot 2 \cdot 1 \cdot 5 \cdot 4 \cdot 3!}{2 \cdot 1 \cdot 2 \cdot 1 \cdot 3!} = 3\,600$

2. No estacionamento de um comércio, com 7 vagas há 3 carros vermelhos, 2 azuis e 2 verdes.

Se levarmos em consideração apenas a cor dos carros,
   a) de quantos modos esses carros podem estar distribuídos nesse estacionamento?
   b) de quantos modos esses carros podem estar distribuídos nesse estacionamento, de modo que os carros de mesma cor estejam sempre lado a lado?

   a) Levando em consideração apenas a cor dos carros, temos:
   $P_7^{2,2,3} = \dfrac{7!}{2! \, 2! \, 3!} = \dfrac{7 \cdot 6 \cdot 5 \cdot 4 \cdot 3!}{2 \cdot 1 \cdot 2 \cdot 1 \cdot 3!} = 210$

   b) Levando em consideração apenas a cor dos carros, dividindo-os em três "bloquinhos" de cores, temos:
   $P_3 = 3! = 6$

3. Para uma reunião em uma empresa, dez pessoas irão sentar-se ao redor de uma mesa redonda, entre elas o diretor e o vice-diretor. Calcule:
   a) de quantas maneiras distintas essas dez pessoas podem sentar-se ao redor da mesa;
   b) de quantas maneiras distintas essas dez pessoas podem sentar-se ao redor da mesa de modo que o diretor e o vice-diretor fiquem lado a lado.

   a) Trata-se de uma permutação circular. Assim:
   $PC_{10} = (10 - 1)! = 9! = 362\,880$

   b) Juntando o diretor e o vice-diretor num "bloquinho", temos 9 elementos para permutar ao redor da mesa e dois elementos para permutar dentro do "bloquinho". Assim:
   $PC_9 \cdot P_2 = (9 - 1)! \, 2! = 8! \, 2! = 80\,640$

Exercícios propostos

1. Escreva todos os anagramas possíveis das letras da palavra ASA.

2. Considere as letras da palavra MASSA.
   a) Qual o total de anagramas que podem ser formados com essas letras?
   b) Desses anagramas, quantos começam pela letra M?

3. Os desenhos a seguir estão representando as permutações circulares de quatro pessoas. Em cada um dos desenhos está indicado um sentido para considerar. Assim, por exemplo, no desenho A, podemos observar que as ordens 1-2-3-4, 2-3-4-1, 3-4-1-2 e 4-1-2-3 representam a mesma disposição circular.

   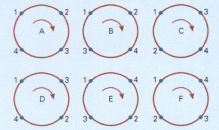

   Em seu caderno, escreva para cada desenho B, C, D, E e F as disposições circulares correspondentes, como observadas no desenho A.

4. De quantas maneiras podemos dispor oito pessoas (A, B, C, D, E, F, G e H) em torno de uma mesa circular, como mostra a figura?

   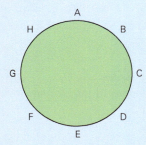

5. Um grupo de sete amigos, entre eles o casal de namorados Bianca e Marcos, irão se sentar ao redor de uma mesa circular. Sabendo que os dois namorados devem se sentar obrigatoriamente lado a lado, calcule o total de maneiras de os amigos se acomodarem.

6. Qual o total de maneiras de dispor quatro rapazes e três moças em uma mesa circular, de modo que as moças fiquem juntas?

7. Para realizar uma atividade, um professor selecionou quatro meninos e quatro meninas. Em seguida, solicitou que eles se sentassem ao redor de um círculo, de modo que ficassem alternadamente um menino e uma menina. Calcule o número total de maneiras em que os alunos podem se organizar para a atividade seguindo a orientação do professor.

8. Uma pulseira é formada por 11 esferas justapostas e de cores distintas, como mostra a figura. Consideramos que duas pulseiras são idênticas se uma delas puder ser obtida a partir de outra por meio de uma rotação. Sendo assim, quantas pulseiras diferentes podem ser obtidas?

   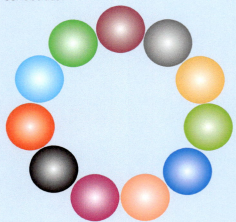

9. Observe, na figura ao lado uma pilha formada por blocos coloridos
   a) Qual é o total de maneiras diferentes de empilhar os blocos?
   b) Qual é o total de maneiras de empilhar os blocos de modo que blocos de mesma cor permaneçam sempre juntos?

10. Observe o mapa de uma pequena cidade composta por seis bairros:

    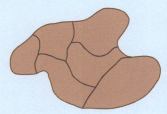

    Calcule o total de maneiras de pintar o mapa dessa cidade, sendo dois bairros de verde, dois de azul, um de vermelho e um de amarelo.

11. Cinco rapazes e cinco moças desejam tirar uma fotografia ocupando os cinco degraus de uma escada de modo que em cada degrau permaneça um rapaz e uma moça. Quantas fotografias diferentes podem ser tiradas?

12. Com os algarismos 1, 2, 3, 5, 7, 8 e 9, quantos números de sete algarismos distintos podem ser formados, de modo que os algarismos 3 e 8 sempre ocupem posições adjacentes e os algarismos 1 e 5 jamais ocupem posições adjacentes?

Unidade 5 Análise Combinatória

COMBINAÇÕES E ARRANJOS

CAPÍTULO 15

Nas situações de contagem (agrupamentos de elementos), de um modo geral, existem duas "atitudes intuitivas": a de **escolher** e a de **misturar**. Quando resolvemos até aqui situações relacionadas ao princípio multiplicativo ou mesmo aquelas apresentadas no capítulo de permutações (simples, com repetição ou mesmo circular), utilizamos o procedimento de misturar.

Vamos agora ampliar essas ideias estudando também aquelas situações em que precisamos fazer escolhas de elementos. Assim, por exemplo, imagine que você pretende comprar 5 bolas de sorvete de sabores diferentes a partir de 8 sabores disponíveis. Qual é o número total de possibilidades nessa escolha?

Questões e reflexões

Pense em como determinar o número total de escolhas de 5 bolas de sorvete de sabores diferentes a partir de 8 sabores disponíveis. Represente os sabores por letras e faça todas as combinações possíveis.

Combinações simples

Considere a seguinte situação:

Três dos cinco jovens abaixo serão escolhidos para formar uma equipe de trabalho escolar.

Qual é o número total de grupos que poderemos formar com 3 dos 5 jovens?

Note que nem todos os elementos disponíveis serão utilizados, somente 3 dos 5. Além disso, a ordem em que os elementos serão escolhidos não é importante. Mesmo que a ordem dos elementos não faça diferença, vamos iniciar considerando que queremos determinar, pelo princípio multiplicativo, o número de maneiras de essas pessoas ocuparem sucessivamente 3 posições (a partir daí podemos determinar o número possível de escolhas, conforme pergunta):

1ª posição	2ª posição	3ª posição

- Número de possibilidades para a 1ª posição: 5.
- Número de possibilidades para a 2ª posição: 4.
- Número de possibilidades para a 3ª posição: 3.

Então, pelo princípio multiplicativo, temos 60 possibilidades ($5 \cdot 4 \cdot 3 = 60$).

- Como não interessa a ordem deles e quando utilizamos o princípio multiplicativo essa ordem é levada em consideração, significa que alguns agrupamentos foram repetidos. Assim, por exemplo, se três dos jovens forem Maria, Joana e Carla, os agrupamentos a seguir, embora sejam iguais, foram computados como diferentes entre os 60 calculados:

Maria – Joana – Carla
Maria – Carla – Joana
Joana – Maria – Carla
Joana – Carla – Maria
Carla – Joana – Maria
Carla – Maria – Joana

- Esses 6 grupos representam a permutação dos 3 jovens considerados (3! = 6). Assim, sendo *n* número total de grupos com 3 pessoas que podemos formar a partir dos 5 jovens, temos:

$$n = \frac{60}{3!} = \frac{60}{6} = 10$$

No quadro abaixo, temos os 10 grupos possíveis:

Maria – Joana – Carla	Maria – Pedro – André
Maria – Joana – Pedro	Joana – Carla – Pedro
Maria – Joana – André	Joana – Carla – André
Maria – Carla – Pedro	Joana – Pedro – André
Maria – Carla – André	Carla – Pedro – André

Essa situação apresentada corresponde à ideia de formar subconjuntos com 3 elementos a partir de 5 elementos disponíveis. Representando os jovens pelas letras M, J, C, P e A (iniciais de seus nomes), formamos subconjuntos de {M, J, C, P, A} com 3 elementos em cada um:

{M, J, C}, {M, P, A}, {M, J, P}, {J, C, P}, {M, J, A},

{J, C, A}, {M, C, P}, {J, P, A}, {M, C, A}, {C, P, A}

Observação:

Em Análise Combinatória, esse tipo de agrupamento em que a ordem dos elementos não faz diferença é conhecido como combinação. De modo geral, dizemos que a essência das situações de **combinação** está na formação de subconjuntos a partir dos elementos de um conjunto dado.

O raciocínio que empregamos para chegar à resposta do exemplo anterior pode também ser empregado em outras situações similares. Contudo, vamos apresentar uma fórmula que você também pode utilizar para obter a quantidade de combinações. Embora possamos dizer que vamos escolher objetos, para simplificar, utilizaremos a denominação de elementos associados aos conjuntos.

> Considere um conjunto com **n** elementos {$a_1, a_2, a_3, a_4, ... , a_n$} e que queremos escolher **p** desses elementos ($p \leq n$) para formar subconjuntos com **p** elementos. Cada escolha desses elementos é denominada **combinação simples de n elementos tomados p a p**.

Assim como fizemos no exemplo anterior, vamos calcular inicialmente o total de possibilidades de ocupação de *p* posições, isto é:

1ª posição	2ª posição	3ª posição	(...)	(p − 1)ª posição	pª posição

Número de possibilidades para a 1ª posição: n

Número de possibilidades para a 2ª posição:

$$n - 1$$

Número de possibilidades para a 3ª posição:

$$n - 2$$

...

Número de possibilidades para a (p − 1)ª posição:

$$n - p + 2$$

Número de possibilidades para a pª posição:

$$n - p + 1$$

Então, pelo princípio multiplicativo, o número de possibilidades é:

$$n \cdot (n-1) \cdot (n-2) \cdot (...) \cdot (n-p+2) \cdot (n-p+1)$$

Como não interessa a ordem dos elementos e, quando utilizamos o princípio multiplicativo, essa ordem é levada em consideração, significa que alguns agrupamentos com *p* elementos foram repetidos. Como cada agrupamento tem *p* elementos, existem p! sequências com esses elementos. Assim, sendo C_n^p (lemos combinação de *n* elementos *p* a *p*), o número total de subconjuntos com *p* elementos que podemos formar é dado por

$$C_n^p = \frac{n \cdot (n-1) \cdot (n-2) \cdot (...) \cdot (n-p+2) \cdot (n-p+1)}{p!}$$

Há uma fórmula um pouco mais simples que essa. Para obtê-la, multiplicamos o numerador e o denominador do segundo membro por (n − p)!, isto é:

$$C_n^p = \frac{n \cdot (n-1) \cdot (n-2) \cdot (...) \cdot (n-p+2) \cdot (n-p+1) \cdot (n-p)!}{p!(n-p)!}$$

$\downarrow n \cdot (n-1) \cdot (n-2) \cdot (...) \cdot (n-p+2) \cdot (n-p+1) \cdot (n-p)! = n!$

$$C_n^p = \frac{n!}{p!(n-p)!}$$

> O número total de combinações simples de *n* elementos tomados *p* a *p*, com $n \geq p$, é calculado por:
>
> $$C_n^p = \frac{n!}{p!(n-p)!}$$

214 Unidade 5 Análise Combinatória

Exemplo:

Retornando ao exemplo do início do capítulo, temos que escolher 3 jovens entre os 5 disponíveis. Vamos calcular o número total de escolhas possíveis:

$C_5^3 = \dfrac{5!}{3!(5-3)!}$

$C_5^3 = \dfrac{5 \cdot 4 \cdot 3!}{3! 2 \cdot 1} \Rightarrow C_5^3 = 10$

Ao efetuarmos combinações simples de n elementos tomados p a p, estamos formando subconjuntos com p elementos. Assim, vejamos alguns casos particulares:

- $n = p$

$C_n^p = \dfrac{n!}{p!(n-p)!}$

$\downarrow n = p$

$C_n^n = \dfrac{n!}{n!(n-n)!} = \dfrac{n!}{n!0!} = \dfrac{n!}{n!1} = 1 \Rightarrow C_n^n = 1$

Isso significa que um conjunto A com n elementos admite um único subconjunto com n elementos (o próprio conjunto A).

- $n > p$ e $p = 0$

$C_n^p = \dfrac{n!}{p!(n-p)!}$

$\downarrow p = 0$

$C_n^0 = \dfrac{n!}{0!(n-0)!} = \dfrac{n!}{0!n!} = \dfrac{n!}{1n!} = 1 \Rightarrow C_n^0 = 1$

Isso significa que um conjunto A com n elementos admite um único subconjunto com zero elemento (o conjunto $\varnothing$).

- $n = p = 0$

$C_n^p = \dfrac{n!}{p!(n-p)!}$

$\downarrow n = p = 0$

$C_0^0 = \dfrac{0!}{0!(0-0)!} = \dfrac{0!}{0!0!} = \dfrac{1}{1 \cdot 1} = 1 \Rightarrow C_0^0 = 1$

Isso significa que um conjunto A com zero elemento admite um único subconjunto com zero elemento (o conjunto A é o próprio conjunto vazio).

Observação:

O fatorial de zero e o fatorial de 1 foram definidos no capítulo anterior como iguais a 1. Isso é conveniente para o cálculo do número de subconjuntos, por exemplo, com qualquer número de elementos no subconjunto.

Exemplos:

Observe o cálculo envolvendo combinações simples de elementos.

1. Quantos subconjuntos admite o conjunto A = {3, 4, 5, 6} ?

- Cálculo do número de subconjuntos com zero elemento:

$C_4^0 = \dfrac{4!}{0!(4-0)!} = \dfrac{4!}{1 \cdot 4!} = 1 \Rightarrow C_4^0 = 1$

- Cálculo do número de subconjuntos com um elemento:

$C_4^1 = \dfrac{4!}{1!(4-1)!} = \dfrac{4 \cdot 3!}{1 \cdot 3!} = 4 \Rightarrow C_4^1 = 4$

- Cálculo do número de subconjuntos com dois elementos:

$C_4^2 = \dfrac{4!}{2!(4-2)!} = \dfrac{4 \cdot 3 \cdot 2!}{2 \cdot 1 \cdot 2!} = 6 \Rightarrow C_4^2 = 6$

- Cálculo do número de subconjuntos com três elementos:

$C_4^3 = \dfrac{4!}{3!(4-3)!} = \dfrac{4 \cdot 3!}{3!1} = 4 \Rightarrow C_4^3 = 4$

- Cálculo do número de subconjuntos com quatro elementos:

$C_4^4 = \dfrac{4!}{4!(4-4)!} = \dfrac{4!}{4! \cdot 1} = 1 \Rightarrow C_4^4 = 1$

Sendo n o total de subconjuntos de A, temos que:

$n = C_4^0 + C_4^1 + C_4^2 + C_4^3 + C_4^4$

$n = 1 + 4 + 6 + 4 + 1 \Rightarrow n = 16$

2. Considere que um conjunto A tem 10 elementos. Então, determine:

a) o número de subconjuntos de A que possuem 3 elementos;

b) o número de subconjuntos de A que possuem 7 elementos.

a) Devemos escolher 3 elementos entre os 10 disponíveis. O total de possibilidades é:

$C_{10}^3 = \dfrac{10!}{3!(10-3)!} = \dfrac{10 \cdot 9 \cdot 8 \cdot 7!}{3 \cdot 2 \cdot 1 \cdot 7!} = 120 \Rightarrow$

$\Rightarrow C_{10}^3 = 120$

Portanto, são 120 subconjuntos com 3 elementos em cada subconjunto.

b) Devemos escolher 7 elementos entre os 10 disponíveis. O total de possibilidades é:

$$C_{10}^{7} = \frac{10!}{7!(10-7)!} = \frac{10 \cdot 9 \cdot 8 \cdot 7!}{7! \cdot 3 \cdot 2 \cdot 1} = 120 \Rightarrow$$
$$\Rightarrow C_{10}^{7} = 120$$

Portanto, são 120 subconjuntos com 3 elementos em cada subconjunto.

Observação:

Nesse exemplo, os dois resultados são iguais. Isso ocorre porque, a cada vez que retiramos 3 elementos (de um total de 10) para formar um subconjunto, sobram 7 elementos para formar outro subconjunto agora com 7 elementos.

3. Em um departamento de uma empresa trabalham 9 funcionários. Destes, 5 serão escolhidos para participar de um congresso no final do ano. De quantas formas podem ser escolhidas essas 5 pessoas?

- Já que a ordem das pessoas na escolha não importa, temos um problema de combinação. Como são 9 pessoas disponíveis e devemos escolher 5, temos:

$$C_{9}^{5} = \frac{9!}{5!(9-5)!} = \frac{9 \cdot 8 \cdot 7 \cdot 6 \cdot 5!}{5! \cdot 4 \cdot 3 \cdot 2 \cdot 1} = 126 \Rightarrow$$
$$\Rightarrow C_{9}^{5} = 126$$

Portanto, são 126 possibilidades quanto à escolha de 5 funcionários entre os 9 disponíveis.

Observação:

Poderíamos ter obtido esse total de possibilidades utilizando o princípio multiplicativo (observe a seguir), ou seja, não é necessária a utilização de fórmula para a resolução de problemas de contagem que se referem ao número de escolhas de elementos.

- Vamos supor que a ordem das pessoas, inicialmente, importe. Utilizando o princípio multiplicativo, vamos analisar as possibilidades de posicionar em linha (ou fila) 5 pessoas a partir de 9 disponíveis:

1ª posição	2ª posição	3ª posição	4ª posição	5ª posição

Número de possibilidades para a 1ª posição: 9.

Número de possibilidades para a 2ª posição: 8.

Número de possibilidades para a 3ª posição: 7.

Número de possibilidades para a 4ª posição: 6.

Número de possibilidades para a 5ª posição: 5.

Pelo princípio multiplicativo, o total de maneiras de posicionarmos as 5 pessoas é dado por:

$$9 \cdot 8 \cdot 7 \cdot 6 \cdot 5$$

- Sabemos, porém, que a ordem na escolha das pessoas não importa. Assim, cada grupo de 5 elementos foi computado 5! vezes. Para determinar o número de formas de escolher 5 pessoas, devemos dividir o resultado anterior por 5!, ou seja:

$$\frac{9 \cdot 8 \cdot 7 \cdot 6 \cdot 5}{5!} = \frac{9 \cdot 8 \cdot 7 \cdot 6 \cdot 5}{5 \cdot 4 \cdot 3 \cdot 2 \cdot 1} = 126$$

Exemplo:

Na figura a seguir, indicamos oito pontos de uma circunferência. Cada segmento que tem suas extremidades numa circunferência representa uma corda dessa circunferência. Vamos calcular quantas cordas podem ser formadas ligando esses pontos destacados dois a dois.

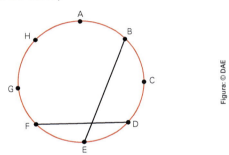

- Vamos formar todas as sequências possíveis com as letras A, B, C, D, E, F, G e H (que representam os pontos marcados na circunferência), isto é, vamos calcular o número de maneiras de posicionar 2 das 8 letras:

1ª posição	2ª posição

Número de possibilidades para a 1ª posição: 8.

Número de possibilidades para a 2ª posição: 7.

Pelo princípio multiplicativo, o total de maneiras de posicionar duas letras é dado por: $8 \cdot 7$.

- Como o segmento BE é o mesmo que o segmento EB, a ordem na escolha dos pontos para formar os segmentos não importa. Assim, cada grupo de dois elementos (letras que representam os pontos) foi computado 2! vezes. Para determinar o número de maneiras de formar segmentos, devemos dividir o resultado anterior por 2!, isto é:

$$\frac{8 \cdot 7}{2!} = \frac{8 \cdot 7}{2 \cdot 1} = 28$$

Portanto, são 28 cordas que podem ser formadas.

- Como não importa a ordem dos pontos escolhidos para formar as cordas da circunferência, temos uma situação de combinação simples, isto é,

$$C_8^2 = \frac{8!}{2!(8-2)!} = \frac{8 \cdot 7 \cdot 6!}{2 \cdot 1 \cdot 6!} = 28$$

Observação:

O número d de diagonais de um polígono convexo com n vértices (n lados) pode ser calculado considerando que devemos ligar os vértices dois a dois e, do número de resultados obtidos, subtrair o número de lados. Assim, tem-se:

$$d = C_n^2 - n$$

$$d = \frac{n!}{2!(n-2)!} - n$$

$$d = \frac{n \cdot (n-1) \cdot (n-2)!}{2 \cdot 1(n-2)!} - n$$

$$d = \frac{n \cdot (n-1)}{2} - n$$

$$d = \frac{n \cdot (n-1) - 2n}{2} = \frac{n^2 - 3n}{2} \Rightarrow$$

$$\Rightarrow d = \frac{n \cdot (n-3)}{2}$$

Exemplo:

Vamos calcular o número de diagonais do octógono representado a seguir.

- Conforme relação anterior, temos:

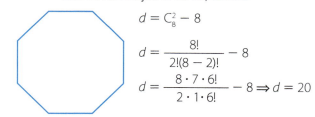

$$d = C_8^2 - 8$$

$$d = \frac{8!}{2!(8-2)!} - 8$$

$$d = \frac{8 \cdot 7 \cdot 6!}{2 \cdot 1 \cdot 6!} - 8 \Rightarrow d = 20$$

Exercícios resolvidos

1. Quinze moradores se candidataram para as três vagas de síndico de um condomínio. De quantos modos diferentes essas três vagas podem ser preenchidas?

   São grupos de 3 pessoas dentre 15. Assim:
   $$C_{15}^3 = \frac{15!}{12!\ 3!} = \frac{15 \cdot 14 \cdot 13 \cdot 12!}{12!\ 3 \cdot 2 \cdot 1} = 455$$
   São 455 maneiras diferentes de escolher os 3 síndicos.

2. Na escola onde Bruna estuda, 12 equipes distintas disputam quatro vagas para uma competição interescolar, sendo que Bruna participa de uma das equipes.

   a) De quantos modos diferentes essas quatro vagas podem ser preenchidas?

   b) De quantos modos diferentes essas quatro vagas podem ser preenchidas, se uma das equipes é a de que Bruna participa?

   a) São grupos de 4 equipes dentre 12. Assim:
   $$C_{12}^4 = \frac{12!}{8!\ 4!} = \frac{12 \cdot 11 \cdot 10 \cdot 9 \cdot 8!}{8!\ 4 \cdot 3 \cdot 2 \cdot 1} = 495$$
   São 495 maneiras diferentes de essas 4 equipes serem escolhidas.

   b) Se uma equipe já ocupa uma das quatro vagas, sobram 3 vagas para as outras 11 equipes. Assim:
   $$C_{11}^3 = \frac{11!}{8!\ 3!} = \frac{11 \cdot 10 \cdot 9 \cdot 8!}{8!\ 3 \cdot 2 \cdot 1} = 165$$
   São 165 maneiras diferentes de essas 4 equipes serem escolhidas, sendo que uma dessas equipes é a de que Bruna participa.

3. Em um plano foram marcados 7 pontos, 3 a 3, não colineares. Qual é o número total de retas distintas que podem ser determinadas com esses 7 pontos?

   Para determinar uma reta é necessário escolher dois pontos, independentemente da ordem. Assim:
   $$C_7^2 = \frac{7!}{5!\ 2!} = \frac{7 \cdot 6 \cdot 5!}{5!\ 2 \cdot 1} = 21$$
   Logo, é possível determinar ao todo 21 retas.

Exercícios propostos

1. Para preparar uma deliciosa salada de frutas, Ana dispõe das seguintes opções:

   a) Se Ana escolher exatamente 3 das 6 opções de frutas disponíveis, quantas saladas distintas ela poderá preparar?

   b) Se Ana escolher exatamente 4 das 6 opções de frutas disponíveis, sendo que 1 delas é manga, quantas saladas distintas ela poderá preparar?

Fotos: Maks Narodenko/Shutterstock.com; Valentyn Volkov/Shutterstock.com; MichaelJayBerlin/Shutterstock.com; Maks Narodenko/Shutterstock.com; Abramova Elena/Shutterstock.com; Sergio33/Shutterstock.com

2. De um grupo de 5 rapazes e 4 moças, será formada uma comissão com exatamente 3 rapazes e 2 moças. Qual é o número total de comissões diferentes que podem ser formadas?

3. Em uma circunferência, são marcados 11 pontos, como mostra a figura.

Escolhendo 3 ou mais pontos, dentre os 11 pontos, e unindo-os convenientemente, formam-se polígonos convexos. Observe alguns exemplos:

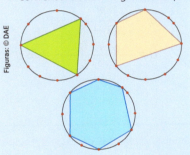

Assim, calcule:
a) o número total de triângulos que podem ser formados.
b) o número total de hexágonos convexos que podem ser formados.
c) o número total de polígonos convexos que podem ser formados.

4. Um professor de Matemática dispõe de 8 questões de Geometria e 6 de Álgebra. Qual o número de provas diferentes com 8 questões que esse professor poderá elaborar, de modo que nelas constem pelo menos 2 questões de Geometria e pelo menos 2 questões de Álgebra?

5. Um campeonato de futebol é disputado por 20 equipes, que jogam entre si duas vezes (primeiro e segundo turnos).
a) Qual o número total de jogos disputados por cada uma das 20 equipes?
b) Qual o número total de jogos disputados no campeonato?

6. Considere o conjunto X = {1; 2; 3; 4; 5; 6; 7; 8}.
a) Qual o número de subconjuntos de X com 3 elementos?
b) Qual o número de subconjuntos de X com no máximo 3 elementos?
c) Qual o número de subconjuntos de X com pelo menos 6 elementos?

7. Em uma escola lecionam 18 professores, sendo 10 do sexo masculino e 8 do sexo feminino. Um grupo com 5 professores será formado para acompanhar os alunos do terceiro ano na viagem de formatura.
a) Qual é o número total de grupos distintos que podem ser formados com, pelo menos, 3 professores do sexo masculino?
b) Qual é o número total de grupos distintos que podem ser formados com, no máximo, 2 professores do sexo masculino?

8. Considere o conjunto A = {1; 2; 5; 8; 10; 14; 17; 18; 20}. De quantas maneiras podemos escolher 3 elementos desse conjunto de modo que:
a) a soma dos 3 números seja par?
b) a soma dos 3 números seja ímpar?

9. Em uma reta r são marcados 6 pontos e em uma reta s, paralela à reta r, são marcados 10 pontos, como mostra a figura:

a) Calcule o número total de triângulos que podem ser formados com vértices nos pontos das retas r e s.
b) Calcule o número total de quadriláteros que podem ser formados com vértices nos pontos das retas r e s.

10. De quantas maneiras um grupo de 12 pessoas pode ser dividido em 3 grupos menores, todos com 4 pessoas?

11. Um torneio de vôlei de praia será disputado por 8 duplas no sistema mata-mata, ou seja, a cada jogo a dupla perdedora é eliminada do torneio.

a) De quantas maneiras pode ser organizada a primeira rodada do torneio?
b) Qual o número total de jogos que serão disputados no torneio?

12. Em um hospital trabalham 9 médicos e 12 enfermeiros. Uma comissão de 2 médicos e 3 enfermeiros deve ser formada. Sabendo que existem 2 médicos que não se relacionam bem e não podem fazer parte da mesma comissão, calcule o número total de comissões que podem ser formadas.

Combinações e arranjos

Vimos até aqui diversos exemplos ligados a contagens e escolhas. Agora vamos considerar outros que ampliam a forma como procedemos no cálculo. Analise a situação a seguir!

Situação:

Na ilustração abaixo, sete pessoas estão presentes num encontro de final de ano. Considerando que quatro dessas pessoas ocuparão quatro cadeiras em linha, queremos determinar o número de maneiras de isso ocorrer.

- O cálculo do número de maneiras de posicionar quatro dessas sete pessoas nas cadeiras pode ser pensado em duas etapas. Primeiro calculamos o número de maneiras de escolher quatro dessas sete pessoas, isto é:

$$C_7^4 = \frac{7!}{4!(7-4)!} = \frac{7!}{4! \cdot 3!}$$

- Agora que temos o número de maneiras de escolher as quatro pessoas, precisamos calcular o número de maneiras de posicioná-las em fila, isto é:

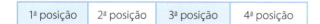

Para cada grupo de quatro pessoas que escolhemos, o número de maneiras de posicioná-las lado a lado (ou em fila) é $P_4 = 4!$.

Como são duas etapas para realizar esse evento (escolhemos quatro pessoas e as posicionamos nas cadeiras), o número total de maneiras de isso ocorrer é o produto do número de formas de realizar cada uma dessas etapas. Se n representa esse número, temos:

$n = (C_7^4) \cdot (P_4)$

$n = \frac{7!}{4! \cdot 3!} \cdot 4!$

$n = \frac{7!}{3!}$

$n = \frac{7 \cdot 6 \cdot 5 \cdot 4 \cdot 3!}{3!} \Rightarrow n = 840$

Portanto, existem 840 maneiras diferentes de posicionar quatro de sete pessoas nas cadeiras colocadas lado a lado.

- Outra maneira de resolver seria pensar em calcular o número de formas diferentes de posicionar essas pessoas em quatro posições, utilizando apenas o princípio multiplicativo.

| 1ª posição | 2ª posição | 3ª posição | 4ª posição |

Número de possibilidades para a 1ª posição: 7.

Número de possibilidades para a 2ª posição: 6.

Número de possibilidades para a 3ª posição: 5.

Número de possibilidades para a 4ª posição: 4.

Assim, pelo princípio multiplicativo, sendo n o número total de maneiras de posicionar essas quatro pessoas nas cadeiras, chegamos ao mesmo resultado, isto é:

$$n = 7 \cdot 6 \cdot 5 \cdot 4 = 840$$

Observação:

As situações de contagem em que a ordem ou posição dos elementos interessam são denominadas arranjos simples. Tais situações podem ser resolvidas por meio do princípio multiplicativo.

Quando dispomos de n elementos de um conjunto e formamos sequências (interessa a ordem desses elementos) de p desses elementos, cada uma dessas sequências é conhecida como arranjo simples (os elementos são distintos). Para calcular o total desses arranjos, obtemos primeiro o total de possibilidades de ocupação das p posições, isto é:

Número de possibilidades para a 1ª posição: n

Número de possibilidades para a 2ª posição:

$$n - 1$$

Número de possibilidades para a 3ª posição:

$$n - 2$$

Número de possibilidades para a (p – 1)ª posição:

$$n - p + 2$$

Número de possibilidades para a pª posição:

$$n - p + 1$$

Então, pelo princípio multiplicativo, o número total de arranjos simples desses p elementos, que representamos por A_n^p, é:

$$A_n^p = n \cdot (n-1) \cdot (n-2) \cdot \ldots \cdot (n-p+2) \cdot (n-p+1)$$

Multiplicando e dividindo o segundo membro dessa igualdade por $(n - p)!$

$$A_n^p = n \cdot (n-1) \cdot (n-2) \cdot \ldots \cdot (n-p+2) \cdot (n-p+1) \cdot \frac{(n-p)!}{(n-p)!}$$

$$A_n^p = \frac{n \cdot (n-1) \cdot (n-2) \cdot \ldots \cdot (n-p+2) \cdot (n-p+1) \cdot (n-p)!}{(n-p)!}$$

↓ $n \cdot (n-1) \cdot (n-2) \cdot \ldots \cdot (n-p+2) \cdot (n-p+1) \cdot (n-p)! = n!$

$$A_n^p = \frac{n!}{(n-p)!}$$

> Dados n elementos distintos, o número de arranjos desses elementos tomados p a p, sendo $n \geq p$, é determinado por:
>
> $$A_n^p = \frac{n!}{(n-p)!}$$

Exemplo:

Considere que a senha de acesso a um banco pela internet seja composta por uma sequência de 3 letras distintas (entre as 26 disponíveis) seguida por uma sequência de 4 algarismos distintos. Qual é o total de senhas que podem ser assim elaboradas?

Devemos determinar o número de sequências formadas por 3 letras distintas e 4 algarismos distintos, nesta ordem:

letra	letra	letra	algarismo	algarismo	algarismo	algarismo

Dessa forma, sendo n o número total de possibilidades de formar essa senha, temos que:

$$n = A_{26}^3 \cdot A_{10}^4$$

$$n = \frac{26!}{(26-3)!} \cdot \frac{10!}{(10-4)!}$$

$$n = \frac{26 \cdot 25 \cdot 24 \cdot 23!}{23!} \cdot \frac{10 \cdot 9 \cdot 8 \cdot 7 \cdot 6!}{6!}$$

$$n = 26 \cdot 25 \cdot 24 \cdot 10 \cdot 9 \cdot 8 \cdot 7 \Rightarrow n = 78\,624\,000$$

Combinações condicionadas

Existem situações de contagem, envolvendo escolha de elementos, que são especiais. Nelas são impostas restrições ou condições de formação conhecidas como combinações condicionadas. Vamos considerar a seguir uma situação em que são solicitados quatro agrupamentos conforme condições estabelecidas.

Situação:

Um grupo de 20 alunos de uma turma do Ensino Médio está reunido para tomar algumas decisões em nome da turma. São 15 meninas e 5 meninos. De quantas maneiras eles podem formar uma comissão de 10 alunos de modo que:

a) nenhum membro da comissão seja menino?

b) todos os meninos participem da comissão?

c) tenha exatamente um menino na comissão?

d) pelo menos um membro da comissão seja menino?

Cada um desses itens representa uma situação diferente de escolha contendo uma restrição (condição). Ao formar comissões de alunos, não interessa a ordem deles na comissão, a menos que sejam estipulados, por exemplo, cargos na comissão. Sendo assim, fazemos apenas escolhas, isto é, combinamos.

a) Como nenhum membro da comissão será menino, escolhemos 10 meninas entre as 15 presentes:

$$C_{15}^{10} = \frac{15!}{10!(15-10)!} = \frac{15 \cdot 14 \cdot 13 \cdot 12 \cdot 11 \cdot 10!}{10! \cdot 5 \cdot 4 \cdot 3 \cdot 2 \cdot 1} \Rightarrow$$

$$\Rightarrow C_{15}^{10} = 3\,003$$

Portanto, são 3 003 possibilidades de formar essa comissão.

b) Como todos os 5 meninos devem participar da comissão, precisaremos escolher 5 entre as 15 meninas:

$$C_5^5 \cdot C_{15}^5 = \frac{5!}{5!(5-5)!} \cdot \frac{15!}{5!(15-5)!} =$$

$$= \frac{5!}{5! \cdot 0!} \cdot \frac{15 \cdot 14 \cdot 13 \cdot 12 \cdot 11 \cdot 10!}{5 \cdot 4 \cdot 3 \cdot 2 \cdot 1 \cdot 10!} \Rightarrow$$

$$\Rightarrow C_5^5 \cdot C_{15}^5 = 3\,003$$

Portanto, são 3 003 possibilidades de formar essa comissão.

c) Agora a comissão terá 1 menino e 9 meninas. Assim, precisamos escolher 1 menino entre os 5 e, depois, escolher 9 meninas entre as 15:

$$C_5^1 \cdot C_{15}^9 = \frac{5!}{1!(5-1)!} \cdot \frac{15!}{9!(15-9)!} =$$

$$= \frac{5 \cdot 4!}{1! \cdot 4!} \cdot \frac{15 \cdot 14 \cdot 13 \cdot 12 \cdot 11 \cdot 10 \cdot 9!}{9! \cdot 6 \cdot 5 \cdot 4 \cdot 3 \cdot 2 \cdot 1} \Rightarrow$$

$$\Rightarrow C_5^1 \cdot C_{15}^9 = 25\,025$$

Portanto, são 25 025 possibilidades de formar essa comissão.

d) Como a comissão terá, pelo menos, um menino, temos as seguintes possibilidades:

1 menino e 9 meninas: $C_5^1 \cdot C_{15}^9$

2 meninos e 8 meninas: $C_5^2 \cdot C_{15}^8$

3 meninos e 7 meninas: $C_5^3 \cdot C_{15}^7$

4 meninos e 6 meninas: $C_5^4 \cdot C_{15}^6$

5 meninos e 5 meninas: $C_5^5 \cdot C_{15}^5$

Como escolhemos 1 menino e 9 meninas, ou 2 meninos e 8 meninas, ou ..., 5 meninos e 5 meninas, o resultado será dado pela seguinte soma:

$$C_5^1 \cdot C_{15}^9 + C_5^2 \cdot C_{15}^8 + C_5^3 \cdot C_{15}^7 + C_5^4 \cdot C_{15}^6 + C_5^5 \cdot C_{15}^5$$

Entretanto, há outra maneira de chegar a esse resultado. Se quisermos que pelo menos um membro da comissão seja menino, o que não interessa é formar comissões que só tenham meninas. Assim, do total de comissões que podemos formar com 10 alunos a partir dos 20 disponíveis, retiramos aquelas comissões em que os 10 alunos sejam meninas, isto é:

$$C_{20}^{10} - C_{15}^{10}$$

Exercícios resolvidos

1. Cinco amigos decidiram fazer uma viagem em 1 carro com 5 lugares. De quantos modos diferentes eles podem se acomodar nos 5 lugares do carro:

a) se todos podem dirigir?

b) se apenas 3 podem dirigir?

a) Como cada acomodação no carro caracteriza um modo diferente, temos que:

$$A_5^5 = \frac{5!}{(5-5)!} = \frac{5!}{0!} = 120$$

Logo, são 120 maneiras diferentes.

b) Temos que escolher 1 dentre os 3 para dirigir e os outros 4 para ocupar os outros 4 lugares. Assim:

$$A_3^1 \cdot A_4^4 = \frac{3!}{(3-1)!} \cdot \frac{4!}{(4-4)!} = \frac{3!}{2!} \cdot \frac{4!}{0!} = 3 \cdot 24 = 72$$

Logo, são 72 maneiras diferentes.

2. Em 1 empresa com 400 funcionários, 10 mulheres e 20 homens se candidataram para formar 1 comissão de 5 pessoas que irá representar os funcionários em assembleias no sindicato.

a) Quantas comissões distintas podem ser formadas?

b) Quantas comissões distintas podem ser formadas, tendo cada comissão 2 mulheres e 3 homens?

c) Quantas comissões distintas podem ser formadas com pelo menos 1 mulher?

a) São comissões de 5 pessoas dentre 30. Assim:

$$C_{30}^5 = \frac{30!}{25!\,5!} = \frac{30 \cdot 29 \cdot 28 \cdot 27 \cdot 26 \cdot 25!}{25!\,5 \cdot 4 \cdot 3 \cdot 2 \cdot 1} = 142\,506$$

São 142 506 maneiras diferentes de formar essa comissão com 5 funcionários dentre os trinta.

b) São 2 vagas dentre as 10 mulheres e 3 vagas dentre os 20 homens. Assim:

$$C_{10}^2 \cdot C_{20}^3 = \frac{10!}{8!\,2!} \cdot \frac{20!}{17!\,3!} = \frac{10 \cdot 9 \cdot 8!}{8!\,2 \cdot 1} \cdot$$

$$\cdot \frac{20 \cdot 19 \cdot 18 \cdot 17!}{17!\,3 \cdot 2 \cdot 1} = 45 \cdot 1140 = 51\,300$$

São 51 300 maneiras diferentes de formar essa comissão com 5 funcionários dentre os 30, sendo 2 mulheres e 3 homens.

c) O total de comissões com pelo menos 1 mulher é igual ao total de comissões menos o total de comissões formadas apenas por homens. Assim:

$$C_{30}^5 - C_{20}^5 = \frac{30!}{25!\,5!} - \frac{20!}{15!\,5!} = 142\,506 -$$

$$- \frac{20 \cdot 19 \cdot 18 \cdot 17 \cdot 16 \cdot 15!}{15!\,5 \cdot 4 \cdot 3 \cdot 2 \cdot 1} = 142\,506 - 15\,504 = 127\,002$$

São 127 002 maneiras diferentes de formar essa comissão com 5 funcionários dentre os 30, com pelo menos 1 mulher.

Exercícios propostos

1. Dispondo dos algarismos 1, 2, 3, 4, 5, 6, 7 e 9, calcule:
   a) a quantidade total de números com quatro algarismos distintos que podem ser formados.
   b) a quantidade total de números pares com quatro algarismos distintos que podem ser formados.
   c) a quantidade total de números múltiplos de cinco com quatro algarismos distintos que podem ser formados.

2. Na final de uma prova de natação, três dos 8 nadadores são brasileiros.
   a) Quantos são os resultados possíveis para os 3 primeiros colocados da prova?
   b) Quantos são os resultados possíveis para os 3 primeiros colocados da prova, de modo que, pelo menos, um brasileiro esteja entre eles?

3. As placas dos veículos são formadas por 3 letras seguidas de 4 algarismos.

   a) Calcule o número total de placas que podem ser formadas por 3 letras distintas (escolhidas entre as 26 letras do alfabeto) e 4 algarismos distintos.
   b) Calcule o número total de placas que podem ser formadas pelas letras AVN, nessa ordem, e por quatro algarismos distintos.

4. Cinco amigos vão ao cinema. Ao chegarem à sala em que o filme será exibido, percebem que em apenas uma fileira existem lugares consecutivos em quantidade suficiente para que todos se acomodem. Como não querem sentar em lugares separados, decidem que vão ocupar aquela fila. Sabendo que são 7 lugares consecutivos disponíveis, calcule de quantas maneiras os 5 amigos podem se acomodar sem que haja uma ou mais poltronas vazias entre 2 amigos quaisquer.

5. Em uma cidade, os números de telefones são formados por 8 algarismos, sendo os quatro primeiros formam o prefixo.
   a) Calcule o número total de telefones cujo prefixo é 3 027 e em que todos os oito algarismos são distintos entre si.
   b) Calcule o número total de telefones cujo prefixo é 3 232 e em que os últimos quatro algarismos, independentemente dos algarismos do prefixo, são distintos entre si.

6. Para organizar a formatura, uma turma de estudantes do curso de Matemática resolveu criar uma comissão, formada por um presidente, um vice-presidente, um secretário e um tesoureiro. Dos 53 alunos da turma, apenas 15 se candidataram para fazer parte da comissão. Se a escolha será feita por sorteio, de quantas maneiras diferentes a comissão pode ser formada?

7. A uma festa, compareceram 120 pessoas.
   a) Qual é o número máximo de apertos de mão distintos possíveis?
   b) Sabendo que 20% das pessoas não se conhecem e supondo que elas não se cumprimentem, qual é o número máximo de apertos de mão possíveis?

8. A diretoria de uma empresa é formada pelo presidente e 10 outros membros.
   a) De quantas maneiras podemos escolher 4 pessoas da diretoria, de modo que o presidente esteja presente?
   b) De quantas maneiras podemos escolher 4 pessoas da diretoria, de modo que o presidente não esteja presente?

9. Em um grupo de 10 pessoas, 4 serão sorteadas para receber prêmios distintos: 1 viagem para uma cidade brasileira a ser definida posteriormente, 1 televisão, 1 aparelho de DVD e um telefone celular. Qual o número total de maneiras de o sorteio ser realizado?

10. Na figura a seguir, observa-se o "mapa" de um pequeno país, dividido em 5 regiões, denominadas A, B, C, D e E.

    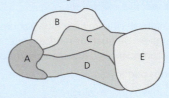

    Para colorir o "mapa", dispõe-se de 7 cores distintas. Além disso, regiões fronteiriças não podem ter uma mesma cor.
    a) Qual o total de maneiras de colorir o mapa de maneira que as 5 regiões tenham cores distintas?
    b) Qual o total de maneiras de colorir o mapa de modo que apenas as regiões A e E tenham a mesma cor?
    c) Qual o total de maneiras de colorir o mapa de modo que tanto as regiões A e E quanto as regiões B e D tenham a mesma cor?

11. Dez bolas são numeradas de 1 a 10, como mostra a figura.

    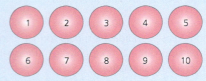

    De quantas maneiras podemos distribuir essas 10 bolas em 2 caixas distintas, de modo que nenhuma caixa fique vazia?

12. Se x, y e z são números naturais, qual o número de soluções da equação $x + y + z = 8$?

BINÔMIO DE NEWTON

CAPÍTULO 16

Existem situações em que a Álgebra e a Geometria estão relacionadas. Assim, por exemplo, observe na ilustração a seguir um cubo de aresta medindo $a + b$ e à direita dois cubos e seis paralelepípedos retângulos obtidos a partir do cubo inicial.

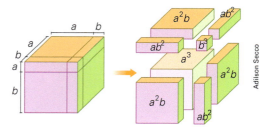

- O volume do cubo à esquerda pode ser dado pela expressão:

$$(a + b)^3$$

- Adicionando os volumes dos seis paralelepípedos retângulos à direita e os dois cubos, temos:

$a^3 + a^2b + a^2b + a^2b + ab^2 + ab^2 + ab^2 + b^3 =$
$= a^3 + 3a^2b + 3ab^2 + b^3$

Como os volumes são iguais, temos a seguinte igualdade algébrica:

$(a + b)^3 = a^3 + 3a^2b + 3ab^2 + b^3$

Esse resultado é o cubo da soma de um binômio.

Neste capítulo iremos ampliar nosso conhecimento sobre potências envolvendo binômios.

Propriedades das combinações

Ao obter o número de combinações em situações de contagem, existem alguns resultados que poderiam ser determinados sem efetuar cálculos. Bastaria conhecer algumas das propriedades relacionadas às combinações. Apresentaremos essas propriedades a partir de situações de contagem tendo em vista o "triângulo de Pascal"

formado pelos chamados "números combinatórios" (também conhecidos como "números binomiais" ou "coeficientes binominais").

Triângulo de Pascal

C_0^0								1					
C_1^0	C_1^1							1	1				
C_2^0	C_2^1	C_2^2			Calculando as combinações			1	2	1			
C_3^0	C_3^1	C_3^2	C_3^3		$\rightarrow$			1	3	3	1		
C_4^0	C_4^1	C_4^2	C_4^3	C_4^4				1	4	6	4	1	
C_5^0	C_5^1	C_5^2	C_5^3	C_5^4	C_5^5			1	5	10	10	5	1
C_6^0	C_6^1	C_6^2	C_6^3	C_6^4	C_6^5	C_6^6		1	6	15	20	15	6	1

Para facilitar a compreensão dos resultados, vamos apresentar seis situações relacionadas à formação de subconjuntos de um conjunto dado. A primeira, a terceira e a quinta situações são exemplos diretos do cálculo de número de subconjuntos, enquanto a segunda, a quarta e a sexta situações são aqui apresentadas para que possamos generalizar resultados.

1ª situação:

Considere o conjunto A = {a, b, c, d, e, f, g}. Vamos calcular a quantidade de subconjuntos de A que tenham exatamente:

a) 5 elementos.

b) 2 elementos.

- Estamos diante de um problema de escolha de elementos (combinação):

a) Escolheremos 5 elementos dentre os 7 disponíveis. Assim, o número de possibilidades de isso ocorrer é:

$$C_7^5 = \frac{7!}{5! \cdot (7 - 5)!} = \frac{7 \cdot 6 \cdot 5!}{5! \cdot 2 \cdot 1} = 21$$

b) Escolheremos 2 elementos dentre os 7 disponíveis. Assim, o número de possibilidades de isso ocorrer é:

$$C_7^2 = \frac{7!}{2! \cdot (7-2)!} = \frac{7 \cdot 6 \cdot 5!}{2 \cdot 1 \cdot 5!} = 21$$

Observação:

Os dois resultados são iguais. A justificativa para essa igualdade está no fato de que, para cada subconjunto de 5 elementos, dos 7 disponíveis, haverá um subconjunto com 2 elementos. Assim, vale a igualdade:

$$C_7^5 = C_7^2$$

2ª situação:

Considere o conjunto A formado por n elementos. Sendo p um número natural tal que $p \leq n$, vamos calcular a quantidade de subconjuntos de A que tenham exatamente:

a) p elementos.

b) $n - p$ elementos.

- Estamos diante de um problema de escolha de elementos (combinação).

a) Escolheremos p elementos dentre n elementos. Assim, o número de possibilidades de isso ocorrer é:

$$C_n^p = \frac{n!}{p! \cdot (n-p)!}$$

b) Escolheremos $n - p$ elementos dentre n elementos. Assim, o número de possibilidades de isso ocorrer é:

$$C_n^{n-p} = \frac{n!}{(n-p)! \cdot [n-(n-p)]!} = \frac{n!}{(n-p)! \cdot p!}$$

Observação:

Os dois resultados são iguais. A justificativa está no fato de que, para cada subconjunto de p elementos dos n elementos disponíveis, haverá um subconjunto com $n - p$ elementos. Assim, vale a igualdade:

$$C_n^p = C_n^{n-p} \qquad [p + (n-p) = n]$$

> **De modo geral, vale a propriedade:**
> $$C_n^p = C_n^{n-p}$$
> em que $n, p \in \mathbb{N}$ e $n \geq p$.

Questões e reflexões

Retorne ao triângulo de Pascal e observe que os números combinatórios equidistantes dos extremos são iguais. Assim, qual o valor de k, para que $C_6^2 = C_6^k$, sendo $k \neq 2$?

3ª situação:

Considere o conjunto A = {a, b, c, d, e, f, g}. Vamos calcular a quantidade total de subconjuntos de A que podem ser formados.

- Vamos escolher elementos para formar subconjuntos de A que tenham:

0 elemento: $C_7^0 = \dfrac{7!}{0!(7-0)!} = 1$

1 elemento: $C_7^1 = \dfrac{7!}{1!(7-1)!} = 7$

2 elementos: $C_7^2 = \dfrac{7!}{2!(7-2)!} = 21$

3 elementos: $C_7^3 = \dfrac{7!}{3!(7-3)!} = 35$

4 elementos: $C_7^4 = \dfrac{7!}{4!(7-4)!} = 35$

5 elementos: $C_7^5 = \dfrac{7!}{5!(7-5)!} = 21$

6 elementos: $C_7^6 = \dfrac{7!}{6!(7-6)!} = 7$

7 elementos: $C_7^7 = \dfrac{7!}{7!(7-7)!} = 1$

- Como queremos o total n de subconjuntos, temos:

$n = C_7^0 + C_7^1 + C_7^2 + C_7^3 + C_7^4 + C_7^5 + C_7^6 + C_7^7$

$n = 1 + 7 + 21 + 35 + 35 + 21 + 7 + 1$

$n = 128$

Portanto, são 128 subconjuntos que podem ser formados a partir dos 7 elementos do conjunto A.

Outra maneira de calcular a quantidade de subconjuntos é considerar que existem 2 possibilidades para cada elemento do conjunto A em relação a qualquer subconjunto formado: pertencer ou não pertencer ao subconjunto. Assim, sendo B um dos subconjuntos do conjunto A, e considerando cada elemento de A, temos:

$a \in B$ ou $a \notin B \Rightarrow$ 2 possibilidades

$b \in B$ ou $b \notin B \Rightarrow$ 2 possibilidades

$c \in B$ ou $c \notin B \Rightarrow$ 2 possibilidades

$d \in B$ ou $d \notin B \Rightarrow$ 2 possibilidades

$e \in B$ ou $e \notin B \Rightarrow$ 2 possibilidades

$f \in B$ ou $f \notin B \Rightarrow$ 2 possibilidades

$g \in B$ ou $g \notin B \Rightarrow$ 2 possibilidades

Pelo princípio multiplicativo, o total n de subconjuntos de A é:

$$n = 2 \cdot 2 \cdot 2 \cdot 2 \cdot 2 \cdot 2 \cdot 2$$

$$n = 2^7 = 128$$

Assim, comparando os dois resultados obtidos, temos a seguinte igualdade:

$$C_7^0 + C_7^1 + C_7^2 + C_7^3 + C_7^4 + C_7^5 + C_7^6 + C_7^7 = 2^7$$

4ª situação:

Considere o conjunto A formado por n elementos. Vamos calcular a quantidade de subconjuntos que admite o conjunto A.

- Podemos formar subconjuntos com 0 elemento, ou com 1 elemento, ou com 2 elementos, ou ..., com $n-1$ elementos ou com n elementos. Assim, o total de subconjuntos, utilizando combinações é:

$$C_n^0 + C_n^1 + C_n^2 + \ldots C_n^{n-1} + C_n^n$$

- Outra maneira de calcular é considerar que existem duas possibilidades para cada elemento do conjunto A em relação a qualquer subconjunto formado: pertencer ou não pertencer ao subconjunto. Pelo princípio multiplicativo, considerando os n elementos de A, temos:

$$\underbrace{2 \cdot 2 \cdot 2 \cdot \ldots \cdot 2}_{n \text{ elementos}} = 2^n$$

Como são duas maneiras de obter o mesmo resultado, temos:

$$C_n^0 + C_n^1 + C_n^2 + \ldots + C_n^{n-1} + C_n^n = 2^n$$

> De modo geral, vale a propriedade da soma dos números combinatórios:
> $$C_n^0 + C_n^1 + C_n^2 + \ldots + C_n^{n-1} + C_n^n = 2^n$$
> em que $n \in \mathbb{N}$.

5ª situação:

Considere o conjunto A = $\{a, b, c, d, e, f, g\}$. Vamos calcular a quantidade total de subconjuntos de A com:

a) 5 elementos;

b) 5 elementos, sendo b pertencente a todos esses subconjuntos.

c) 5 elementos, sendo b não pertencente a esses subconjuntos.

a) Devemos escolher 5 elementos entre 7 disponíveis:

$$C_7^5 = \frac{7!}{5!\,(7-5)!} = 21$$

São 21 subconjuntos de A com 5 elementos em cada um.

b) Devemos escolher apenas 4 elementos (o elemento b já foi escolhido) entre 6 disponíveis (tiramos o elemento b). Assim, temos:

$$C_{7-1}^{5-1} = C_6^4 = \frac{6!}{4!\,(6-4)!} = 15$$

São 15 subconjuntos de A com 5 elementos em cada um, visto que em cada um deles figura o elemento b.

c) Devemos escolher apenas 5 elementos entre 6 disponíveis (o elemento b não poderá ser escolhido), ou seja:

$$C_{7-1}^5 = C_6^5 = \frac{6!}{5!\,(6-5)!} = 6$$

São 6 subconjuntos de A com 5 elementos em cada um, visto que em nenhum deles figura o elemento b.

Observação:

Note que, se adicionarmos os resultados dos itens b e c, chegaremos ao valor obtido no item a. A justificativa está no fato de que no item a temos todos os subconjuntos de A com 5 elementos. Considerando qualquer um desses subconjuntos, temos duas possibilidades para o elemento b: pertencer ou não pertencer. Se adicionarmos o número de subconjuntos a que b pertence com o número de subconjuntos a que b não pertence, teremos o total de subconjuntos calculado no primeiro item, isto é:

$$C_6^4 + C_6^5 = C_7^5$$

6ª situação:

Considere que um conjunto A tenha exatamente n elementos, sendo k um deles. Vamos calcular o número total de subconjuntos de A com:

a) p elementos (p < n).

b) p elementos, visto que o elemento k figura em todos esses subconjuntos.

c) p elementos, visto que o elemento k não figura em qualquer desses subconjuntos.

a) Como devemos escolher p elementos de n, o número de maneiras de isso ocorrer é:

$$C_n^p$$

b) Como k deve ser um dos p elementos, escolheremos outros p – 1 elementos dentre os restantes n – 1 disponíveis:

$$C_{n-1}^{p-1}$$

c) Como k não pode ser escolhido, deveremos escolher p elementos entre os n – 1 elementos disponíveis:

$$C_{n-1}^{p}$$

Adicionando o total de subconjuntos de p elementos a que o elemento k pertence com o total de subconjuntos de p elementos aos quais k não pertence, resultará no total de subconjuntos com p elementos do conjunto A, ou seja:

> **Sendo n e p números naturais, com n > p, vale a seguinte relação (denominada relação de Stifel) entre os números combinatórios:**
> $$C_{n-1}^{p-1} + C_{n-1}^{p} = C_n^p$$

Algebricamente, podemos comprovar esse resultado:

$$C_{n-1}^{p-1} + C_{n-1}^{p} = \frac{(n-1)!}{(p-1)![(n-1)-(p-1)]!} + \frac{(n-1)!}{p![(n-1)-p]!}$$

$$C_{n-1}^{p-1} + C_{n-1}^{p} = \frac{(n-1)!}{(p-1)!(n-p)!} + \frac{(n-1)!}{p!(n-p-1)!}$$

$$C_{n-1}^{p-1} + C_{n-1}^{p} = \frac{(n-1)!}{(p-1)!(n-p)(n-p-1)!} + \frac{(n-1)!}{p(p-1)!(n-p-1)!}$$

$$C_{n-1}^{p-1} + C_{n-1}^{p} = \frac{(n-1)!\,p + (n-1)!\,(n-p)}{p(p-1)!(n-p)(n-p-1)!}$$

$$C_{n-1}^{p-1} + C_{n-1}^{p} = \frac{(n-1)![p + (n-p)]}{p(p-1)!(n-p)(n-p-1)!}$$

$$C_{n-1}^{p-1} + C_{n-1}^{p} = \frac{n(n-1)!}{p(p-1)!(n-p)(n-p-1)!}$$

$$C_{n-1}^{p-1} + C_{n-1}^{p} = \frac{n!}{p!(n-p)!} \Rightarrow C_{n-1}^{p-1} + C_{n-1}^{p} = C_n^p$$

Como afirmamos anteriormente, essa relação permite construir mais facilmente o triângulo de Pascal formado pelos números combinatórios, conforme você poderá observar pela indicação a seguir:

C_0^0	1
$C_1^0\ C_1^1$	1 1
$C_2^0\ C_2^1\ C_2^2$	1 2 1
$C_3^0\ C_3^1\ C_3^2\ C_3^3$	1 3 3 1
$C_4^0\ C_4^1\ C_4^2\ C_4^3\ C_4^4$	1 4 6 4 1
$C_5^0\ C_5^1\ C_5^2\ C_5^3\ C_5^4\ C_5^5$	1 5 10 10 5 1
$C_6^0\ C_6^1\ C_6^2\ C_6^3\ C_6^4\ C_6^5\ C_6^6$	1 6 15 20 15 6 1

No triângulo, a soma de dois números combinatórios consecutivos de uma mesma linha resultará no número combinatório da linha seguinte que está na mesma coluna do segundo dos números somados (aquele da direita). Assim, na figura, por exemplo temos:

$$C_5^2 + C_5^3 = C_6^3$$

Exercícios resolvidos

1. Resolva a equação $C_{15}^{5}=C_{15}^{x+2}$.

   Há duas possibilidades: $C_{15}^{5}=C_{15}^{5}$ ou $C_{15}^{5}=C_{15}^{10}$. Assim:

   $x+2=5$ ou $x+2=10 \Rightarrow x=3$ ou $x=8$

2. Antes de viajar, João deve escolher camisetas entre 8 distintas para colocar na mala. Se ele vai levar no mínimo uma camiseta, de quantas maneiras diferentes pode fazer essa escolha?

   João deve escolher 1, 2, 3, 4, ... 7 ou 8 camisetas.

   Assim:

   $C_8^1+C_8^2+C_8^3+C_8^4+C_8^5+C_8^6+C_8^7+C_8^8=2^8-C_8^0=$
   $=2^8-1=255$

   Logo, João tem 255 maneiras diferentes de escolher quantas e quais camisetas levar dentre as 8 camisetas.

3. Sabendo que $C_m^p = x$ e $C_{m+1}^{p+1} = y$ vamos obter, em função de x e de y, o valor de C_m^{p+1}.

   Conforme relação de Stifel para a linha m do triângulo de Pascal, temos: $C_m^p + C_m^{p+1} = C_{m+1}^{p+1}$

   Substituímos nessa relação os dados apresentados em função de x e de y: $x + C_m^{p+1} = y$

   $$C_m^{p+1} = y - x$$

   Portanto, a resposta em função de x e de y é $y - x$.

Exercícios propostos

1. Considere o conjunto $A = \{a; b; c; d; e; f; g; h; i\}$.
   a) Qual é o número de subconjuntos de A que têm exatamente 3 elementos?
   b) E o total de subconjuntos de A com 6 elementos?
   c) Qual é o número de subconjuntos de A que tem exatamente 4 elementos?
   d) E o total de subconjuntos de A com 5 elementos?
   e) Qual é o total de subconjuntos que admite o conjunto A?

2. Indique, em seu caderno, se cada uma das afirmações a seguir é verdadeira ou falsa.
   a) $C_9^4 = 126$
   b) $C_{11}^3 = C_{11}^8$
   c) $C_7^2 + C_7^3 = C_8^5$
   d) $C_{10}^1 + C_{10}^2 + C_{10}^3 + ... + C_{10}^{10} = 2^{10} = 1\,024$
   e) Se $C_8^3 = C_{10}^{x+1}$, então $x = 2$

3. Calcule a soma das soluções da equação $C_{13}^4 = C_{13}^{3x-1}$.

4. Considere que um conjunto A tem 11 elementos.
   a) Calcule o número de subconjuntos com exatamente três elementos.
   b) Calcule o número total de subconjuntos do conjunto A.

5. Daniel faz parte de um grupo de estudos formado por 10 pessoas. De quantas maneiras podem ser escolhidas pelo menos 4 pessoas desse grupo, de modo que Daniel seja uma delas?

6. Para realizar uma pesquisa, um professor observou que, se quisesse escolher 8 alunos de uma turma, teria o mesmo número de possibilidades caso desejasse escolher 12 alunos da mesma turma. Qual é o número total de alunos dessa turma?

7. No salão de um clube, existem 10 lustres presos ao teto. Dependendo do evento e da região do salão onde é necessária uma maior iluminação, são acesos no mínimo 4 e no máximo 8 lustres. Qual é o número total de maneiras de iluminar o salão desse clube?

8. No triângulo de Pascal representado a seguir, observamos algumas das suas linhas.

   Linha 0: C_0^0

   Linha 1: $C_1^0\ C_1^1$

   Linha 2: $C_2^0\ C_2^1\ C_2^2$

   Linha 3: $C_3^0\ C_3^1\ C_3^2\ C_3^3$

   Linha 4: $C_4^0\ C_4^1\ C_4^2\ C_4^3\ C_4^4$

   Escreva, em função de n, a soma de todos os elementos das linhas n, $n+1$ e $n+2$.

9. Resolva a equação $C_{19}^5 + C_{19}^{x+3} = C_{20}^6$.

10. Há uma notação abreviada da soma dos elementos de uma linha completa do triângulo de Pascal. Observe:

    $$\sum_{k=0}^{10} C_{10}^k = C_{10}^0 + C_{10}^1 + C_{10}^2 + (...) + C_{10}^8 + C_{10}^9 + C_{10}^{10} = 2^{10}$$

    (Lemos: somatório de todas as combinações de 10 tomados k a k, em que k varia de 0 a 10.)

    Calcule o valor de x em cada uma das seguintes igualdades:

    a) $\sum_{k=1}^{10} C_{11}^k = x$
    b) $\sum_{k=0}^{12} C_{12}^k = x$

11. Uma pizzaria oferece oito sabores diferentes de *pizzas* doces. Uma pessoa, podendo não escolher nenhuma *pizza* ou até oito *pizzas*, poderá fazê-lo de quantas maneiras?

12. A partir de 9 pessoas, quantos grupos é possível formar de modo que todos os grupos tenham no mínimo uma pessoa?

HISTÓRIA DA MATEMÁTICA

Agora vamos abordar alguns dos nomes ligados ao triângulo aritmético ou, como é mais conhecido, Triângulo de Pascal. Também falaremos sobre o famoso Binômio de Newton.

O Triângulo de Blaise Pascal (1623-1662) poderia ser chamado de Triângulo de Chu Shï-kie (c. 1303). Esse matemático foi contemporâneo da expansão mongol pela Europa Oriental. Observando as datas em que viveram os dois personagens citados, constatamos a diferença de três séculos. Em 1303, Chu Shï-kie teria desenhado a figura abaixo.

Blaise Pascal (1623-1662).

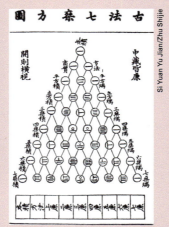

Triângulo desenhado pelo chinês Chu Shï-kie, em 1303.

Nos círculos aparecem algarismos chineses que indicam os números presentes no chamado Triângulo de Pascal. Há ainda outras referências que indicam que o matemático persa Omar Khayyam (c. 1048-1122), portanto, dois séculos antes de Shï-kie, detinha tal conhecimento. A explicação está no fato de Omar Khayyam ter sido o descobridor do Teorema Binômio, como aponta Lancelot Hogben. Aliás, esse autor diz textualmente que "na realidade, a série do Triângulo de Pascal é obra de Omar Khayyam".

É difícil afirmar quem foi de fato o descobridor ou mesmo o inventor de algo. Em relação à denominação mais utilizada – Triângulo de Pascal –, talvez a "consagração" deva-se ao fato de Blaise Pascal ter estudado muito mais a fundo a disposição dos elementos no triângulo, bem como provado suas propriedades. Outros nomes também são normalmente ligados ao triângulo, entre eles o do italiano Niccolò Fontana Tartaglia (c. 1449-1557). Há ainda quem diga da existência de referências anteriores a Cristo.

Talvez a denominação para o que entendemos como Binômio de Newton pudesse ser também Binômio de Khayyam, ou outro nome. O fato é que Khayyam, além do triângulo numérico, já mencionado, também teria se debruçado sobre o desenvolvimento da potência de um binômio. Outro nome que aparece ligado a esse assunto é o do alemão Michael Stifel (1486-1567), que sugeriu uma forma interessante de desenvolver a expressão $(x + a)^n$, sendo n um número natural:

$$x + a = (x + a)^1$$
$$\cdot\ x + a$$
$$\overline{x^2 + ax}$$
$$\quad + ax + a^2$$
$$\overline{x^2 + 2ax + a^2 = (x + a)^2}$$
$$\cdot\quad x + a$$
$$\overline{x^3 + 2ax^2 + a^2x}$$
$$\quad + ax^2 + 2a^2x + a^3$$
$$\overline{x^3 + 3ax^2 + 3a^2x + a^3 = (x + a)^3}$$
$$\cdot\quad x + a$$
$$\overline{x^4 + 3ax^3 + 3a^2x^2 + a^3x}$$
$$\quad + ax^3 + 3a^2x^2 + 3a^3x + a^4$$
$$\overline{x^4 + 4ax^3 + 6a^2x^2 + 4a^3x + a^4 = (x + a)^4}$$
$$\cdot\quad x + a$$
$$\overline{x^5 + 4ax^4 + 6a^2x^3 + 4a^3x^2 + a^4x}$$
$$\quad + ax^4 + 4a^2x^3 + 6a^3x^2 + 4a^4x + a^5$$
$$\overline{x^5 + 5ax^4 + 10a^2x^3 + 10a^3x^2 + 5a^4x + a^5 = (x + a)^5}$$

Não se pode negar que Isaac Newton (1642-1727) tenha seu nome ligado ao desenvolvimento da potência de um binômio, porém, outros personagens também deram suas contribuições.

Constatamos, assim, que o conhecimento pode ser desenvolvido por personagens diferentes, em épocas e locais diferentes. A história da Matemática testemunha diversos exemplos desse tipo, não apenas em relação ao triângulo aritmético ou à forma como um binômio é desenvolvido.

Texto elaborado de HOGBEN, Lancelot. *Maravilhas da Matemática*. São Paulo: Globo, 1946.

As fontes de consultas utilizadas pelos próprios historiadores, por mais fidedignas que possam ser consideradas, também contêm suas limitações, principalmente no que se refere a registros. Ao final do texto há um procedimento atribuído a Michael Stifel para desenvolver expressões da forma $(x+a)^n$. Mencionamos como calcular até a potência $(x+a)^5$. Continuando o procedimento de Stifel, desenvolva em seu caderno a seguinte potência:

- $(x+a)^6$

QUESTÕES

De acordo com o texto, responda:
1. A qual matemático poderia ser atribuída a construção do triângulo de Pascal?
2. A qual matemático poderia ser atribuída a descoberta do Binômio de Newton?

Fórmula do desenvolvimento de um binômio

Agora que já vimos as propriedades dos números combinatórios, vamos obter potências de binômios.

Na história da Matemática, diversos personagens em épocas diferentes também pensaram em modos de desenvolver os termos da potência de um binômio. Nomes como Pascal, Stifel, Stevin e Newton, de alguma forma, deram suas contribuições.

Há uma relação matemática (não demonstraremos aqui) que permite obter o desenvolvimento da potência n-ésima do binômio $x + a$. Ela é conhecida como fórmula do binômio de Newton:

Sendo n um número natural, tem-se que:
$(x+a)^n = C_n^0 x^n + C_n^1 a^1 x^{n-1} + C_n^2 a^2 x^{n-2} + \ldots C_n^{n-2} a^{n-2} x^2 + C_n^{n-1} a^{n-1} x^1 + C_n^n a^n$

Vimos que os números combinatórios do triângulo de Pascal podem ser obtidos rapidamente considerando alguns resultados:

C_0^0 1
$C_1^0 \ C_1^1$ 1   1
$C_2^0 \ C_2^1 \ C_2^2$ 1   2   1
$C_3^0 \ C_3^1 \ C_3^2 \ C_3^3$ 1   3   3   1
$C_4^0 \ C_4^1 \ C_4^2 \ C_4^3 \ C_4^4$ 1   4   6   4   1
$C_5^0 \ C_5^1 \ C_5^2 \ C_5^3 \ C_5^4 \ C_5^5$ 1   5   10   10   5   1
$C_6^0 \ C_6^1 \ C_6^2 \ C_6^3 \ C_6^4 \ C_6^5 \ C_6^6$ 1   6   15   20   15   6   1

Observe agora os exemplos de desenvolvimento de potências de alguns binômios, considerando os resultados anteriores:

$(x+a)^2 = C_2^0 x^2 + C_2^1 a^1 x^1 + C_2^2 a^2$
$(x+a)^2 = 1x^2 + 2a^1 x^1 + 1a^2$

$(x+a)^3 = C_3^0 x^3 + C_3^1 a^1 x^2 + C_3^2 a^2 x^1 + C_3^3 a^3$
$(x+a)^3 = 1x^3 + 3a^1 x^2 + 3a^2 x^1 + 1a^3$

$(x+a)^4 = C_4^0 x^4 + C_4^1 a^1 x^3 + C_4^2 a^2 x^2 + C_4^3 a^3 x^1 + C_4^4 a^4$
$(x+a)^4 = 1x^4 + 4a^1 x^3 + 6a^2 x^2 + 4a^3 x^1 + 1a^4$

Questões e reflexões

1. Ao desenvolver a potência $(x+a)^6$, quantos serão os termos?
2. Quais são esses termos?

Exemplos:

A seguir alguns exemplos do desenvolvimento de potências naturais de alguns binômios.

$(2x + 1)^4 = C_4^0(2x)^4 + C_4^1(1)(2x)^3 + C_4^2(1)^2(2x)^2 + C_4^3(1)^3(2x) + C_4^4(1)^4$

$(2x + 1)^4 = 1(16x^4) + 4(1)(8x^3) + 6(1)(4x^2) + 4(1)(2x) + 1(1)$

$(2x + 1)^4 = 16x^4 + 32x^3 + 24x^2 + 8x + 1$

$(y - 2)^5 = [y + (-2)]^5 = C_5^0 y^5 + C_5^1(-2)y^4 + C_5^2(-2)^2y^3 + C_5^3(-2)^3y^2 + C_5^4(-2)^4y^1 + C_5^5(-2)^5$

$(y - 2)^5 = 1y^5 + 5(-2)y^4 + 10(4)y^3 + 10(-8)y^2 + 5(16)y^1 + 1(-32)$

$(y - 2)^5 = y^5 - 10y^4 + 40y^3 - 80y^2 + 80y - 32$

Bem, agora que já vimos a fórmula do desenvolvimento da potência de um binômio, vamos observar que podemos utilizá-la para fazer aproximações em cálculos com números decimais. Por exemplo, imagine que você tenha que calcular a seguinte potência: $0{,}995^7$.

Considerando apenas os dois primeiros termos do desenvolvimento do binômio $(1 - 0{,}005)^7$ (os demais termos, caso queira calcular, serão muito próximos de zero), temos uma boa aproximação da potência:

$0{,}995^7 = (1 - 0{,}005)^7$

$0{,}995^7 \cong C_7^0(1)^7 + C_7^1(-0{,}005)^1 \cdot (1)^6$

$0{,}995^7 \cong 1(1) + 7(-0{,}005) \cdot (1)$

$0{,}995^7 \cong 0{,}965$

Caso você queira conferir, utilize uma calculadora científica. Dependendo do modelo da calculadora, ela fornecerá o valor, com nove casas decimais, como sendo 0,965520646. Sem a calculadora, utilizando os dois primeiros termos do desenvolvimento da potência, chegamos a uma boa aproximação, você não acha?

Já mostramos anteriormente que a soma dos números combinatórios de uma linha completa do triângulo de Pascal é uma potência natural de base 2, isto é:

$C_n^0 + C_n^1 + C_n^2 + \ldots + C_n^{n-1} + C_n^n = 2^n$

Utilizando a fórmula do desenvolvimento de um binômio, também podemos obter esse mesmo resultado:

$(x + a)^n = C_n^0 x^n + C_n^1 a^1 x^{n-1} + C_n^2 a^2 x^{n-2} + \ldots + C_n^{n-2} a^{n-2} x^2 + C_n^{n-1} a^{n-1} x^1 + C_n^n a^n$

$\downarrow x = a = 1$

$(1+1)^n = C_n^0 1^n + C_n^1 1^1 \cdot 1^{n-1} + C_n^2 1^2 \cdot 1^{n-2} + \ldots + C_n^{n-2} 1^{n-2} \cdot 1^2 + C_n^{n-1} 1^{n-1} \cdot 1^1 + C_n^n 1^n$

$2^n = C_n^0 + C_n^1 + C_n^2 + \ldots + C_n^{n-1} + C_n^n$

Fórmula do termo geral

Agora vamos examinar uma situação um pouco diferente. Digamos que temos de desenvolver a potência a seguir, mas desejamos apenas saber qual é o quinto termo, considerando potências decrescentes de x em $(2x + 1)^{13}$.

Será que precisamos desenvolver todo esse binômio para descobrir qual é o quinto termo? Outra questão: quantos são os termos desse desenvolvimento?

Vimos que:

$(x + a)^n = C_n^0 x^n + C_n^1 a^1 x^{n-1} + C_n^2 a^2 x^{n-2} + \ldots + C_n^{n-2} a^{n-2} x^2 + C_n^{n-1} a^{n-1} x^1 + C_n^n a^n$

Note que, no segundo membro dessa igualdade, da esquerda para a direita, as potências de x são decrescentes, enquanto as potências de a são crescentes. Se considerarmos, na ordem em que aparecem, as denominações desses termos como $T_1, T_2, T_3, T_4, ..., T_{n+1}$, é possível constatar a existência de $n+1$ termos, isto é,

$$(x+a)^n = \underbrace{C_n^0 x^n}_{T_1} + \underbrace{C_n^1 a x^{n-1}}_{T_2} + \underbrace{C_n^2 a^2 x^{n-2}}_{T_3} + ... + \underbrace{C_n^k a^k x^{n-k}}_{T_{k+1}} + ... + \underbrace{C_n^{n-1} a^{n-1} x}_{T_n} + \underbrace{C_n^n a^n}_{T_{n+1}}$$

- O termo de ordem $k+1$, destacado acima, pode ser utilizado como termo geral do desenvolvimento. Isso significa que, à medida que atribuímos valores a k, obtemos termos do desenvolvimento.

> O termo geral do desenvolvimento de $(x+a)^n$, sendo n um número natural, é dado por:
> $$T_{k+1} = C_n^k \cdot a^k \cdot x^{n-k}$$ para $k \in \mathbb{N}$, tal que $0 \leq k \leq n$.

Observação:

Como $(x+a)^n = (a+x)^n$, vamos convencionar que o desenvolvimento é efetuado conforme potências decrescentes de x (ou da expressão que estiver no lugar de x).

Exemplo:

Vamos retornar à potência $(2x+1)^{13}$ e determinar o quinto termo.

- Como queremos o 5º termo, fazemos $k=4$ na fórmula do termo geral:

$$T_{k+1} = C_n^k \cdot a^k \cdot x^{n-k}$$
$$\downarrow k=4$$
$$T_{4+1} = C_{13}^4 \cdot 1^4 \cdot (2x)^{13-4}$$
$$T_5 = \frac{13!}{4!(13-4)!} \cdot 1 \cdot 2^9 \cdot x^9 \quad T_5 = 366\,080 x^9$$

Portanto, o quinto termo do desenvolvimento é $366\,080 x^9$.

Observação:

Soma dos coeficientes — Caso você queira determinar a soma dos coeficientes numéricos do desenvolvimento de um binômio, não é necessário fazer o desenvolvimento completo. Basta observar que, ao substituir as variáveis no binômio pelo número 1, obtemos a soma dos coeficientes.

Exemplo:

Obtenha a soma dos coeficientes numéricos do desenvolvimento do binômio $(3x+y)^4$

- Vamos desenvolver o binômio e obter a soma dos coeficientes numéricos:

$$(3x+y)^4 = C_4^0 \cdot y^0 \cdot (3x)^4 + C_4^1 \cdot y^1 \cdot (3x)^3 + C_4^2 \cdot y^2 \cdot (3x)^2 + C_4^3 \cdot y^3 \cdot (3x)^1 + C_4^4 \cdot y^4 \cdot (3x)^0$$
$$(3x+y)^4 = 1 \cdot 1 \cdot 81 \cdot x^4 + 4 \cdot y \cdot 27 \cdot x^3 + 6 \cdot y^2 \cdot 9 \cdot x^2 + 4 \cdot y^3 \cdot 3 \cdot x + 1 \cdot y^4 \cdot 1$$
$$(3x+y)^4 = 81 \cdot x^4 + 108 \cdot y \cdot x^3 + 54 \cdot y^2 \cdot x^2 + 12 \cdot y^3 \cdot x + 1 \cdot y^4$$

Soma dos coeficientes: $81 + 108 + 54 + 12 + 1 = 256$

- Agora, observe o que acontece quando substituímos as variáveis por 1:

$$(3x+y)^4 = 81 \cdot x^4 + 108 \cdot y \cdot x^3 + 54 \cdot y^2 \cdot x^2 + 12 \cdot y^3 \cdot x + 1 \cdot y^4$$
$$\downarrow x=y=1$$
$$(3 \cdot 1+1)^4 = 81 \cdot 1^4 + 108 \cdot 1 \cdot 1^3 + 54 \cdot 1^2 \cdot 1^2 + 12 \cdot 1^3 \cdot 1 + 1 \cdot 1^4$$
$$4^4 = 81+108+54+12+1$$

Assim, bastaria substituir no primeiro membro da igualdade as variáveis pelo número 1, ou seja:
Soma dos coeficientes $= (3 \cdot 1 + 1)^4 = 4^4 = 256$

Exercícios resolvidos

1. Com relação ao desenvolvimento do binômio $\left(x^2 + \dfrac{1}{x^3}\right)^{10}$, determine:

   b) o sexto termo.

   d) o termo independente de x.

   a) $T_6 = C_{10}^5 \cdot \left(\dfrac{1}{x^3}\right)^5 \cdot (x^2)^5 = 252 \cdot \dfrac{1}{x^{15}} \cdot x^{10} = 252 \cdot \dfrac{1}{x^5}$

   b) $T_{p+1} = C_{10}^p \cdot \left(\dfrac{1}{x^3}\right)^p \cdot (x^2)^{10-p}$

   $T_{p+1} = C_{10}^p \cdot x^{-3p} \cdot x^{20-2p}$

   $T_{p+1} = C_{10}^p \cdot x^{20-5p}$

   $20 - 5p = 0 \therefore p = 4 \rightarrow T_5 = C_{10}^4 \cdot x^0 = 210$

2. Calcule o coeficiente do termo em x^4 no desenvolvimento do binômio $\left(\sqrt{x} + \dfrac{2}{\sqrt[3]{x}}\right)^{13}$.

   $T_{p+1} = C_{13}^p \cdot \left(\dfrac{2}{\sqrt[3]{x}}\right)^p \cdot (\sqrt{x})^{13-p}$

   $T_{p+1} = C_{13}^p \cdot \dfrac{2^p}{x^{\frac{p}{3}}} \cdot x^{\frac{13-p}{2}}$

   $T_{p+1} = C_{13}^p \cdot 2^p \cdot x^{-\frac{p}{3} + \frac{13-p}{2}}$

   $-\dfrac{p}{3} + \dfrac{13-p}{3} = 4 \rightarrow -2p + 39 - 3p = 24 \therefore p = 3 \rightarrow$

   $\Rightarrow T_4 = C_{13}^3 \cdot 2^3 \cdot x^4 = 2\,288 \cdot x^4$

Exercícios propostos

1. Obtenha todos os termos do desenvolvimento de $(y - 2)^3$.

2. Utilizando o procedimento estudado sobre o desenvolvimento dos termos da potência de um binômio, desenvolva:

   a) $(3m - 1)^4$ c) $\left(\sqrt{2} - 2\right)^3$

   b) $(2m + 1)^4$ d) $\left(\sqrt{3} + 3\right)^3$

3. Desenvolva os seguintes binômios:

   a) $(x + 3)^3$ b) $(x + 2y)^4$ c) $(2a + 3b)^5$

4. Calcule a soma dos coeficientes do desenvolvimento dos seguintes binômios:

   a) $(2x + y)^5$ c) $\left(\dfrac{1}{2} \cdot x^2 - y\right)^4$

   b) $(3x - 4y)^7$

5. Resolva o sistema de equações a seguir:

   $\begin{cases} 8x^3 - 12x^2y + 6xy^2 - y^3 = 64 \\ 3x + y = 1 \end{cases}$

6. Utilizando apenas os dois primeiros termos do desenvolvimento da potência de um binômio, obtenha aproximações para:

   a) $1{,}02^{15} = (1 + 0{,}02)^{15}$ b) $1{,}97^6 = (2 - 0{,}03)^6$

7. Em relação ao desenvolvimento de $(2x + y)^{13}$, responda:

   a) Quantos são os termos?

   b) Qual é o primeiro termo?

   c) Qual é o último termo?

   d) Qual é o oitavo termo?

8. Determine o quinto termo do desenvolvimento do binômio $\left(x^2 + \dfrac{1}{\sqrt{x}}\right)^8$.

9. Calcule a soma dos coeficientes numéricos do desenvolvimento do binômio $(2x + 3y)^4$.

10. Calculando o respectivo coeficiente, determine o termo em x^9 do binômio $\left(x^3 + \dfrac{1}{y^2}\right)^{25}$.

Algumas conclusões

Procure responder ou mesmo pensar a respeito de possíveis respostas para algumas questões envolvendo o estudo de análise combinatória e binômio de Newton nesta unidade. Caso sinta alguma dificuldade em obter respostas, sugerimos retomar os conceitos principais:

1. Como você compreende o princípio fundamental da contagem?
2. Qual é o significado da palavra permutar?
3. O que significa fazer permutação simples de 6 elementos, por exemplo?
4. Como você define o fatorial de um número? A que conjunto numérico restringimos o fatorial de um número?
5. Como podemos calcular o número de subconjuntos com 3 elementos de um conjunto que possui 7 elementos?
6. Como você explica arranjos simples de 7 elementos tomados 4 a 4?
7. E o número de combinações simples de 7 elementos tomados 4 a 4?
8. Explique como formar o triângulo de Pascal.
9. Qual é a fórmula do termo geral do desenvolvimento da potência natural de um binômio?
10. É necessário desenvolver a potência de um binômio para sabermos o número de termos e a soma dos coeficientes? Explique.

Troque ideias com seus colegas a respeito das respostas para essas questões. Após, liste as dificuldades encontradas e os assuntos que devem ser retomados.

Vestibulares e Enem

1. (UEG-GO) Numa lanchonete o lanche é composto por três partes: pão, molho e recheio. Se essa lanchonete oferece aos seus clientes duas opções de pão, três de molho e quatro de recheio, a quantidade de lanches distintos que ela pode oferecer é de
   a) 9 b) 12 c) 18 d) 24

2. (Uerj) Uma criança ganhou seis picolés de três sabores diferentes: baunilha, morango e chocolate, representados, respectivamente, pelas letras B, M e C. De segunda a sábado, a criança consome um único picolé por dia, formando uma sequência de consumo dos sabores. Observe estas sequências, que correspondem a diferentes modos de consumo: (B, B, M, C, M, C) ou (B, M, M, C, B, C) ou (C, M, M, B, B, C)
   O número total de modos distintos de consumir os picolés equivale a:
   a) 6 b) 90 c) 180 d) 720

3. (PUC-RS) Um fotógrafo foi contratado para tirar fotos de uma família composta por pai, mãe e quatro filhos. Organizou as pessoas lado a lado e colocou os filhos entre os pais. Mantida essa configuração, o número de formas em que poderão se posicionar para a foto é
   a) 4 c) 24 e) 48
   b) 6 d) 36

4. (UFRGS-RS) Considere a configuração dos números dispostos nas colunas e linhas abaixo.

	Coluna 0	Coluna 1	Coluna 2	Coluna 3	Coluna 4	Coluna 5	Coluna 6	Coluna 7	...
Linha 0	1								
Linha 1	1	1							
Linha 2	1	2	1						
Linha 3	1	3	3	1					
Linha 4	1	4	6	4	1				
Linha 5	1	5	10	10	5	1			
Linha 6	1	6	15	20	15	6	1		
Linha 7	1	7	21	35	35	21	7	1	
...	...	...	...	...	...	...	...	...	

   O número localizado na linha 15 e na coluna 13 é:
   a) 15 c) 105 e) 455
   b) 91 d) 120

5. (PUC-RJ) A quantidade de anagramas da palavra CONCURSO é:
   a) 2 520 c) 10 080 e) 40 320
   b) 5 040 d) 20 160

6. (Enem) Uma família composta por sete pessoas adultas, após decidir o itinerário de sua viagem, consultou o site de uma empresa aérea e constatou que o voo para a data escolhida estava quase lotado. Na figura, disponibilizada pelo site, as poltronas ocupadas estão marcadas com X e as únicas poltronas disponíveis são as mostradas em branco.

   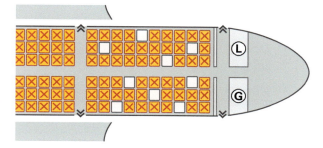

   O número de formas distintas de se acomodar a família nesse voo é calculado por:
   a) $\dfrac{9!}{2}$ c) $7!$ e) $\dfrac{5!}{4!} \times \dfrac{4!}{3!}$
   b) $\dfrac{9!}{7! \times 2!}$ d) $\dfrac{5!}{2!} \times 4!$

7. (UPE) A vendedora de roupas está arrumando os cabides da vitrine de uma loja. Ela deve pendurar 5 camisas, 3 bermudas e 2 casacos na vitrine, de modo que cada peça fique uma do lado da outra sem sobreposição.
   Quantas são as disposições possíveis nessa arrumação, de modo que as peças de um mesmo tipo fiquem sempre juntas, lado a lado na vitrine?
   a) 30
   b) 120
   c) 1 440
   d) 4 320
   e) 8 640

8. (Enem) Um cliente de uma videolocadora tem o hábito de alugar dois filmes por vez. Quando os devolve, sempre pega outros dois filmes e assim sucessivamente. Ele soube que a videolocadora recebeu alguns lançamentos, sendo 8 filmes de ação, 5 de comédia e 3 de drama e, por isso, estabeleceu uma estratégia para ver todos esses 16 lançamentos. Inicialmente alugará, em cada vez, um filme de ação e um de comédia. Quando se esgotarem as possibilidades de comédia, o cliente alugará um filme de ação e um de drama, até que todos os lançamentos sejam vistos e sem que nenhum seja repetido. De quantas formas distintas a estratégia desse cliente poderá ser posta em prática?
   a) $20 \times 8! + (3!)^2$
   b) $8! \times 5! \times 3!$
   c) $\dfrac{8! \times 5! \times 3!}{2^8}$
   d) $\dfrac{8! \times 5! \times 3!}{2^2}$
   e) $\dfrac{16!}{2^8}$

Vestibulares e Enem

9. (Uece) A turma K do Curso de Administração da UECE é formada por 36 alunos, sendo 22 mulheres e 14 homens. O número de comissões que podem ser formadas com alunos desta turma, tendo cada comissão três componentes e sendo assegurada a participação de representantes dos dois sexos em cada comissão, é

a) 5 236.
b) 6 532.
c) 3 562.
d) 2 635.

10. (Ufam) Em uma praça há 10 bancos vazios, sendo 5 deles de frente para um chafariz e 5 voltados para a rua. Chegaram a sua praça exatamente 10 amigos e todos resolveram sentar nos 10 bancos nas seguintes condições: 4 deles querem sentar de frente para o chafariz, 3 deles querem ver o movimento da rua e os demais não têm preferência. Nestas condições, a quantidade de formas diferentes que os 10 amigos podem sentar nos 10 bancos da praça é:

a) 4 320
b) 7 200
c) 43 000
d) 43 200
e) 10!

11. (Uern) A soma dos algarismos do termo independente de x no desenvolvimento do binômio de Newton $\left(\dfrac{2}{x} + x\right)^8$ é:

a) 3   b) 4   c) 6   d) 7

12. (Uerj) Um painel de iluminação possui nove seções distintas, e cada uma delas acende uma luz de cor vermelha ou azul. A cada segundo, são acesas, ao acaso, duas seções de uma mesma cor e uma terceira de outra cor, enquanto as seis demais permanecem apagadas. Observe quatro diferentes possibilidades de iluminação do painel:

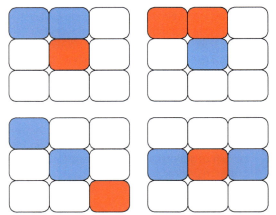

O tempo mínimo necessário para a ocorrência de todas as possibilidades distintas de iluminação do painel, após seu acionamento, é igual a x minutos e y segundos, sendo $y < 60$.

Os valores respectivos de x e y são:

a) 4 e 12
b) 8 e 24
c) 25 e 12
d) 50 e 24

13. (Uepa) Um jovem descobriu que o aplicativo de seu celular edita fotos, possibilitando diversas formas de composição, dentre elas, aplicar texturas, aplicar molduras e mudar a cor da foto. Considerando que esse aplicativo dispõe de 5 modelos de texturas, 6 tipos de molduras e 4 possibilidades de mudar a cor da foto, o número de maneiras que esse jovem pode fazer uma composição com 4 fotos distintas, utilizando apenas os recursos citados, para publicá-las nas redes sociais, conforme ilustração abaixo, é:

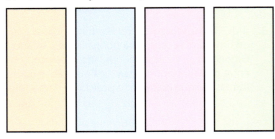

a) 24×120^4.
b) 120^4.
c) 24×120.
d) 4×120.
e) 120.

14. (Uece) Um conjunto X é formado por exatamente seis números reais positivos e seis números reais negativos. De quantas formas diferentes podemos escolher quatro elementos de X, de modo que o produto destes elementos seja um número positivo?

a) 245.
b) 225.
c) 235.
d) 255.

DESAFIO

(IME-RJ) Um professor dá um teste surpresa para uma turma de 9 alunos, e diz que o teste pode ser feito sozinho ou em grupos de 2 alunos. De quantas formas a turma pode se organizar para fazer o teste? (Por exemplo, uma turma de 3 alunos pode se organizar de 4 formas e uma turma de 4 alunos pode se organizar de 10 formas.)

EXPLORANDO HABILIDADES E COMPETÊNCIAS

Os números de telefone

Alexandre Graham Bell nasceu em 3 de março de 1847, em Edimburgo. Conta a história que, em 1876, com então 29 anos, Graham Bell vivenciava a seguinte situação:

Alexandre Graham Bell apela para seu auxiliar falando junto ao transmissor do aparelho a que se dedicava: "Senhor Watson, venha cá. Preciso do senhor". Ao que Thomas August Watson, o eletricista ajudante, responde: "Senhor Bell, ouvi cada palavra que o senhor disse, distintamente". No dia 14 de fevereiro de 1876, Graham Bell solicita o registro de patente do seu invento, duas horas antes de Elisha Gray, que pesquisava sobre o mesmo assunto ao mesmo tempo que Bell. Obtida a patente, Bell e Watson retornam a trabalhar com afinco no transmissor de indução, aperfeiçoando-o, tendo em mente a Exposição do Centenário da Independência dos Estados Unidos naquele mesmo ano. A Exposição do Centenário é aberta no dia 4 de julho com a participação de milhares de pessoas, entre elas personalidades de fama internacional, inclusive o imperador do Brasil, D. Pedro II.

Texto extraído do *site*: MINISTÉRIO DAS COMUNICAÇÕES. <www.mc.gov.br/component/content/article/44-historia-das-comunicacoes/22463-historia-da-telefonia>. Acesso em: 22 maio 2016. Adaptado

Em 2002, exatamente 80 anos após sua morte, a conquista de Graham Bell foi revogada. O italiano Antonio Meucci foi então reconhecido pelo Congresso dos Estados Unidos como o verdadeiro inventor do aparelho, tendo vendido seu protótipo a Graham Bell em 1870.

Apenas um ano após o aparelho ter sido patenteado, chega ao Brasil a primeira empresa de telefonia, ligando o Palácio da Boa Vista (então residência de D. Pedro II) às casas dos ministros da Corte. Na época havia poucas linhas e, para fazer um telefonema, era preciso solicitar que uma atendente completasse a ligação, unindo a linha do emissor à linha do receptor da ligação. Para tal, a atendente tinha acesso ao nome de todas as pessoas que possuíam um telefone, não sendo preciso associá-las a um número.

Com o sucesso da invenção, o trabalho das telefonistas ficava gradativamente mais complexo, sendo preciso obter uma maneira de as ligações serem conectadas diretamente, por meio de algum código.

Surgiram assim os primeiros números de telefone, como forma de identificar o emissor e o receptor da ligação. Em 1970, o Brasil já possuía em torno de 9 mil linhas telefônicas, com 5 dígitos cada linha.

No final de 2015 já existiam cerca de 43 milhões de telefones fixos no Brasil, além de algo em torno de 283 milhões de telefones celulares. O aumento do número de linhas móveis não só fez com que o número de linhas fixas diminuísse como aumentou muito o número de linhas instaladas, mas sem uso. É por isso que os números de celulares possuem 9 dígitos, enquanto os telefones fixos possuem apenas 8.

Alexander Graham Bell (1847-1922) faz uma ligação entre Nova York e Chicago em 1892.

Questões e investigações

1. Na década de 1990 havia em torno de 150 milhões de pessoas no Brasil. Cerca de 12% dessas pessoas tinham telefone. Se nessa época os prefixos existentes iam do 2 ao 7, quantos dígitos eram necessários para atender todas as linhas?

2. Em 2012, o nono dígito foi incluído em todos os celulares com DDD 11, acrescentando um 9 na frente dos números. Até o fim de 2016 a Anatel espera ter implementado o nono dígito em todos os celulares do país. Isso aumenta o número de linhas disponíveis porque o primeiro número tinha de ser 7, 8 ou 9. Com essa alteração, o primeiro número será 9 e o segundo pode passar a ser qualquer um, entre 0 e 9. Quantas linhas a mais ficarão disponíveis com a mudança?

3. Quantos números de nove dígitos começando com 9 podem ser formados sem dígitos repetidos? Quantos números de nove dígitos começando com 9 podem ser formados em que o zero apareça exatamente 4 vezes?

Binômio de Newton   Capítulo 16   235

UNIDADE 6

PROBABILIDADE E ESTATÍSTICA

A concepção de Matemática para muitos está ligada à ideia de exatidão.

Palavras como "provavelmente", "aproximadamente" mostram uma realidade diferente da utilização da Matemática em nosso cotidiano.

Tendo como origem os jogos de azar, o estudo da Probabilidade está intimamente ligado ao de Estatística. Nesta unidade, veremos noções importantes desses dois ramos do conhecimento.

Quando se lança a sorte sobre o jogo as pessoas acreditam num resultado favorável e isso intrigava os matemáticos que sabiam que existia um cálculo envolvendo esses tipos de jogos.

CAPÍTULO 17
INTRODUÇÃO À TEORIA DAS PROBABILIDADES

Qual é o meio de transporte mais seguro: automóvel ou avião?

Essa não é uma pergunta simples de ser respondida. As empresas que trabalham com seguros, com base em dados coletados a respeito dos acidentes acontecidos, podem responder melhor a esse tipo de questão. Estatisticamente chegam à conclusão daquele que *provavelmente* seria o tipo de transporte mais seguro. *Provavelmente*, pois não há certeza do que pode acontecer.

Há um ramo da Matemática, denominado **teoria das probabilidades**, que estuda os experimentos ou fenômenos aleatórios. Esses fenômenos, quando repetidos sob as mesmas condições, produzem resultados geralmente diferentes, por isso são denominados aleatórios.

Nesta unidade, veremos a teoria das probabilidades. Ela teve origem nos chamados jogos de azar e hoje tem suas aplicações em Estatística e Biologia, por exemplo.

IDEIAS INICIAIS

Vamos considerar, de maneira intuitiva, algumas situações para que possamos iniciar o estudo de probabilidade. No próximo capítulo, veremos como utilizar a teoria das probabilidades para avaliar as ocorrências de alguns experimentos.

1ª situação:

1	2	3	4	5	6	7	8	9	10
11	12	13	14	15	16	17	18	19	20
21	22	23	24	25	26	27	28	29	30
31	32	33	34	35	36	37	38	39	40
41	42	43	44	45	46	47	48	49	50
51	52	53	54	55	56	57	58	59	60
61	62	63	64	65	66	67	68	69	70
71	72	73	74	75	76	77	78	79	80
81	82	83	84	85	86	87	88	89	90
91	92	93	94	95	96	97	98	99	100

Uma cartela foi confeccionada contendo todos os números naturais de 1 a 100, conforme representação acima.

Apenas um número dessa cartela será sorteado. Assim, responda:

a) É mais provável quem ser sorteado: Marta, que escolheu um número par, ou Lucas, que escolheu um número ímpar?

b) Suponha que você apostou com um colega que o resultado desse sorteio será um número múltiplo de 3. Seu colega disse que será um número múltiplo de 5. Quem tem mais possibilidade de acertar: você ou seu colega?

Comentários:

a) Nessa situação, como, na cartela, a quantidade de números ímpares é igual à quantidade de números pares, tanto Marta quanto Lucas têm iguais possibilidades: são 50 números pares e 50 números ímpares.

b) Em relação ao fato de o número sorteado ser múltiplo de 3 ou de 5, não se sabe qual resultado ocorrerá para esse sorteio; porém, existem mais números múltiplos de 3 do que de 5. Assim, é mais provável ocorrer, como resultado desse sorteio, um número que seja múltiplo de 3 ou um que seja múltiplo de 5?

2ª situação:

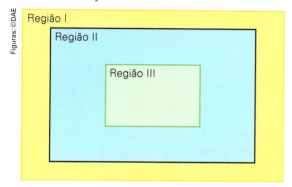

A figura acima representa um "alvo" formado por apenas três retângulos que dividem a figura em três regiões coloridas. Imagine que você tenha lançado um dardo e saiba que ele atingiu internamente um dos três retângulos. Responda:

a) Em qual das regiões coloridas é mais provável que o dardo tenha atingido o alvo?

b) Em qual das regiões coloridas do alvo é menos provável que o dardo tenha atingido?

Comentários:

As duas perguntas acima podem ser respondidas observando as áreas dessas figuras planas, isto é, as áreas que poderiam ser atingidas. É mais provável, considerando que o dardo de fato atingiu internamente a figura, que o encontremos na superfície que tenha a maior área. Assim, devemos avaliar essas áreas antes de responder às questões. Com o auxílio de uma régua, você pode obter as medidas desses retângulos e calcular as áreas das regiões I, II e III.

3ª situação:

Marcos, ao abrir uma conta em um banco, elaborou uma senha eletrônica formada por seis dígitos (algarismos). O gerente orientou-o a não utilizar a data de nascimento (dia/mês/ano), por ser considerada uma senha de fácil obtenção por outras pessoas. Mesmo assim, Marcos acabou utilizando a data de seu nascimento: 21/04/76. Uma pessoa mal-intencionada, que não conhece a senha de Marcos, mas sabe o ano de seu nascimento, procura descobri-la por tentativas. Responda:

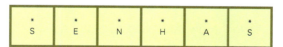

Será mais provável essa pessoa descobrir a senha de Marcos se, além do ano de nascimento, ela conhecer o dia de nascimento ou o mês de nascimento dele?

Comentários:

Os profissionais que trabalham em instituições financeiras, como em bancos, por exemplo, sempre orientam seus clientes em relação aos cuidados para não utilizar datas de nascimento,

Introdução à teoria das probabilidades Capítulo 17 239

números de telefones, algarismos repetidos e números de documentos pessoais na formação de senhas. Normalmente, há uma orientação para que os clientes troquem as senhas após determinados períodos. Em relação à questão anterior, basta considerar que, dependendo do mês, que varia de 28 a 31 dias, e os números correspondentes aos meses são apenas 12.

As três situações apresentadas estão relacionadas a um importante ramo da Matemática chamado de **Probabilidade**. Ao analisar essas situações, intuitivamente, você deve ter elaborado respostas às perguntas que foram apresentadas. Além disso, o conhecimento sobre Análise Combinatória permite a você, em algumas situações, avaliar o número de possibilidades de ocorrência de determinado acontecimento, como veremos mais adiante ainda nesta unidade.

As situações apresentadas fazem parte do que denominamos **fenômenos aleatórios**. São experimentos que, embora possam ser repetidos muitas vezes e sob condições idênticas, não apresentam os mesmos resultados de ocorrência. Outro exemplo é o do lançamento de uma moeda perfeita e a verificação do resultado: cara ou coroa.

O resultado é imprevisível. Não podemos determinar qual será o resultado antes de ele ocorrer. O interesse em estudar tais fenômenos está justamente no fato de não sabermos qual será o resultado. Assim, buscamos os resultados prováveis e, então, estudamos as probabilidades.

Exemplo:

A figura a seguir representa uma roleta contendo 12 números colocados nos círculos azuis e uma seta móvel. A seta gira de tal forma que sempre para indicando um dos 12 números. Ela não para entre dois números. Considere que Lúcia escolheu quatro desses números (5, 7, 10 e 11) e Antônio escolheu outros cinco números (2, 3, 8, 9 e 12). É mais provável que Lúcia acerte ou que Antônio acerte o número no qual a seta vai parar?

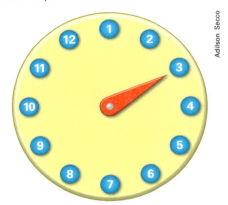

- Como Antônio escolheu mais números que Lúcia, é mais provável que ele acerte. Isso não significa que ele acertará.

Essa situação é considerada como exemplo de **experimento aleatório**.

Note que esse tipo de experimento (ou fenômeno) tem as seguintes características:

- podemos repeti-lo várias vezes nas mesmas condições;
- conhecemos o conjunto de todos os possíveis resultados;
- não é possível sabermos qual será o resultado antes de ocorrer.

> **Questões e reflexões**
>
> **1.** Cite outros exemplos de fenômenos aleatórios.
>
> **2.** Lance uma mesma moeda 50 vezes e anote, em seu caderno, os resultados. É correto dizer que 50% desses resultados foi cara e os outros 50%, coroa?

Espaço amostral e evento

O estudo de um experimento aleatório passa pela compreensão de dois conceitos: o de **espaço amostral** e o de **evento**.

240   Unidade 6   Probabilidade e Estatística

> Em um experimento aleatório, o conjunto formado por todos os resultados possíveis é denominado **espaço amostral**.
>
> Qualquer subconjunto do espaço amostral é **chamado de evento**.

Observações:

1. Estudaremos aqui os experimentos em que o espaço amostral é finito.

2. O conjunto correspondente ao espaço amostral é indicado pela letra grega maiúscula Ω (lemos: ômega). Já o conjunto correspondente ao evento será representado por uma letra maiúscula de nosso alfabeto.

A seguir, apresentamos alguns exemplos de experimentos aleatórios observando o espaço amostral e também alguns eventos.

1. Vamos considerar o experimento em que há o lançamento de dois dados, um vermelho e outro azul, e observação dos números das faces voltadas para cima.

Elena Schweitzer/Dreamstime.com

- Espaço amostral:

$\Omega =$ {(1, 1), (1, 2), (1, 3), (1, 4), (1, 5), (1, 6),
(2, 1), (2, 2), (2, 3), (2, 4), (2, 5), (2, 6),
(3, 1), (3, 2), (3, 3), (3, 4), (3, 5), (3, 6),
(4, 1), (4, 2), (4, 3), (4, 4), (4, 5), (4, 6),
(5, 1), (5, 2), (5, 3), (5, 4), (5, 5), (5, 6),
(6, 1), (6, 2), (6, 3), (6, 4), (6, 5), (6, 6)}

O espaço amostral é formado por pares ordenados nos quais consideramos, nesse exemplo, que o primeiro número de cada par é o resultado da face voltada para cima do dado vermelho, enquanto o segundo número de cada par indica o resultado da face voltada para cima do dado azul. Indicamos o número de elementos do espaço amostral por $n(\Omega)$ que é igual a 36, ou seja, $n(\Omega) = 36$.

- **Exemplos de eventos:**

Evento A – A soma dos resultados nos dois dados é igual a 2.

A = {(1,1)}

$n(A) = 1 \to$ O evento é formado por 1 resultado apenas (resultado que interessa).

Evento B – A soma dos resultados nos dois dados é igual a 4.

B = {(1,3), (2,2), (3,1)}

$n(B) = 3 \to$ O evento é formado por 3 resultados.

Evento C – A soma dos resultados nos dois dados é igual a 7.

C = {(1,6), (2,5), (3,4), (4,3), (5,2), (6,1)}

$n(C) = 6 \to$ O evento é formado por 6 resultados.

Evento D – Os resultados nos dois dados são sempre números ímpares.

D = {(1,1), (1,3), (1,5), (3,1), (3,3), (3,5), (5,1), (5,3), (5,5)}

$n(D) = 9 \to$ O evento é formado por 9 resultados.

Evento E – A soma dos resultados nos dois dados é menor que 13.

E = Ω, pois a soma dos resultados sempre é um número menor que 13.

$n(E) = 36 \to$ O evento é formado por 36 resultados.

Evento F – A soma dos resultados nos dois dados é menor que 1.

F = $\varnothing$, pois a soma dos resultados nunca é um número menor que 1.

$n(F) = 0 \to$ O evento não possui resultado que interessa.

Observações:

1. O evento E é o próprio espaço amostral Ω. Nesse caso, dizemos que é um **evento certo**.

O evento F é um conjunto vazio (∅). Nesse caso, dizemos que é um **evento impossível**.

2. Consideremos o experimento em que 15 bolas de mesmo tamanho são numeradas de 1 a 15 e colocadas dentro de uma caixa. Uma bola será retirada aleatoriamente entre as 15 existentes na caixa. Vamos analisar o espaço amostral e alguns eventos.

- Espaço amostral:

$\Omega = \{1, 2, 3, 4, 5, 6, 7, 8, 9, 10, 11, 12, 13, 14, 15\}$

$n(\Omega) = 15$

- Eventos:

Evento A – ocorrência de uma bola que tenha um número múltiplo de 3.
$A = \{3, 6, 9, 12, 15\}$

$n(A) = 5$

Evento B – ocorrência de uma bola que tenha um número que não é múltiplo de 3.
$B = \{1, 2, 4, 5, 7, 8, 10, 11, 13, 14\}$

$n(B) = 10$

Observação:

O evento A é o complementar do evento B em relação ao espaço amostral Ω, assim como o evento B é o complementar do evento A em relação ao espaço amostral Ω. Dizemos que são dois **eventos complementares**.

3. Vamos considerar o experimento em que uma seta móvel é girada até que pare apontando para um dos 20 números que estão indicados, conforme sugere a figura a seguir.

- Espaço amostral:

$\Omega = \{1, 2, 3, 4, 5, 6, 7, 8, 9, 10, 11, 12, 13, 14, 15, 16, 17, 18, 19, 20\}$

$n(\Omega) = 20$

- Eventos:

Evento A – ocorrência do resultado que seja um número natural primo.
$A = \{2, 3, 5, 7, 11, 13, 17, 19\}$

$n(A) = 8$

Evento B – ocorrência do resultado que seja um número natural múltiplo de 4.
$B = \{4, 8, 12, 16, 20\}$

$n(B) = 5$

Evento C – ocorrência do resultado que seja um número natural múltiplo de 5.
$C = \{5, 10, 15, 20\}$

$n(C) = 4$

Evento D – ocorrência do resultado que seja um número natural múltiplo de 4 ou de 5.
$D = \{4, 5, 8, 10, 12, 15, 16, 20\}$

$n(D) = 8$

Evento E – ocorrência do resultado que seja um número natural múltiplo de 4 e múltiplo de 5.
$E = \{20\}$
$n(E) = 1$

Observações:

1. Quando a intersecção de dois eventos é um conjunto vazio, dizemos que esses eventos são **mutuamente exclusivos**.
2. Note que o evento D é a **união** dos eventos B e C. Assim, escrevemos: $D = B \cup C$
3. Note que o evento E é a **intersecção** dos eventos B e C. Assim, escrevemos: $E = B \cap C$

Exercícios resolvidos

1. Duas moedas são lançadas ao mesmo tempo e, ao caírem, suas faces voltadas para cima são observadas.
  a) Escreva o espaço amostral desse experimento.
  b) Escreva o evento em que as faces voltadas para cima são iguais.
  c) Escreva o evento em que as faces voltadas para cima são distintas.

Representando a face cara por "Ca" e a face coroa por "Co", temos:
a) {(Ca, Co), (Co, Ca), (Ca, Ca), (Co, Co)}
b) {(Ca, Ca), (Co, Co)}
c) {(Ca, Co), (Co, Ca)}

2. Um dado comum, cujas faces são numeradas de 1 a 6, é lançado e observa-se o número da face voltada para cima.
  a) Escreva o espaço amostral desse experimento.
  b) Escreva o evento: o número da face voltada para cima é par.
  c) Escreva o evento: o número da face voltada para cima é primo.

a) O espaço amostral é o conjunto formado pelos resultados possíveis do experimento, isto é:
{1, 2, 3, 4, 5, 6}.
b) O evento será formado por todos os resultados pares:
{2, 4, 6}.
c) Como o evento deve ser formado apenas pelos resultados com números primos, temos:
{2, 3, 5}.

3. Em um jogo de dominó convencional, há 28 peças como as representadas a seguir. Cada peça contém uma linha que a divide em duas extremidades. Em cada extremidade, há um número de 0 (representado pelo branco) a 6 (representado por pequenos círculos pretos).

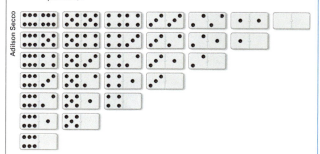

  a) Escreva o evento em que pelo menos um dos dois números da peça é 3.
  b) Escreva o evento em que apenas um dos dois números da peça é 3.
  c) Escreva o evento em que os dois números da peça são pares.

a) {(3, 0), (3, 1), (3, 2), (3, 3), (3, 4), (3, 5), (3, 6)}
b) {(3, 0), (3, 1), (3, 2), (3, 4), (3, 5), (3, 6)}
c) {(0, 0), (0, 2), (0, 4), (0, 6), (2, 2), (2, 4), (2, 6), (4, 4), (4, 6), (6, 6)}

Exercícios propostos

1. Experimente lançar uma moeda 10 vezes. Anote em seu caderno os resultados e responda:
  a) quantas vezes resultou cara?
  b) quantas vezes resultou coroa?
  c) Agora, compare suas respostas com as de seus colegas e verifique se é verdade que em torno de 50% das vezes saiu cara e em torno de 50% das vezes saiu coroa.

2. Se uma pessoa de sua turma escolar for sorteada, é mais provável ser uma pessoa:
  a) do sexo masculino ou do sexo feminino?
  b) que faz aniversário no primeiro ou no segundo semestre deste ano?

3. Para o sorteio de um prêmio, um número será escolhido ao acaso entre todos os números naturais de 1 a 100. Três amigos apostaram que:
  • amigo 1 – vai sair um número maior que 95;
  • amigo 2 – vai sair um número com 1 algarismo;
  • amigo 3 – vai sair um número com 2 algarismos.

Qual dos amigos tem:
  a) menos possibilidade de ganhar?
  b) mais possibilidade de ganhar?

4. O desenho abaixo representa as ramificações de determinado jogo. Uma bolinha entra pelo ponto indicado por A e sai, necessariamente, por um dos pontos (B, C ou D).

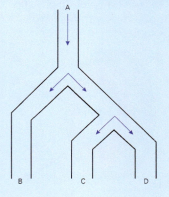

Introdução à teoria das probabilidades Capítulo 17

a) Qual é o ponto de saída mais provável? Ou quais são os pontos de saída mais prováveis?

b) Qual é o ponto de saída menos provável? Ou quais são os pontos de saída menos prováveis?

5. Considere que um experimento é chamado de aleatório quando, repetido sob as mesmas condições, apresenta, resultados geralmente diferentes entre os resultados possíveis. Escreva, em seu caderno, dois exemplos de experimentos aleatórios. Apresente-os para seus colegas.

6. Observe abaixo o desenho de uma roleta numérica. Uma seta fixada no centro deverá girar até parar. Com relação ao número para o qual a seta apontará ao parar, responda:

a) É mais provável que o resultado seja um número ímpar ou um número múltiplo de 3?

b) É mais provável que o resultado seja um número múltiplo de 5 ou um divisor de 20?

7. Escreva uma frase ou apresente um exemplo ligado ao significado de:
a) pouco provável.
b) muito provável.
c) certo.
d) impossível.

8. Um alvo circular tem seis cores, como mostra a imagem. Do centro para a extremidade as cores são preta, amarela, azul, vermelha, alaranjada e verde. Note que as faixas coloridas têm a mesma largura e são limitadas por circunferências. Cada competidor de tiro ao alvo lança 10 flechas e paga R$10,00 para competir. Você é o responsável pela competição e deverá pagar a metade da quantia total recebida para o ganhador, ou seja, aquele que obtiver mais pontos conforme a região que acertar no alvo. Se você tivesse de atribuir 100, 50, 30, 20, 10 e 5 pontos para os acertos nas regiões, como faria isso? Justifique suas escolhas.

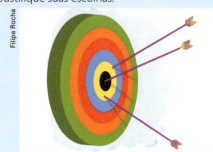

9. Considere que um dado será lançado em cima de uma mesa e será observado o número indicado na face oposta àquela em contato com a mesa. Elabore uma pergunta relacionada ao resultado que ocorrerá.

10. Dois dados comuns são lançados e observam-se os números de suas faces voltadas para cima. Observando o espaço amostral, faça o que se pede.

(Consulte o exemplo dos dados, vermelho e azul, apresentado neste capítulo.)

a) Escreva o evento em que a soma dos números das faces voltadas para cima é 5.

b) Escreva o evento em que pelo menos um dos números das faces voltadas para cima é um número primo.

c) Escreva o evento em que a soma dos números das faces voltadas para cima é maior que 9.

11. Um dado e uma moeda são lançados. Registra-se a face voltada para cima na moeda e o número da face voltada para cima no dado.

a) Escreva o evento em que se observa a face coroa na moeda e um número múltiplo de 4 no dado.

b) Escreva o evento em que se observa a face cara na moeda e um número múltiplo de 3 no dado.

c) Escreva o evento em que se observa a face coroa na moeda e um número par no dado.

12. Considere que um experimento é composto de duas etapas: primeiro, uma moeda é lançada e, em seguida, um dado é lançado.

a) Escreva o espaço amostral correspondente a esse experimento.

b) Escreva todos os elementos do evento: sair cara na moeda e resultar um número ímpar no dado.

c) Escreva todos os elementos do evento: sair coroa na moeda e resultar um número múltiplo de 5 no dado.

13. De um baralho de 52 cartas, uma é extraída ao acaso. Escreva o número de elementos de cada evento.

a) Evento A: a carta retirada é o número 8.

b) Evento B: a carta retirada é de paus.

c) Evento C: a carta retirada é um ás de copas ou de espadas.

CÁLCULO DE PROBABILIDADES

CAPÍTULO 18

A partir deste capítulo, veremos como avaliar melhor a ocorrência de resultados em fenômenos desse tipo. Como vimos, não conseguimos prever o resultado de um experimento aleatório. Então, o desejável é que possamos ao menos efetuar afirmações relacionadas à **probabilidade** de ocorrência.

Exemplo:

No lançamento de um dado, vamos observar a face voltada para cima. Considerando que o evento A seja sair um resultado múltiplo de 3, queremos responder à seguinte pergunta:

Qual é a probabilidade de esse evento ocorrer?

Já vimos o que é espaço amostral e também o que é evento. Precisamos agora compreender o que é probabilidade. Estudaremos aqui os experimentos em que o espaço amostral é finito.

Probabilidade em espaço amostral finito

Utilizando o experimento em que há lançamento de um dado e observação do número da face voltada para cima, vamos atribuir um número real que represente a probabilidade de cada ocorrência de uma face (evento que chamamos **elementar**) ser o resultado do experimento. Como são seis faces numeradas, temos:

- Espaço amostral:
$\Omega = \{1, 2, 3, 4, 5, 6\} \to n(\Omega) = 6$
- Eventos elementares:

Evento $\{1\}$ – ocorrência da face 1 $\to$ probabilidade p_1

Evento $\{2\}$ – ocorrência da face 2 $\to$ probabilidade p_2

Evento $\{3\}$ – ocorrência da face 3 $\to$ probabilidade p_3

Evento $\{4\}$ – ocorrência da face 4 $\to$ probabilidade p_4

Evento $\{5\}$ – ocorrência da face 5 $\to$ probabilidade p_5

Evento $\{6\}$ – ocorrência da face 6 $\to$ probabilidade p_6

Os números p_1, p_2, p_3, p_4, p_5 e p_6 podem ser escolhidos de maneiras diferentes; porém, é conveniente que sejam números não negativos e, além disso, como a união desses eventos elementares corresponde ao espaço amostral, seria interessante que a soma desses valores resultasse 1 (ou 100%, por exemplo). Assim, considerando que o dado é equilibrado (não "viciado"), cada face tem probabilidade igual de ocorrência. Desse modo:

$$p_1 = p_2 = p_3 = p_4 = p_5 = p_6$$
e
$$p_1 + p_2 + p_3 + p_4 + p_5 + p_6 = 1$$

Concluímos, então, que cada uma das faces tem "uma possibilidade em seis" de ocorrer, isto é, cada evento elementar desse espaço amostral tem $\frac{1}{6}$ de **probabilidade** de ocorrer.

Utilizamos esse exemplo de experimento para dar uma ideia do que vem a ser probabilidade. De modo geral, temos:

Seja $\Omega = \{a_1, a_2, a_3, ..., a_n\}$ um espaço amostral finito de um experimento aleatório.

Os números $p_1, p_2, p_3, ..., p_n$ são as **probabilidades** de ocorrências dos eventos elementares $\{a_1\}, \{a_2\}, \{a_3\}, ..., \{a_n\}$, respectivamente, desde que:

- os números $p_1, p_2, p_3, ..., p_n$ sejam não negativos;
- $p_1 + p_2 + p_3 + ... + p_n = 1$.

Observação:

Outra maneira de definir: seja $i \in \{1, 2, 3, ..., n\}$ vamos considerar o evento elementar $\{a_i\}$. A cada um desses eventos associamos um número real p_i que é chamado **probabilidade** de ocorrência do evento $\{a_i\}$ tal que $0 \leq p_i \leq 1$ e $p_1 + p_2 + p_3 + ... + p_n = 1$.

Exemplo:

Considere o experimento em que há lançamento de uma moeda de 1 real. Vamos calcular a probabilidade de ocorrência de cada face.

- Espaço amostral:

$\Omega = \{cara, coroa\}$

- Eventos elementares:

Evento A – ocorrência de face cara.

A = {cara} → probabilidade $p(A)$

Evento B – ocorrência de face coroa.

B = {coroa} → probabilidade $p(B)$

Como cada face tem a mesma probabilidade de ocorrer, isto é, $p(A) = p(B)$ e $p(A) + p(B) = 1$ então, temos $p(A) = p(B) = \frac{1}{2}$.

Observação:

Em um momento de Questões e reflexões do capítulo anterior, sugerimos a você que lançasse uma mesma moeda 50 vezes e anotasse no caderno os resultados. Digamos que os resultados obtidos foram 28 caras e 22 coroas. Nesse caso, as razões $\frac{28}{50}$ e $\frac{22}{50}$ representam, respectivamente, as frequências relativas correspondentes ao evento {cara} e ao evento {coroa}. Observa-se que, à medida que se aumenta o número de lançamentos, as frequências relativas de ocorrências de cara e de coroa ficam cada vez mais próximas entre si. Dizemos que as frequências relativas tendem a ficar igual a $\frac{1}{2} = 0,5 = 50\%$.

Probabilidade de um evento

Vimos até aqui o cálculo da probabilidade de ocorrência de um evento elementar em um espaço amostral finito.

Mas quando esse evento não for elementar, isto é, quando o evento for um subconjunto qualquer do espaço amostral, como podemos calcular a probabilidade?

Para procurar a resposta para essa pergunta, vamos retomar o exemplo da roleta com 20 números.

Exemplo:

Vamos considerar o experimento em que uma seta móvel é girada até que pare apontando para um dos 20 números que estão indicados, conforme sugere a figura apresentada num exemplo do capítulo anterior. Vamos calcular a probabilidade de ocorrência de um número primo.

- Espaço amostral:

$\Omega = \{1, 2, 3, 4, 5, 6, 7, 8, 9, 10, 11, 12, 13, 14, 15, 16, 17, 18, 19, 20\}$

$n(\Omega) = 20$

- Evento:

Evento A – ocorrência do resultado que seja um número natural primo.

$A = \{2, 3, 5, 7, 11, 13, 17, 19\}$

$n(A) = 8$

O evento A é formado por eventos elementares e cada um tem a mesma probabilidade $\frac{1}{20}$ de ocorrência.

> Dizemos que um **espaço amostral é equiprovável** quando todos os eventos elementares, desse espaço, têm a mesma probabilidade de ocorrência.

Podemos considerar que:

$p(A) = p(\{2, 3, 5, 7, 11, 13, 17, 19\})$

$p(A) = p(\{2\}) + p(\{3\}) + p(\{5\}) + p(\{7\}) + p(\{11\}) + p(\{13\}) + p(\{17\}) + p(\{19\})$

$p(A) = \frac{1}{20} + \frac{1}{20} + \frac{1}{20} + \frac{1}{20} + \frac{1}{20} + \frac{1}{20} + \frac{1}{20} + \frac{1}{20}$

$p(A) = 8 \cdot \frac{1}{20} \Rightarrow p(A) = \frac{8}{20}$

Assim, nesse experimento, a probabilidade de ocorrência do evento A pode ser determinada por:

$$p(A) = \frac{n(A)}{n(\Omega)} = \frac{\text{número de elementos de A}}{\text{número de elementos de }\Omega}$$

> De modo geral, se A é um evento qualquer de um espaço amostral equiprovável finito Ω, a probabilidade $p(A)$ de ocorrência desse evento é:
> $$p(A) = \frac{n(A)}{n(\Omega)}$$

Observe que o cálculo de probabilidades em um espaço amostral finito equiprovável é, em geral, feito de uma maneira simples. Assim, vejamos um espaço amostral com **n** eventos elementares:

- Espaço amostral:

$\Omega = \{a_1, a_2, a_3, ..., a_n\}$ (conjunto com n elementos)

Seja p a probabilidade de ocorrência de cada evento elementar, temos:

$$p(\{a_1\}) = p(\{a_2\}) = p(\{a_3\}) = ... = p(\{a_n\}) = p$$

Considerando que a soma das probabilidades elementares é igual a 1:

$$p(\{a_1\}) + p(\{a_2\}) + p(\{a_3\}) + ... + p(\{a_n\}) = 1$$
$$\underbrace{p + p + p + ... + p}_{n \text{ vezes}} = 1$$
$$n \cdot p = 1 \Rightarrow p = \frac{1}{n}$$

Como cada evento elementar tem a probabilidade $\frac{1}{n}$, então, considerando um evento A composto de k eventos elementares ($k \leq n$), a probabilidade de ocorrência de A é:

$$p(A) = k \cdot \frac{1}{n}$$
$$p(A) = \frac{k}{n} \Rightarrow p(A) = \frac{n(A)}{n(\Omega)}$$

Observação:

A probabilidade de ocorrência de um evento A pode ser também escrita da seguinte maneira:

$$p(A) = \frac{n(A)}{n(\Omega)} = \frac{\text{número de casos favoráveis ao evento A}}{\text{número total de casos possíveis do espaço amostral}}$$

Propriedades da probabilidade

Considerando Ω um espaço amostral finito e equiprovável, correspondente a um experimento aleatório, são válidas as propriedades seguintes.

Propriedade 1:

A probabilidade de ocorrência de um evento A igual ao próprio espaço amostral Ω é igual a 1.

$$p(A) = \frac{n(A)}{n(\Omega)} = \frac{n(\Omega)}{n(\Omega)} = 1 \rightarrow \text{Neste caso, dize-}$$

mos que o evento é **certo**.

Propriedade 2:

A probabilidade de ocorrência de um evento A igual ao conjunto vazio é zero.

$$p(A) = \frac{n(A)}{n(\Omega)} = \frac{n(\varnothing)}{n(\Omega)} = \frac{0}{n(\Omega)} = 0 \quad \rightarrow \quad \text{Neste}$$

caso, dizemos que o evento é **impossível**.

Propriedade 3:

A probabilidade de ocorrência de um evento A qualquer do espaço amostral Ω é tal que:

$$0 \leq p(A) \leq 1$$

Justificativa:

Como A é um subconjunto de Ω, temos $n(\varnothing) \leq n(A) \leq n(\Omega)$. Dividindo todos os termos dessa desigualdade por $n(\Omega) > 0$, temos:

$$\frac{n(\varnothing)}{n(\Omega)} \leq \frac{n(A)}{n(\Omega)} \leq \frac{n(\Omega)}{n(\Omega)}$$
$$p(\varnothing) \leq p(A) \leq p(\Omega) \Rightarrow 0 \leq p(A) \leq 1$$

Observação:

Na propriedade 3, o menor valor da probabilidade do evento A é igual a zero (evento impossível) e o maior valor é 1 (evento certo). Também é comum indicarmos a probabilidade utilizando a porcentagem. Assim, podemos dizer que um evento A tem probabilidade de ocorrência $p(A)$ tal que:

$$0\% \leq p(A) \leq 100\%$$

Propriedade 4:

A probabilidade de ocorrência de um evento A adicionada a probabilidade de ocorrência do evento $\overline{A}$ (complementar de A em relação ao espaço amostral Ω) é igual a 1, isto é:

$$p(A) + p(\overline{A}) = 1$$

Justificativa:

Pela teoria dos conjuntos temos $A \cup \overline{A} = \Omega$ e $A \cap \overline{A} = \emptyset$, como sugere o diagrama a seguir:

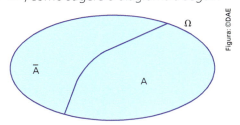

Assim, podemos escrever:

$$n(A) + n(\overline{A}) = n(\Omega)$$

Dividindo, membro a membro por $n(\Omega) > 0$, temos:

$$\frac{n(A)}{n(\Omega)} + \frac{n(\overline{A})}{n(\Omega)} = \frac{n(\Omega)}{n(\Omega)} \Rightarrow p(A) + p(\overline{A}) = 1$$

Observação:

A propriedade 4 pode ser assim interpretada: a probabilidade de ocorrer um evento A adicionada à probabilidade de não ocorrer esse evento A é certa.

A seguir, apresentamos alguns exemplos de probabilidades.

1. No lançamento de um dado, vamos calcular a probabilidade de obter um número ímpar.

- Espaço amostral:

$$\Omega = \{1, 2, 3, 4, 5, 6\} \rightarrow n(\Omega) = 6$$

- Evento A:

$$A = \{1, 3, 5\} \rightarrow n(A) = 3$$

- Cálculo da probabilidade de ocorrência do evento A:

$$p(A) = \frac{n(A)}{n(\Omega)}$$

$$p(A) = \frac{3}{6} = 0,5 = 50\%$$

2. De um baralho com 52 cartas (13 cartas de cada naipe: ouros, espadas, copas e paus), retiramos uma carta.

Vamos calcular a probabilidade de essa carta ser:

a) uma carta do naipe ouros (evento A).

b) um valete (evento B).

a) Como queremos determinar a probabilidade de a carta retirada ser uma carta de ouros, calculamos o quociente entre o número de situações favoráveis (número de cartas de ouros) e o número de resultados possíveis (número total de cartas do baralho), ou seja:

$$p(A) = \frac{n(A)}{n(\Omega)} = \frac{\text{número de cartas de ouros}}{\text{número total de cartas do baralho}}$$

$$p(A) = \frac{13}{52} = \frac{1}{4}$$

b) Como no baralho são apenas 4 cartas de cada naipe, existem 4 valetes. Desse modo, temos:

$$p(B) = \frac{n(B)}{n(\Omega)} = \frac{\text{número de cartas valete}}{\text{número total de cartas do baralho}}$$

$$p(B) = \frac{4}{52} = \frac{1}{13}$$

Questões e reflexões

Considere que a probabilidade de chover hoje, em certa cidade, seja igual a 0,75. Qual é a probabilidade de não chover nessa cidade?

Exercícios resolvidos

1. Em uma caixa, foram colocadas bolas. Cada bola foi identificada com um número do conjunto X = {13, 16, 19, ..., 1 210}. Considerando que todas as bolas têm a mesma chance de serem sorteadas e que os números do conjunto x formam uma PA, qual é a probabilidade de uma bola identificada com um número múltiplo de 5 ser sorteada?

Seja N o número de bolas que foram colocadas na caixa, então, pela relação de termo geral da PA, temos:

$1\,210 = 13 + (N - 1) \cdot 3 \Rightarrow N = 400$

Devemos determinar a quantidade de números que são múltiplos de 5 e fazem parte do conjunto X.

Podemos obter todos os múltiplos de 5 no conjunto X somando 15 a partir do primeiro múltiplo de 5, que é o número 25. O último número do conjunto X, 1210, também é multiplo de 5.

Assim, os múltiplos de 5 que fazem parte do conjunto X, formam o conjunto Y = {25, 40, 55, ..., 1 210}.

Seja M o número de elementos do conjunto Y, então, pela relação de termo geral da PA, temos:

$1\,210 = 25 + (M - 1) \cdot 15 \Rightarrow M = 80$

Logo, a probabilidade pedida é:

$$p = \frac{80}{400} = \frac{1}{5}$$

2. Considere o conjunto M formado por todos os números ímpares de três algarismos. Qual é a probabilidade de ser selecionado desse conjunto um elemento que tenha três algarismos distintos?

M = {101, 103, 105, ..., 999}

Seja N o número de elementos do conjunto M, então, pela relação de termo geral da PA, temos:

$999 = 101 + (N - 1) \cdot 2 \quad N = 450$

O total de números ímpares formados por três algarismos distintos é:

$8 \cdot 8 \cdot 5 = 320$

Portanto, a probabilidade pedida é:

$$p = \frac{320}{450} = \frac{32}{45}$$

Exercícios propostos

1. Em uma urna, foram colocadas 1 000 bolas identificadas pelos números naturais de 1 a 1 000. Se sortearmos, aleatoriamente, uma bola dessa urna, qual é a probabilidade de que o número registrado na bola seja múltiplo de 7?

2. Considere que as figuras I e II representem ramificações de um canal construído para separar as águas de determinado ponto de uma hidrelétrica. Uma bola de isopor foi colocada no ponto A e seguiu a correnteza no sentido dos entroncamentos de mesmo tamanho. Calcule a probabilidade de essa bola, em cada uma das situações (figuras I e II), chegar ao ponto B, considerando que as ramificações foram construídas com as mesmas medidas em cada caso.

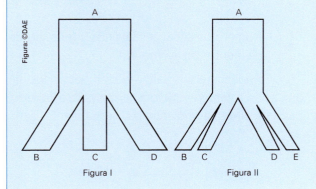

Figura I Figura II

3. Um baralho é composto de 52 cartas distribuídas em 4 naipes: espadas (♠), paus (♣), copas (♥) e ouros (♦). Cada naipe é composto de 13 cartas. Sabe-se ainda que 4 cartas são reis, um de cada naipe. Uma carta do baralho é retirada ao acaso, então, qual é a probabilidade de essa carta ser:

a) de copas?

b) um rei?

4. Em uma turma de segundo ano do Ensino Médio, 25 alunos são do sexo masculino e 20 são do sexo feminino. Ao escolher um aluno dessa turma como representante, qual é a probabilidade de ele ser do sexo masculino?

5. Dois dados comuns são lançados e os números das faces voltadas para cima são observados.

a) Qual é a probabilidade de que nos dois dados o número da face voltada para cima seja 6?

b) Qual é a probabilidade de que a soma dos números das faces voltadas para cima nos dois dados seja igual a 7?

c) Qual é a probabilidade de que a soma dos números das faces voltadas para cima nos dois dados seja igual ou superior a 7?

6. A previsão do tempo para amanhã, em determinada região, indica que a probabilidade de chover é 40% e a probabilidade de fazer frio é 70%. Então, responda:

a) Qual é a probabilidade de não chover nessa região?

b) Qual é a probabilidade de não fazer frio?

7. Uma roleta é dividida em oito regiões numeradas de 1 a 8, como mostra a figura abaixo.

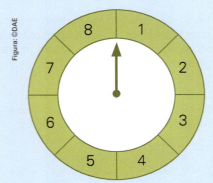

Girando o ponteiro aleatoriamente e sabendo que a probabilidade de o ponteiro apontar para qualquer região, ao parar, é a mesma, calcule:

a) a probabilidade de o ponteiro apontar para uma região numerada com um número ímpar.

b) a probabilidade de o ponteiro apontar para uma região numerada com um número primo.

8. Dispondo dos algarismos 1, 2, 3, 4 e 5, formam-se todos os números de três algarismos distintos, e escreve-se cada um desses números em um cartão. Todos esses cartões são colocados em uma caixa e dela é retirado um cartão, ao acaso. Calcule a probabilidade de o número escrito no cartão retirado ser múltiplo de 3.

9. Um casal planeja ter três filhos. Calcule a probabilidade de que:

a) os três filhos sejam do mesmo sexo.

b) exatamente dois filhos sejam do sexo masculino.

10. Em uma urna, foram colocadas bolas identificadas com os números do conjunto {1, 3, 5, ..., 1 999}.

a) Qual é o número total de bolas dessa urna?

b) Retirando uma bola ao acaso da urna, qual é a probabilidade de o número da bola ser múltiplo de 3?

11. Em uma caixa, são colocadas N bolas numeradas de 1 a N.

a) Se três bolas forem retiradas simultaneamente dessa caixa, qual é a probabilidade de que os números nelas marcados sejam consecutivos?

b) Se N = 6, qual é o valor percentual dessa probabilidade?

Aplicações de probabilidades

Agora que já conhecemos o que vem a ser a probabilidade de ocorrência de um evento em um espaço amostral finito, vamos considerar alguns exemplos nos quais, no cálculo do número de situações favoráveis (número de elementos do evento) e também do número de resultados possíveis (número de elementos do espaço amostral), utilizaremos procedimentos estudados em Análise Combinatória.

Leia os exemplos a seguir e troque ideias com seus colegas a respeito dos procedimentos utilizados nos cálculos das probabilidades correspondentes.

1. Escolha de pessoas em um grupo

Um grupo de alunos é formado por 4 meninos e 5 meninas. Maria e Roberto fazem parte desse grupo. Queremos escolher aleatoriamente 3 dos 9 alunos. Qual é a probabilidade de que Maria e Roberto estejam entre os 3 alunos escolhidos?

- Número de resultados possíveis (número de elementos do espaço amostral):

Calculamos o número de escolhas de 3 elementos entre 9 disponíveis, ou seja:

$$n(\Omega) = C_9^3$$

$$n(\Omega) = \frac{9!}{3!(9-3)!} \Rightarrow n(\Omega) = 84$$

- Número de situações favoráveis (número de elementos do evento A):

Como queremos calcular a probabilidade de que 2 dos 3 alunos escolhidos sejam Maria e Roberto, basta escolher 1 aluno entre os 7 restantes:

$$n(A) = C_7^1$$

$$n(A) = \frac{7!}{1!(7-1)!} \Rightarrow n(A) = 7$$

- Cálculo da probabilidade de ocorrência do evento A:

$$p(A) = \frac{n(A)}{n(\Omega)}$$

$$p(A) = \frac{C_7^1}{C_9^3} = \frac{7}{84} \Rightarrow p(A) = \frac{1}{12}$$

2. Ganhar em determinada modalidade de loteria

Uma pessoa faz uma aposta simples em determinada modalidade de loteria, isto é, ela escolhe 6 entre 60 números. Qual é a probabilidade de os 6 números escolhidos pela pessoa serem sorteados?

- Número de resultados possíveis (número de elementos do espaço amostral):

Como serão sorteados 6 dos 60 números, o total de maneiras de isso ocorrer é o número de combinações possíveis desses 60 números tomados 6 a 6, isto é, o número total de senas possíveis de serem formadas:

$$n(\Omega) = C_{60}^6$$

$$n(\Omega) = \frac{60!}{6!(60-6)!} \Rightarrow n(\Omega) = 50\,063\,860$$

- Número de situações favoráveis (número de elementos do evento A):

Note que, em uma aposta simples, a pessoa escolhe 6 números, isto é, ela participa com apenas 1 sena. Então:

$$n(A) = C_6^6$$

$$n(A) = \frac{6!}{6!(6-6)!} \Rightarrow n(A) = 1$$

- Cálculo da probabilidade de ocorrência do evento A:

$$p(A) = \frac{n(A)}{n(\Omega)}$$

$$p(A) = \frac{C_6^6}{C_{60}^6} = \frac{1}{50\,063\,860} \Rightarrow p(A) = \frac{1}{50\,063\,860}$$

> **Questões e reflexões**
>
> **1.** Considere que uma pessoa escolheu 7 dezenas (aposta não simples). Com quantas senas ela está concorrendo?
> **2.** Quantas vezes o valor da aposta simples essa pessoa pagaria pelas 7 dezenas jogadas?
> **3.** Qual é a probabilidade de essa pessoa ganhar apostando 7 dezenas?

3. Ganhar na loteria esportiva

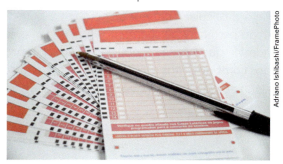

Uma pessoa faz uma aposta simples na loteria esportiva, isto é, para cada um dos 14 jogos ela marca no cartão 1 resultado entre 3 resultados: coluna um (se vencer o time indicado nessa coluna), coluna do meio (se o resultado do jogo for empate) ou coluna dois (se vencer o time indicado nessa coluna). Além disso, essa pessoa poderá escolher, em um dos 14 jogos, mais um palpite (um duplo). Qual é a probabilidade de essa pessoa ganhar?

- Número de resultados possíveis (número de elementos do espaço amostral):

Como, para cada um dos jogos existem 3 possibilidades de resultado (coluna um, coluna do meio, coluna dois), pelo princípio multiplicativo, temos:

$$n(\Omega) = 3 \cdot 3 \cdot 3 \cdot 3 \cdot 3 \cdot 3 \cdot 3 \cdot 3 \cdot 3 \cdot 3 \cdot 3 \cdot 3 \cdot 3 \cdot 3$$

$$n(\Omega) = 3^{14} \Rightarrow n(\Omega) = 4\,782\,969$$

- Número de situações favoráveis (número de elementos do evento A):

Note que a pessoa escolheu um resultado para cada jogo. Assim, ela ganhará se der exatamente um único resultado: aquele escolhido. Como, em um dos jogos, essa pessoa escolheu um palpite duplo, então, ela estará participando com duas situações favoráveis:

$$n(A) = 2$$

- Cálculo da probabilidade de ocorrência do evento A:

$$p(A) = \frac{n(A)}{n(\Omega)}$$

$$p(A) = \frac{2}{3^{14}} \Rightarrow p(A) = \frac{2}{4\,782\,969}$$

4. Probabilidade geométrica: segmento

Vamos considerar que um segmento RS de comprimento ℓ e seja parte de outro segmento AB de comprimento L. Se escolhermos, ao acaso, um ponto P qualquer pertencente ao segmento AB, podemos calcular a probabilidade de esse ponto escolhido pertencer ao segmento RS. Para tanto, vamos admitir que essa probabilidade seja **proporcional aos comprimentos** dos dois segmentos, não dependendo da posição em que ele se encontra.

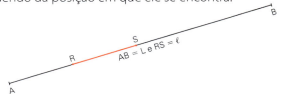

Nesse sentido, podemos dizer que a probabilidade será a própria constante de proporcionalidade entre os comprimentos dos segmentos RS e AB, nessa ordem:

$$p(\overline{RS}) = \frac{RS}{AB} \Rightarrow p(\overline{RS}) = \frac{\ell}{L} = c$$

(*c*: constante de proporcionalidade)

5. Probabilidade geométrica: superfície

Vamos considerar agora que uma superfície plana A seja parte de outra superfície S. Se escolhermos, ao acaso, um ponto P qualquer pertencente à superfície S, podemos calcular a probabilidade de esse ponto escolhido pertencer à superfície A. Para tanto, de maneira análoga ao segmento, vamos admitir que essa probabilidade seja **proporcional às áreas** das duas superfícies, não dependendo da posição em que ele se encontra.

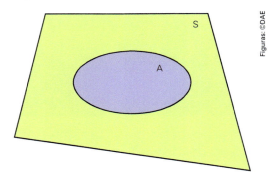

Assim, podemos dizer que a probabilidade será a própria constante de proporcionalidade entre a área de A e a de S, nessa ordem:

$$p(A) = \frac{\text{área de A}}{\text{área de S}} = k$$

(*k*: constante de proporcionalidade)

Exercícios resolvidos

1. João vai comprar uma passagem para viajar de ônibus. O ônibus tem 46 lugares, como mostra a figura.

Sabendo que todos os lugares estão disponíveis, qual é a probabilidade de João escolher aleatoriamente um lugar e ir sentado ao lado da janela?

Dos 46 lugares, 23 são ao lado da janela.

Logo, a probabilidade pedida é: $p = \frac{23}{46} = \frac{1}{2}$

2. No estojo de Sofia, há 3 canetas pretas, 4 canetas azuis e 2 canetas vermelhas.

Se Sofia retirar, ao mesmo tempo, 2 canetas desse estojo, qual é a probabilidade de que as duas canetas retiradas sejam da mesma cor?

O total de maneiras de retirar 2 canetas desse estojo é obtido por:

$C_9^2 = 36$

O total de maneiras de retirar 2 canetas desse estojo que sejam da mesma cor, pode ser calculado de três modos:

- 2 canetas pretas → $C_3^2 = 3$

- 2 canetas azuis → $C_4^2 = 6$

- 2 canetas vermelhas → $C_2^2 = 1$

Então, a probabilidade pedida é:

$p = \frac{3+6+1}{36} = \frac{10}{36} = \frac{5}{18}$

Unidade 6 Probabilidade e Estatística

Exercícios propostos

1. Em uma escola, uma pesquisa procurava revelar quantos alunos estavam matriculados em algum curso de idioma. Os resultados foram os seguintes:

Idioma	Quantidade de alunos
Inglês	500
Francês	100
Inglês e francês	20
Nenhum dos dois	220

Escolhendo, ao acaso, um dos alunos que participaram dessa pesquisa, calcule a probabilidade de que esse aluno esteja matriculado em apenas um dos dois cursos.

2. Em uma caixa, foram colocadas 50 bolinhas numeradas de 1 a 50.
   a) Se retirarmos uma bola dessa caixa, qual é a probabilidade de que o número nela marcado seja primo?
   b) Se retirarmos, simultaneamente, duas bolas dessa caixa, qual é a probabilidade de que os dois números nelas marcados sejam primos?

3. O conjunto A é formado por todos os divisores naturais do número 60. Sorteando um dos elementos do conjunto A, qual é a probabilidade de que o número sorteado seja múltiplo de 3?

4. Em um grupo de 10 pessoas, será formada uma comissão constituída de 4 pessoas.
   a) Qual é o número total de comissões que podem ser formadas?
   b) Se Paulo faz parte desse grupo, qual é a probabilidade de que ele faça parte da comissão formada?

5. Em uma moeda viciada, a probabilidade de a face voltada para cima ser coroa é o triplo da probabilidade de ser cara. Qual é a distribuição das probabilidades de ocorrências das faces cara e coroa?

6. Em uma escola, a distribuição dos alunos do Ensino Médio por idade (em anos completos) é representada no gráfico a seguir:

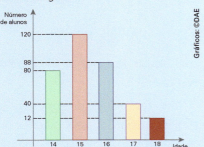

a) Qual é o número de alunos que estudam no Ensino Médio dessa escola?
b) Escolhendo um aluno aleatoriamente, qual é a probabilidade de ele ter, pelo menos, 16 anos?

7. Em uma urna, são colocadas 100 bolas numeradas da seguinte maneira: as duas primeiras com o número 1, as duas seguintes com o número 2 e, assim, sucessivamente, até as duas últimas, com o número 50. Qual é a probabilidade de que duas bolas da urna sejam sorteadas de tal modo que os números nelas marcados sejam iguais?

8. Em um dado "viciado", a probabilidade de um número sair na face voltada para cima é diretamente proporcional a esse número.
   a) Qual é a probabilidade de o número da face voltada para cima ser igual a 5?
   b) Qual é a probabilidade de o número da face voltada para cima ser primo?

9. Ao escolher, aleatoriamente, três vértices de um cubo, qual é a probabilidade de eles pertencerem a uma mesma face?

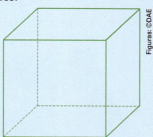

10. Cada um dos anagramas da palavra ALUNO foi escrito em um pedaço de papel. Em seguida, todos os papéis foram colocados em uma caixa. Calcule a probabilidade de se retirar um papel dessa caixa e o anagrama nele escrito:
    a) apresentar as vogais juntas.
    b) apresentar as vogais em ordem alfabética.

11. Em um grupo de 50 pessoas, 30 são mulheres. Se, nesse grupo, 5 são homens casados e 10 são mulheres solteiras, qual é a probabilidade de uma mulher casada ser escolhida nesse grupo?

12. Um tabuleiro é dividido em células brancas e pretas, como mostra a figura.

Escolhendo três células aleatoriamente, qual é a probabilidade de que elas tenham a mesma cor?

CAPÍTULO 19
ADIÇÃO E MULTIPLICAÇÃO DE PROBABILIDADES

Normalmente, quando adicionamos ou multiplicamos as probabilidades de ocorrências de eventos de um espaço amostral, podemos estar também trabalhando com a união de eventos, com a intersecção de eventos, com eventos que são independentes ou com eventos que são mutuamente exclusivos. Assim, este capítulo está intimamente ligado ao que foi estudado na teoria dos conjuntos.

Probabilidade da união e da intersecção

Vamos considerar a seguinte situação:

Em uma urna, estão colocadas 20 bolas de mesmo tamanho numeradas de 1 a 20. Uma bola será retirada aleatoriamente dessa urna. Vamos considerar quatro eventos:

Evento A – a bola retirada contém um número que é múltiplo de 2.

Evento B – a bola retirada contém um número que é múltiplo de 3.

Evento A ∩ B (evento A **e** evento B) – a bola retirada contém um número que é múltiplo de 2 **e** de 3.

Evento A ∪ B (evento A **ou** evento B) – a bola retirada contém um número que é múltiplo de 2 **ou** de 3.

Vamos calcular a probabilidade de ocorrência de cada um desses eventos.

- O espaço amostral para os quatro eventos é o mesmo, isto é:

$\Omega = \{1,2,3,4,5,6,7,8,9,10,11,12,13,14,15,16,17,18,19,20\} \rightarrow n(\Omega)=20$

- Calculando a probabilidade de ocorrência do evento A:

$A = \{2,4,6,8,10,12,14,16,18,20\}$
$\rightarrow n(A) = 10$
$p(A) = \dfrac{n(A)}{n(\Omega)}$
$p(A) = \dfrac{10}{20}$

- Calculando a probabilidade de ocorrência do evento B:

$B = \{3,6,9,12,15,18\} \rightarrow n(B)=6$
$p(B) = \dfrac{n(B)}{n(\Omega)}$
$p(B) = \dfrac{6}{20}$

- Calculando a probabilidade de ocorrência do evento A ∩ B:

Inicialmente, vamos determinar o conjunto intersecção, ou seja, o conjunto formado pelos números do espaço amostral que são simultaneamente múltiplos de 2 e de 3:

$A \cap B = \{6,12,18\} \rightarrow n(A \cap B)=3$
$p(A \cap B) = \dfrac{n(A \cap B)}{n(\Omega)}$
$p(A \cap B) = \dfrac{3}{20}$

- Calculando a probabilidade de ocorrência do evento A ∪ B:

Nesse caso, vamos determinar os elementos do conjunto união, ou seja, o conjunto formado pelos números do espaço amostral que são múltiplos de 2 ou múltiplos de 3:

A∪B = {2, 3, 4, 6, 8, 9, 10, 12, 14, 15, 16, 18, 20} →
→ n(A∪B) = 13

$p(A \cup B) = \dfrac{n(A \cup B)}{n(\Omega)}$

$p(A \cup B) = \dfrac{13}{20}$

Agora, observe que poderíamos determinar as probabilidades de ocorrências dos eventos A ∩ B e A ∪ B utilizando o diagrama de Venn. No diagrama a seguir, observe não apenas esses eventos como também o espaço amostral:

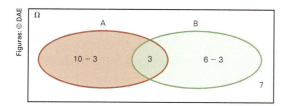

Na união dos conjuntos finitos A e B, vale a seguinte relação estudada na Teoria dos Conjuntos:

n(A∪B) = n(A) + n(B) − (A∩B)

Dividindo os dois membros dessa relação pelo número de elementos do espaço amostral considerado, obtemos:

$\dfrac{(A \cup B)}{n(\Omega)} = \dfrac{n(A)}{n(\Omega)} + \dfrac{n(B)}{n(\Omega)} - \dfrac{n(A \cap B)}{n(\Omega)}$

p(A∪B) = p(A) + p(B) − p(A∩B)

Assim, de um modo geral, temos:

A probabilidade de ocorrer o evento A ou o evento B de um mesmo espaço amostral equiprovável, isto é, a probabilidade de ocorrer a união dos eventos A e B é igual à probabilidade de ocorrer o evento A mais a probabilidade de ocorrer o evento B menos a probabilidade de ocorrer simultaneamente A e B. Em símbolos:

$p(A \cup B) = p(A) + p(B) - p(A \cap B)$

Retornando à situação anterior, temos:

p(A∪B) = p(A) + p(B) − p(A∩B)

$p(A \cup B) = \dfrac{10}{20} + \dfrac{6}{20} - \dfrac{3}{20} \Rightarrow p(A \cup B) = \dfrac{13}{20}$

Observação:

Quando A∩B = ∅, temos p(A∪B) =
= p(A) + p(B).

Neste caso, dizemos que os eventos A e B são **mutuamente exclusivos**.

Exemplos:

1. A tabela abaixo foi elaborada com base em um levantamento feito em determinado município. Foram consultadas 1 000 pessoas que deveriam indicar o tipo de canal de televisão que habitualmente assistem:

Tipo de canal	Número de pessoas
A	580
B	430
A e B	130
Nenhum	120

Considere que, após o levantamento, um pesquisador contratado por um dos tipos de canais resolva fazer uma entrevista com uma pessoa escolhida ao acaso entre as 1 000 consultadas. Qual é a probabilidade de essa pessoa habitualmente assistir:

a) ao tipo de canal A ou ao tipo de canal B?

b) a nenhum dos dois tipos de canal?

• Representando os dados da tabela por meio de um diagrama, temos:

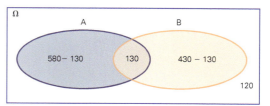

Então, temos:

- no espaço amostral → $n(\Omega)=1000$
- no evento A → $n(A)=580$
- no evento B → $n(B)=430$
- no evento $A \cap B$ → $n(A\cap B)=130$
- no evento X (nenhum tipo de canal) → $n(X)=120$

a) Calculando a probabilidade de a pessoa escolhida assistir ao tipo de canal A ou ao tipo de canal B:

$p(A\cup B) = p(A) + p(B) - p(A\cap B)$

$p(A\cup B) = \dfrac{580}{1000} + \dfrac{430}{1000} - \dfrac{130}{1000} \Rightarrow$

$\Rightarrow p(A\cup B) = \dfrac{880}{1000} = 88\%$

b) Calculando a probabilidade de a pessoa escolhida não assistir a nenhum dos dois tipos de canais:

$p(X) = \dfrac{n(X)}{n(\Omega)}$

$p(X) = \dfrac{120}{1000} \Rightarrow p(X) = 12\%$

2. Em um baralho normal, há 52 cartas (13 cartas de cada naipe: ouros, espadas, copas e paus). Uma carta será retirada, aleatoriamente, desse baralho. Vamos determinar a probabilidade de a carta retirada ser uma dama ou um rei.

- Espaço amostral:

$n(\Omega) = 52$ → Formado por 52 elementos.

- Eventos:

Evento A – ocorrência de a carta retirada ser uma dama → 4 possibilidades

$n(A) = 4$

Evento B – ocorrência de a carta retirada ser um rei → 4 possibilidades

$n(B) = 4$

- Como queremos calcular a probabilidade de a carta retirada do baralho ser uma dama ou um rei, queremos calcular a probabilidade de ocorrer o evento $A \cup B$. Note que os eventos A e B são mutuamente exclusivos, pois $A \cap B = \varnothing$. Portanto:

$p(A\cup B) = p(A) + p(B) - p(A\cap B)$

$p(A\cup B) = \dfrac{4}{52} + \dfrac{4}{52} - \dfrac{0}{52} \Rightarrow$

$\Rightarrow p(A\cup B) = \dfrac{8}{52} = \dfrac{2}{13}$

3. O serviço meteorológico da região Sul do Brasil informou que, para este fim de semana, a probabilidade de chover é 70%, a de fazer frio é 60% e a de chover e fazer frio é 50%. Vamos calcular a probabilidade de que no fim de semana, nos estados da região Sul:

a) não chova.   c) chova ou faça frio.

b) não faça frio.   d) não chova e não faça frio.

a) Os eventos "chover" (evento A) e "não chover" (evento $\overline{A}$) são complementares. Assim, temos:

$p(A) + p(\overline{A}) = 1$

$0,7 + p(\overline{A}) = 1$

$p(\overline{A}) = 0,3 \Rightarrow p(\overline{A}) = 30\%$

b) Os eventos "fazer frio" (evento B) e "não fazer frio" (evento $\overline{B}$) são complementares. Assim, temos:

$p(B) + p(\overline{B}) = 1$

$0,6 + p(\overline{B}) = 1$

$p(\overline{B}) = 0,4 \Rightarrow p(\overline{B}) = 40\%$

c) Queremos calcular a probabilidade correspondente ao evento $A \cup B$ (chover ou fazer frio).

Segundo o enunciado, temos:

$p(A \cap B) = 50\%$ (ou 0,5)

Vem:

$p(A \cup B) = p(A) + p(B) - p(A \cap B)$

$p(A \cup B) = 0,7 + 0,6 - 0,5$

$p(A \cup B) = 0,8 \Rightarrow p(A \cup B) = 80\%$

d) O evento "não chover e não fazer frio" é complementar do evento "chover ou fazer frio". Assim, temos que:

$p(\overline{A} \cap \overline{B}) + p(A \cup B) = 1$

$p(\overline{A} \cap \overline{B}) + 0,8 = 1$

$p(\overline{A} \cap \overline{B}) = 0,2 \Rightarrow p(\overline{A} \cap \overline{B}) = 20\%$

Observação:

Ao estudar a Teoria dos Conjuntos, no volume 1 desta Coleção, vimos que uma das leis de Morgan afirma que o complementar da união de dois conjuntos é igual à intersecção dos complementares desses dois conjuntos. Assim, sejam $(\overline{A \cup B})$ e $(A \cup B)$ dois conjuntos complementares em relação ao espaço amostral Ω, temos:

$(\overline{A \cap B}) + (A \cup B) = \Omega$

↓ Lei de Morgan

$(\overline{A} \cap \overline{B}) + (A \cup B) = \Omega$

Portanto, podemos afirmar que:

$p(\overline{A} \cap \overline{B}) + p(A \cup B) = 1$

Exercícios resolvidos

1. Considere um conjunto formado por todos os anagramas da palavra ESCOLA.

a) Qual é o número total de elementos desse conjunto?

b) Escolhendo um dos elementos desse conjunto, qual é a probabilidade de que o anagrama comece com a letra C?

c) Escolhendo um dos elementos desse conjunto, qual é a probabilidade de que o anagrama termine com a letra O?

d) Escolhendo um dos elementos desse conjunto, qual é a probabilidade de que o anagrama comece com a letra C e termine com a letra O?

a) Anagramas da palavra ESCOLA:
$P_6 = 6! = 720$

Portanto, o número total de elementos desse conjunto é 720.

b) Anagramas da palavra ESCOLA que começam com a letra C:
$P_5 = 5! = 120$

Logo, a probabilidade pedida é: $p = \dfrac{120}{720} = \dfrac{1}{6}$

c) Anagramas da palavra ESCOLA que terminam com a letra O:
$P_5 = 5! = 120$

Assim, a probabilidade pedida é:

$p = \dfrac{120}{720} = \dfrac{1}{6}$

d) Anagramas da palavra ESCOLA que começam com a letra C e terminam com a letra O:
$P_4 = 4! = 24$

Assim, a probabilidade pedida é:
$p = \dfrac{24}{720} = \dfrac{1}{30}$

2. Uma urna contém 50 bolinhas, cada uma com um número de 1 a 50. Retira-se aleatoriamente uma bolinha e observa-se seu número. Qual é a probabilidade de esse número ser:

a) um múltiplo de 4?

b) um múltiplo de 5?

c) um múltiplo de 4 ou 5?

a) Múltiplos de 4 entre 1 e 50:

A = {4, 8, 12, ..., 48}

Seja N o número de elementos do conjunto A, então, pela relação de termo geral da PA, temos:

$48 = 4 + (N - 1) \cdot 4 \Rightarrow N = 12$

Portanto, a probabilidade pedida é:

$p = \dfrac{12}{50} = \dfrac{6}{25}$

b) Múltiplos de 5 entre 1 e 50:

B = {5, 10, 15, ..., 50}

Seja N o número de elementos do conjunto B, então, pela relação de termo geral da PA, temos:

$50 = 5 + (N - 1) \cdot 5 \Rightarrow N = 10$

Então, a probabilidade pedida é:

$p = \dfrac{10}{50} = \dfrac{1}{5}$

c) Um múltiplo de 4 e 5 é um múltiplo de 20. São apenas 2 múltiplos de 20 entre 1 e 50 que é a intersecção entre os múltiplos de 4 e os de 5.

Assim, a probabilidade da união entre os multiplos de 4 e os de 5 é:

$p = \dfrac{12 + 10 - 2}{50} = \dfrac{20}{50} = \dfrac{2}{5}$

Adição e multiplicação de probabilidades Capítulo 19

Exercícios propostos

1. Em uma caixa há 25 bolas: 10 são verdes e estão numeradas de 1 a 10; 5 são vermelhas e estão numeradas de 1 a 5; 10 são azuis e estão numeradas de 1 a 10.

   a) Quantas bolas dessa caixa estão numeradas com um número par?

   b) Se retirarmos uma bola dessa caixa, qual é a probabilidade de que ela seja azul ou verde?

   c) Se retirarmos uma bola dessa caixa, qual é a probabilidade de que ela seja verde ou numerada com um número par?

2. Se dois dados, não "viciados", são lançados e os números de suas faces voltadas para cima são observados, qual é a probabilidade de que a soma desses números:

   a) seja igual a 7?

   b) seja igual a 10?

   c) seja igual a 7 ou igual a 10?

3. Se um dado e uma moeda, não "viciados", forem lançados simultaneamente e observarmos o número da face voltada para cima no dado e a face voltada para cima na moeda, qual é a probabilidade de que:

   a) a face voltada para cima na moeda seja "cara"?

   b) o número da face voltada para cima no dado seja primo?

   c) a face voltada para cima na moeda seja "cara" ou o número da face voltada para cima no dado seja primo?

4. Em uma universidade, foi realizada com os calouros uma pesquisa a respeito da popularidade dos dois maiores jornais da cidade. Essa pesquisa revelou que, dos 1 250 novos acadêmicos, 550 afirmaram ler o jornal A, 280 afirmaram ler o jornal B e 80 afirmaram ler ambos os jornais. Se escolhermos um calouro dessa universidade, ao acaso, qual é a probabilidade de ele:

   a) não ser leitor de nenhum desses jornais?

   b) ser leitor de, pelo menos, um dos dois jornais?

5. Considere que uma pesquisa foi feita entre os presidentes de clubes de futebol, jogadores, técnicos e imprensa esportiva sobre a possibilidade de o campeonato brasileiro de futebol seguir (SIM) ou não seguir (NÃO) o calendário do campeonato europeu (começar e terminar na mesma época). A tabela abaixo contém dados incompletos dessa pesquisa. (Considere que cada pesquisado disse **sim** ou **não**.)

   a) Copie e complete, em seu caderno, esta tabela:

Pesquisados	Sim	Não	Total de entrevistados
Presidentes de clubes de futebol	25%		80
Jogadores	???	18%	500
Técnicos	32%		50
Imprensa esportiva	98%		100

   b) Qual é a probabilidade de uma pessoa escolhida ao acaso entre os entrevistados ter dito **sim**? E de ter dito **não**?

6. Em um grupo com 10 pessoas, 5 têm olhos verdes, 7 têm cabelos castanhos e 3 têm olhos verdes e cabelos castanhos. Escolhendo uma pessoa desse grupo, qual é a probabilidade de ela ter olhos verdes ou cabelos castanhos?

7. Em um experimento aleatório, a probabilidade de ocorrer o evento A é igual a $\frac{1}{2}$, de ocorrer o evento B é igual a $\frac{3}{8}$ e de ocorrer o evento A ∩ B é igual a $\frac{1}{4}$. Calcule a probabilidade de ocorrer o evento A ∪ B.

8. Escolhendo um número natural de 1 a 100, qual é a probabilidade de que ele seja um quadrado perfeito ou um cubo perfeito?

9. Considere o conjunto formado por todos os anagramas da palavra BRASIL.

   a) Qual é o número total de elementos desse conjunto?

   b) Escolhendo um dos elementos desse conjunto, qual é a probabilidade de que o anagrama comece com a letra B?

   c) Escolhendo um dos elementos desse conjunto, qual é a probabilidade de que o anagrama termine com a letra L?

   d) Escolhendo um dos elementos desse conjunto, qual é a probabilidade de que o anagrama comece com a letra B ou termine com a letra L?

10. A direção de uma escola decidiu que sortearia 3 dos 10 melhores alunos do Ensino Médio para ganhar uma viagem no fim do ano letivo. Se Douglas e Júlia, que são irmãos, estão entre os 10 melhores alunos, calcule a probabilidade de que:

    a) Douglas esteja entre os 3 sorteados.

    b) Douglas ou Júlia estejam entre os 3 sorteados.

    c) nem Douglas nem Júlia estejam entre os 3 sorteados.

11. Elabore um problema que envolva união de probabilidades. Resolva-o e apresente-o à turma.

Probabilidade condicional

Agora que já vimos diversas situações referentes a adição de probabilidades em experimentos aleatórios, precisamos observar outro tipo de cálculo probabilístico chamado **probabilidade condicional**. Para isso, vamos considerar a seguinte situação:

Em uma comunidade com 200 pessoas adultas, das quais 120 são mulheres e 80 são homens, foi feito um levantamento a respeito da necessidade de destinar um espaço para a construção de um campo de futebol. Cada homem e cada mulher votaram **sim** (concordando) ou **não** (discordando). Após a pesquisa, foi divulgado o resultado, conforme a seguinte tabela:

	Sim	Não	Total
Mulheres	45	75	120
Homens	74	6	80
Total	119	81	200

Como a maioria votou **sim**, decidiram que uma dessas pessoas seria escolhida como representante da comunidade junto à empresa que construiria o campo de futebol. Vamos calcular a probabilidade de ocorrência do:

a) evento A – pessoa escolhida ser homem.
b) evento B – pessoa escolhida ter votado **sim**.
c) evento A ∩ B – pessoa escolhida ser homem e ter votado **sim**.
d) evento A | B – pessoa escolhida ser homem dado que tenha votado **sim**.

a) Seja $n(\Omega)$ o número de resultados possíveis na escolha de uma pessoa dessa comunidade, temos $n(\Omega) = 200$. Além disso, sabemos que $n(A) = 80$ (número de homens da comunidade). Portanto:

$$p(A) = \frac{n(A)}{n(\Omega)}$$

$$p(A) = \frac{80}{200} = 0,40 \Rightarrow p(A) = 40\%$$

b) Seja $n(\Omega)$ o número de resultados possíveis na escolha de uma pessoa dessa comunidade, temos $n(\Omega) = 200$. Além disso, sabemos que $n(B) = 119$ (número de pessoas que votaram **sim**). Portanto:

$$p(B) = \frac{n(B)}{n(\Omega)}$$

$$p(B) = \frac{119}{200} = 0,595 \Rightarrow p(B) = 59,5\%$$

c) Seja $n(\Omega)$ o número de resultados possíveis na escolha de uma pessoa dessa comunidade, temos $n(\Omega) = 200$. Além disso, sabemos que $n(A \cap B) = 74$ (número de homens que votaram **sim**). Portanto:

$$p(A \cap B) = \frac{n(A \cap B)}{n(\Omega)}$$

$$p(A \cap B) = \frac{74}{200} = 0,37 \Rightarrow p(A \cap B) = 37\%$$

d) Vamos representar por $n(\Omega')$ o número de resultados possíveis na escolha de uma pessoa da comunidade que tenha votado **sim**. Desse modo, temos $n(\Omega') = 119$. Note que o espaço amostral mudou. Representando por $n(A | B)$ o número de possibilidades de escolha de um homem da comunidade dado que tenha votado **sim**, temos $n(A | B) = 74$. Portanto:

$$p(A | B) = \frac{n(A | B)}{n(\Omega')}$$

$$p(A | B) = \frac{74}{119} \cong 0,62 \Rightarrow p(A | B) \cong 62\%$$

Vamos analisar o que aconteceu no item **d** da situação acima.

Há outra maneira de calcular a probabilidade de escolha de um homem da comunidade dado que tenha votado **sim**. Observe o cálculo:

$$p(A | B) = \frac{74}{119} = \frac{n(A \cap B)}{n(B)}$$

$$p(A | B) = \frac{\frac{74}{200}}{\frac{119}{200}} = \frac{p(A \cap B)}{p(B)}$$

Denominamos $p(A\mid B)$ a probabilidade condicional de A em relação a B:

> Dados dois eventos A e B do espaço amostral Ω finito e não vazio, a probabilidade condicional do evento A, sabendo que ocorreu o evento B, indicada por $p(A\mid B)$ é:
> $$p(A\mid B) = \frac{n(A\cap B)}{n(B)} \quad \text{ou} \quad p(A\mid B) = \frac{p(A\cap B)}{p(B)}$$

Exemplo:

Existem casais que, ao constituir uma família, fazem o planejamento de quantos filhos desejam ter. Vamos considerar que um desses casais planejou ter três filhos. Qual é a probabilidade de que sejam três meninas, considerando que o primeiro filho é menina?

- Espaço amostral Ω:

Representando por m (menina) e por r (menino), temos as seguintes possibilidades para o nascimento dos três filhos:

$$\Omega = \{m,m,m, (m,m,r), (m,r,m), (r,m,m), (r,r,r),$$
$$(r,r,m), (r,m,r), (m,r,r)\}$$
$$n(\Omega) = 8$$

Note que esse número de elementos do espaço amostral poderia ser obtido pelo princípio multiplicativo. Considerando que, para cada nascimento, existem 2 possibilidades (menina ou menino), para os três nascimentos, temos:

$n(\Omega) = 2 \cdot 2 \cdot 2 = 8$

- Eventos:

Evento A – ocorrência de o casal ter três filhas meninas.

$A = \{(m,m,m)\} \rightarrow n(A) = 1$
$$p(A) = \frac{n(A)}{n(\Omega)} = \frac{1}{8}$$

Evento B – ocorrência de o primeiro filho do casal ser menina.

$B = \{(m,m,m), (m,m,r), (m,r,m), (m,r,r)\} \rightarrow n(B) = 4$
$$p(B) = \frac{n(B)}{n(\Omega)} = \frac{4}{8}$$

Evento $A \cap B$ – ocorrência de o casal ter três filhas meninas e o primeiro filho do casal ser menina.

$A \cap B = \{(m,m,m)\} \rightarrow n(A \cap B) = 1$
$$p(A\cap B) = \frac{n(A\cap B)}{n(\Omega)} = \frac{1}{8}$$

- Vamos calcular a probabilidade de ocorrência do evento A | B: os três filhos do casal serem meninas, considerando que o primeiro filho é menina.

$$p(A\mid B) = \frac{p(A\cap B)}{p(B)}$$

$$p(A\mid B) = \frac{\frac{1}{8}}{\frac{4}{8}} = \frac{1}{4}$$

Observação:

Poderíamos calcular esse resultado utilizando a multiplicação de probabilidades: como já sabemos que o primeiro filho é menina, temos de calcular a probabilidade de segundo ser menina e o terceiro também ser menina. Isto é, bastaria fazer:

$$\frac{1}{2} \cdot \frac{1}{2} = \frac{1}{4} \quad \text{(multiplicação de probabilidades)}$$

Probabilidade de eventos independentes

Vimos anteriormente que: dados dois eventos A e B do espaço amostral Ω finito e não vazio, a probabilidade condicional do evento A, sabendo que ocorreu o evento B, indicada por $p(A\mid B)$ é:

$$p(A\mid B) = \frac{p(A\cap B)}{p(B)}$$

Dessa igualdade, obtemos:

$$p(A\cap B) = p(B) \cdot p(A\mid B)$$

Podemos interpretar a igualdade obtida da seguinte maneira:

> A probabilidade de ocorrer a intersecção dos eventos A e B (ocorrência simultânea de A e B, $A \cap B$) pode ser calculada pelo produto da probabilidade de ocorrer um deles (evento B) pela probabilidade de ocorrer o outro (evento A), considerando que o primeiro já ocorreu (evento $(A|B)$):
>
> $p(A \cap B) = p(B) \cdot p(A|B)$

Vamos considerar duas situações envolvendo a multiplicação de probabilidades.

1ª situação:

Em uma pequena urna, foram colocadas 14 fichas de mesmas dimensões, das quais 5 são vermelhas e 9 são verdes. Uma dessas fichas é retirada da urna e, em seguida, **sem reposição**, uma nova ficha é extraída.

Vamos calcular a probabilidade:

a) de a primeira ficha retirada ser verde.

b) de a segunda ficha retirada ser verde, considerando que a primeira ficha retirada também tenha sido verde.

c) de a primeira e a segunda fichas retiradas serem verdes.

a) De um total de 14 fichas, 9 são verdes. Desse modo, para que a primeira ficha retirada seja verde, existem 9 situações favoráveis em um total de 14 resultados possíveis. Assim, representando essa probabilidade por $p(A)$, temos:

$$p(A) = \frac{n(A)}{n(\Omega)} = \frac{9}{14}$$

b) A probabilidade de a segunda ficha retirada ser verde está condicionada ao fato de que a primeira ficha retirada também tenha sido verde (de acordo com o enunciado, sem reposição). Assim, seja $p(B|A)$ a probabilidade de a segunda ficha retirada ser verde dado que a primeira ficha retirada também tenha sido dessa cor. Existem, agora, 8 situações favoráveis em um total de 13 resultados possíveis (o espaço amostral mudou). Portanto:

$$p(B|A) = \frac{n(B|A)}{n(\Omega')} = \frac{8}{13}$$

c) Precisamos calcular a probabilidade de ocorrência de ambas as fichas retiradas serem verdes, isto é, devem-se verificar o primeiro e o segundo eventos sucessivamente. Utilizando o princípio multiplicativo, vamos calcular o número de elementos do espaço amostral e o número de elementos do evento:

- Número de resultados possíveis (retirada da primeira ficha e, sem reposição, da segunda ficha): $n(\Omega) = 14 \cdot 13$

- Número de situações favoráveis (retirada da primeira ficha verde e, sem reposição, da segunda ficha também verde): $n(A \cap B) = 9 \cdot 8$

- Cálculo da probabilidade de ocorrer A e B.

$$p(A \cap B) = \frac{n(A \cap B)}{n(\Omega)}$$

$$p(A \cap B) = \frac{9 \cdot 8}{14 \cdot 13} = \frac{9}{14} \cdot \frac{8}{13} = p(A) \cdot p(B|A)$$

Observação:

Na situação apresentada acima, a probabilidade de ocorrência de a ficha ser verde na segunda retirada (evento B) é afetada pela ocorrência de que a ficha tenha sido verde na primeira retirada (evento A).

Vamos considerar, agora, em relação à situação anterior, que a retirada é **com reposição** da primeira ficha retirada.

2ª situação:

Em uma pequena urna, foram colocadas 14 fichas de mesmas dimensões, das quais 5 são vermelhas e 9 são verdes. Uma dessas fichas é retirada da urna e, em seguida, **com reposição** da primeira ficha retirada, uma nova ficha é extraída. Vamos calcular a probabilidade de a primeira e a segunda fichas serem verdes.

- Eventos:

Evento A – a primeira ficha retirada é verde.

Neste caso, existem 9 situações favoráveis (9 fichas verdes: número de elementos do evento A) em um total de 14 resultados possíveis (14 fichas: número de elementos do espaço amostral). Então:

$$p(A) = \frac{n(A)}{n(\Omega)} = \frac{9}{14}$$

Evento B – a segunda ficha retirada é verde.

Como houve reposição da primeira ficha retirada, existem 9 situações favoráveis (9 fichas verdes: número de elementos do evento B) em um total de 14 resultados possíveis (14 fichas: número de elementos do espaço amostral). Portanto:

$$p(B) = \frac{n(B)}{n(\Omega)} = \frac{9}{14}$$

Evento A ∩ B – a primeira e a segunda fichas retiradas são verdes.

Pelo princípio multiplicativo, temos:

- número de situações favoráveis
→ n(A ∩ B) = 9 · 9

- número de situações possíveis → n(Ω) = 14 · 14

Assim, temos:

$$p(A \cap B) = \frac{n(A \cap B)}{n(\Omega)}$$

$$p(A \cap B) = \frac{9 \cdot 9}{14 \cdot 14} = \frac{9}{14} \cdot \frac{9}{14} = p(A) \cdot p(B)$$

Observação:

Nessa situação que acabamos de ver, a ocorrência do evento B não é afetada pela ocorrência do evento A. Logo:

p(B | A) = p(B)

Assim, podemos escrever:
$$p(A \cap B) = p(A) \cdot p(B|A) = p(A) \cdot p(B)$$

Nesse caso, dizemos que os eventos A e B são independentes.

> Quando, para dois eventos A e B de um espaço amostral Ω finito e não vazio, tem-se p(A ∩ B) = p(A) · p(B) os eventos são ditos independentes.

Questões e reflexões

Qual é a interpretação que você faz para dois eventos A e B de um mesmo espaço amostral finito e não vazio, tais que $p(A \cap B) \neq p(A) \cdot p(B)$?

Observação:

Se os eventos $A_1, A_2, A_3...A_n$, de um espaço amostral Ω finito e não vazio, forem independentes, vale a relação:

$$p(A_1 \cap A_2 \cap A_3 \cap ... \cap A_n) =$$
$$= p(A_1) \cdot p(A_2) \cdot p(A_3) \cdot ... \cdot p(A_n)$$

Exemplo:

Vamos considerar que um casal planeja ter três filhos. Seja o evento A ocorrência de pelos menos dois filhos do sexo masculino e seja o evento B ocorrência de pelos menos um filho de cada sexo). Os eventos A e B são independentes?

- Espaço amostral Ω:

Representando por **m** (sexo masculino) e por **f** (sexo feminino), temos para o nascimento dos três filhos:

$$\Omega = \{(m,m,m),(m,m,f),(m,f,m),(f,m,m),$$
$$(f,f,f),(f,f,m),(f,m,f),(m,f,f)\}$$
$$n(\Omega) = 8$$

- Eventos:

Evento A – ocorrência de pelo menos dois filhos do sexo masculino.

$$A = \{(m,m,m),(m,m,f),(m,f,m),(f,m,m)\} \rightarrow n(A) = 4$$

$$p(A) = \frac{n(A)}{n(\Omega)} = \frac{4}{8}$$

Evento B – ocorrência de pelo menos um filho de cada sexo.

$$B = \{(m,m,f),(m,f,m),(f,m,m),(f,f,m),$$
$$(f,m,f),(m,f,f) \rightarrow n(B) = 6\}$$

$$p(B) = \frac{n(B)}{n(\Omega)} = \frac{6}{8}$$

Evento $A \cap B$ – ocorrência de pelo menos dois filhos do sexo masculino e pelo menos um filho de cada sexo.

$A \cap B = \{(m,m,f),(m,f,m),(f,m,m)\} \rightarrow n(A \cap B) = 3$

$$p(A \cap B) = \frac{n(A \cap B)}{n(\Omega)} = \frac{3}{8}$$

Os eventos A e B são independentes. Observando as probabilidades obtidas:

$$\frac{3}{8} = \frac{4}{8} \cdot \frac{6}{8}$$
$$p(A \cap B) = p(A) \cdot p(B)$$

Observação:

Uma consequência importante do conceito de probabilidade de ocorrência de um evento em um espaço amostral é a chamada **probabilidade complementar**. Quando, em um experimento aleatório, consideramos dois resultados apenas, o **sucesso** e o **fracasso** (ocorrer o evento ou não ocorrer o evento, respectivamente), e realizamos esse experimento n vezes em tentativas independentes (o resultado da ocorrência de um evento não interfere no resultado da ocorrência do outro evento), logo:

- evento A – sucesso (ocorrer o evento A);
- evento $\overline{A}$ – fracasso (não ocorrer o evento A).

Se considerarmos **p** a probabilidade de sucesso em cada tentativa, então a probabilidade **q** do fracasso será **q = 1 − p**. A probabilidade de obter **k** sucessos em n tentativas pode ser calculada pela relação matemática:

$$\boldsymbol{p = C_n^k \cdot p^k \cdot q^{n-k} \text{ ou } p = C_n^k \cdot p^k \cdot (1-p)^{n-k}}$$

Nessa relação, devemos considerar que $0 \leq k \leq n$. Além disso, observe que essa fórmula está relacionada com a fórmula do termo geral do desenvolvimento das potências naturais de um binômio.

Exemplo:

Em uma prova há 10 questões. São testes com 5 alternativas em cada um, e apenas uma das alternativas é a correta. Vamos calcular a probabilidade de um aluno "chutar" todas as respostas e acertar 7 questões.

- Probabilidade de acertar cada questão "chutando":

$$p = \frac{1}{5}$$

- Probabilidade de errar cada questão:

$$q = 1 - \frac{1}{5} = \frac{4}{5}$$

- Probabilidade de acertar 7 das 10 questões:

$$p = C_{10}^7 \cdot \left(\frac{1}{5}\right)^7 \cdot \left(\frac{4}{5}\right)^3$$

Exemplo:

Suponha que um casal que estudou genética analisou seus antecedentes e descobriu que a probabilidade de ter um filho de olhos azuis é 7/8. Se esse casal planejou ter 5 filhos, qual a probabilidade de exatamente 3 deles terem olhos azuis?

Vamos considerar que A representa o evento "o filho ter olhos azuis" e $\overline{A}$ o evento "o filho não ter olhos azuis"

- Probabilidade de um filho ter olhos azuis:

$$p = (A) = \left(\frac{7}{8}\right)$$

- Probabilidade de um filho não ter olhos azuis:

$$q = (\overline{A}) = \frac{1}{8}$$

- Sendo p a probabilidade do casal ter exatamente 3 dos 5 filhos com olhos azuis é:

$$p = C_5^3 \cdot \left(\frac{7}{8}\right)^3 \cdot \left(\frac{1}{8}\right)^2$$

- Observando que $C_5^3 = 10$,

$\left(\frac{7}{8}\right)^3 \cong 0{,}670$ e $\left(\frac{1}{8}\right)^2 = 0{,}016$ teremos que a

probabilidade anterior é:
$p \cong 10 \cdot 0{,}670 \cdot 0{,}016$
$p \cong 0{,}1072 \rightarrow p \cong 10{,}72\%$

Exercícios resolvidos

1. Dois dados não "viciados" foram lançados. Qual é a probabilidade de que a soma dos números das faces voltadas para cima tenha sido igual a 8 ou igual a 4, sabendo que essa soma não foi igual a 6?

Como a soma não foi igual a 6, não ocorreram os pares (1, 5), (2, 4), (3, 3), (4, 2) e (5, 1).

Para que a soma seja igual a 8 ou igual a 4, devem ocorrer um dos seguintes pares:

(2, 6), (3, 5), (4, 4), (5, 3), (6, 2), (1, 3), (2, 2), (3, 1)

Logo, a probabilidade de que a soma dos números das faces voltadas para cima tenha sido igual a 8 ou igual a 4, sabendo que essa soma não foi igual a 6, é:

$$\frac{8}{36-5} = \frac{8}{31}$$

2. Da turma do primeiro ano de Engenharia de uma universidade, 20 alunos foram reprovados em Cálculo Diferencial e Integral, 15 alunos foram reprovados em Geometria Analítica e 5 alunos foram reprovados nessas duas disciplinas. Se um aluno dos reprovados do primeiro ano de Engenharia dessa universidade for escolhido aleatoriamente, calcule a probabilidade de ele:

a) ter reprovado em Geometria Analítica, sabendo que foi reprovado em Cálculo Diferencial e Integral.

b) não ter reprovado em Cálculo Diferencial e Integral, sabendo que foi reprovado em Geometria Analítica.

O número total de alunos reprovados é igual a:

20 + 15 − 5 = 30

Sejam os eventos:

- evento G – ocorrência de o aluno ter sido reprovado em Geometria Analítica;
- evento CD – ocorrência de o aluno ter sido reprovado em Cálculo Diferencial e Integral;
- evento $\overline{CD}$ – ocorrência de o aluno não ter sido reprovado em Cálculo Diferencial e Integral.

Então:

a) $p(G/CD) = \dfrac{p(G \cap CD)}{p(CD)} = \dfrac{\frac{5}{30}}{\frac{20}{30}} = \dfrac{1}{4} = 0,25 = 25\%$

b) $p(\overline{CD}/G) = \dfrac{P(\overline{CD} \cap G)}{p(G)} = \dfrac{\frac{15-5}{30}}{\frac{15}{30}} = \dfrac{10}{15} = \dfrac{2}{3}$

3. Em uma loja, dos 10 aparelhos de som que estão no estoque, 2 apresentam defeito. Se duas pessoas comprarem aparelhos de som nessa loja, qual é a probabilidade de que:

a) os 2 aparelhos apresentem defeito?

b) pelo menos 1 dos aparelhos apresente defeito?

$10 \begin{cases} 2 \text{ defeituosos} \\ 8 \text{ não defeituosos} \end{cases}$

a) $p(2 \text{ defeituosos}) \rightarrow \underbrace{\frac{2}{10}}_{\text{def.}} \cdot \underbrace{\frac{1}{9}}_{\text{def.}} = \frac{2}{90} = \frac{1}{45}$

b) p(pelo menos 1 defeituoso) →

$\underbrace{\frac{2}{10}}_{\text{def.}} \cdot \underbrace{\frac{8}{9}}_{\text{não def.}} + \underbrace{\frac{8}{10}}_{\text{não def.}} \cdot \underbrace{\frac{2}{9}}_{\text{def.}} + \underbrace{\frac{2}{10}}_{\text{def.}} \cdot \underbrace{\frac{1}{9}}_{\text{def.}} =$

$= \frac{16+16+2}{90} = \frac{34}{90} = \frac{17}{45}$

Exercícios propostos

1. Dois dados não "viciados" foram lançados simultaneamente. Verificou-se que a soma dos números das faces voltadas para cima foi igual a 7. Qual é a probabilidade de que em pelo menos um dos dados tenha ocorrido um número primo na face voltada para cima?

2. Em um baralho comum, as 52 cartas são divididas em 4 naipes: paus, ouros, copas e espadas. Sabe-se que, das 13 cartas de cada naipe, 3 são figuras. Considerando que duas cartas de um baralho comum são escolhidas ao acaso, calcule a probabilidade de:

a) a primeira e a segunda carta serem figuras.

b) a segunda carta ser uma figura, sabendo que a primeira carta escolhida também tenha sido uma figura.

3. Três moedas não "viciadas" foram lançadas sucessivamente. Sabendo que as faces voltadas para cima nas três moedas não foram iguais, calcule a probabilidade de que nas duas primeiras moedas a face voltada para cima tenha sido "cara" e na terceira moeda tenha sido "coroa".

4. A probabilidade de um atirador A errar o alvo é igual a 9%, e a probabilidade de o atirador B errar o mesmo alvo é igual a 11%. Um tiro foi dado e houve erro. Qual é a probabilidade desse tiro ter sido dado pelo atirador A?

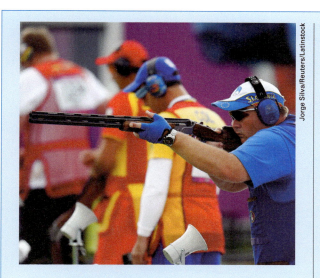

5. Estatísticas apontam que um time de futebol, quando joga "em casa", vence 80% dos jogos quando não está chovendo no momento da partida e 50% dos jogos quando está chovendo. Considere que a probabilidade de chover durante uma partida do campeonato na cidade natal desse time é igual a 20% e que ele vai disputar o próximo jogo "em casa".

   a) Qual é a probabilidade de que no momento da próxima partida esteja chovendo e o time vença o jogo?

   b) Qual é a probabilidade de que no momento da próxima partida não esteja chovendo e o time vença o jogo?

   c) Considerando que o time venceu a partida, qual é a probabilidade de que tenha chovido durante o jogo?

6. Em um pequeno país, onde são consumidas muitas comidas ricas em gordura, 55% das pessoas são do sexo masculino, 50% das pessoas são obesas e 60% das mulheres não são obesas. Escolhendo, aleatoriamente, uma pessoa desse país, calcule a probabilidade de a pessoa:

   a) ser obesa e do sexo feminino.

   b) ser obesa, sabendo que é do sexo masculino.

   c) ser do sexo feminino, sabendo que é obesa.

7. Três dados não "viciados" foram lançados e os números das faces voltadas para cima foram somados. Sabendo que a soma dos três números foi igual a 10, qual é a probabilidade de que os três números tenham sido primos?

8. Um hospital divulgou as três doenças que oferecem maior risco de morte. Os percentuais de morte entre as pessoas que contraem cada uma das três doenças são:

   • doença A → 80%;

   • doença B → 75%;

   • doença C → 60%.

   Sabe-se ainda que entre as pessoas que chegam ao hospital com uma das doenças — A, B ou C — 30% são portadoras da doença A, 20% são portadoras da doença B e 50% são portadoras da doença C. Assim, sabendo que um paciente obteve a cura, qual é a probabilidade de que tivesse a doença C?

9. Um exame laboratorial fornece resultado positivo em 90% dos casos em que o paciente realmente tem certa doença. Isso significa que em 10% dos casos ocorre um falso negativo. Já entre os pacientes que não têm a doença, apenas 1% dos casos aponta o resultado positivo. Se, em uma população, 5% das pessoas têm essa doença, qual é a probabilidade de:

   a) uma pessoa ser escolhida ao acaso nessa população, submetida ao exame e o resultado ser positivo?

   b) que uma pessoa dessa população tenha a doença, sabendo que o resultado do exame foi positivo?

10. Os aproveitamentos dos três melhores cobradores de pênaltis de um time de futebol são iguais a 90%, 80% e 75%. Se, em um jogo, a decisão terminar empatada e for decidida nas cobranças de penalidades máximas, qual é a probabilidade de que:

    a) os três jogadores convertam suas cobranças?

    b) os três jogadores não convertam suas cobranças?

    c) pelo menos um dos três jogadores converta sua cobrança?

11. Dois amigos, João e Pedro, decidiram jogar dois dados para ver quem conseguia a maior pontuação. Combinaram que Pedro venceria caso o número da face voltada para cima em seu dado fosse igual ou superior ao número da face voltada para cima no dado de João. Quais são as probabilidades de cada um deles vencer o jogo?

12. Em uma urna, foram colocadas 100 bolas numeradas de 1 a 100. Se duas bolas forem sorteadas dessa urna, sem reposição, qual é a probabilidade de que a soma dos números nelas marcados seja igual a 100?

13. Em uma turma de segundo ano do Ensino Médio estudam 40 alunos, dos quais 55% são meninos. Escolhendo, ao acaso, dois alunos dessa turma, qual é a probabilidade de que eles sejam de sexos diferentes?

Adição e multiplicação de probabilidades Capítulo 19 265

CAPÍTULO 20 ▶ INTRODUÇÃO À ESTATÍSTICA

Todos os dias uma quantidade imensa de informações é transmitida para as pessoas. Grande parte delas tem como origem pesquisas e estudos estatísticos. Índices de inflação, de emprego e desemprego são analisados e divulgados pela mídia escrita e falada. No Brasil, existe um órgão responsável pela produção das informações oficiais a respeito dos diversos índices: o Instituto Brasileiro de Geografia e Estatística (IBGE).

"Vivemos na era da informação."

Talvez você já tenha escutado essa frase, pois é notável que, a cada dia, a imprensa, de modo geral, veicula informações diversas provenientes de pesquisas estatísticas nas várias áreas do conhecimento, como: econômicas, sociais, educacionais, a respeito de segurança pública, entre outras. Muitas decisões são tomadas com base em dados de pesquisas estatísticas.

Ao iniciar o estudo da teoria das probabilidades, no início desta Unidade, fizemos a seguinte pergunta:

Qual é o meio de transporte mais seguro: automóvel ou avião?

Enfatizamos que não era e não é uma pergunta simples de ser respondida, mas certamente é uma pergunta que interessa para as empresas que trabalham com seguros. Podemos apresentar uma resposta a essa pergunta, em termos de probabilidade, porém com base em dados coletados a respeito de acidentes ocorridos com esses meios de transporte. Para isso, entra em ação outra área do conhecimento: a Estatística.

Neste e no próximo capítulo, abordaremos algumas ideias importantes a respeito dessa área do conhecimento.

Ideias iniciais

A densidade demográfica média da população brasileira, conforme dados do último levantamento feito no Censo 2010, era 22,43 habitantes por quilômetro quadrado. A cada dez anos, essas informações são atualizadas por meio de coletas de dados. Assim, em 2020 teremos um novo Censo populacional.

Esses dados são obtidos por levantamentos estatísticos. O Instituto Brasileiro de Geografia e Estatística (IBGE) colhe tais informações, processa, analisa e produz resumos para divulgação. Esses resumos, por sua vez, são elaborados com recursos gráficos que permitem não apenas fornecer ao leitor as principais ideias da pesquisa, mas também chamar a atenção para aspectos comparativos, que permitem conhecer um pouco mais a nossa realidade.

A origem da palavra estatística vem do latim, derivando de *status*, cujo significado está relacionado com estado, situação. De modo um pouco mais amplo, podemos dizer que:

> A **Estatística** é um ramo da Matemática constituído de um conjunto de técnicas e métodos de pesquisa que, entre outros tópicos, envolve:
> - o planejamento do experimento a ser realizado;
> - a coleta quantificada de dados;
> - a inferência, o processamento e a análise das informações.

Pesquisa, população e amostra

Você já participou de alguma pesquisa?

Já pensou em elaborar uma para conhecer um pouco mais os hábitos de seus amigos, o comportamento das pessoas, o esporte preferido delas?

Filipe Rocha

Imagine uma pesquisa feita para identificar o esporte preferido da população brasileira. Será que o futebol é o esporte favorito dos brasileiros? Como podemos saber a resposta? Uma pesquisa precisa ser feita para termos uma ideia dessa resposta.

Existem diversas situações em que uma pesquisa se faz necessária. Dois conceitos aqui são importantes: **população** e **amostra**. Vamos analisar alguns exemplos.

1. Eleição do representante estudantil da escola

Nesse caso, a população é formada por todos os alunos matriculados na escola. Logo, para escolher quem será o representante estudantil, a população é formada por pessoas que possuem, em comum, as características: são alunos e estão matriculados na correspondente escola. Cada aluno com essas características constitui um elemento da população.

2. Eleição do presidente do Brasil

Aqui, a população é formada por todos os brasileiros que estão habilitados para votar. Note que, neste exemplo, não basta ser brasileiro para votar. É necessário que, legalmente, esteja em condições de votar.

3. Controle de qualidade de um produto

Uma fábrica de carrinhos de bebê deseja observar a qualidade dos carrinhos que produz. Nesse caso, dizemos que a população da pesquisa é formada por todos os carrinhos que são produzidos por essa fábrica. Cada carrinho representa um elemento da população estatística a ser observada.

E se desejarmos descobrir qual é o passatempo favorito das pessoas que vivem no Brasil? Nesse caso, a população estatística é a população brasileira. Evidentemente, não vamos perguntar a todos os brasileiros, um a um, a respeito do passatempo favorito. Então, como podemos fazer?

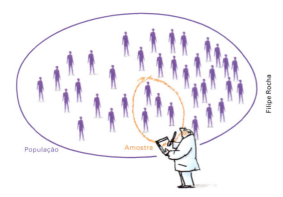

É aí que a Estatística utiliza a chamada **amostra**, ou seja, um grupo de brasileiros que nos permite ter uma ideia **representativa da população** como um todo, pelo menos de maneira aproximada. Por motivos de ordem prática, que estão relacionados às limitações de recursos financeiros ou mesmo de tempo, a Estatística utiliza amostras. Podemos dizer que a amostra em uma pesquisa é uma espécie de "redução da população", porém essa parte da população tem de ser representativa.

Exemplo:

Intenção de votos na escolha de um presidente

Na disputa do cargo de presidente, por exemplo, pesquisas estatísticas a respeito da intenção de votos são realizadas periodicamente ao longo dos dias que antecedem a eleição. Elas são feitas com base em uma amostra da população.

As pessoas geralmente dizem que nunca participaram de uma pesquisa referente, por exemplo, à intenção de votos na escolha do presidente brasileiro, mas isto ocorre porque a probabilidade de você participar de uma pesquisa dessa é muito pequena, pois a população brasileira é composta de cerca de 200 milhões de habitantes, e uma amostra para uma pesquisa pode ter, digamos, 2 500 pessoas.

Nessas pesquisas, existem critérios estatísticos que são utilizados para garantir que todo o eleitorado brasileiro esteja representado dentro das amostras. Quando bem definidos esses critérios, é possível, com uma amostra de 2 500 pessoas, produzir resultados com margem de erro de, por exemplo, no máximo dois pontos percentuais para mais ou para menos.

A nossa finalidade aqui não é levar você a fazer pesquisas, observando amostras de populações pesquisadas, mas fornecer elementos que permitam a você ser crítico diante de uma pesquisa cujos dados são divulgados, por exemplo, em jornal ou revista.

Questões e reflexões

1. Considere que em uma escola há 400 alunos, dos quais 100 são meninos e 300 são meninas. Se você fosse pesquisar dessa população apenas uma amostra correspondente a 10% do total de alunos (40 alunos) seria correto formar essa amostra com 20 meninos e 20 meninas?
2. Além do sexo, que outra informação seria interessante, por exemplo, para pesquisar o programa de TV favorito entre os alunos dessa escola?

Variáveis estatísticas

Vamos considerar que você é o responsável pelo projeto de um novo carro que será lançado no mercado no ano que vem.

A indústria em que você trabalha encomenda uma pesquisa para consultar o futuro consumidor quanto à preferência de cor do carro, à quantidade de portas, ao tamanho do porta-malas, à potência do motor, ao tipo de combustível, ao valor do carro etc.

Todas essas informações a serem obtidas junto aos consumidores são exemplos do que chamamos **variáveis de uma pesquisa**. De outra maneira, dizemos que, quando um pesquisador faz um estudo de uma população, seu interesse é direcionado para determinado aspecto (característica ou propriedade) que, de certo modo, é comum aos indivíduos que compõem essa população. É a variável da pesquisa.

São dois os tipos de variáveis: **qualitativas** e **quantitativas**.

A **variável qualitativa** é aquela, como a própria denominação indica, que exprime atributo ou qualidade dos indivíduos pesquisados.

São exemplos de variável qualitativa: sexo, cor de cabelo, cor dos olhos, nacionalidade, grau de instrução, entre outros. Note que, nesse tipo de variável, os dados não são numéricos.

Observação:

Uma variável qualitativa pode ser dita **ordinal**, quando existe uma ordem nos dados, ou simplesmente **nominal**, quando isso não acontece. Um exemplo de variável qualitativa ordinal seria o grau de instrução de uma pessoa. Já um exemplo de variável qualitativa nominal seria a cor dos olhos de uma pessoa.

> A **variável quantitativa** é aquela, como a própria denominação indica, que exprime quantidade. Os dados tomados na pesquisa são expressos por números.

São exemplos de variável quantitativa: idade, altura, massa, quantidade de irmãos, salário mensal, quantidade de filhos, entre outros.

Observação:

Uma variável quantitativa pode ser classificada em **discreta** ou **contínua**.

As variáveis são discretas quando podem assumir um conjunto enumerável de valores geralmente obtidos por meio de contagem (números inteiros). Número de filhos é um exemplo de variável quantitativa discreta.

As variáveis são contínuas quando os valores são obtidos por meio de mensuração (números reais). A altura de uma pessoa é um exemplo de variável quantitativa contínua.

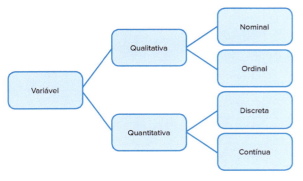

Quando você estudou os conjuntos numéricos no volume 1 desta coleção, viu que todo número que é inteiro é também real. Assim, por exemplo, se a massa de uma pessoa em uma pesquisa (variável contínua) é 75 kg (variável expressa por meio de um número inteiro), ela pode também ser considerada variável quantitativa discreta.

Na Estatística, porém, prefere-se fazer a distinção entre variável quantitativa discreta (aquela obtida por meio de uma contagem) e variável quantitativa contínua (aquela obtida por meio de uma medição).

Frequência absoluta e frequência relativa

Quantas horas você dorme diariamente?

Suponha que uma pesquisa entre 50 alunos do Ensino Médio, com idades entre 15 e 17 anos, foi feita para verificar a quantidade de horas inteiras de sono, em média, que cada aluno dormia por noite.

O resultado dessa pesquisa foi, inicialmente, representado em uma tabela. As quantidades de horas inteiras de sono, por noite, eram simplesmente anotadas à medida que os alunos forneciam esse valor:

6	7	8	4	8	6	5	7	8	6
4	8	7	7	8	10	6	7	7	9
7	6	10	10	4	7	10	8	6	7
5	8	5	7	9	10	7	7	9	8
7	6	8	6	7	7	5	5	6	8

Para que tenhamos uma melhor ideia dessas informações, podemos elaborar outra tabela contendo as frequências absolutas e as frequências relativas.

Introdução à Estatística Capítulo 20 269

> **Frequência absoluta** é o número de vezes que um valor de uma variável em uma pesquisa é citado. Representamos a frequência relativa por f_A.
> **Frequência relativa** é a razão entre a frequência absoluta de uma variável e o total de citações. Representamos por f_R.

Assim, podemos construir a seguinte tabela:

Quantidade de horas Inteiras de sono (por noite)	Frequência absoluta (f_A)	Frequência relativa (f_R)
4	3	6%
5	5	10%
6	9	18%
7	15	30%
8	10	20%
9	3	6%
10	5	10%
TOTAL	50	100%

Observações:

1. A frequência relativa de um evento, apresentada na forma decimal ou porcentagem, pode ser associada à probabilidade de ocorrer esse evento.
2. A tabela que exibe a variável e suas frequências, absoluta e relativa, é denominada tabela de frequências.

Questões e reflexões

Considere que um dos 50 alunos pesquisados, de acordo com a tabela anterior, seja escolhido aleatoriamente. Qual é a probabilidade de o aluno escolhido dormir em média 10 horas inteiras de sono por noite?

Existem situações em que uma variável apresenta muitos valores diferentes. Isso torna inviável colocar na tabela uma linha para cada valor. Vamos exemplificar.

Considere que, na pesquisa anterior, entre os 50 alunos do Ensino Médio, foi observado a altura de cada um deles, obtendo-se os seguintes valores em metros:

1,54	1,56	1,58	1,74	1,85	1,80	1,64	1,66	1,76	1,77
1,81	1,68	1,67	1,77	1,62	1,63	1,61	1,59	1,69	1,79
1,69	1,57	1,83	1,72	1,73	1,65	1,90	1,91	1,88	1,87
1,72	1,53	1,55	1,62	1,60	1,70	1,49	1,82	1,79	1,64
1,63	1,66	1,77	1,71	1,51	1,81	1,76	1,49	1,65	1,66

Uma maneira de organizar esses valores é agrupando-os em intervalos (**classes**). Para tanto, procedemos da seguinte maneira (utilizando os dados da tabela anterior):

- Calculamos a diferença entre a maior e a menor altura. Obtemos assim a amplitude total:

1,91 m − 1,49 m = 0,42 m

- Escolhemos o número de **classes**: neste exemplo, utilizaremos 5 classes para distribuir as alturas.
- Dividimos a amplitude total pelo número de classes, otendo assim a amplitude de cada classe (algumas vezes, faz-se necessário realizar arredondamentos):

(0,42 m) : 5 = 0,084 m → Vamos arredondar para 0,09 m.

- Elaboramos a tabela de frequências obtendo as classes, a partir da menor altura 1,49 m com a adição de 0,09. Convencionamos que cada classe é um intervalo fechado à esquerda e aberto à direita (representado por $\mapsto$):

1ª classe: 1,49 $\mapsto$ 1,58 (fizemos: 1,49 + 0,09 = 1,58)

2ª classe: 1,58 $\mapsto$ 1,67 (fizemos: 1,58 + 0,09 = 1,67)

3ª classe: 1,67 $\mapsto$ 1,76 (fizemos: 1,67 + 0,09 = 1,76)

4ª classe: 1,76 $\mapsto$ 1,85 (fizemos: 1,76 + 0,09 = 1,85)

5ª classe: 1,85 $\mapsto$ 1,94 (fizemos: 1,85 + 0,09 = 1,94)

Para elaborar a tabela de frequências, contamos o número de alturas em cada classe, obtendo assim a frequência absoluta de cada classe.

Alturas (em classes)	Frequência Absoluta (f_A)	Frequência relativa (f_R)
1,49 $\mapsto$ 1,58	8	16%
1,58 $\mapsto$ 1,67	15	30%
1,67 $\mapsto$ 1,76	10	20%
1,76 $\mapsto$ 1,85	12	24%
1,85 $\mapsto$ 1,94	5	10%
TOTAL	50	100%

Exercícios resolvidos

1. Observe alguns tipos de variáveis.

Cor dos olhos	Programa de TV preferido
Número de irmãos	Tempo de estudo fora da escola
Altura de uma pessoa	Mês de aniversário
Nome da mãe	Distância de uma casa até o ponto de ônibus
Se é uma pessoa com deficiência	Quantidade de filhos
	Dia da semana preferido

Classifique essas variáveis em quantitativa (discreta ou contínua) ou qualitativa (nominal ou ordinal).

Variáveis quantitativas discretas: número de irmãos e quantidade de filhos.

Variáveis quantitativas contínuas: altura de uma pessoa, tempo de estudo fora da escola e distância de uma casa até o ponto de ônibus.

Variáveis qualitativas ordinais: mês de aniversário e dia da semana preferido.

Variáveis qualitativas nominais: cor dos olhos, nome da mãe, se é pessoa com deficiência e programa de TV preferido.

2. Em uma escola com 400 alunos, foi feita uma pesquisa para verificar qual era o esporte favorito dos alunos. Os resultados estão expressos na tabela a seguir.

Esporte	Frequência absoluta (f_A)	Frequência relativa (f_R)
Futebol	x	38,75%
Basquete	74	A%
Vôlei	y	22,75%
Handebol	56	B%
Natação	z	C%
TOTAL	k	D%

Determine os valores de x, y, z, k, A, B, C e D.

$k = 400; x = 0{,}3875 \cdot 400 = 155$

$y = 0{,}2275 \cdot 400 = 91$

$B = \dfrac{56}{400} \cdot 100 = 14;\ 14\%$

$A = \dfrac{74}{400} \cdot 100 = 18{,}5;\ 18{,}5\%$

$D = 100;\ 100\%$

$z = 400 - 155 - 74 - 91 - 56 = 24$

$C = \dfrac{24}{400} \cdot 100 = 6;\ 6\%$

Exercícios propostos

1. No momento da inscrição para um concurso vestibular, o candidato deve preencher um questionário socioeconômico. Observe a seguir algumas das perguntas.

a) Qual é seu sexo?
   Masculino.
   Feminino.

b) Qual é seu estado civil?
   Solteiro(a).
   Casado(a).
   Separado(a).
   Viúvo(a).

c) Quantas pessoas moram em sua casa?

d) Quantos anos você levou para concluir o Ensino Fundamental?

e) Quantos anos você levou para concluir o Ensino Médio?

f) Em que turno você cursou, ou está cursando, o Ensino Médio?
   Diurno.
   Noturno.
   Maior parte no turno diurno.
   Maior parte no turno noturno.

g) Sua casa é própria ou alugada?

h) Você possui computador em casa?

i) Se você respondeu sim à pergunta anterior, quantos?

j) Quantas horas semanais, em média, você "navega" na internet?

Todas as perguntas determinam uma variável. Classifique essas variáveis em quantitativas ou qualitativas.

2. Na questão anterior, você classificou cada uma das variáveis em quantitativas ou qualitativas.

a) Quais variáveis quantitativas são discretas?

b) Quais variáveis quantitativas são contínuas?

3. Em uma cidade, sabe-se que a população formada por 30 400 pessoas está dividida da seguinte maneira:

- 16 720 são mulheres;
- 3 344 são mulheres com formação superior;
- 3 648 são homens com formação superior.

Utilizando a técnica de amostragem estratificada, se escolhermos uma amostra com 500 pessoas para representar a população dessa cidade, quantas pessoas a amostra deve ter:

a) do sexo masculino?

Introdução à Estatística   Capítulo 20

b) do sexo feminino com formação superior?

c) do sexo masculino com formação não superior?

4. Uma pesquisa foi realizada para avaliar o preço médio de uma diária para um casal, o número de estrelas e a quantidade de quartos dos hotéis de uma pequena cidade. O resultado é apresentado na tabela a seguir:

Hotel	Preço médio de uma diária (casal)	Número de estrelas	Quantidade de quartos
A	R$ 90,00	3	20
B	R$ 110,00	4	35
C	R$ 140,00	4	28
D	R$ 190,00	5	32

a) Quais são as variáveis da tabela anterior?

b) Classifique as variáveis em qualitativas ou quantitativas.

c) Classifique as variáveis quantitativas em discretas ou contínuas.

5. Em uma eleição para governador de um Estado, as pesquisas, mesmo que tenham uma margem pequena de erro, não conseguem prever o resultado da eleição.

Filipe Rocha

Você concorda ou discorda dessa afirmação? Apresente sua resposta para a turma, justificando-a.

6. Um dado é lançado 60 vezes e a quantidade de vezes que cada uma das faces saiu voltada para cima está apresentada na tabela a seguir:

1	2	3	4	5	6
9	12	15	9	6	9

a) Qual é a frequência absoluta da face 3?

b) Qual é a frequência relativa da face 2?

c) Qual é a frequência relativa de uma face ímpar?

7. A tabela a seguir mostra o resultado de uma pesquisa realizada com 500 casais de uma cidade sobre a quantidade de filhos que pensavam em ter.

Quantidade de filhos	Frequência absoluta	Frequência relativa
Nenhum	20	A%
Um	80	B%
Dois	x	52%
Três	65	C%
Mais que três	y	D%
Ainda não sabemos	z	10%
Total	500	E%

a) Determine os valores de x, y e z (frequências absolutas) indicados na tabela.

b) Quais são os valores correspondentes a A, B, C, D e E indicados na coluna de frequência relativa?

8. Os 200 alunos do terceiro ano de Ensino Médio de uma escola, quando questionados a respeito da área em que desejavam ingressar na universidade, responderam da seguinte maneira: biológica → 96; tecnológica → 60; humanística → 44.

Qual é a porcentagem de alunos do terceiro ano dessa escola que:

a) pretende ingressar na área humanística?

b) não pretende ingressar na área biológica?

9. As alturas dos jogadores de uma seleção de vôlei estão apresentadas a seguir:

1,90 m	1,92 m	2,09 m	1,90 m	1,90 m
1,84 m	2,02 m	1,96 m	2,04 m	2,11 m
1,92 m	1,97 m	2,05 m	2,03 m	2,09 m

a) A variável "altura" é discreta ou contínua?

b) Qual é a frequência relativa das alturas inferiores a 2,00 m?

c) Qual é a frequência absoluta das alturas superiores a 2,00 m?

10. Em um dia de grande movimento bancário, os tempos de espera de 50 clientes, em minutos, foram registrados por um funcionário.

15	17	23	12	15	9	21	14	19	10
12	23	21	20	28	22	17	19	18	20
13	10	14	23	22	15	16	15	11	19
17	21	25	19	24	19	12	15	20	11
18	13	18	20	17	26	25	21	15	20

a) Qual é a amplitude total dessa distribuição de dados?

b) Construa uma tabela de frequências absolutas e frequências relativas, agrupando os dados em classes de amplitude 5 minutos.

Organizando dados em gráficos

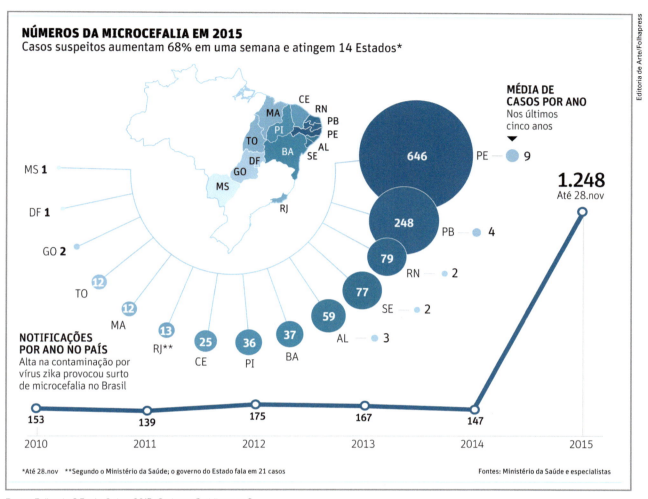

Fonte: *Folha de S.Paulo*, 2 dez. 2015. Caderno Cotidiano, p. 2.

Os jornais apresentam informações contendo dados estatísticos por meio de gráficos e esquemas diversos. Observe, por exemplo, uma notícia do número de casos de microcefalia no ano de 2015 no Brasil. Essa informação foi extraída do jornal *Folha de S.Paulo*, em 2 de dezembro 2015, no Caderno Cotidiano, na página 2.

Nesse caso, os círculos azuis estão sendo utilizados para destacar o número de casos por estado. Quanto maior é o círculo, maior é o número de casos. Além disso, segmentos são empregados para evidenciar a evolução do número de casos registrados desde 2010 até 2015.

No Ensino Fundamental, você já observou a utilização de gráficos estatísticos. Os mais utilizados são: gráfico de colunas, gráfico de barras, gráfico de setores e gráfico de linhas.

A representação de informações em gráficos permite uma análise direta dos dados, além de fornecer uma visão de conjunto bem mais rápida.

Vejamos alguns exemplos da utilização desse importante recurso no tratamento das informações.

Exemplo:

É comum a utilização de mais de um tipo de gráfico em uma mesma reportagem. No jornal *Folha de S.Paulo*, em 7 de dezembro de 2015, na página A15, dois gráficos foram empregados para abordar a inadimplência dos brasileiros: um gráfico de colunas e um gráfico de barras.

Fonte: *Folha de S.Paulo*, 7 dez. 2015, p. A15.

Observe que no gráfico de colunas, à esquerda, duas grandezas são analisadas em períodos de 30 de junho de 2012 até 30 de agosto de 2015: número de pessoas (CPFs) inadimplentes, em milhões, e valores das dívidas somadas, em bilhões de R$. Já o gráfico de barras, à direita, apresenta os motivos, conforme pesquisa feita com 8 288 consumidores, que levam à inadimplência.

Questões e reflexões

1. O que é inadimplência?
2. Segundo os motivos da inadimplência, quantas das pessoas pesquisadas indicam que ela ocorre por causa da perda de emprego?

Observação:

No gráfico de colunas, os retângulos têm a mesma largura (horizontal) e as alturas (vertical) são proporcionais às frequências relativas ou às frequências absolutas das variáveis. Caso o gráfico seja de barras, os retângulos têm a mesma altura (vertical) e as larguras (horizontal) são proporcionais às frequências relativas ou às frequências absolutas das variáveis.

Exemplo:

Qual é a maior preocupação dos pais em relação ao futuro de seus filhos?

Em uma comunidade com 200 pessoas adultas, cada pessoa escolheu um e apenas um entre os cinco itens apontados. O resultado aparece na tabela a seguir.

Preocupação	Frequência absoluta (f_A)	Frequência relativa (f_R)
Saúde	42	21%
Segurança	30	15%
Educação	80	40%
Emprego	30	15%
Casamento	18	9%
Total	200	100%

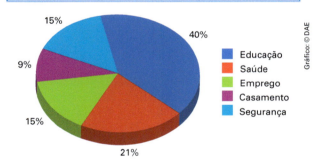

Observação:

Em um gráfico de setores, o círculo é dividido em setores circulares cujas medidas dos ângulos são proporcionais às frequências correspondentes a cada setor.

Histogramas

Como já abordamos alguns gráficos estatísticos conhecidos, vamos agora considerar o histograma.

Histograma é uma representação gráfica parecida com o gráfico de colunas e que, geralmente, é utilizada quando os valores assumidos por uma variável quantitativa estão agrupados em classes.

No histograma, os retângulos que formam o gráfico são contíguos, ou seja, os retângulos estão lado a lado e encostam-se. A base de cada retângulo corresponde a um segmento cujas extremidades correspondem aos valores extremos da classe. Além disso, a altura do retângulo é proporcional à frequência da classe considerada (frequência relativa ou frequência absoluta).

Para exemplificar, vamos construir o histograma conforme dados sobre as alturas de 50 alunos do Ensino Médio, conforme tabela a seguir. Observe que essas alturas estão divididas em cinco classes na tabela a seguir:

Alturas (em classes)	Frequência absoluta (f_A)	Frequência relativa (f_R)
1,49 ⊢ 1,58	8	16%
1,58 ⊢ 1,67	15	30%
1,67 ⊢ 1,76	10	20%
1,76 ⊢ 1,85	12	24%
1,85 ⊢ 1,94	5	10%
Total	50	100%

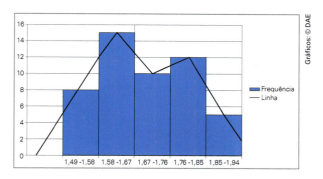

Observação:

Os pontos médios das bases dos retângulos do histograma coincidem com os pontos médios dos intervalos das classes. Como no gráfico acima, os segmentos que ligam em sequência os pontos médios das bases superiores formam um gráfico de segmentos que é denominado polígono do histograma.

Existe um gráfico estatístico chamado pictorama, que não mencionamos aqui. Pesquise um exemplo da utilização desse gráfico e apresente-o à turma.

EXPLORANDO

Utilizando planilhas eletrônicas, podemos elaborar tabelas e gráficos diversos. Assim, por exemplo, podemos, com base nos dados de uma pesquisa eleitoral, construir uma tabela e, depois, um gráfico de setores, como ilustrado a seguir.

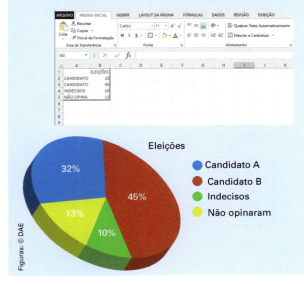

Em duplas ou em pequenos grupos, realizem as atividades abaixo:

1. Construam uma tabela com dados a respeito das alturas e massas dos alunos da turma.

2. Pesquisem em revistas e jornais informações que possam ser utilizadas na construção de algum tipo de gráfico estatístico. Depois, construam o gráfico com base nessas informações. Não se esqueçam de dar um título para o gráfico construído e de registrar a fonte dos dados pesquisados.

3. Elaborem e realizem uma pesquisa na escola. Após a realização dessa pesquisa, os dados devem ser apresentados, em tabelas e gráficos estatísticos, para toda a turma.

Exercícios resolvidos

1. (UFG-GO) O gráfico a seguir apresenta os dez países com a maior taxa de mortalidade decorrente do uso de drogas.

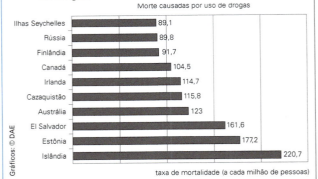

Morte causadas por uso de drogas

taxa de mortalidade (a cada milhão de pessoas)

Gráficos: © DAE

Na tabela a seguir encontra-se o número estimado de mortes causadas por uso de drogas por continente.

Número estimado de mortes por uso de drogas	
Região	Número de mortes estimadas
África	36 435
América do Norte	47 813
América Latina e Caribe	4 756
Ásia	104 116
Europa	15 469
Oceania	1 957
Total mundial	210 546

Fonte: *World Drug Reporter 2013* – UNODC (United Nations Office on Drugs and Crime).

Sabendo que a população da Islândia é de 320 137 habitantes, determine o percentual aproximado de mortes desse país em relação ao número de mortes estimadas para o continente europeu.

Seja *x* o número de mortes na Islândia, temos:

$$\frac{1\,000\,000}{320\,137} = \frac{220{,}7}{x} \quad x \cong 70{,}65$$

Portanto, o percentual aproximado de mortes desse país em relação ao número de mortes estimadas para o continente europeu é:

$$\frac{70{,}65}{15\,469} \cong 0{,}457\%$$

2. (Unicamp-SP) A *pizza* é, sem dúvida, o alimento preferido de muitos paulistas. Estima-se que o consumo diário no Brasil seja de 1,5 milhão de *pizzas*, sendo o Estado de São Paulo responsável por 53% desse consumo. O gráfico a seguir exibe a preferência do consumidor paulista em relação aos tipos de *pizza*.

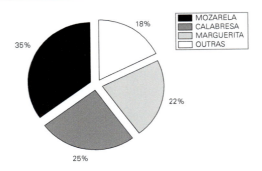

a) Se não for considerado o consumo do Estado de São Paulo, quantas *pizzas* são consumidas diariamente no Brasil?

b) Quantas *pizzas* de *mozarela* e de calabresa são consumidas diariamente no Estado de São Paulo?

a) De 1,5 milhão de *pizzas* consumidas diariamente no Brasil, desconsideramos 53% consumidos no Estado de São Paulo. Então:

$(1 - 0{,}53) \cdot 1{,}5 \cdot 10^6 = 705\,000$

Logo, se não for considerado o consumo do Estado de São Paulo, são consumidas diariamente no Brasil 705 000 *pizzas*.

b) *Pizzas* de mozarela consumidas diariamente no Estado de São Paulo:

$0{,}53 \cdot 0{,}35 \cdot 1{,}5 \cdot 10^6 = 278\,250$

Pizzas de calabresa consumidas diariamente no Estado de São Paulo:

$0{,}53 \cdot 0{,}25 \cdot 1{,}5 \cdot 10^6 = 198\,750$

Logo, são consumidas diariamente no Estado de São Paulo 278 250 *pizzas* de mozarela e 198 750 pizzas de calabresa.

3. (FGV-SP) Um biólogo inicia o cultivo de três populações de bactérias (A, B e C) no mesmo dia. Os gráficos seguintes mostram a evolução do número de bactérias ao longo dos dias.

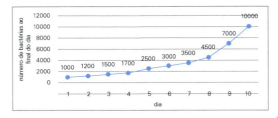

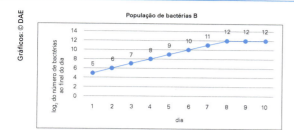

A partir da informação dos gráficos, responda:

a) Em que dia o número de bactérias da população C ultrapassou o da população A?

b) Qual foi a porcentagem de aumento da população de bactérias B, entre o final do dia 2 e o final do dia 6?

c) Qual foi a porcentagem de aumento da população total de bactérias (colônias A, B e C somadas) entre o final do dia 2 e o final do dia 5?

a) Observe a população de bactérias C:

População de bactérias C	
Dia	Quantidade de bactérias
1	10
2	100
3	1 000
4	10 000
⋮	⋮

Então, no quarto dia, o número de bactérias da população C ultrapassou o da população A.

b) Variação pedida:

$$\frac{2^{10} - 2^6}{2^6} \cdot 100\% = 1\,500\%$$

Então, 1 500% foi a porcentagem de aumento da população de bactérias B, entre o final do dia 2 e o final do dia 6.

c) Resultado pedido:

$$\frac{2\,500 + 2^9 + 10^5 - (1\,200 + 2^6 + 10^2)}{1\,200 + 2^6 + 10^2} \cdot 100\% =$$

$$= \frac{103\,012 - 1\,364}{1\,364} \cdot 100\%$$

$$\cong 7\,452{,}20\%$$

Então, aproximadamente 7 452,20% foi a porcentagem de aumento da população total de bactérias (colônias A, B e C somadas) entre o final do dia 2 e o final do dia 5.

Exercícios propostos

1. O gráfico abaixo mostra o rendimento médio mensal, real, de todos os trabalhos de pessoas com idade de 10 anos ou mais de idade.

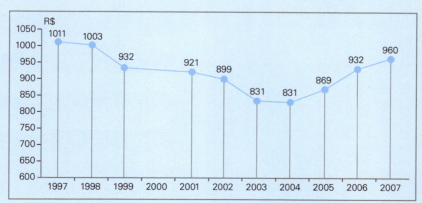

Analise cada afirmação a seguir e indique, em seu caderno, V caso seja verdadeira ou F caso seja falsa.

I. O maior rendimento médio mensal real ocorreu no ano de 1997.

II. De 2004 a 2007 o rendimento médio mensal real sempre aumentou.

III. De 2006 a 2007 o aumento percentual do rendimento médio mensal real foi, aproximadamente, 3%.

IV. O rendimento médio mensal real de 2007 teve uma perda de aproximadamente 5% em relação a 1997.

V. A maior perda percentual entre dois anos consecutivos ocorreu de 1998 a 1999.

2. A tabela a seguir mostra que o time do Flamengo é o clube de futebol com a maior torcida do Brasil, seguido pelo Corinthians.

Clube/estado	Percentual de torcedores
Flamengo-RJ	19%
Corinthians-SP	13%
São Paulo-SP	8%
Palmeiras-SP	7%
Outros	30%
Nenhum	23%

Essa pesquisa foi realizada pelo Datafolha, no início de 2010. Construa, em seu caderno, um gráfico de setores utilizando os percentuais da tabela acima.

3. A distribuição de salários de uma empresa está representada na tabela a seguir:

Salário (em R$)	Frequência absoluta
[500, 1 500]	10
[1 500, 2 500]	20
[2 500, 3 500]	50
[3 500, 4 500]	15
[4 500, 5 500]	5
Total	100

Construa, em seu caderno, um histograma dessa distribuição de salários.

4. As quantidades de copos de suco vendidos por uma lanchonete em determinada semana estão representadas no gráfico a seguir:

a) Quantos copos de suco foram vendidos na quinta-feira?

b) Quantos copos de suco foram vendidos durante toda a semana?

c) É correto afirmar que, de sexta a domingo, as vendas corresponderam a mais da metade das vendas de toda a semana?

5. O gráfico a seguir mostra a variação de temperatura durante um dia, em determinada cidade.

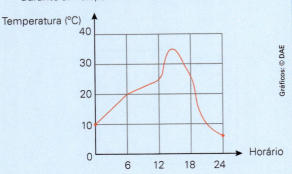

Analise cada afirmação a seguir e, em seu caderno, indique V caso seja verdadeira ou F caso seja falsa.

I. A maior temperatura registrada nesse dia ocorreu entre 12 e 18 horas.

II. A temperatura de 20 °C foi registrada duas vezes no dia.

III. O dia terminou com uma temperatura menor que a inicial.

6. Na tabela a seguir, vemos a frequência das idades, em anos, dos 1 000 alunos matriculados em uma academia.

Idade (em anos)	Frequência
[15, 25]	350
[25, 35]	310
[35, 45]	185
[45, 55]	85
[55, 65]	40
[65, 75]	25
[75, 85]	5
Total	1 000

a) Em seu caderno, construa um histograma para essa frequência de idades.

b) Em seguida, construa o polígono do histograma que represente essa distribuição.

c) Qual é o percentual de alunos dessa academia com, pelo menos, 35 anos?

HISTÓRIA DA MATEMÁTICA

Uma possível definição de Estatística é a ciência encarregada de recolher, analisar e interpretar dados relativos a um conjunto de elementos. Mas como teria iniciado essa ciência?

O texto a seguir procura traçar alguns possíveis marcos da história da Estatística. Utilizamos como referência o livro publicado originalmente em espanhol, *Encuestas y precios*, do autor Andrés Nortes Checa, da coleção *Matematicas: cultura y aprendizaje,* volume 28, Editorial Síntesis, ano de 1995.

As primeiras notícias são da época em que as sociedades primitivas começaram a se organizar: houve, em algum momento, a necessidade de tomadas de decisões que solicitavam dos governantes o conhecimento numérico a respeito dos recursos disponíveis e também da quantidade de habitantes. Então, tudo leva a acreditar que as primeiras estatísticas nasceram dessas necessidades: governantes de grandes civilizações querendo obter informações sobre bens e como eles estavam distribuídos na população existente.

Heródoto (484 a.C – 425 a.C.).

Um marco importante para a Geometria está ligado ao fato das frequentes inundações do rio Nilo. Demarcações de terras que exigiam conhecimentos geométricos eram necessárias toda vez que as águas retornavam ao leito normal. Pode-se, então, inferir daí que também havia a necessidade de, frequentemente, se fazer registros (sempre atualizados) dos bens da população. Isso configura o que hoje podemos chamar de censo.

Também é de conhecimento que entre os antigos romanos havia a prática de cobrança de impostos. Ora, como eram cobrados tais impostos? É bem provável que existisse algum censo sobre populações e também sobre os bens que possuíam. Tudo indica que Heródoto, considerado o pai da História, mencionou a existência de dados sobre um levantamento feito por volta de 3050 a.C.

Nesse levantamento, procurava-se sondar a riqueza da população egípcia, tendo como finalidade maior averiguar que recursos humanos e econômicos estavam disponíveis para a construção das pirâmides. Na China, em 2238 a.C., também se realizou um censo geral de todo império, ordenado pelo imperador Yao.

Poderíamos considerar como primeira fase da Estatística aquela voltada ao estudo, por parte dos governantes, visando ao conhecimento das características da população e dos bens que possuíam, bem provavelmente visando à adequação de leis para a cobrança de impostos. Em uma segunda fase, também os levantamentos eram feitos buscando o conhecimento mais detalhado da população, porém os objetivos eram mais variados: saúde pública, número de nascimentos, número de mortes, sondagens sobre comércios. Nessa fase são citados dois personagens ingleses do século XVII: John Graunt e William Petty.

William Petty (1623-1687).

Eles procuraram estabelecer leis quantitativas que pudessem de alguma maneira, explicar fenômenos sociais e políticos. Graunt é aclamado como precursor da Estatística, pois coletou dados demográficos reunidos em paróquias de Londres e, com base em estudos, chegou ao estabelecimento de leis demográficas. Graunt fez estimativas sobre a população, não apenas de Londres, mas de outras cidades. Petty foi seu discípulo. Uma terceira fase do desenvolvimento da Estatística está atrelada ao desenvolvimento do cálculo das probabilidades, ainda no século XVII. A ligação entre Estatística e as probabilidades permitiu o início da chamada inferência estatística. Fermat (1601-1665), Pascal (1623-1662) e Huygens (1629-1695) são personagens importantes dessa fase.

Gottfried Achenwall (1719 -1772) foi professor de uma universidade alemã. Ele introduziu a palavra "estatística" com significado ligado às coisas do Estado. Para ele, a Estatística ocupava-se com os fenômenos que favorecem ou podem favorecer ou defender a prosperidade do Estado.

Três nomes importantes são relacionados à quarta fase do desenvolvimento da Estatística, agora no século XIX. São eles: Ronald Fisher (1890-1962), Karl Pearson (1857-1936) e Francis Galton (1822-1911).

Eles promoveram um grande avanço em relação às fases anteriores. Deve-se a Pearson a chamada "inferência estatística"; a Galton deve-se a "regressão estatística"; e a Fischer, a "teoria da investigação". Atualmente, podemos dizer que a Estatística não se limita ao estudo da demografia e da economia. Seu campo de atuação está na análise de dados em áreas como Biologia, Medicina, Física, Psicologia, comércio, indústria, meteorologia, educação, entre outras. É claro que neste texto temos apenas alguns nomes e algumas etapas que marcaram o desenvolvimento da Estatística.

QUESTÕES

De acordo com o texto, responda:

1. O que mencionavam os dados feitos por Heródoto?
2. Quais foram os levantamentos mais detalhados da população do século XVII?
3. Quem foram os dois personagens que procuraram estabelecer leis quantitativas que pudessem de alguma maneira explicar fenômenos sociais e políticos?

Algumas conclusões

Pense possíveis respostas às questões a seguir. Essas questões abrangem o estudo de Probabilidade e Estatística. Caso sinta alguma dificuldade para responder, sugerimos que retome os conceitos principais que foram estudados até aqui.

Questões:

1. Como calculamos a probabilidade de ocorrência de um evento aleatório em um espaço amostral?
2. Qual é o valor da probabilidade de um evento certo? Qual é o valor da probabilidade de um evento impossível?
3. O que são eventos mutuamente exclusivos?
4. Qual é a relação matemática que permite calcular a probabilidade de ocorrência da união dos eventos A e B?
5. Quando dois eventos A e B são independentes?
6. O que é frequência absoluta?
7. E frequência relativa?
8. Qual é a diferença entre gráfico de coluna e gráfico de barra?
9. Qual é o ângulo de um setor circular de um gráfico de setores que corresponde a 25% do círculo?
10. Qual gráfico estatístico você utilizaria para analisar o lucro de uma empresa ao longo do primeiro semestre de um ano?

Troque ideias com seus colegas e o professor. Comente suas respostas e ouça as de seus colegas. Juntos, façam uma lista das dificuldades que tiveram e descubram os assuntos que precisam ser retomados.

Vestibulares e Enem

1. **(Uerj)** Os consumidores de uma loja podem concorrer a brindes ao fazerem compras acima de R$ 100,00. Para isso, recebem um cartão de raspar no qual estão registradas 23 letras do alfabeto em cinco linhas. Ao consumidor é informado que cada linha dispõe as seguintes letras, em qualquer ordem:

   - linha 1 – {A, B, C, D, E};
   - linha 2 – {F, G, H, I, J};
   - linha 3 – {L, M, N, O, P};
   - linha 4 – {Q, R, S, T, U};
   - linha 5 – {V, X, Z}.

   Observe um exemplo desses cartões, com as letras ainda visíveis:

   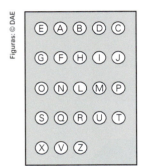

   Para que um consumidor ganhasse um secador, teria de raspar o cartão exatamente nas letras dessa palavra, como indicado abaixo:

   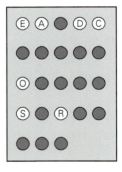

   Considere um consumidor que receba um cartão para concorrer a um ventilador.

   Se ele raspar as letras corretas em cada linha para formar a palavra VENTILADOR, a probabilidade de que ele seja premiado corresponde a:

   a) $\dfrac{1}{15\,000}$

   b) $\dfrac{1}{18\,000}$

   c) $\dfrac{1}{20\,000}$

   d) $\dfrac{1}{25\,000}$

2. **(Unifesp)** Um tabuleiro de xadrez possui 64 casas quadradas. Duas dessas casas formam uma dupla de casas contíguas se estão lado a lado, compartilhando exatamente um de seus lados. Veja dois exemplos de duplas de casas contíguas nos tabuleiros.

   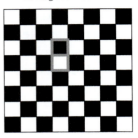 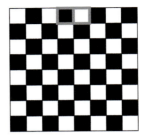

   Dispõem-se de duas peças, uma na forma ☺, e outra na forma ☹, sendo que cada uma cobre exatamente uma casa do tabuleiro.

   a) De quantas maneiras diferentes é possível colocar as peças ☺ e ☹ em duplas de casas contíguas de um tabuleiro de xadrez?

   b) Considere as 64 casas de um tabuleiro de xadrez como sendo os elementos de uma matriz $A = (a_{ij})_{8 \cdot 8}$. Coloca-se a peça ☺, ao acaso, em uma casa qualquer do tabuleiro tal que $i = j$. Em seguida, a peça ☹ será colocada, também ao acaso, em uma casa qualquer do tabuleiro que esteja desocupada. Na situação descrita, calcule a probabilidade de que as peças ☺ e ☹ tenham sido colocadas em duplas de casas contíguas do tabuleiro.

3. **(UFRGS-RS)** Escolhe-se aleatoriamente um número formado somente por algarismos pares distintos, maior do que 200 e menor do que 500. Assinale a alternativa que indica a melhor aproximação para a probabilidade de que esse número seja divisível por 6.

   a) 20%
   b) 24%
   c) 30%
   d) 34%
   e) 50%

4. **(UEMG)** Em uma empresa, foi feita uma pré-seleção para sorteio de uma viagem. Esta pré-seleção se iniciou com a distribuição, entre os funcionários, de fichas numeradas de 1 a 23. Em seguida, foram selecionados os funcionários com as fichas numeradas, com as seguintes regras:

   - Fichas com um algarismo: o algarismo tem que ser primo;
   - Fichas com dois algarismos: a soma dos algarismos deverá ser um número primo.

   Após essa pré-seleção, Glorinha foi classificada para o sorteio.

   A probabilidade de Glorinha ganhar essa viagem no sorteio é de, aproximadamente:

   a) 7%.   b) 8%.   c) 9%.   d) 10%.

5. (Udesc) Em uma associação serão eleitos um presidente, um tesoureiro e dois revisores. Cada membro vota em um candidato para presidente, um para tesoureiro e um para revisor. Supondo que haja 4 candidatos para presidente, 3 para tesoureiro e 6 para revisor, então a probabilidade de todos os candidatos de um eleitor qualquer, que não anulou nem votou em branco, serem eleitos é de:

a) $\dfrac{1}{36}$ c) $\dfrac{1}{180}$ e) $\dfrac{1}{72}$

b) $\dfrac{1}{360}$ d) $\dfrac{1}{90}$

6. (Enem) Em uma central de atendimento, cem pessoas receberam senhas numeradas de 1 até 100. Uma das senhas é sorteada ao acaso. Qual é a probabilidade de a senha sorteada ser um número de 1 a 20?

a) $\dfrac{1}{100}$ c) $\dfrac{20}{100}$ e) $\dfrac{80}{100}$

b) $\dfrac{19}{100}$ d) $\dfrac{21}{100}$

7. (IME-RJ) O time de futebol "X" irá participar de um campeonato no qual não são permitidos empates. Em 80% dos jogos, "X" é o favorito. A probabilidade de "X" ser o vencedor do jogo quando ele é o favorito é 0,9. Quando "X" não é o favorito, a probabilidade de ele ser o vencedor é 0,02. Em um determinado jogo de "Y" contra "X" o time "X" foi o vencedor. Qual a probabilidade de "X" ter sido o favorito nesse jogo?

a) 0,80 c) 180/181 e) 170/181
b) 0,98 d) 179/181

8. (Uerj) Cada uma das 28 peças do jogo de dominó convencional, ilustradas abaixo, contêm dois números, de zero a seis, indicados por pequenos círculos ou, no caso do zero, por sua ausência.

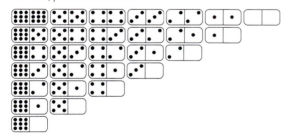

Admita um novo tipo de dominó, semelhante ao convencional, no qual os dois números de cada peça variem de zero a dez. Observe o desenho de uma dessas peças:

Considere que uma peça seja retirada ao acaso do novo dominó. Calcule a probabilidade de essa peça apresentar um número seis ou um número nove.

9. (Fuvest-SP) De um baralho de 28 cartas, sete de cada naipe, Luís recebe cinco cartas: duas de ouros, uma de espadas, uma de copas e uma de paus. Ele mantém consigo as duas cartas de ouros e troca as demais por três cartas escolhidas ao acaso dentre as 23 cartas que tinham ficado no baralho. A probabilidade de, ao final, Luís conseguir cinco cartas de ouros é:

a) $\dfrac{1}{130}$ c) $\dfrac{10}{1771}$ e) $\dfrac{52}{8117}$

b) $\dfrac{1}{420}$ d) $\dfrac{25}{7117}$

10. (Enem) Em uma escola, a probabilidade de um aluno compreender e falar inglês é de 30%. Três alunos dessa escola, que estão em fase final de seleção de intercâmbio, aguardam, em uma sala, serem chamados para uma entrevista. Mas, ao invés de chamá-los um a um, o entrevistador entra na sala e faz, oralmente, uma pergunta em inglês que pode ser respondida por qualquer um dos alunos.

A probabilidade de o entrevistador ser entendido e ter sua pergunta oralmente respondida em inglês é:

a) 23,7% c) 44,1% e) 90,0%
b) 30,0% d) 65,7%

11. (Unesp-SP) Um dado viciado, que será lançado uma única vez, possui seis faces, numeradas de 1 a 6. A tabela a seguir fornece a probabilidade de ocorrência de cada face.

número na face	1	2	3	4	5	6
probabilidade de ocorrência da face	$\dfrac{1}{5}$	$\dfrac{3}{10}$	$\dfrac{3}{10}$	$\dfrac{1}{10}$	$\dfrac{1}{20}$	$\dfrac{1}{20}$

Sendo X o evento "sair um número ímpar" e Y um evento cuja probabilidade de ocorrência seja 90%, calcule a probabilidade de ocorrência de X e escreva uma possível descrição do evento Y.

12. (UEG-GO) Na figura a seguir, vê-se o gráfico comparativo entre a quantidade de chuva esperada e a quantidade de chuva registrada no sistema de Captação de Água Cantareira.

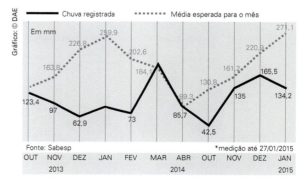

Vestibulares e Enem

De acordo com o gráfico, o mês em que ocorreu a maior diferença entre o volume de chuva esperada e o volume de chuva registrada foi no mês de:

a) dezembro de 2013.
b) janeiro de 2014.
c) março de 2014.
d) janeiro de 2015.

13. (UFRGS-RS) O gráfico abaixo apresenta a evolução da emissão de dióxido de carbono ao longo dos anos.

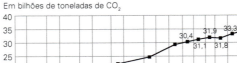

Emissões por queima de combustível fóssil
Veja a evolução das emissões globais de dióxido de carbono ao longo dos anos

Com base nos dados do gráfico, assinale a alternativa correta.

a) Ao longo do período, a emissão de dióxido de carbono apresentou crescimento constante.
b) Em relação aos anos 80, os anos 90 apresentaram emissão de dióxido de carbono 30% maior.
c) O ano de 2009 apresentou menor valor de emissão de dióxido de carbono da primeira década do século XXI.
d) De 2000 a 2013, houve crescimento percentual de 11,7% na emissão de dióxido de carbono.
e) Em relação a 2000, o ano de 2013 apresentou emissão de dióxido de carbono aproximadamente 50% maior.

14. (Enem) O polímero de PET (Politereftalato de Etileno) é um dos plásticos mais reciclados em todo o mundo devido à sua extensa gama de aplicações, entre elas, fibras têxteis, tapetes, embalagens, filmes e cordas. Os gráficos mostram o destino do PET reciclado no Brasil, sendo que, no ano de 2010, o total de PET reciclado foi de 282 kton (quilotoneladas).

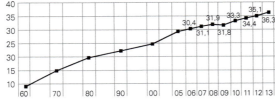

PET RECICLADO - 2010

De acordo com os gráficos, a quantidade de embalagens PET recicladas destinadas à produção de tecidos e malhas, em kton, é mais aproximada de:

a) 16,0.
b) 22,9.
c) 32,0.
d) 84,6.
e) 106,6.

15. (FGV-SP) Em uma rifa, são vendidos 100 bilhetes com números diferentes, sendo que 5 deles estão premiados. Se uma pessoa adquire 2 bilhetes, a probabilidade de que ganhe ao menos um dos prêmios é de:

a) $\dfrac{31}{330}$

b) $\dfrac{47}{495}$

c) $\dfrac{19}{198}$

d) $\dfrac{16}{165}$

e) $\dfrac{97}{990}$

16. (UPM-SP) Se um dado honesto é arremessado 4 vezes, a probabilidade de obtermos, pelo menos, 3 resultados iguais é:

a) $\dfrac{5}{36}$

b) $\dfrac{12}{108}$

c) $\dfrac{5}{54}$

d) $\dfrac{7}{72}$

e) $\dfrac{15}{216}$

DESAFIO

(Unesp-SP) Renato e Alice fazem parte de um grupo de 8 pessoas que serão colocadas, ao acaso, em fila. Calcule a probabilidade de haver exatamente 4 pessoas entre Renato e Alice na fila que será formada.

Generalize uma fórmula para o cálculo da probabilidade do problema descrito acima com o mesmo grupo de "8 pessoas", trocando "4 pessoas" por "m pessoas", em que $1 \leq m \leq 6$. A probabilidade deverá ser dada em função de m.

EXPLORANDO HABILIDADES E COMPETÊNCIAS

A Medicina e a Biologia são ciências cujos resultados e afirmações são comumente baseados em estatísticas. A confiabilidade de um exame que detecta um vírus, por exemplo, depende de uma pesquisa amostral na qual é calculada a porcentagem de vezes que o exame acerta o resultado, ou seja, a porcentagem de vezes que o exame acusa um resultado positivo para uma pessoa que possui o vírus e um resultado negativo para uma pessoa que não possui o vírus.

Da mesma maneira, quando a comunidade científica faz uma afirmação do tipo "fumar causa câncer de laringe", essa conclusão é baseada na observação estatística de que os casos de câncer de laringe representam uma variável que se relaciona de modo dependente com a variável fumante ou não fumante. Isso não significa que todo o mundo que fuma terá câncer de laringe nem que todo o mundo que desenvolve câncer de laringe foi fumante, mas quer dizer que as duas variáveis são ligadas.

Um caso clássico de como a Estatística auxilia na orientação das políticas públicas relacionadas à saúde dos cidadãos é a orientação em relação à vacinação. Veja na matéria abaixo como a Estatística é usada nessa situação.

O perigo de não vacinar as crianças

[...]

Antes de ser erradicada com o uso maciço de vacinas, no final dos anos 1970, a varíola matou 300 milhões de pessoas, contando apenas o século XX. O sarampo, uma doença altamente contagiosa, foi responsável por cerca de 2,6 milhões de mortes por ano, antes de 1980, época em que começaram as intensas campanhas de vacinação. Já os casos de poliomielite, doença que pode causar paralisia infantil, apresentaram uma queda de 99% desde 1988, quando, mais uma vez, a prevenção com vacina teve início. Criadas em 1796, pelo médico britânico Edward Jenner, as vacinas deram início a uma revolução na medicina preventiva – tornando possível evitar a ocorrência de doenças letais e contagiosas. Há quem, no entanto, na contramão de todas as evidências científicas, opte por não vacinar seus filhos. [...]

"O que estamos percebendo é que há um aumento, mesmo que pequeno, no número de pais que buscam médicos que orientam a não vacinar a criança", diz Eitan Berezin, presidente do Departamento Científico Infeccioso da Sociedade Brasileira de Pediatria (SBP). [...]

"Os riscos de a criança desenvolver uma complicação séria em função da vacina são muito menores do que os de ela contrair a doença. Não há nem comparação. E isso não é algo que eu acho ou acredito, é um fato comprovado cientificamente", diz o pediatra americano Paul Offit, um dos maiores especialistas no assunto. [...]

As vacinas que costumeiramente são mais descartadas são a de sarampo, difteria, hepatite B e da gripe. "Desde a década de 1970 os casos dessas doenças são muito baixos. Esses pais nunca tiveram de lidar, de temer essas doenças, então deixam de vacinar acreditando que o filho não corre riscos", diz Edécio Cunha Neto, diretor do Laboratório de Investigação Médica de Imunologia Clínica e Alergia da USP. [...]

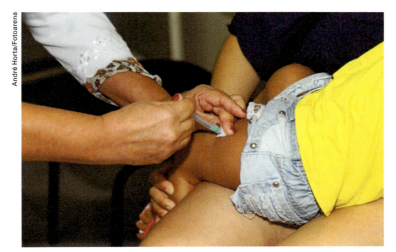

Criança sendo vacinada em Campanha Nacional de Vacinação. Rio de Janeiro, RJ. Foto de 2015.

EXPLORANDO HABILIDADES E COMPETÊNCIAS

Há dentro dos programas de vacinação o que se costuma chamar de imunidade de rebanho. A ideia é que quando você vacina, no mínimo, 95% das crianças de uma comunidade, todas ficam protegidas. Nesses 5% restantes, explicam os especialistas, estariam aquelas que por algum motivo não podem tomar vacina. No grupo estão, segundo Renato Kfouri, presidente da Sociedade Brasileira de Imunizações (Sbim), crianças com câncer, aids, com insuficiência renal ou com outras doenças crônicas que comprometem o sistema imunológico. "Elas se protegem quando há a garantia de que as outras crianças não vão transmitir a doença para elas. Vacinar o filho é mais do que uma ação individual", diz. [...]

Se a criança não é vacinada, [...] obviamente se torna suscetível à doença – e pode se tornar um potencial agente de transmissão e até mesmo iniciar um surto.

YARAK, Aretha. O perigo de não vacinar as crianças. Veja.com. 11 mar. 2012. Disponível em: <http://veja.abril.com.br/noticia/saude/o-perigo-de-nao-vacinar-as-criancas>. Acesso em: 9 mar. 2016.

Questões e investigações

1. Considere que uma pesquisa a respeito dos efeitos colaterais de um medicamento tenha sido feita com 800 voluntários, dentre os quais metade ingeria o medicamento 3 vezes ao dia e a outra metade ingeria o medicamento 4 vezes ao dia. Com base nessa pesquisa, observou-se que, dentre as 315 pessoas que tiveram dor de cabeça durante o tratamento, 211 estavam ingerindo o medicamento 4 vezes ao dia. Desse modo, pode-se concluir que a probabilidade de uma pessoa não ter dor de cabeça ingerindo o medicamento 3 vezes ao dia é de quantos por cento?

2. Determinado antibiótico é vendido em cartelas com 10 comprimidos em cada uma. Um estudo a respeito do período de tratamento com esse antibiótico concluiu que apenas 10% das pessoas fazem o tratamento completo de 10 dias, ingerindo 2 comprimidos por dia; concluiu ainda que 30% das pessoas utilizam corretamente o remédio apenas até parar os sintomas da doença após 3 dias de tratamento, 50% utilizam corretamente o remédio apenas até terminar a primeira cartela, parando após 5 dias de tratamento, e o restante faz o tratamento durante uma semana. Responda às questões abaixo a respeito de um grupo de pessoas que estejam fazendo tratamento com esse antibiótico:

   a) Qual é a quantidade modal de comprimidos ingeridos por esse grupo?

   b) Qual é a média de comprimidos ingeridos por pessoa?

   c) Escolhendo uma pessoa desse grupo aleatoriamente, qual é a probabilidade de que ela tenha ingerido mais de 10 comprimidos?

   d) Escolhendo uma pessoa desse grupo aleatoriamente, qual é a probabilidade de que ela tenha ingerido menos de 15 comprimidos?

3. Leia este trecho da matéria apresentada anteriormente:

   "Os riscos de a criança desenvolver uma complicação séria em função da vacina são muito menores do que os de ela contrair a doença. Não há nem comparação. E isso não é algo que eu acho ou acredito, é um fato comprovado cientificamente", diz o pediatra americano Paul Offit, um dos maiores especialistas no assunto.

   YARAK, Aretha. O perigo de não vacinar as crianças. Veja.com. 11 mar. 2012. Disponível em: <http://veja.abril.com.br/noticia/saude/o-perigo-de-nao-vacinar-as-criancas>. Acesso em: 9 mar. 2016.

   O que você acha que o pediatra quis dizer com "um fato comprovado cientificamente"?

4. Suponha que determinada doença transmissível por contato tenha um grau de contágio de 25% para não vacinados, ou seja, uma pessoa doente transmite o vírus para 25% das pessoas não vacinadas com quem ela tem contato. Suponha também que o estágio de transmissão se dá apenas nos 3 primeiros dias do ciclo viral e que qualquer pessoa doente restrinja seu contato social a uma média de 20 pessoas por dia. Considerando que $n\%$ é a porcentagem de pessoas que tomou a vacina, calcule a probabilidade de que o vírus se espalhe progressivamente em cada caso:

   a) para $n = 70\%$.
   b) para $n = 80\%$.
   c) para $n = 90\%$.

5. Considera-se que a imunidade de um rebanho é efetiva quando a porcentagem de pessoas vacinadas reduz a probabilidade de haver uma epidemia para menos de 1%. Nesse caso, qual é a porcentagem de pessoas que devem se vacinar para garantir a imunidade de um rebanho?

Unidade 6 • Probabilidade e Estatística

Bibliografia

Leituras complementares

Ao longo desta Coleção, você encontra alguns textos que selecionamos e que versam sobre conteúdos de Matemática, sobre o desenvolvimento da própria Matemática e, também, sobre a vida de importantes personagens, que oferecem valiosas contribuições para esse universo. Caso você queira ampliar um pouco esse contato por meio dos textos relacionados a esses temas, sugerimos algumas referências elaboradas numa linguagem semelhante, algumas vezes, aos romances. São textos que contêm informações e curiosidades diversas relacionadas à história da Matemática.

Boa leitura!

ATALAY, Bulent. *A Matemática e a Mona Lisa*: a confluência da arte com a ciência. Tradução de Mário Vilela. São Paulo: Mercuryo, 2007.

BELLOS, Alex. *Alex no país dos números*: uma viagem ao mundo maravilhoso da Matemática. Tradução de Berilo Vargas e Claudio Carina. São Paulo: Companhia das Letras, 2011.

BENTLEY, Peter J. *O livro dos números*: uma história ilustrada da Matemática. Tradução de Maria Luiz X. de A. Borges. Rio de Janeiro: Jorge Zahar Editor, 2009.

DEVLIN, Keith. *O gene da Matemática*: o talento para lidar com números e a evolução do pensamento matemático. Tradução de Sergio Moraes Rego. Rio de Janeiro: Record, 2004.

_____. *O instinto matemático*: Por que você é um gênio da Matemática. Tradução de Michelle Dysman. Rio de Janeiro: Record, 2009.

DEWDNEY, A. K. *20 000 léguas matemáticas*: um passeio pelo misterioso mundo dos números. Tradução de Vera Ribeiro. Rio de Janeiro: Jorge Zahar Editor, 2000.

DU SAUTOY, Marcus. *A música dos números primos*: a história de um problema não resolvido na Matemática. Tradução de Diego Alfaro. Rio de Janeiro: Jorge Zahar Editor, 2007.

ENZENSBERGER, Hans Magnus. *O diabo dos números*. Tradução de Sérgio Tellaroli. São Paulo: Cia. das Letras, 1997.

GUEDJ, Denis. *O teorema do papagaio*. Tradução de Eduardo Brandão. São Paulo: Cia. das Letras, 1999.

LIVIO, Mario. *A equação que ninguém conseguia resolver*. Tradução de Jesus de Paula Assis. Rio de Janeiro: Record, 2008.

_____. *Razão áurea*: a história de Fi, um número surpreendente. Tradução de Marco Shinobu Matsumura. Rio de Janeiro: Record, 2006.

NETZ, Reviel; NOEL, William. *O codex Arquimedes*. Tradução de Pedro Bernardo e Pedro Elói Duarte. Lisboa: Edições 70, 2007.

SINGH, Simon. *O último teorema de Fermat*: a história do enigma que confundiu as maiores mentes do mundo durante 356 anos. Tradução de Jorge Luiz Calife. Rio de Janeiro: Record, 1998.

Referências bibliográficas

As obras a seguir representam importantes referências para o estudo e a reflexão sobre a Matemática.

ALDER, Ken. *A medida de todas as coisas*: a odisseia de sete anos e o erro encoberto que transformaram o mundo. Tradução de Adalgisa Campos da Silva. Rio de Janeiro: Objetiva, 2003.

CARAÇA, Bento de Jesus. *Conceitos fundamentais de Matemática*. 2. ed. Lisboa: Gradiva, 1998.

BOYER, Carl B. *História da Matemática*. Tradução de Elza F. Gomide. São Paulo: Edgard Blücher Ltda., 1999.

EVES, Howard. *Introdução à história da Matemática*. Tradução de H. Domingues. Campinas: Editora da Unicamp, 2007.

COURANT, Richard; ROBBINS, Herbert. *O que é Matemática?* Uma abordagem elementar de métodos e conceitos. Tradução de Alberto da Silva Brito. Rio de Janeiro: Editora Ciência Moderna Ltda., 2000.

DAVIS, P.J.; HERSH, R. *A experiência matemática*. Tradução de João Bosco Pitombeira. 3. ed. Rio de Janeiro: Francisco Alves, 1989.

GARBI, Gilberto G. *A rainha das ciências:* um passeio histórico pelo maravilhoso mundo da Matemática. São Paulo: Livraria da Física, 2006.

_____. *O romance das equações algébricas*. São Paulo: Makron Books, 1997.

HOGBEN, Lancelot Thomas. *Maravilhas da Matemática*: Influência da Matemática nos conhecimentos humanos. [S.l]. São Paulo. Globo, 1958.

LIMA, Elon Lages. *Logaritmos*. 2. ed. Rio de Janeiro: S.B.M., 1996. (Coleção do Professor de Matemática.)

MLODINOW, Leonard. *A janela de Euclides*: a história da Geometria: das linhas paralelas ao hiperespaço. Tradução de Enézio de Almeida. São Paulo: Geração Editorial, 2004.